Ernest Gellner:
Pflug, Schwert und Buch
Grundlinien der Menschheitsgeschichte

Klett-Cotta
im
Deutschen
Taschenbuch
Verlag

Die Originalausgabe erschien unter dem Titel »Plough, Sword and
Book« bei Collins Harvill, London 1988.

Aus dem Englischen übersetzt von Ulrich Enderwitz

Juli 1993
Deutscher Taschenbuch Verlag GmbH & Co. KG, München
© für die deutsche Ausgabe: 1990 J. G. Cotta'sche Buchhandlung
Nachfolger GmbH, gegr. 1659, Stuttgart
ISBN 3-608-93153-8
Umschlaggestaltung: Celestino Piatti
Druck und Bindung: C. H. Beck'sche Buchdruckerei, Nördlingen
Printed in Germany · ISBN 3-423-04602-3

Das Buch

»Mit dem Pflug kommt die Knechtschaft ins Haus« – dieses Wort des Propheten Mohammed, der einem Nomadenvolk entstammte, zeigt einen der folgenreichen Entwicklungssprünge in der Geschichte der menschlichen Gesellschaften an, eine der vielen Stufen im scheinbar chaotischen Fluß der Ereignisse, denen jeweils neuartige Perioden folgen. Vor allem um diese qualitativen Übergänge und die großen Phasen der Geschichte der Menschheit geht es in diesem Buch. Agrarische Produktion, politische Zentralisierung und Arbeitsteilung, Schrift, Wissenschaft und geistige Freiheit – für die entscheidenden Faktoren, die die Phasenübergänge markieren, stehen als Symbole der Pflug, das Schwert und das Buch. Wer über den Lauf der Welt, über den Gang der Geschichte nachdenken will, stößt bei Gellner auf eine Fundgrube an Fakten, Einsichten und originellen Ideen.

Der Autor

Ernest Gellner, geb. 1925 in Paris, studierte Islamistik und Philosophie in Prag und Oxford, forschte im Maghreb und in der Sowjetunion, lehrte seit 1962 Philosophie an der London School of Economics und ist jetzt Professor für Sozialanthropologie an der Universität von Cambridge und Präsident des Royal Anthropological Institute in London. Aus seinen vielen Büchern: ›Words and Things‹ (1959); ›Legitimation of Belief‹ (1975); ›Saints of the Atlas‹ (1965); ›The Devil in Modern Philosophy‹ (1974); auf deutsch: ›Nationalismus und Moderne‹ (1991); ›Leben im Islam‹ (1985), bei dtv daraus: ›Der Islam als Gesellschaftsordnung‹ (4588).

Für David, Sarah,
Deborah und Ben

Mit dem Pflug kommt die Knechtschaft ins Haus.
(Dem Propheten Mohammed zugeschrieben)

INHALT

EINFÜHRUNG

Wozu Geschichtsphilosophie?

MENSCHEN UND GESELLSCHAFTEN betrachten die Institutionen und Überzeugungen, in und mit denen sie leben, oft als etwas Absolutes, Selbstverständliches und von Natur Gegebenes. Manchmal tun sie das ganz bedenkenlos, und manchmal bemühen sie sich um eine Begründung für diesen Rahmen ihrer Existenz.

Tatsächlich sind die Vorstellungen der Menschen und die Formen ihrer Vergesellschaftung weder unveränderlich noch von Natur gegeben. Heute ist diese Tatsache den meisten von uns ganz deutlich; und bekannt ist sie bereits seit geraumer Zeit. Wann immer wir uns aber um ein Verständnis unserer kollektiven und individuellen Dilemmata bemühen, artikulieren wir dieses zwangsläufig auf dem Hintergrund eines Bilds von der menschlichen Geschichte. Wenn die Entscheidungen, die wir treffen, weder selbstverständlich sind noch Ewigkeitswert beanspruchen können, müssen wir die Alternativen kennen, zwischen denen wir zu wählen haben, und wissen, wie sich andere entschieden haben beziehungsweise zu welchen Entscheidungen sie gezwungen waren. Wir müssen die Prinzipien oder Faktoren kennen, die der jeweiligen Reihe von Wahlmöglichkeiten zugrunde liegen. Und zur Bestimmung jener Prinzipien oder Faktoren sind wir durchaus imstande, auch wenn umgekehrt spezifische Vorhersagen uns nach wie vor nicht möglich sind.

Ein Vorstellungsschema von der menschlichen Geschichte bringen wir jedenfalls immer schon mit. In diesem Punkt bleibt uns schlicht und einfach gar keine andere Wahl. Wir sind allesamt Geschichtsphilosophen wider Willen, ob uns das paßt oder nicht. Die einzige Entscheidung, die uns freisteht, betrifft die Frage, ob wir unser Geschichtsbild so weit wie möglich explizit machen, im Zusammenhang entfalten und in Übereinstimmung mit den bekannten Fakten bringen oder ob wir es mehr oder weniger unbewußt und unsystematisch geltend machen wollen. Wenn wir letzteres tun, laufen wir Gefahr, bestimmte Vorstellungen als »Binsenwahrheiten« auszugeben, um sie dann ungeprüft und unkritisch zu verwenden. Wie Keynes im Blick auf die Wirtschaftswissenschaften bemerkt, sind Binsenwahrheiten einfach nur abgestorbene Theorie: »Ideen aus den Wirtschaftswissenschaften und der politischen Philosophie sind ... wirkungsmächtiger, als gemeinhin angenommen wird. Tatsächlich wird die Welt fast nur von ihnen beherrscht. Männer der Praxis, die sich ganz frei von allem intellektuellen Einfluß dünken, sind gewöhnlich Nachbeter irgendeines obsoleten Wirtschaftswissenschaftlers. Irre in verantwortlicher Stellung, die bei hellichtem Tag Gespenster sehen, beziehen ihren Wahn aus den Büchern irgendeines akademischen Schreiberlings von vor ein paar Jahren.«[1] Das hat weit über den Bereich ökonomischen Denkens hinaus Gültigkeit. Diejenigen, die von Geschichtsphilosophie nichts wissen wollen, sind Sklaven obsoleter Denker und ungeprüfter Theoreme.

Das große Paradox unseres Zeitalters besteht darin, daß einem gesellschaftlichen und geistigen Wandel, der sich mit beispielloser Geschwindigkeit vollzieht, ein im großen und ganzen immer weniger historisches, ein immer geschichtsfeindlicheres Denken korrespondiert. »Geschichtstheoretiker« ist zu einem Schimpfwort für Leute geworden, die sich im Besitz eines geheimen Plans der Geschichte und damit des Schlüssels zur Zukunft wähnen und die sich erdreisten, ihre eigenen Wertvorstellungen und Handlungsmaximen der Menschheit als Patentrezepte für die Zukunft zu verordnen – und das alles im Namen einer möglicherweise wohlmeinenden und angeblich unumstößlichen historischen Notwendigkeit.

Dies ist nicht der einzige Vorwurf, der gegen historische Visionen erhoben wird, auch wenn er zu den am wortreichsten vorgetragenen zählt. Es gibt auch noch das Argument von der »Verwechslung von Geltung und Genese«, die Behauptung, daß der *Ursprung* und die *Gültigkeit* einer Vorstellung nichts miteinander zu tun hätten; folglich bräuchten wir uns, so wird fälschlicherweise argumentiert, um unsere Ursprünge und unsere Vergangenheit nicht weiter zu kümmern, wenn wir Vor- und Nachteile unserer Zukunftsoptionen abwägen. Was wir über die Herkunft unserer Überzeugungen herausfinden, sagt uns nichts darüber, ob diese Überzeugungen auch richtig sind. Wozu sich also mit Herkunftsfragen aufhalten? Dagegen möchten wir geltend

[1] J. M. Keynes, *The General Theory of Employment, Interest and Money,* London 1936, 1946.

machen, daß es uns, wenn wir der Herkunft unserer Überzeugungen nachforschen, um ein Verständnis unserer Optionen und nicht um eine Vorwegnahme unserer Entscheidungen geht.

Unser unabweisbares Bedürfnis nach einem Geschichtsbild, das uns als Interpretationshintergrund zur Verfügung steht, führt zusammen mit der Geringschätzung, mit der man globalen historischen Deutungsversuchen heute begegnet, zu einem höchst paradoxen Ergebnis: Obwohl die geschichtsphilosophischen Ideen des 19. Jahrhunderts, die Ideen eines Hegel, Marx, Comte oder Spencer, geringes Ansehen genießen, sind sie doch zugleich überall in Gebrauch.

Das vorliegende Buch dient einem einfachen Zweck. Es soll in möglichst scharfen und notfalls auch überzeichneten Konturen ein Bild von der menschlichen Geschichte umreißen, das in neuerer Zeit unzweifelhaft Gestalt angenommen hat, auch wenn es bislang noch keine angemessene Kodifizierung erfahren hat. Den Versuch, dieses Bild ins Bewußtsein zu heben, unternehme ich nicht etwa, weil ich in dem Wahn befangen wäre, seiner Wahrheit *gewiß zu sein*: Das ist nicht der Fall. Unumstößliche und endgültige Gewißheit ist keiner Theorie beschieden. Besonders unwahrscheinlich ist, daß sie Theorien zukommt, die eine unendliche Vielzahl von äußerst komplexen Daten enthalten, die das Fassungsvermögen des Einzelwissenschaftlers weit übersteigen. Wenn ich ein Geschichtsbild formuliere, so in der Hoffnung, daß wir durch seine klare und bestimmte Artikulation die Möglichkeit erhalten, es einer kritischen Überprüfung zu unterziehen.

Welcher Methode bedienen wir uns nun aber bei diesem Unternehmen? Im wesentlichen verfahren wir deduktiv. Wir folgern aus eindeutig formulierten *Annahmen*; die jeweils möglichen Schlußfolgerungen werden dann mit den verfügbaren Fakten konfrontiert. Die Annahmen werden einer Revision unterzogen, wenn das, was aus ihnen folgt, mit den Fakten nicht in Einklang zu bringen ist.

Den historischen Hintergrund zu schildern kann keine Sache einfacher Beschreibung sein: Die Wirklichkeit ist derart reich und vielfältig, daß jeder Versuch, sie in allen Einzelheiten abzubilden, schon im Ansatz zum Scheitern verurteilt ist. Vielmehr sucht man unter Aufbietung seiner ganzen Urteilskraft die für die menschliche Geschichte entscheidenden und grundlegenden Faktoren herauszufinden und überlegt dann, welche möglichen Folgen sich aus dem Zusammenwirken dieser Faktoren ergeben können. Wenn das Bild, das auf diese

Weise entsteht, den dokumentierten Tatsachen entspricht und den relevanten Fragen gebührend Rechnung trägt – gut! Wenn nicht, so ist offenbar weiteres Herumbasteln an den Prämissen vonnöten. Im Prinzip ist die Methode sehr einfach, nicht hingegen in der Durchführung.

Worin unterscheidet sich nun diese Verfahrensweise von Theoriebildungen oder Modellen auf anderen Gebieten? Etwas an der Sache ist unverwechselbar historisch: Die Anordnung oder *Reihenfolge*, in der neue wichtige Elemente in das Modell eingefügt werden, entspricht einer dokumentierten oder vermuteten faktischen Entwicklung und ist nicht einfach eine Frage logischer Zweckmäßigkeit. Lebensmittelproduktion, die Einrichtung einer zentralen politischen Gewalt, Arbeitsteilung, Schrift, Wissenschaft, Liberalisierung des Denkens treten in einer bestimmten historischen Abfolge auf. Und zwar deshalb, weil mindestens einige der späteren Entwicklungen in der menschlichen Geschichte die früheren offenbar zur Voraussetzung haben und also gar nicht vor ihnen hätten eintreten können. Die Geschichte der Menschheit ist ein Bühnenstück, bei dem die Zahl der Mitwirkenden mit der Zeit tendenziell immer größer wird und bei dem, wie es scheint, die *Abfolge*, in der die einzelnen Darsteller auftreten, bestimmten Bedingungen unterworfen ist. Wer die menschliche Gesellschaft theoretisch erfassen will, kann die Rollen nicht in irgendeiner beliebigen Anordnung einführen. Manche Veränderungen sind – zumindest im ganzen gesehen – unwiderruflich: Ackerbau, Zentralisierung, Schrift, Wissenschaft können natürlich aus Gebieten verschwinden, in denen sie einst beheimatet waren, aber im wesentlichen scheinen sie eine akkumulative Entwicklung durchzumachen.

Zu unserer Behauptung, daß bestimmte Umgestaltungsprozesse nur auf der Basis früherer Veränderungen möglich sind, die ihnen als Voraussetzung dienen, lassen sich natürlich Parallelen in der Evolutionslehre der Biologie finden. Aber historische Veränderungen werden auf kulturellem Weg weitergegeben, das heißt durch eine Form der Überlieferung, die im Unterschied zur Vererbung erworbene Eigenschaften *festhält*. Kultur *ist* nichts anderes als ein Ensemble erworbener Eigenschaften. Kultur ist der besondere Umgang mit der Welt, der eine bestimmte Gemeinschaft auszeichnet und nicht durch die erbliche Ausstattung der Mitglieder der Gemeinschaft diktiert ist. Das Menschengeschlecht ist darin einzigartig, daß die Gemeinschaften, in die es zerfällt, eine erstaunliche Vielfalt von Verhaltensweisen an den

Tag legen, die offenbar allesamt mit unserem gemeinsamen Erbgut vereinbar sind; letzteres schreibt demnach keine dieser Verhaltensweisen zwingend vor. Auch manche Tierarten weisen ein gewisses Maß an solchen Variationen auf; aber bei unserer Spezies ist die Variabilität unvergleichlich viel größer als bei den anderen Arten. Rassisten sind der Ansicht, die unterschiedliche Erbausstattung der verschiedenen Rassen bestimme das jeweilige Sozialverhalten in erheblichem Umfang. Tatsächlich scheinen Kleinkinder jeder beliebigen »rassischen« Abstammung zur Aneignung und Internalisierung jeder beliebigen Kultur imstande, geradeso wie sie jede beliebige Sprache erlernen können. Kulturen werden nicht vererbt, unbeschadet dessen, daß sie Erbeigenschaften als Symbole und Kennzeichen verwenden.

Man kann Kulturen grob als Systeme von Vorstellungen und Überzeugungen bezeichnen, an denen sich Denken und Verhalten orientieren. Ein Großteil unserer Überlegungen wird sich um die Frage drehen, was für Arten von Vorstellungen unter den einen oder anderen gesellschaftlichen Bedingungen möglich beziehungsweise wahrscheinlich sind. Kulturen werden auf gesellschaftlichem Weg aufrechterhalten; aber die umgekehrte Behauptung – daß Kulturen den Bestand von Gesellschaften garantieren – sollte man nicht so ohne weiteres akzeptieren. Tatsächlich ist diese Behauptung strittig und äußerst zweifelhaft. Selbstverständlich leisten Glaubensvorstellungen, die eine bestimmte Kultur ausbildet, einen nicht unerheblichen Beitrag zum Leben einer Gesellschaft. Aber in welchem genauen Maß diese Überzeugungen zur Aufrechterhaltung der Gesellschaft beitragen und inwieweit im übrigen der Bestand einer Gesellschaft von handgreiflicheren Faktoren, wie körperlichem Zwang oder der Gefahr zu verhungern, abhängt, das ist eine überaus heikle Frage. An eben diesem Punkt scheiden sich historischer Idealismus und historischer Materialismus. Warum soll die Antwort auf diese Frage überall und zu allen Zeiten gleich lauten? Glaubensvorstellungen stellen ohne Zweifel gesellschaftliche Zwänge dar; aber nicht aller gesellschaftlicher Zwang gründet in Glaubensvorstellungen.

Wenn behauptet wird, daß die Geschichte Entwicklungsstufen kennt, wobei die vorangehenden Voraussetzung für die nachfolgenden sind, so soll damit nicht gesagt sein, daß die früheren die späteren notwendig nach sich ziehen. Wir behaupten nicht, daß die Entwicklung vorherbestimmt oder gar vorhersagbar ist. Es besteht kein Grund anzunehmen, daß alle Möglichkeiten auch verwirklicht werden oder daß die tatsächliche Entwicklung singuläre Notwendigkeit hat.

Die Vorhersage sozialer Prozesse wird, von einzelnen Bereichen abgesehen, wahrscheinlich immer ein Ding der Unmöglichkeit bleiben. Selbst wenn man die Faktoren, die in einer bestimmten Situation eine Rolle spielen, korrekt identifiziert hat, können bereits kleine, unvorhersehbare, ja nicht einmal zu entdeckende Veränderungen in ihrem Verhältnis zueinander das Ergebnis enorm modifizieren. Es läßt sich auch nie mit Sicherheit vorhersehen, ob neue Faktoren ins Spiel kommen oder nicht. Die Unmöglichkeit oder geringe Zuverlässigkeit von Voraussagen historischer Entwicklungen schließt aber nicht aus, historische Situationen zu verstehen.

Wir verstehen eine Gesellschaftsordnung, wenn wir sie als eine Folge der grundlegenden Faktoren begreifen, aus denen sie hervorgeht, aber auch, wenn wir sehen, wie aus demselben Ensemble von Faktoren alternative Ordnungen hätten hervorgehen können. Wir verstehen eine Situation, wenn wir gewissermaßen sehen, auf was für andere Weisen die Karten auch hätten verteilt sein können. Im Rückblick können wir erkennen oder auch nicht, warum die eine oder die andere Option gewählt wurde. Daß wir künftige Entwicklungen vorhersagen können, ist unwahrscheinlich, mag uns das nun passen oder nicht. Prophetisches braucht also niemand von uns zu erhoffen oder zu befürchten. Wir werfen unseren Zeitgenossen, die einem modischen Antiprophetismus huldigen, allerdings vor, daß sie das Kind mit dem Bad ausschütten und mit der Prophetie auch das historische Verstehen über Bord werfen. Dabei ist Verstehen, selbst wenn es keine Möglichkeit der Voraussage eröffnet, durchaus nicht nutzlos. Es ist für uns von Vorteil, wenn wir verstehen, welche Wahlmöglichkeiten wir haben, selbst wenn (oder vielmehr gerade weil) wir nicht immer im voraus sicher sein können, welche davon Wirklichkeit werden wird.

Die Struktur der Geschichte

Die Menschheit hat in der Hauptsache drei Entwicklungsstadien durchlaufen: (1) Jäger- und Sammlervölker; (2) Ackerbaugesellschaften; (3) Industriegesellschaften. Daß jede einzelne Gesellschaft sämtliche drei Stadien durchlaufen muß, steht nirgends geschrieben. Ein

Entwicklungsschema, das für jede einzelne Gesellschaft Verbindlichkeit beansprucht, gibt es nicht. Gesellschaften können auf einer dieser Stufen stehenbleiben und tun das auch. Tatsache ist allerdings, daß ein direkter Übergang von Stadium 1 zu Stadium 3 undenkbar ist und daß ein Rückfall von Stadium 3 in Stadium 2 bzw. von Stadium 2 in Stadium 1 zwar denkbar, aber unwahrscheinlich und ungewöhnlich ist. Entgegen den philosophischen oder soziologischen Lehren des 19. Jahrhunderts sind Gesellschaften durch keine schicksalhafte Bestimmung oder innere Notwendigkeit *gezwungen*, von 1 zu 2 oder von 2 zu 3 fortzuschreiten. Es könnte im Gegenteil sein, daß der spontane, aus inneren Gründen vollzogene Übergang an und für sich unwahrscheinlich und einer ans Wunderbare grenzenden Verkettung von Umständen geschuldet ist (und daß dies in besonderem Maß auf den zweiten der beiden großen Übergänge zutrifft).

Die drei Vergesellschaftungsweisen unterscheiden sich so nachdrücklich voneinander, daß sie drei fundamental verschiedene Typen von Gesellschaft bilden, unbeschadet der großen und bedeutenden Vielfalt, die jeder Typus auch intern aufweist. Es kann nichts schaden, jede der drei Arten kurz zu skizzieren.

Sammler- und Jägervölker zeichnen sich dadurch aus, daß sie über geringe oder gar keine Möglichkeiten verfügen, Reichtum zu erzeugen, anzusammeln und in Reserve zu halten. Sie sind auf das angewiesen, was sie finden oder erlegen. Ihre Gemeinschaften sind klein und weisen einen geringen Grad von Arbeitsteilung auf.

Ackerbaugesellschaften erzeugen Lebensmittel, betreiben Vorratshaltung und gewinnen Verfügung über andere Arten konservierbaren Reichtums. Seinen wichtigsten Formen nach besteht dieser Reichtum, der über die Lebensmittelvorräte hinausgeht, aus Mitteln zur *Erzeugung* weiterer Lebensmittel und sonstiger Güter (Werkzeuge), Mitteln zur Ausübung von Gewalt (Waffen), Gegenständen von »symbolischem Wert« sowie verschiedenen Dingen, die der Lebensqualität förderlich sind oder sie durch kulturelle Veranstaltungen erhöhen. Solche Gesellschaften können zu einer bedeutenden Größe anwachsen. Ihr Bedarf an Arbeitskräften und an Kriegsmannschaft läßt sie normalerweise großes Gewicht auf die Vermehrung legen, weshalb sie dazu tendieren, das Bevölkerungswachstum bis zu einem kritischen Punkt zu treiben, an dem die vorhandenen Ressourcen unter Druck geraten und Hungersnot droht, wenn jene Ressourcen ausbleiben.

Ackerbaugesellschaften neigen zur Ausbildung komplexer sozialer Differenzierungen, einer ausgeklügelten Arbeitsteilung. Zwei der Spezialtätigkeiten gewinnen dabei ein ganz besonderes Gewicht: Es entsteht eine spezialisierte Klasse von Herrschenden und ein geistliches Spezialistentum (Fachleute für Erkenntnis-, Legitimations-, Heils- und Ritualfragen). Ein spezialisierter Klerus und eine eigene Herrscherschicht finden sich nicht überall in der agrarischen Welt, aber doch häufig genug, um ihr Vorkommen als typisch anzusehen.

Die Gesellschaften, die das ausbilden, was wir den Agrarkomplex nennen wollen, kennen Neuerungen, aber nicht als Bestandteil eines ständigen, kumulativen und in exponentiellen Kurven ablaufenden Prozesses. Der Agrarkomplex schätzt Stabilität und betrachtet gewöhnlich die Welt und die Gesellschaftsordnung, die er selber ausbildet, als etwas von Grund auf Stabiles. Mindestens einige agrarische Sozialmechanismen scheinen explizit zu dem Zweck erfunden, der Gefahr von möglicherweise störenden Neuerungen entgegenzuwirken. Bräuche der Vorfahren oder überkommene Einrichtungen, vielleicht in idealisierter Form, werden als moralische Norm, als verbindliches Vorbild hochgehalten.

Als Industriegesellschaft im strengen Sinn bezeichnen wir eine Gesellschaft, in der die Lebensmittelproduktion zur Sache einer gesellschaftlichen Minorität geworden ist und in der sich die Produktion ganz allgemein auf eine leistungsfähige und vor allem ständig *wachsende* Technik stützt, die gegebenenfalls durchaus imstande ist, der Bevölkerungszunahme den Rang abzulaufen, und die dies auch häufig genug tut. Die Bezeichnung Industriegesellschaft (gelegentlich werden wir vom Industriekomplex sprechen) wird hier im umfassenden Sinn eines Gattungsbegriffs verwendet, der weit mehr umfaßt als die düsteren Webstühle des Manchesterkapitalismus im England des 19. Jahrhunderts. Er schließt das ein, was gelegentlich »postindustrielle Gesellschaft« genannt wird, was immer das sein mag: Ich gebe dem Begriff »vollentwickelte Industriegesellschaft« den Vorzug. Die »Industriegesellschaft« im Sinne von Marx und Dickens bezeichnet man am besten als »frühe Industriegesellschaft«.

Dem Agrarkomplex lag *eine* Entdeckung zugrunde, nämlich die der Möglichkeit, Lebensmittel zu erzeugen. Weitere Erfindungen oder Neuerungen waren zufälliger Natur und stellten sich, wenn es überhaupt zu ihnen kam, nicht als Teil eines dauernden und anhaltenden Innovationsflusses ein. Sie kamen bestenfalls als Einzelfunde, nicht gehäuft zustande. Dem Industriekomplex hingegen liegt keine einzelne bestimmte Entdeckung zugrunde, sondern vielmehr die allgemeine Einsicht oder Meta-Entdeckung, daß eine systematische Erforschung der Natur möglich ist und deren Ergebnisse für eine Steigerung der Produktion einsetzbar sind, was, einmal begonnen, auch gar nicht allzu schwierig ist. Die Natur der Technik, die im Industriekomplex Verwendung findet, bringt es mit sich, daß große Produktionsunternehmen die Regel sind, ohne deshalb unbedingt Exklusivität zu beanspruchen. Aus dem Innovationserfordernis folgt, daß der Industriekomplex sich nicht nur durch eine komplexe Arbeitsteilung auszeichnet, sondern auch durch eine in ständigem Wandel begriffene Beschäftigungsstruktur.

Ein gewisses Maß an Zwang und Legitimationsbedürfnis ist allen menschlichen Gesellschaften eigen. Es ergibt sich einfach aus der Tatsache, daß der Aufbau menschlicher Gemeinschaften nicht durch das menschliche Erbgut vorgezeichnet ist: Bevölkerungen mit gleicher oder ähnlicher genetischer Ausstattung verfügen deshalb über eine sehr breite Palette von Möglichkeiten. Zwingt also die Natur keine bestimmte Struktur mehr auf, so muß diese durch einen anderen Mechanismus vorgeschrieben werden. Zwang kann als ein Element gelten, das dabei eine Rolle spielt, Legitimation und Überzeugung als ein anderes.

Der Legitimationsprozeß ist häufig eine völlig stumpfsinnige Angelegenheit. Wir dürfen nicht nur an große, vom Geist erfüllte Seher und Propheten oder Systembildner denken, die kraft irgendeines magischen Zaubers, der von ihrer Person oder ihrer Lehre oder von beidem ausgeht, ihre Vision oder ihr Sinnsystem den Mitmenschen aufzwingen. Eine andere, nicht weniger verbindliche Legitimationsweise ist an Uninspiriertheit dem Tun einer Platzanweiserin im Kino vergleichbar, die den Karteninhaber zu dem für ihn vorgesehenen Platz führt und ohne die das Publikum einem chaotischen Durcheinander ausgesetzt wäre. Die Fähigkeit, Plätze anzuweisen, ohne bei den Betroffenen auf Widerspruch zu stoßen, ist Inbegriff legitimierten Handelns. Zwang und Legitimation sind einander komplementär. Legitimationen basieren auf gegebenen Machtverhältnissen; aber umgekehrt hängt auch das Kräftegleichgewicht von der Beschaffenheit, Größe und Position von Gruppierungen ab, die ihrerseits durch die bescheidenen alltäglichen Aktivitäten jener männlichen und weiblichen Platzanweiser gebildet werden, die die Mitglieder einer Gesellschaft dorthin führen, wo sie hingehören. Ackerbaugesellschaften verfügen wegen ihrer Größe und Komplexität naturgemäß über Zwangs- und Legitimationssysteme, die umfangreicher sind als die der voragrarischen Gesellschaften. Die Industriegesellschaft andererseits ist dadurch ausgezeichnet oder vielleicht sogar wesentlich bestimmt, daß sie über eine sehr prägnante Form der Zwangsausübung und über eine Arbeitsteilung verfügt, die in mancher Hinsicht einfacher, in anderer wiederum komplizierter ist als die der agrarischen Welt.

Trinitarisches Denken

TRINITARISCHE THEORIEN der Menschheitsgeschichte sind nichts Ungewöhnliches. Manche von ihnen sind überaus interessant und verdienstvoll, und wir haben Anlaß, uns mit ihnen zu beschäftigen. Ihre Anfänge gehen möglicherweise auf den mittelalterlichen Denker Joachim von Fiore zurück, der ein Zeitalter des Vaters, des Sohnes und schließlich des Heiligen Geistes annahm. Hegel hielt die Trinitätslehre für die Hauptleistung des Christentums und sah in ihr den Schlüssel zum Verständnis der menschlichen Bestimmung. Auguste Comte unterschied in der Entwicklung des menschlichen Geistes und der menschlichen Gesellschaft ein religiöses Stadium, ein metaphysisches Stadium und ein Stadium der positiven Wissenschaft. James Frazer, wie Comte ein Anhänger des Vernunftglaubens (jedenfalls dem als offiziell betrachteten Hauptstrang seiner Theorie nach), unterschied ein magisches Zeitalter von einem religiösen und einem wissenschaftlichen, wobei er allerdings betonte, daß jedes der Zeitalter sich mehr durch das relative Vorherrschen einer der drei Grundformen des Denkens als durch das völlige Fehlen der beiden anderen auszeichne. Der Marxismus operiert mit einer größeren Zahl von Stadien, aber auch bei ihm lassen sich unschwer drei Hauptepochen herausschälen: eine Epoche, in der die Menschheit weder von Mehrwert noch von Ausbeutung etwas wußte; eine zweite, in der Mehrwertproduktion und Ausbeutung durchgängige Charakteristika sind; und eine dritte, in der die Ausbeutung verschwindet, während weiterhin Mehrwert geschaf-

fen wird.[2] Karl Polanyi, der wie Marx die entscheidenden Entwick-
lungsmerkmale eher in ökonomischen Bestimmungen als in Denkfor-
men sucht, charakterisiert die drei Stadien mit den Begriffen Gegenseitigkeit, Umverteilung und Markt.[3] Die Einteilung der Geschichte in
Perioden muß wie jede andere Form der Klassifizierung primär eher
unter dem Gesichtspunkt der Brauchbarkeit als einfach nur nach dem
Kriterium von wahr und falsch beurteilt werden. Mir scheint das hier
präsentierte Drei-Stadien-Schema – Jäger- und Sammlertätigkeit, agrarische Erzeugung, industrielle Produktion – im Lichte des modernen
Wissensstands weit brauchbarer und, so gesehen, auch triftiger zu sein
als seine Konkurrenten.

Muß man annehmen, daß unser Schema, insofern es die drei Stadien
von ihrer ökonomischen Grundlage her definiert, einer Art von ökonomischem Determinismus huldigt? Keineswegs! Unsere Behauptung
ist, daß die ökonomische Basis oder Produktionsweise in der Tat zwar
unsere Probleme determiniert, *nicht* aber die Lösungen, die wir für die
Probleme finden. Wie das empirische Material augenscheinlich be-
zeugt, legen sowohl die Jäger-und-Sammler-Gemeinschaften als auch
die Ackerbaugesellschaften eine riesige und geradezu überwältigende
Formenvielfalt an den Tag. Dasselbe gilt offenbar auch für den neuen
Typus der Industriegesellschaft.

Unsere Position ist also »materialistisch« nur insofern, als sie von
der Annahme ausgeht, daß jede der drei Hauptproduktionsweisen –
Jäger-und-Sammler-Tätigkeit, Ackerbau, wissenschaftlich-industrielle
Produktion – den Gesellschaften, die sie anwenden, radikal verschiedene Probleme beschert und Einschränkungen auferlegt und daß es,
so gesehen, sinnvoll ist, die resultierenden drei Arten von Gesellschaft
als drei fundamental verschiedene Typen anzusehen. Hingegen enthält
sich unsere Argumentation jedes vorschnellen Urteils darüber, welchem von den Bereichen menschlicher Tätigkeit – produktive Arbeit,

[2] Diese Darstellung findet sich in einem bemerkenswerten neueren Buch
von Eero Loone, das unter dem Titel *Sovremennaia Filosofia Istorii* (Geschichtsphilosophie der Gegenwart) 1980 in Tallinn erschienen ist. In verkapp-
ter Form findet sich der Trinitarismus (sieht man von einem vierten, hypothetischen Zukunftsstadium ab) auch in G. A. Cohen, *Karl Marx's Theory of
History*, Oxford 1978. Siehe dort S. 178.

[3] Karl Polanyi, *The Great Transformation*, New York 1944, Boston 1957
(Kapitel 4).

Ausübung von Herrschaft, Geistesarbeit – für die Aufrechterhaltung und Kontinuität von Gesellschaften und für die Hervorbringung neuer Vergesellschaftungsformen ausschlaggebende Bedeutung zukommt.

Das einzige, was vielleicht klar sein dürfte, ist, daß die beiden großen Übergänge in der Menschheitsgeschichte – die Umwälzungen des Neolithikums und die des Industriezeitalters – sich unmöglich auf menschliches Planen und Entwerfen zurückführen lassen. In beiden Fällen ist die von der Geschichte höchstpersönlich durchgesetzte neue Gesellschaftsordnung so radikal getrennt und verschieden von der vorangegangenen, in deren Schoß sie entstand, daß schlechterdings kein Mensch sie hätte antizipieren oder planen oder wollen können. Diejenigen, die zu säen begannen, konnten nicht wissen, was sie ernten würden, genausowenig wie jene, die Pflug und Schwert verließen, um sich dem Handel, dem Gewerbe oder der Innovation zuzuwenden. Das gilt natürlich in keiner Weise für die *Verbreitung*, die anschließend an ihre Durchsetzung in einem bestimmten Gebiet die betreffende neue Gesellschaftsordnung findet. Im Gegenteil: Hat eine neue und offenkundig erfolgreichere Ordnung erst einmal Existenz gewonnen, so kann und wird man sich auch anderswo bewußt und zielstrebig um sie bemühen. Daß diejenigen, die sie anstreben, sich unter Umständen ebenfalls mehr einhandeln, als sie geplant haben und in Kauf nehmen wollten, steht dann wieder auf einem anderen Blatt.

Arbeit, Herrschaft, Geist

DIE DREI GROSSEN STADIEN der Menschheitsgeschichte bilden die eine Orientierungsachse für unsere Vorgehensweise. Die andere liefert uns die Grundeinteilung menschlichen Tuns: seine Aufteilung in produktive, disziplinierende und geistige Tätigkeiten. Dadurch erhalten wir ein einfaches Diagramm aus 3 x 3 Positionen, das unserer Gesamtargumentation als Strukturrahmen dient.

Uns geht es um die Wandlungsprozesse, denen Arbeit, Herrschaft und Geist unterliegen, und um die Wechselwirkungen, die zwischen ihnen bestehen. Dies beides werden wir durch die drei Stadien hindurch verfolgen, unter Berücksichtigung der internen Vielfalt der letzteren und über die zwei großen Sprünge hinweg.

	ARBEIT	HERRSCHAFT	GEIST	
Jäger/Sammler				} Neolithische Revolution
Agrarkomplex				
Industriekomplex				} Industrielle Revolution

Der geringe Umfang voragrarischer Gesellschaften verhindert oder beschränkt zumindest die Ausbildung einer Arbeitsteilung und die volle Entfaltung eines politischen und religiösen Spezialistentums. Zu einer Absonderung politischer und religiöser Spezialisten von der Gesamtgesellschaft beziehungsweise ihrer Differenzierung gegeneinander kommt es höchstens in Ansätzen. Im Unterschied dazu wird durch den Agrarkomplex die Entstehung eigener Herrschafts- oder Erkenntnis- und Legitimationsinstanzen befördert oder vielleicht sogar herausgefordert, wobei die beiden Instanzen sowohl in vereinigter Form als auch in getrennter Gestalt auftreten können. Indem er zumeist dem Rest der Gesellschaft das Privileg oder auch die beschwerliche Aufgabe nimmt, an der Verteidigung und Aufrechterhaltung der Ordnung mitzuwirken, treibt er zugleich die Entwicklung der Arbeitsteilung in eben der Sphäre voran, in der die Gesellschaftstheorie ihr bis jetzt das größte Augenmerk geschenkt hat – nämlich auf ökonomischem Gebiet. Spezialisierte Produzenten, Handwerker und Handeltreibende treten in Erscheinung. In der Mehrzahl der Fälle allerdings wird die Ackerbaugesellschaft von ihren Kriegern oder ihrem Klerus oder von beiden gemeinsam beherrscht.

Daß sich Geistesarbeit und Ausübung von Herrschaft zu eigenständigen Tätigkeitsbereichen abspalten, ist mindestens ebenso wichtig wie das Entstehen von Spezialisierungen in der Produktion. Die Konsequenzen dieser allgemeinen Arbeitsteilung zwischen Herrschaft, Geist und Arbeit sind anderer Natur als die Folgen aus der Arbeitsteilung im engeren Sinn, der innerökonomischen Arbeitsteilung, die sich im Rahmen der Produktionstätigkeit selber vollzieht. Wenn man aus der Arbeitsteilung den Schlüssel zum Verständnis der Menschheitsgeschichte macht, ist es von entscheidender Wichtigkeit, zwischen diesen zwei Arten von Arbeitsteilung, der allgemeinen und der ökonomischen, zu unterscheiden.

Ausnahmen von der Regel, daß Ackerbaugesellschaften unter der Herrschaft militärisch-klerikaler Führungsschichten stehen, kommen vor, aber sie stellen nur eine Minderzahl von Fällen dar. Zwei Arten solcher Ausnahmefälle lassen sich unschwer erkennen. (1) Kleine Erzeugergemeinschaften, häufig aus Hirtennomaden oder Bergbauern bestehend, deren geographische Gegebenheiten es ihnen ermöglichen, sich der Fremdherrschaft zu entziehen oder ihre Unterwerfung uninteressant, weil zu kostspielig werden zu lassen. Bei diesen Gemeinschaften kann die innere Ordnung auf einem von umfänglicher politischer Mitbestimmung getragenen Kräftegleichgewicht beruhen, bei dem keine Kraft eine klare Vormachtstellung erringt. Diese durch Selbstverwaltung und politische Mitbestimmung ausgezeichneten Gemeinschaften beweisen häufig einen starken inneren Zusammenhalt und große kriegerische Tüchtigkeit und haben unter günstigen Umständen die besten Aussichten, andere, stärker zentralisierte und stratifizierte, kurz, typischere Ackerbaugesellschaften zu erobern und zu unterwerfen. So haben sie etwa den islamischen Gesellschaften viele ihrer Dynastien und Führungsschichten geliefert. (2) Stadtstaaten, die in ihrem relativen Verzicht auf herrschaftliche Verhältnisse in einem gewissen Maß durch den Umstand bestärkt werden, daß Handeltreibende Unternehmungsgeist brauchen, der sich normalerweise mit einem Leben in Knechtschaft schlecht verträgt. Diese beiden Arten von herrschaftsfreier Gesellschaft können auch in Kombination auftreten, wenn etwa eine Vereinigung von Grundbesitzern, die einander an Macht ungefähr ebenbürtig sind, eine Stadt gründen, deren Reichtum zugleich in beträchtlichem Maß vom Handel abhängt. Wie in der klassischen griechischen Antike der Fall, wird dabei unter Umständen die politische Macht über die Stadt im großen und ganzen von den Grundbesitzern ausgeübt, während den Handeltreibenden, die der Stadt ihren Reichtum verschaffen, die volle politische Mitbestimmung verwehrt bleibt.

Aber auch mit dieser wichtigen Einschränkung war das agrarische Zeitalter im wesentlichen eine Periode der Stagnation, der politischen Unterdrückung und des religiösen Aberglaubens. Eine Ausnahme von der Regel, wie sie das klassische Griechenland darstellt, sind wir alle geneigt für ein »Wunder« zu erklären. Stagnation, Unterdrückung, Aberglaube sind wertbefrachtete und abschätzige Begriffe, und es wäre vielleicht gar nicht so schwer, neutraler klingende, »wissenschaftlichere« Umschreibungen zu finden, auch wenn diese unter Umständen langatmig und schwerfällig wären. Indes wären die Nachteile eines solchen Umschreibungsverfahrens größer als seine (angeblichen) Vorteile. Unsere Absicht ist es, den Sachverhalt so einfach und überzeugend wie möglich darzustellen; es bringt nichts, wenn wir bestreiten, daß von den Wertvorstellungen unserer wachstumsorientierten liberalen Gesellschaft her die meisten agrarischen Gesellschaften einen Eindruck unerträglicher Enge vermitteln. Es hat keinen Sinn, so zu tun, als hätten wir nicht die Überzeugungen und Einstellungen, die doch der Großteil von uns tatsächlich hat und die den Bestimmungsgrund unserer Fragen bilden – vorausgesetzt, wir lassen uns nicht zu einer Verfälschung der Tatsachen verführen. (Romantische Gemüter werden hier ohne Zweifel protestieren. Aber unsere Sprache zielt auf Vereinfachung, sogar unter Inkaufnahme offenkundiger Vorurteile. Entscheidungen sind damit nicht vorweggenommen.)

Zwei weitere Entwicklungen spielen im Agrarkomplex eine entscheidende Rolle: die politische Zentralisierung und die Erfindung des Schriftwesens, die zur Entstehung kodifizierter Überzeugungs- und Begründungssysteme, eines Schriftglaubens führt. Keines dieser beiden Dinge ist notwendiger Bestandteil des Ackerbaukomplexes – es gibt durchaus Ackerbaugesellschaften ohne Staats- und Schriftwesen –, aber beide lassen sich in einer Vielzahl von agrarischen Gesellschaften antreffen, und sie erscheinen zugleich als Bedingung der Möglichkeit für weitere tiefgreifende Veränderungen.

Für welche Richtung wird sich die Steinzeit entscheiden?

DER URMENSCH hat zwei Leben: das eine, das er in eigener Person gelebt hat, und das andere, das er in unseren historischen Konstruktionen lebt. Es kann durchaus sein, daß die fehlenden historischen Zeugnisse ihn auf ewig zu diesem Doppelleben verurteilen. Seit wir angefangen haben, die Prinzipien unserer eigenen Gesellschaftsordnung zum Gegenstand einer kontinuierlichen Diskussion zu machen, haben wir immer wieder dazu tendiert, den Menschen der Frühzeit als Schlichter unserer Meinungsverschiedenheiten auf den Plan zu rufen. Um seine Stimme bei der nächsten allgemeinen Wahl wird eifrig geworben. Warum den Optionen der frühzeitlichen Menschen im Blick auf unsere eigenen Entscheidungen solche Bedeutung beigemessen wird, ist nicht ohne weiteres einsichtig. Angenommen, die Archäologen entdecken bei ihren Grabungen an einer sehr frühen Fundstätte die guterhaltene Abschrift der ursprünglichen Fassung des Gesellschaftsvertrags: Müßten wir uns dann an seine Bestimmungen gebunden fühlen und uns daranmachen, alles Verfassungsrecht der Gegenwart, das nicht mit dem Fund im Einklang stünde, für null und nichtig zu erklären? Würde das Gefundene an die Stelle der Charta der Vereinten Nationen treten?

Aber selbst wenn wir uns vielleicht nicht verpflichtet fühlen würden, uns den Beschlüssen irgendeiner verfassunggebenden Versammlung der Steinzeit zu unterwerfen, bliebe doch jedenfalls ein überaus lebhaftes Bedürfnis herauszufinden, was genau die Versammelten – oder was auch immer damals den heutigen Versammlungen entsprochen hätte – mit ihren Beschlüssen im Sinn hatten. Die Diskussion spielt sich in zwei ganz verschiedenen Formen ab. So erheben manche der Beteiligten gar nicht den Anspruch, archäologische oder anthropologische Forschung zu betreiben, sondern liefern vielmehr unverblümt ein Als-ob-Modell zur moralpraktischen Orientierung. Für sie ist der Gründungsvertrag eine nützliche Fiktion, selbst wenn ihm keine historische Wirklichkeit zukommt.

Für manche ist die verfassunggebende Versammlung der Menschheit eine Art ständige Einrichtung, seitdem es menschliche Gesellschaften gibt. Diskussionsbeiträge zu ihren Sitzungen folgen einer Art Übereinkunft, »sich dumm zu stellen« – das heißt man setzt alle spezifischen Kenntnisse über bestehende soziale Verhältnisse und die besondere Stellung, die man selber darin einnimmt, beiseite, sieht von all dem ab und tut so, *als ob* man im Begriff wäre, in der Geschichte eine Gesellschaftsordnung zu begründen.[4] Nach der ironischen Äußerung eines konservativen Denkers, den ein ausgeprägter Sinn für historischen Zusammenhang auszeichnet, benehmen sich jene Rationalisten

[4] John Rawls, *A Theory of Justice*, Oxford 1972; Robert Nozick, *Anarchy, State and Utopia*, Oxford 1974.

– theoretisch zumindest –, als finge ihr Leben jeden Tag neu an.[5] Die eigenen moralischen Ansichten oder, vielleicht besser gesagt, geläuterten und begründeten Überzeugungen werden von den Betreffenden wie etwas behandelt, worin die Diskussionen jener ursprünglichen beziehungsweise permanenten Versammlung notwendig resultieren müssen, vorausgesetzt, sie werden auf richtige Weise geführt. Dadurch daß man so tut, als müsse man die Gesellschaft von Grund auf neu errichten, findet man angeblich zu jener allgemeingültigen Grundeinstellung, die als die gültige eben durch diese Simulation, durch das intellektuelle Experiment ausgewiesen wird.

Die Vertreter dieser Verfahrensweise müssen sich kritisch fragen lassen, ob sie ernstlich glauben, daß die Ausschaltung des gegebenen Kenntnisstands möglich ist. Meinen sie nicht, daß diese permanent tagende Versammlung je nach der besonderen historischen Tradition, der ihre Mitglieder entstammen, zu denkbar verschiedenen Ergebnissen gelangen müßte? Das Absehen von spezifischen Kenntnissen über die eigene Situation bietet ja noch keinerlei Gewähr dafür, daß auch tiefsitzende, durchdringende, kulturell begrenzte, aber hartnäckige Überzeugungen entsprechend außer Kraft gesetzt werden.

Weit entfernt davon, über die wirklichen Gesellschaften aus einer *unabhängigen* Position heraus urteilen zu können, kann die Versammlung, die diesem bizarren Konzept entspricht, nur die Wertvorstellungen der jeweiligen konkreten Gesellschaft wiedergeben und bestätigen, aus der ihre Mitglieder zufällig ausgewählt wurden. Beziehungsweise spiegeln, da die Versammlung ja gar nicht wirklich zusammentritt, die Beschlüsse, die sie auf ihren imaginären Sitzungen faßt, nur die Wertvorstellungen derjenigen wider, die diese Sitzungen in der Phantasie nachvollziehen.

In vielen Gesellschaften wäre schon der bloße Gedanke, daß Menschen, die noch von keiner Kultur beleckt sind, sich ihre Gesellschaftsordnung *aussuchen* können statt sie von einer transzendenten Macht auferlegt zu bekommen, etwas schlicht Unsinniges. Für solche Leute wäre die Forderung, am eigenen Geist jene begriffliche Amputation vorzunehmen, in der Tat gleichbedeutend mit der Aufforderung, *von sich selber zu abstrahieren*, die eigene Existenz zu verleugnen, die tief-

[5] Michael Oakeshott, *Rationalism in Politics and Other Essays*, London 1962.

sten persönlichen Moralvorstellungen zu ignorieren. Als Methode, die darauf abzielt, partikulare Vorurteile und überkommene Bindungen zu überwinden, ist das »Sich-dumm-Stellen« einfach nur ein extremer Fall eines besonderen Systems von ethnozentrischen Scheuklappen, ein Verfahren für unsere ziemlich spezielle, mobile und daher egalitäre Gesellschaft, die eigenen Wertvorstellungen zu bestätigen.

Die Voraussetzung einer moralischen Identität, die unabhängig von der gesellschaftlichen Stellung und Tätigkeit ist, ergibt in einer Gesellschaft wie der unseren, in der die Rollen zumindest dem Anspruch nach, in einem gewissen Maß aber auch tatsächlich in jeder Generation neu verteilt werden, einen guten Sinn. Die Neuverteilung der Rollen dient uns darüber hinaus auch zur Stärkung des Gemeinschaftsgefühls, geradeso wie manche bäuerlichen Gemeinschaften ihren Zusammenhalt durch die periodische Neuverteilung der Äcker stärken. Wir identifizieren uns nicht mit erblichen Rollen, sondern mit dem Kulturbereich (»Nation«), innerhalb dessen die Rollen einer Neuverteilung unterliegen, ohne daß dies Widerspruch hervorruft. Aber welchen Sinn soll eine solche Rollenunabhängigkeit für Gesellschaften haben, die keinen leistungsgesellschaftlichen Prinzipien huldigen, die diese Prinzipien weder hochschätzen noch ihnen normative Bedeutung beimessen? Welchen Sinn hat solche Rollenunbestimmtheit in einer Gesellschaft, in der die Menschen ihre Identität *mittels* ihrer spezifischen Rollen gewinnen und nicht unabhängig von ihnen?

Dann gibt es wiederum andere Beteiligte an der Kontroverse, deren primäres oder jedenfalls erklärtes Interesse dem primitiven Menschen gilt, wie er wirklich war. Das sind die berufsmäßigen Anthropologen und Archäologen, die ihre Äußerungen den üblichen wissenschaftlichen Urteils- und Geltungskriterien unterworfen sehen wollen. Irgendwelche moralischen oder ideologischen Implikationen und sonstigen Gedankenverbindungen gelten dabei nach offizieller Lesart als rein zufällig. Nichtsdestoweniger sind die anregendsten dieser auf Faktenerhebung zielenden Rekonstruktionen überaus reich an Bezügen zu zeitgenössischen politischen Verhältnissen. Der Verdacht drängt sich auf, daß es eben diese Bezüge sind, die, wenigstens zum Teil, den betreffenden Autoren zu ihren Theorien die Anregung lieferten. Die Tatsache ihrer zeitpolitischen Bezüge entwertet die Theorien natürlich keineswegs. Wie weit sie annehmbar sind, darüber entscheidet letzten Endes nur das historische Beweismaterial. Aber auch wenn sie historisch zutreffen, muß das noch lange nicht heißen, daß sie für die politischen Entscheidungen, vor denen *wir* stehen, bindenden Charakter haben. Wie dem auch sei, es ist interessant, daß der Mensch der Frühzeit nach wie vor solch einen politischen Sexappeal für uns hat.

Zwischen den beiden Extremen derer, die kein Hehl daraus machen, daß ihre Rekonstruktionen fiktiv sind, und derer, die sich als professionelle Vertreter einer historischen Anthropologie verstehen, gibt es noch andere, die zwar keine anerkannten Fachleute auf frühgeschichtlichem Gebiet sind, nichtsdestoweniger aber für ihre Thesen den Status realistischer, nicht bloß fiktiver Feststellungen beanspruchen und die zugleich aber auch Wert darauf legen, daß diese Thesen in bezug auf die Gestaltung unseres eigenen gesellschaftlichen Lebens aussagekräftig sind.

Einer der tiefschürfendsten und einflußreichsten modernen Verkünder eines Liberalismus auf wirtschaftlichem Gebiet wie auch in anderen Bereichen ist F. A. Hayek. Hayeks Analyse der Wahlmöglichkeiten und Gefahren, vor denen die moderne Gesellschaft steht, verweist zum Beispiel auf ein klar umrissenes Bild von der Gesellschaftsordnung und Moralität des primitiven Menschen. Seiner Ansicht nach geht von der ausgeprägten Sozialmoral des Urzeitmenschen und ihrem Fortleben in der heutigen Gesellschaft eine reale Gefahr für uns aus: »Es gibt . . ., soweit es unsere gegenwärtige Gesellschaft betrifft, kein ›natürliches Gutes‹, weil der Mensch mit seinen angeborenen Instinkten niemals eine Zivilisation hätte aufbauen können, die die Erhaltung einer so großen Bevölkerungszahl möglich macht. Um dies zu ermöglichen, mußte er viele Gefühle aufgeben, die für die kleine Gruppe gut gewesen waren, und die Opfer bringen, die die Disziplin der Freiheit fordert, die er aber haßt. Die abstrakte Gesellschaft beruht auf erlernten Regeln und nicht darauf, daß der einzelne allgemeine, als wünschenswert erkannte Ziele verfolgt. Nicht das Streben nach Befriedigung bekannter Bedürfnisse anderer führt zum höchsten Ertrag für die Gemeinschaft, sondern nur die Verfolgung abstrakter und dem Anschein nach zweckfreier Regeln.«[6] Und was das in der Praxis bedeutet, wird, damit es auch jeder kapiert, klar und deutlich ausgeführt: ». . . sind die lange Zeit unterdrückten Urinstinkte wieder an die Oberfläche gekommen. Die Forderung nach gerechter Vertei-

---

[6] F. A. Hayek, *Die drei Quellen menschlicher Werte*, Tübingen 1979, S. 34 f.

lung und nach einer organisierten Macht, die jedem das zuteilt, was er verdient, ist somit genau genommen ein *Atavismus*, der auf diesen Urinstinkten beruht. Und an diese weithin vorherrschenden Gefühle wenden sich die Propheten, Moralphilosophen und Konstruktivisten mit ihrem Vorhaben, bewußt eine neue Gesellschaftsordnung zu schaffen.«[7]

Ein einprägsames und packendes Bild! Lange, lange Zeit – den überwältigenden Großteil von Generationen seit Beginn der Menschheit, wie auch immer dieser Beginn zu datieren sein mag – müssen die Menschen in einer Art von »Horden« zusammengelebt haben, in Gruppen, die zu klein waren, um sie abstrakten und unpersönlichen Regeln zu unterwerfen. Dieser Sicht zufolge gaben uns also während eines Großteils unserer Geschichte unsere Lebensverhältnisse eine Ethik ein, die das genaue Gegenteil zu all dem darstellt, was an der menschlichen Zivilisation innovativ, kreativ, progressiv ist. Zivilisation ist demnach daran gebunden, daß wir nicht so sehr unsere niederen Instinkte, sondern vielmehr all das überwinden, was herkömmlicherweise als moralisch galt: die Sozialtriebe der Menschen, ihre Tendenz, sich mit anderen zwecks Verfolgung gemeinsamer Ziele zusammenzutun. Wenn Zivilisation entstehen und Bestand haben soll, müssen Nächstenliebe, Gemeinschaftsgefühl und das Bewußtsein verbindender Ziele der Achtung vor abstrakten und unverständlichen Regeln weichen.

Nach Hayeks Vorstellung entwickelte sich ungeplant und unbeabsichtigt eine Kultur, die weder das Ergebnis bewußten Tuns noch die Frucht animalischer Instinkte war und die nun aber ihrerseits überhaupt erst jenen automatischen Mechanismus einer Anpassung an den jeweiligen Bedarf, jenen permanenten innovativen Fortschritt möglich machte, dessen Erscheinungsform und zugleich Nährboden der *Markt* ist. Nur auf dem Boden einer unabsichtlich ins Leben gerufenen abstrakten Gesellschaft, einer Gesellschaft, die mehr Sinn für Regelsysteme als für gefühlsbestimmtes Zusammenwirken hat, ist der Markt imstande, in neuer Form jenen Prozeß einer unbewußten natürlichen Auslese fortzusetzen, der, wie er in der Natur höhere Lebensformen aus den niederen entstehen ließ, so jetzt zu höheren Vergesellschaftungsformen führen kann. Nach Hayeks interessanter Ansicht

7 Ebenda, S. 29.

führen weder die Fortsetzung des natürlichen Kampfs ums Dasein noch dessen Mäßigung durch ein den Frieden sicherndes Staatswesen von sich aus bereits zum Fortschritt. Aber zwischen den beiden segensreichen Mechanismen – der natürlichen Auslese und dem Markt – liegt historisch ein dunkles Zeitalter, in dem sich eine übertriebene Sozialmoral breitgemacht und den Menschen sozusagen übersozialisiert hat. Lange, allzulange war die Menschheit der Herrschaft dieser Moral unterworfen. Erst vor etwa fünf Jahrtausenden sind Gesellschaften entstanden, die sich annähernd als abstrakt, unpersönlich und regelbestimmt beschreiben lassen, und auch in diesen letzten Jahrtausenden hat nur der kleinere Teil der Menschheit unter ihren Bedingungen gelebt. Wenn man bedenkt, welch jungen Datums und wie ungesichert unsere Befreiung von der Übersozialisierung ist, kann man sich höchstens darüber wundern, daß jene atavistische Gesellschaftsmoral uns nicht noch viel gründlicher fesselt, als sie es nach Hayeks Befürchtung bereits tut. Unsere größte Bedrohung geht von einer bestimmten sozialen Ethik und Geschlossenheitsideologie aus und nicht etwa von deren Fehlen.

Hayeks Darstellung unserer Lebensgrundlagen unterscheidet sich von einer einfachen Reformulierung der klassischen Position des sogenannten *Laissez-faire*-Liberalismus durch die bewußte Betonung der *kulturellen* Voraussetzungen für eine offene, durch den Markt organisierte Gesellschaft. Nach der klassischen Formulierung ist die einzige wichtige Voraussetzung politischer Natur: Es braucht einen gerechten, tatkräftigen und von Habgier freien Staat, eine politische Gewalt, die ihre Macht in den Dienst der Bewahrung des Friedens und der Aufrechterhaltung der Gesetze stellt und nicht bloß dazu benutzt, die bürgerliche Gesellschaft auszuplündern. Der neue Geist, der auf diese Weise entsteht, ersetzt dann die natürliche Auslese, die über Tod und Leben von Arten und Individuen entscheidet, durch einen Marktmechanismus, der zwar unrationelle Produkte und schlechte Ideen zum Untergang verurteilt, aber deren Erzeuger leben läßt, um ihnen die Chance zu neuerlichen Produktions- und Innovationsanstrengungen zu geben. Bei seiner Neufassung des Problems besteht Hayek darauf, daß eine nur politische Ordnung nicht ausreicht, sondern daß auch eine bestimmte Art von abstrakter Kultur erforderlich ist, die Ausbildung eines gewissen Sinns und Respekts für abstrakte Regeln und eine Loslösung von gemeinschaftlichen, aufs Zusammenwirken abgestellten Zielvorstellungen. Die Vorsehung braucht ein angemessenes kulturelles Milieu, um ihre Wirksamkeit zu entfalten, braucht Menschen, deren Geselligkeit sich in Grenzen hält, Menschen, deren Respekt eher Regelsystemen als gesellschaftlichen Zielen gilt.

Ganz ähnliche Überlegungen, nach denen der eigentliche Gegner nicht destruktive animalische Instinkte, sondern umgekehrt repressive soziale Moralvorstellungen sind, finden sich auch in der Gesellschaftstheorie von Karl Popper.[8] Diese übereinstimmende Ansicht von Hayek und Popper ließe sich gut als »Wiener Theorie« bezeichnen. Man mag sich durchaus fragen, ob ihr Ursprung nicht in der Konfrontation des individualistischen, atomisierten, gebildeten hauptstädtischen Bürgertums der Habsburger Monarchie mit den Horden von sippenförmig organisierten, kollektivistischen, gesetzesverachtenden Einwanderern zu suchen ist, die im 19. Jahrhundert aus den östlichen Provinzen des Kaiserreichs, aus dem Balkan und aus Galizien, in die Hauptstadt strömten. Kosmopolitische Liberale mußten sich im politischen Raum mit der aufkeimenden Saat eines nationalen Sozialismus auseinandersetzen. Diese »Wiener Theorie« ist eine Reaktion, eine Absage sowohl an die Romantik – *Gesellschaft* erhält den Vorzug vor *Gemeinschaft* – als auch an den Marxismus. Marx sagte eher eine Wiederbelebung als eine Überwindung jener angeblichen sozialen Bindungen des Frühzeitmenschen voraus.

Ein anderer Versuch, den Primitiven für heutige Wertvorstellungen einzuspannen, findet sich in Thorstein Veblens klassisch gewordenem Buch *Die Theorie der feinen Leute*.[9] Wenn er auch in manchen Punkten überholt sein mag, geht von diesem Versuch Veblens nach wie vor ein profunder Reiz aus. Genauso wie Marx und anders als Hayek begrüßt Veblen (und beklagt nicht etwa) die friedliebende Gesellschaftlichkeit, die auch er dem Primitiven zuschreibt, der nach seiner Ansicht die zentrale, wesentliche und maßgebende Bestimmung der Humanität, das Streben nach Erfüllung durch *Arbeit*, mustergültig verkörpert. Die Allgemeingültigkeit einer Ethik der Arbeit wird aus der angeblich naturgegebenen Zweckbestimmtheit menschlichen Han-

---

[8] Siehe K. R. Popper, *The Open Society and its Enemies*, London 1945 (dt.: *Die offene Gesellschaft und ihre Feinde*, 2 Bde., München 1975).

[9] Thorstein Veblen, *Die Theorie der feinen Leute*, München 1981 (*The Theory of the Leisure Class*, New York 1899).

delns abgeleitet. Weil wir allesamt Ziele verfolgen, so wird argumentiert, sind wir auch allesamt leistungsorientiert und schätzen deshalb ehrliche, saubere Arbeit. Veblen benutzt also eine Binsenwahrheit – Handeln ist zweckgerichtet – als Prämisse für eine atemberaubend ungesicherte allgemeine Schlußfolgerung: Alle Menschen sind von Arbeitsethos erfüllt. In Wahrheit aber verhält es sich so, daß – auch wenn alle Menschen mehr oder weniger per definitionem um die Erreichung ihrer Ziele bemüht sind – manche gern arbeiten und in der Arbeit Erfüllung finden, andere hingegen nicht.

»Der Mensch ist ... ein handelndes Wesen ... Als Handelnder sucht er in jedem Tun die Verwirklichung eines konkreten, objektiven, unpersönlichen Zieles. Deshalb ist er von der Freude an ›greifbaren‹ Ergebnissen besessen und haßt die nutzlose Anstrengung. Er schätzt Brauchbarkeit und Leistung, verachtet hingegen vergebliches Tun, Unfähigkeit und Vergeudung. Diese Fähigkeit oder Neigung wollen wir als *Werkinstinkt* bezeichnen.«[10]

Der Naturmensch war offenbar ein Yankee, leistungsbewußt und von Abscheu gegen jede Verschwendung erfüllt. Das Unpersönliche seiner Zielsetzungen erinnert in gewissem Maß an die Achtung vor abstrakten Regeln, die Hayek hochhält. Aber für Hayek war diese Haltung etwas, das erst erworben werden mußte, während für Veblen zielbewußtes Verhalten von Anfang an da ist, etwas Angeborenes darstellt. Was war das für eine Art Gemeinschaft, in der die Menschen der Frühzeit lebten? »Diese primitiven Gemeinwesen ... (kennen) keine vornehme Klasse ... Sie leben in kleinen Gruppen ..., sind meist friedlich, seßhaft und arm, und das Privateigentum spielt keine Rolle in der Wirtschaft.«[11]

Im Anschluß an diesen glücklichen Zustand treiben Wachstum und zunehmende Komplexität der Gesellschaft eine parasitäre, zu Müßiggang und Gewalttätigkeit neigende herrschende Klasse hervor, die sich das Arbeitsethos in dem Maße abgewöhnt, wie Arbeit für sie zum Stigma und Zeichen der Knechtschaft wird. Charakteristischerweise beschäftigt sich Veblen bei all seinem Interesse für die herrschende *Klasse* nur wenig mit dem Staat, der in seinem Buch praktisch nicht auftaucht. Vermutlich hat dies seinen Grund darin, daß im Amerika

[10] Ebenda, S. 28 f.
[11] Ebenda, S. 22.

Veblens die bürgerliche Gesellschaft derart stark und der Staat damals in der Tat nichts weiter als ihr Erfüllungsgehilfe war.

Für den Marxismus in seiner offiziellen und zentralen Fassung ist der Staat nur die Widerspiegelung einer gesellschaftlichen Ordnung, die nicht durch ihn erzeugt ist. Aber während der Marxismus diese theoretische Aussage in der Praxis nur eingeschränkt gelten läßt, erweckt Veblen in seiner *Theory of the Leisure Class* den starken Eindruck, daß es sich in Wirklichkeit so bereits verhält und daß vom Staat keine eigene Bedrohung ausgeht. Die herrschende Klasse und ihre Gebrechen zählen, nicht hingegen der Staat.

Das, was Hayek anscheinend zu schaffen macht, ist der Gegensatz zwischen der Kreativität einer individualistischen Bourgeoisie und der kulturellen Sterilität sippenhöriger Einwandererhorden aus irgendeiner *Zadruga* vom Balkan, deren Clanbewußtsein und kollektivistische Einstellung eine Bedrohung für Freiheit und Fortschritt darstellen. Veblen hingegen scheint einer amerikanischen Abneigung gegen europäische Aristokraten und gegen das Fortleben oder das Wiederaufleben aristokratischer Wertvorstellungen in den reichen Schichten Amerikas Ausdruck zu verleihen. Zu Veblens großem Abscheu mußte das, was mit fanatischem Eifer auf der Wall Street erworben worden war, spektakulär auf der Fifth Avenue verschleudert werden. Hayeks und Veblens Wertvorstellungen sind gar nicht so weit voneinander entfernt; worin sie diese Wertvorstellungen historisch verkörpert und gesellschaftlich verwurzelt sehen, sind hingegen ganz verschiedene Dinge.

Wenn Veblen diese Ausbildung eines Geschmacks für ostentativen Müßiggang und Gewalttätigkeit mit der Jagd in Verbindung bringt, irrt er wahrscheinlich sehr. Die Tatsache, daß der Jäger Gewalt gegenüber seiner Beute übt, bedeutet nicht zwangsläufig, daß er sich auch aggressiv gegen seine Mitmenschen beträgt. Die Italiener, die im Herbst Tage damit verbringen, durch die Wälder zu streifen und auf alles zu schießen, was sich bewegt, verbringen die Abende im geselligen Miteinander bei Essen und Trinken, und man kann sich durchaus fragen, ob das abendliche Fest dazu dient, die Jagd zu feiern, oder ob nicht die Jagd nur der Vorwand dafür ist, ein Fest zu feiern. Wir haben etlichen Grund zu vermuten, daß auch die Jäger der Frühzeit vergleichbar wenig Anlaß und Neigung hatten, sich gegenseitig zu bekämpfen. Eine Wirtschaft auf Jäger-und-Sammler-Basis, die keine nennenswerte Vorratshaltung kennt, liefert wenig einsehbaren Anreiz für Aggressionen und Unterdrückung. Jedenfalls wird sie nicht durch das gravierende Problem der Erzeugung und Verteilung eines gespeicherten Überschusses in diese Richtung gedrängt. Veblen ist sich dessen bewußt: ».. . der Raub kann so lange nicht zum gewohnheitsmäßigen und normalen Rückhalt einer Gruppe oder Klasse werden, als die Arbeitsmethoden nicht weit genug entwickelt sind, daß über dem bloßen Subsistenzniveau ein Spielraum bleibt, für den zu kämpfen es sich lohnt. Der Übergang vom Frieden zum Raub hängt damit von der Entwicklung technischer Kenntnisse und von der Verwendung von Werkzeugen ab.«[12]

Veblens Urzeitmensch befindet sich also irgendwo in der Mitte unseres politischen Spektrums, zwischen dem »rechten« Hayek und den »linken« Radikalen. Veblen schätzt den Menschen der Frühzeit wegen seines Gemeinschaftsgeists (der von Hayek verdammt wird) und wegen seines Arbeitsethos (das Hayek gutheißt, aber nicht mit ihm verbindet). Diejenigen auf dem linken Flügel des politischen Spektrums hingegen schätzen den Urzeitmenschen wegen seines Gemeinschaftssinns und wegen seiner löblichen Trägheit, die noch durch kein Arbeitsethos oder, wie sie lieber sagen, durch keine Besitzgier verdorben ist. Zum Teil entspringt diese Einschätzung einer historischen Situation, in der eine spätindustrielle Gegenkultur gleichermaßen aristokratisches Imponiergehabe und bourgeoises Erwerbsstreben zu verwerfen neigt. Die Liberalen können den Zwang nicht ertragen, während die Sozialisten die Habgier verabscheuen, und etliche unserer Alternativen erklären beides für hassenswert und sehen den Menschen der Frühzeit frei von dem einen wie dem anderen Makel.

Es lohnt sich, noch ein bißchen am anderen Ende des Spektrums zu verweilen, bei denjenigen, die bemüht sind, den Primitiven für die äußerste Linke zu rekrutieren. Marshall Sahlins' *Stone Age Economics*[13] ist vermutlich die einflußreichste und wichtigste neuere Arbeit auf diesem Gebiet. Während Hayek den Frühzeitmenschen wegen seiner vom Herdentrieb beherrschten Sozialmoral verdammt, preist ihn Sahlins, weil er frei von Habgier und, wichtiger vielleicht noch, frei von allem Arbeitsethos gewesen sei. Wo die Populisten des 19. Jahrhunderts das Bauerntum verklären, da geht der neolithische Populismus

---

[12] Ebenda, S. 32.
[13] Marshall Sahlins, *Stone Age Economics*, London 1974.

33

Sahlins' noch viel weiter zurück und idealisiert das Dasein der Jäger-
und-Sammler-Horden. Nicht mit dem ersten Bourgeois beginnt der
Niedergang, sondern bereits mit dem ersten Bauern. Der Bauer erscheint tatsächlich als eine Art Proto-Bourgeois. Vor der Einführung
des Ackerbaus haben wir viel besser gelebt, viel geruhsamer und humaner. Ein paar Zitate werden uns einen atmosphärischen Eindruck
von seinen Ideen vermitteln:

»Den Jäger ist man versucht als den ›unökonomischen Menschen‹
zu bezeichnen. Zumindest was die nicht zur Selbsterhaltung nötigen
Güter angeht, ist er das genaue Gegenteil des stereotypen Zerrbilds
vom Menschen, das man garantiert auf Seite eins jedes x-beliebigen
Werks über die Grundlagen der Ökonomie verewigt findet. Er hat wenig Bedürfnisse und verfügt über (vergleichsweise) zahlreiche Mittel
zu ihrer Befriedigung. Infolgedessen ist er ›verhältnismäßig frei von
materiellen Zwängen‹, hat ›keinen Besitztrieb‹, legt ›ein unentwickel-
tes Gefühl für Eigentum‹ an den Tag, ist ›völlig gleichgültig gegenüber
jedweden materiellen Zwängen‹, gibt ›mangelndes Interesse‹ an der
Fortentwicklung seiner technischen Ausrüstung zu erkennen.«

»Der wirtschaftlich denkende Mensch ist ein bürgerliches Kon-
strukt ... Es ist nicht etwa so, daß Jäger und Sammler ihre materialistischen Regungen unterdrücken; sie haben sie einfach nie zu einer festen
Größe ausgebildet ... Wir neigen dazu, uns Jäger und Sammler als
arm vorzustellen, weil sie nichts besitzen; vielleicht sollten wir sie uns
wegen dieser ihrer Besitzlosigkeit eher als *frei* vorstellen.«

»Der unmittelbare Schluß drängt sich auf, daß die Menschen [die
Jäger und Sammler] nicht hart arbeiten. Pro Tag und Person wurden
für die Beschaffung und Zubereitung der Nahrung durchschnittlich
vier bis fünf Stunden aufgewandt. Hinzu kommt noch, daß sie nicht
regelmäßig arbeiteten. Der Sorge um den Unterhalt widmeten sie sich
nur in größeren Abständen.«

»Keine Bedürfnisse, kein Mangel.«[14]

Sahlins leugnet nicht, daß für diese Frühform eines Lebens im
Wohlstand, für diese gesegnete Entsprechung von Bedürfnis und Be-

---

[14] Ebenda, S. 11, 13, 14, 17. Ein bemerkenswerter Versuch, die Frühzeit der
Menschheit in marxistischen Begriffen neu zu fassen, findet sich in Y. V.
Bromley, A. I. Pershitz und Y. I. Semenov, *Istoria Piervobytnovo Obshohestva*
(Geschichte der primitiven Gesellschaft), Moskau 1983.

dürfnisbefriedigung, die in der Geringfügigkeit der Bedürfnisse ihre Voraussetzung hat, ein gewisser Preis gezahlt werden muß. Jene Jäger- und-Sammler-Gemeinschaften mußten mobil sein und die Zahlen ihrer Mitglieder niedrig halten. Das Mobilitätserfordernis ist tatsächlich einer der Faktoren, die Sahlins zur Erklärung des fehlenden Eigentumsbewußtseins beim voragrarischen Menschen anführt. Jeder Besitz, den er erwirbt, wird im wortwörtlichen Sinn zu einer *Last*, einer Bürde. In einer Welt ohne Gepäckträger erwarb beziehungsweise kultivierte niemand, der ständig unterwegs war, einen Sinn für umfangreiches Gepäck.

Wenn Sahlins recht hat – und seine Argumentation ist nicht so ohne weiteres von der Hand zu weisen –, war die Einführung des Ackerbaus sowohl in moralischer als auch in materieller Hinsicht eine Katastrophe und nicht etwa eine grandiose Errungenschaft. Die faszinierende Möglichkeit ist nicht auszuschließen, und Sahlins macht aus seiner Befriedigung darüber kein Hehl, daß bei manchen Jäger-und-Sammler-Völkern der Fortgang zum Ackerbau nicht aus Unvermögen, sondern aus weiser Voraussicht unterbleibt: »Interessanterweise wollen die Hadza, die beim Leben und nicht bei der Ethnologie in die Schule gegangen sind, von der neolithischen Revolution deshalb nichts wissen, weil sie sich ihren Müßiggang *erhalten* möchten.«[15] Die ostafrikanischen Hadza, die James Woodburn beispielhaft erforscht und interpretiert hat, haben zu der derzeitigen Neubewertung der jeweiligen Leistungen voragrarischer und agrarischer Wirtschaftsformen wesentliche Anstöße geliefert. Die Hadza scheinen in vielerlei Hinsicht einen bewußten Einspruch gegen den Menschen agrarisch-bourgeoisen Zuschnitts darzustellen. Sie wollen nicht nur entschieden von Reichtum und Arbeit nichts wissen, sie zeigen auch vielen anderen Wertvorstellungen die kalte Schulter, auf die »höhere« Kulturen häufig große Stücke halten. So lehnen sie es inbesondere ab, intensive persönliche Bindungen und langfristige Verpflichtungen einzugehen. Bei uns, sagen diese neolithischen Nichtsnutze, gibt es keine Schulden. Soziales Handeln zieht keine langfristigen Verpflichtungen oder Beziehungen nach sich. Falls bei ihnen jemand einem anderen eine Wohltat erweist, handelt es sich dabei um ein genuin selbstloses Tun, nicht um eine versteckte Form der Zukunftsvorsorge. Zwischen Vergangenheit und

[15] Sahlins, a. a. O., S. 27.

Zukunft gibt es keine Abmachungen oder geheiligten Verträge. Nicht nur gibt es in einer bestimmten Situation wenig soziale »Struktur«, ein Minimum an Arbeitsteilung und gesellschaftlichen Rollen, es gibt vor allem auch wenig, was einer *zeitübergreifenden* Struktur entspräche.

Durch diesen Umstand ist Woodburn, der Ethnologe, der die Hadza erforscht hat, zu einer interessanten Hypothese angeregt worden, die mit den Anfängen des Ackerbaus jene Art von sozialer Mindestorganisation in Zusammenhang bringt, die für die Festlegung und Durchsetzung langfristiger Verbindlichkeiten erforderlich ist.[16] Akkerbau bedeutet Arbeit unter Bedingungen verzögerten Ertrags. Eine sehr lockere und unausgebildete Sozialorganisation, die kein Gefühl für die Aufrechterhaltung von Verpflichtungen über einen längeren Zeitraum hinweg hat, ist unfähig, für die Auslieferung der geernteten Feldfrüchte an die Mitglieder der Gesellschaft Sorge zu tragen. Die Vorstellung, daß bei den Primitiven sexuelle Promiskuität herrsche, ist von den Ethnologen schon lange aufgegeben worden, aber eine Art ökonomisch-moralisches Äquivalent dazu, die Vorstellung nämlich, daß es ihnen an haltbaren Produktionsverhältnissen fehlt, scheint nach wie vor lebendig und im Schwange. Die Einführung des Ackerbaus setzt also eine Gemeinschaft voraus, die aus irgendeinem Grund bereits einen Sinn für langfristige Verpflichtungen und dauerhafte Beziehungen *hat*. Manche der Jäger-und-Sammler-Gemeinschaften verfügen tatsächlich über Gesellschaftssysteme der benötigten Art, und wenn man dieser Hypothese folgt, dann waren allein sie es, die, wenn die Notwendigkeit oder Gelegenheit sich ergab, den Ackerbau einführen konnten.

Es ist eine berückend bürgerliche theoretische Wendung, die viktorianischen Tugenden der Sparsamkeit, Genügsamkeit und Bereitschaft zum Befriedigungsaufschub zu Triebfedern nicht nur der industriellen, sondern ebensosehr auch der neolithischen Revolution zu erklären. Die erwerbssüchtige urtümliche Proto-Bourgeoisie des ausgehenden Steinzeitalters war es demnach, die uns auf die schiefe Bahn des Fortschritts brachte. Hegel hatte die Weltgeschichte als einen Pro-

---

[16] James Woodburn, »Hunters and gatherers today and reconstruction of the past«, in: Ernest Gellner (Hrsg.), *Soviet and Western Anthropology*, London 1980. Desgl. Woodburn, »Egalitarian Societies«, in: *Man*, (N. S.) Bd. 17, Nr. 3, 1982.

zeß skizziert, der von einem Staat, in dem *einer* frei ist, über einen Zustand, in dem *einige* Freiheit haben, schließlich zu einem Kulminationspunkt führt, an dem *alle* Freiheit genießen. Wir könnten heute, weniger pathetisch, dieses Schema durch ein anderes ersetzen, bei dem ursprünglich alle dem Müßiggang frönen, und dann nur noch einige wenige und schließlich, unter der Herrschaft des Arbeitsethos, niemand mehr. Anfänglich gab es keinerlei Befriedigungsaufschub, dann gab es das Phänomen des verzögerten Ertrags, und endlich, als die Arbeit sich selber zum Lohn wurde, begann die Herrschaft des ins Unendliche verzögerten Ertrags.

Es ist interessant zu sehen, wie der Neomarxist Sahlins Woodburns Material und Begrifflichkeit aufnimmt, aber gleichzeitig alle bürgerlichen Wertvorstellungen entschieden verwirft, die damit einhergehen könnten. Sahlins betrachtet die bürgerliche Revolution des Neolithikums offensichtlich mit großer Abscheu und sieht von ihr Habgier, Erwerbsstreben, Aggressivität, Sklaverei und vieles andere mehr seinen Ausgang nehmen. Faktisch gesehen ist er von dem Neoliberalen Hayek gar nicht so weit entfernt, der am Frühzeitmenschen den Gemeinschaftssinn und die Fixierung auf Ziele tadelt und der an die Stelle dieser Eigenschaften nur zu gern einen Sinn für abstrakte, unpersönliche und folglich langfristige Regeln treten sieht.

Karl Marx selbst war, wohlgemerkt, der bürgerlichste Bürger aller Zeiten. Er sagte zwar voraus, daß die Menschheit die beklagenswertesten Begleiterscheinungen unserer angeblich im Neolithikum erworbenen Arbeitssucht, nämlich Klassengesellschaft und politische Herrschaft, zertrümmern werde. Aber zugleich suchte er das Arbeitsethos selbst zu verabsolutieren und zu etwas Universalem zu machen, indem er es schließlich von jeder Gewinnaussicht ablöste und in einen Selbstzweck, eine schlechthinnige Erfüllung verwandelte: »... während in der kommunistischen Gesellschaft, wo jeder nicht einen ausschließlichen Kreis der Tätigkeit hat, sondern sich in jedem beliebigen Zweige ausbilden kann, die Gesellschaft die allgemeine Produktion regelt und mir eben dadurch möglich macht, heute dies, morgen jenes zu tun, morgens zu jagen, nachmittags zu fischen, abends Viehzucht zu treiben, nach dem Essen zu kritisieren, wie ich gerade Lust habe, ohne je Jäger, Fischer, Hirt oder Kritiker zu werden.«[17] Die Arbeitsteilung

[17] Karl Marx, *Die deutsche Ideologie*, Marx-Engels-Werke, Bd. 3. S. 33.

würde verschwinden (oder, genauer gesagt, der mit ihr verknüpfte soziale Zwang und Rollencharakter würde verschwinden); aber die *Arbeit als Erfüllung* würde bleiben und in der Tat gleichbedeutend sein mit der Erfüllung des Menschseins.

Die Vorstellung von der Arbeit als etwas, das seinen Lohn in sich trägt, ist natürlich bürgerliches Bewußtsein in Reinkultur. Wir arbeiten, weil uns die Arbeit Spaß macht, und wir verachten all diejenigen, die Arbeit nur als ein Mittel ansehen oder gezwungen sind, eine Arbeit zu verrichten, die ihnen nichts bedeutet, oder die überhaupt nicht arbeiten. Im tiefsten Grunde ist der Marxismus eine bourgeoise Wunscherfüllungsphantasie: Die Arbeit soll ihren Lohn in sich tragen, das ganze Leben *dreht* sich tatsächlich um die Arbeit und erhält durch sie seinen Sinn, und das Geheimnis der menschlichen Geschichte ist, daß sie, allem Anschein zum Trotz, nicht durch Herrschaftsverhältnisse, sondern durch Produktionsweisen bestimmt wird. Auf dem Gebiet der Produktion spielt sich das Entscheidende ab. Nur die unzulängliche Organisation der Arbeit ist schuld daran, daß es zu antagonistischen Beziehungen zwischen den Menschen und den dazugehörigen Erscheinungen herrschaftlicher Gewalt und gesellschaftlich institutionalisierter Täuschung kommt. Arbeitsgläubige Unternehmer aus dem bürgerlichen Mittelstand haben sich seit je gewünscht, die Sache möchte sich so verhalten; aber erst Marx hatte die Traute, diese Version auch für tatsächlich wahr zu erklären. Die Produktion war demnach schon immer das Grundlegende; auch wenn die Produzenten selbst nichts davon wußten. Die Zeit würde kommen, wo man ihnen, den Produzenten, in ihrer freigewählten schöpferischen Tätigkeit freie Hand ließe und wo alle äußeren Einschränkungen herrschaftlicher oder religiöser Natur verschwunden wären. Der Mensch würde seiner Arbeit überlassen sein und in Frieden mit seinen Mitmenschen leben. Es war die Bestimmung des Proletariats, das bürgerliche Ideal einer friedlichen, selbstgenügsamen und entfesselten Produktivität Wirklichkeit werden zu lassen.

Der zweifelhafte Zeuge

SOVIEL ZU den politischen Beschwörungen des Urzeitmenschen. Aber welche Position nimmt er *tatsächlich* ein? Wie steht es in diesem Fall mit den Fakten?

Wie so oft in entscheidenden Fragen sind auch hier die Fakten vieldeutig. Nicht anders als bei ihren Nachfahren, den Menschen der agrarischen und der industriellen Zeit, lassen sich auch die voragrarischen Gesellschaften nicht alle über einen Kamm scheren. Wenn wir innerhalb einer dieser Kategorien eine bestimmte Untergruppe für typisch erklären und alle anderen für Abweichungen, ersetzen wir die Problemlösung einfach nur durch ein vorschnelles Urteil. Bei den voragrarischen Gesellschaften, die uns keine schriftlichen Zeugnisse hinterlassen haben, kommt das Problem hinzu, daß wir nicht wissen können, ob die paar Jäger-und-Sammler-Gemeinschaften, die bis heute überlebt haben, für ihresgleichen überhaupt repräsentativ sind oder ob sie im Gegenteil höchst untypisch sind, eben weil sie unter Bedingungen des agrarischen Zeitalters überlebt haben (oder vielleicht sogar erst entstanden sind).

Das ist in der Tat eines der großen Probleme, vor denen man bei der Erforschung derartiger Gesellschaften steht. Wir haben gesehen, wie sich Sahlins stolz auf das Zeugnis der Hadza beruft, um sein eigenes Verdikt über die neolithische Revolution zu stützen. Aber dieses Zeugnis ist verdächtig. Nehmen wir an, im 22. Jahrhundert ist die Welt gänzlich industrialisiert, nur irgendwo in der Gegend von Jasnaja Poljana oder in irgendeiner englischen Grafschaft gibt es noch ein paar Gemeinschaften von Tolstojanern oder Gefolgsleuten von William Morris, die mit Entschiedenheit die Wertvorstellungen und Praktiken der Welt um sie herum ablehnen und das Leben von Muschiki oder von mittelalterlichen englischen Handwerkern beziehungsweise das, was sie dafür halten, fortführen. Inwieweit wäre ein Ethnologe des 22. Jahrhunderts berechtigt, solche Gemeinschaften zu untersuchen und auf der Grundlage seiner Forschungsergebnisse ein allgemeines Modell der agrarischen Welt, so wie sie wirklich war, zu entwickeln?

Mindestens einige der Jäger-und-Sammler-Gemeinschaften unserer Zeit sind dem Verdacht ausgesetzt, daß sie durchaus nicht Überlebende aus einer Welt sind, in der Jäger und Sammler die Norm waren, sondern vielmehr spezialisierte Untergruppierungen innerhalb der agrarischen Welt, die aus Rebellen gegen die herrschende Moral oder aus Ausgestoßenen oder aus beidem bestehen. Komplexe Gesellschaften treiben häufig interne Minderheiten hervor, die möglicherweise nicht nur dazu dienen, Arbeiten zu verrichten, die von der Mehrheit verabscheut werden, sondern auch dazu da sind, Wertvorstellungen und Lebensformen an den Tag zu legen, die der herrschenden Mehrheit *ein Greuel sind.* Die schiere verachtenswerte Existenz solcher Abweichler von der Norm läßt die Tugend der Herrschenden heller erstrahlen. Die Verachtung, die ihnen bezeigt wird und die sie sich zu eigen zu machen gezwungen sind, festigt die Herrschaft der geltenden Werte.

Gesellschaften versichern sich gern ihrer Vorzüglichkeit nicht bloß auf die Weise, daß sie ihre eigenen Wertvorstellungen glorifizieren, sondern auch auf dem Umweg über die Umkehrung dieser Wertvorstellungen durch Untergruppen, die schwach genug sind, um der öffentlichen Verachtung preisgegeben und mehr noch gezwungen zu sein, diese Verachtung einzusehen, ja sogar selber zu teilen. Einer Ackerbaugesellschaft, die voller Stolz auf ihre Seßhaftigkeit und auf ihren Kult ums Eigentum ist, bereitet es unter Umständen geheimes Vergnügen, Zigeuner in ihrer Mitte zu sehen, deren nomadische, langfingrige Lebensweise sie verdammen kann. Eine Gesellschaft wie die des Mittelalters, die offiziell Handel und Geldwirtschaft verabscheute, deren Herrscher aber zur Aufrechterhaltung ihrer Stellung die Früchte aus Handel und Geldwirtschaft dringend benötigten, konnte sich durch die gleichzeitige Verwendung und Verachtung von Juden ihre eigene Rechtgläubigkeit und Vorzüglichkeit frohen Herzens bestätigen. Manche der Jäger-und-Sammler-Gemeinschaften leben in einem mehr oder minder symbiotischen Verhältnis mit ihren agrarischen Nachbarn; und es ist zumindest vorstellbar, daß nicht nur die Spezialtätigkeiten, die sie ausgebildet haben, sondern auch ihre Wertvorstellungen und ihre Weltanschauung nicht einer Vergangenheit entstammen, in der sie Jäger unter Jägern waren, sondern, im Sinne eines gewollten Kontrasts, durch die Vorstellungswelt ihrer agrarischen Nachbarn bestimmt sind. Sie optieren freiwillig oder gezwungenermaßen für die herrschende Gesellschaft, deren integrierender Bestandteil sie in der Tat sind und der sie symbolisch ebensosehr wie ökonomisch, durch ihre verachtete

Existenz ebensosehr wie durch ihre praktischen Tätigkeit, zu Diensten sind.

Eine solche Interpretation, die durch die Situation zumindest einiger der heutigen Jägergemeinschaften nahegelegt wird, paßt nicht auf alle gleichermaßen und vielleicht auf einige überhaupt nicht. Möglicherweise stellen darüber hinaus auch manche Jägergemeinschaften einen Widerspruch zu der Hypothese dar, daß es zwischen der Komplexität der gesellschaftlichen Organisation und dem aufgeschobenen ökonomischen Ertrag einen Zusammenhang gibt. Bei den betreffenden Gemeinschaften geht möglicherweise eine sehr komplexe rituelle und verwandtschaftliche Organisation Hand in Hand mit einer kaum entwickelten ökonomischen Langzeitplanung und Vorratshaltung. Die Behauptung, daß hier das Prinzip des verzögerten Ertrags zwar nicht in der Produktion, dafür aber im Austausch von Frauen praktiziert wird, läuft auf das Zugeständnis hinaus, daß es zur Gewöhnung an langfristige Verpflichtungen mit allem, was dazugehört, am Ende auch ohne jeden Anstoß durch die äußeren Lebensumstände kommen kann.

Kurz, weder die historische Substanz noch der Allgemeinheitsanspruch der These von der neolithischen Verbürgerlichung und der neo-neolithischen Zigeunerromantik zeitgenössischer Sektierer sind unumstritten. Der Mensch des Steinzeitalters bleibt demnach ein unsicherer Kantonist bei der künftigen Abstimmung über den Kurs der Menschheit. Er scheint weder willens noch imstande, uns unsere Entscheidungen und Verpflichtungen abzunehmen. Für Meinungsforscher, die darauf brennen, uns auf Grund unseres tiefsten (ursprünglichsten) Wesens unsere Zukunft vorauszusagen, bleibt der Mensch der Frühzeit unbeirrt bei seinem »Keine Ahnung!«.

Welche Optionen der voragrarische Mensch hatte und welche er verwirklichte, bleiben ungeklärte Fragen. Unsere archäologischen und ethnographischen Quellen sind lückenhaft und nicht eindeutig, was möglicherweise immer so bleiben wird. Ob der Primitive für Frieden oder für Krieg, für die Gleichberechtigung der Frau oder für männlichen Chauvinismus, für die Ethik der Arbeit oder für eine umweltfreundliche und dem Menschen angemessene Einschränkung der Bedürfnisse, für Gemeinschaftsgefühl oder rücksichtslose Egoismus votiert – all das bedarf weiterer Nachforschungen. Sicher ist jedenfalls dies, daß vor der agrarischen Revolution Arbeitsteilung und soziale Differenzierung sich einfach nicht in erheblichem Umfang und in nennenswerter Komplexität entfalten konnten. Erst dies beides aber schuf den Schauplatz und die (sehr verschieden gearteten) Probleme für uns, die Menschen des agrarischen und des industriellen Zeitalters.

VON DER GEMEINSCHAFT
ZUR GESELLSCHAFT

Die geistige Entwicklung der Menschheit

EIN IMMER wiederkehrender Versuch, den roten Faden in der Geschichte der Menschheit zu entdecken, dreht sich um den Begriff der Vernunft. Dieser Ansicht zufolge ist die Menschheitsgeschichte eine Entfaltungsgeschichte menschlicher Rationalität. Das Denken, die Institutionen und das soziale Leben der Menschen nähmen demnach einen fortlaufend rationaleren Charakter an. Die Vorstellung, daß Vernunft das höchste Gut oder Ziel der Menschheitsentwicklung ist, kann sich mit der Überzeugung verquicken, daß Vernunft zugleich die Haupttriebfeder ist, die das Menschengeschlecht auf seinem Weg vorantreibt. Die Annahme scheint nahezuliegen, daß Veränderungen im menschlichen Leben ihren Ursprung in Reifungsvorgängen haben, die unsere Ideen, unsere Denkweisen, betreffen. Was ist menschliches Verhalten anderes als praktizierte Ideen? Wenn wir im Verhalten Fortschritte machen, dann doch wohl, weil unsere Ideen besser geworden sind, oder etwa nicht? Auch wenn diese Ansicht einigermaßen im Verdacht steht, Ausdruck der Selbstbeweihräucherung zu sein, zu der das Europa des 19. Jahrhunderts neigte, verdient die Rolle, die Denken und Vernunft in der Geschichte spielen, doch eine gewisse Aufmerksamkeit.

Die Schwierigkeiten, mit denen sich eine vernunftorientierte Geschichtsbetrachtung konfrontiert sieht, sind beträchtlich. Ohne Frage ist diese Betrachtungsweise heute weit weniger populär als in den Zeiten hoffnungsfroh rationalistischen Überschwangs, die in der einen oder anderen Form vom ausgehenden 18. bis in die Anfänge des 20. Jahrhunderts hinein andauerten. Aber in nüchterner und nicht unbedingt mehr von Optimismus getragener Form müssen wir nach wie vor versuchen, den geistigen Wandlungsprozeß der Menschheit von der jägerischen Frühzeit bis hin zum Zeitalter des Computers in einer Art Abriß nachzuzeichnen. Die Natur unserer Geistestätigkeiten ist sich nicht gleich geblieben: Es haben Veränderungen stattgefunden, und die waren ebenso grundlegend wie tiefgreifend. Was da anders wurde, erschöpft sich nicht in der *Quantität*. Die Wandlungen waren *qualitativ*.

Einen passenden Ausgangs- oder Ansatzpunkt für die Erörterung dieses Problems bietet die offensichtliche Absurdität mindestens eines Teils der Vorstellungen, denen der Primitive huldigt. Viele von uns möchten gern glauben, daß wir in bezug auf die Annehmbarkeit von Vorstellungen höhere Maßstäbe als früher anlegen und daß in dieser Anhebung der Maßstäbe der historische Fortschritt der Vernunft seinen Ausdruck findet. Wir sind heute pingelig und distanzieren uns von den Überzeugungen unserer fernen Vorfahren, weil sie uns absurd vorkommen. Vielleicht wäre es, um nicht in einer so wichtigen Frage vorschnell zu urteilen, besser zu sagen, daß es die *Übersetzungen* sind, die für manche Vorstellungen mancher Primitiver angeboten werden, die uns so absurd erscheinen. Es wäre möglich – und etliche haben in der Tat eben dies geltend gemacht –, daß die Absurdität nicht in den ursprünglichen Überzeugungen als solchen, sondern in deren Übersetzung steckt, die sich dem Unvermögen verdankt, den ursprünglichen Zusammenhang zu verstehen. Dieser Ansicht zufolge ist der moderne Interpret und nicht der Wilde schuld an dem Eindruck der Absurdität.

Die dem Anschein nach durchgängige und systematische Ungereimtheit der Überzeugungen des Primitiven bildet den Rahmen für unsere zentrale Frage: Sind diese Überzeugungen falsch, und haben wir recht? Oder spielen wir radikal verschiedene Spiele, an die sinnvollerweise unterschiedliche Maßstäbe angelegt werden müssen? Und falls die Probleme der Primitiven und ihre Antworten darauf von unseren verschieden sind, gibt es dann irgendeine Entwicklungsfolge, die ihre mit unseren verbindet? Und falls nicht, durch welche Art Kluft sind wir dann von ihnen getrennt? Ist es tatsächlich eine Kluft, die uns trennt?

Nehmen wir als Paradebeispiel für das allgemeine Phänomen absurder Vorstellungen in primitiven Gesellschaften die Gleichsetzung von Stieren mit Gurken, die den Berichten zufolge bei den Nuer, einem Stamm am oberen Nil, in bestimmten rituellen Zusammenhängen vorkommt.[1] Die Häufigkeit, mit der scheinbare Absurditäten dieser Art bei Wilden oder exotischen Stämmen vorkommen oder ihnen nachgesagt werden, trägt viel zu der Anziehungskraft bei, die von der Ethnologie ausgeht. Die Absurdität reizt und erregt unseren intellektuellen

---

[1] E. Evans-Pritchard, *Nuer Religion*, Oxford 1956, S. 128, 141f.

Voyeurismus. Sie hat auch eine Vielzahl von Theorien über die »Mentalität der Primitiven« und, daran anschließend, über die Gesamtentwicklung und das Wesen des menschlichen Denkens ins Leben gerufen.

Zu diesem Thema gibt es zwei weit auseinanderliegende Standpunkte. Nach dem einen ist das Vorherrschen absurder Vorstellungen Hinweis auf eine besondere, vorrationale Mentalität, die von der unseren radikal abweicht.[2] Der andere Standpunkt ist der bereits erwähnte, demzufolge die Verstandestätigkeit des Primitiven der unseren in nichts nachsteht, daß zwischen beiden keinerlei qualitativer Unterschied existiert. Daß das primitive Denken anscheinend von Absurditäten strotzt und der Empirie und Logik Hohn spricht, daran soll die Unaufmerksamkeit, mangelnde Versiertheit und gelegentlich auch Böswilligkeit derer schuld sein, die es untersucht haben.

Nehmen wir die wohlmeinende, menschenfreundliche These, nach der das primitive Denken rational ist. Sie wird durch die unbezweifelbare und ins Auge springende Tatsache gestützt, daß der Primitive sich allermindestens ebenso gut wie der moderne Mensch darauf versteht, seine unmittelbare Lebenswelt wahrzunehmen und sich in ihr zurechtzufinden. Das ließe sich ohne weiteres empirisch nachweisen. Nehmen wir die Gleichsetzung »Stier = Gurke«. Wir können nun die Rationalität der Nuer einem empirischen Test unterwerfen. Wählen wir nach dem Zufallsprinzip zehn Nuer aus und stellen ihnen zehn ebenfalls zufällig ausgewählte Mitglieder des Königlichen Ethnologischen Instituts Großbritanniens gegenüber. Jetzt nehmen wir einen sehr kleinen Stier und eine besonders große Gurke oder vielleicht, um die Sache ein bißchen zu erschweren, einen Riesenkürbis, plazieren beides in der Abenddämmerung etwa 120 Meter von einem bestimmten Aussichtspunkt entfernt im Unterholz des Niltals und bitten jeden der zehn Nuer und jedes der zehn Institutsmitglieder, den kleinen Stier und die große Gurke für uns zu identifizieren. Es dürfte wohl nicht allzu zweifelhaft sein, daß die geschulten und scharfäugigen Nuer (von denen die wenigsten sich ihre Augen durch lebenslanges Bücherlesen verdorben haben) bei diesem Test besser abschneiden würden als die Akademiker. Und wo bleibt dann die primitive Mentalität?

[2] Lucien Lévy-Bruhl, *Les fonctions mentales dans les sociétés inférieures*, Paris 1910 (dt.: *Das Denken der Naturvölker*, 1926); *La mentalité primitive*, Paris 1921 (dt.: *Die geistige Welt der Primitiven*, Düsseldorf/Köln 1966).

Wenn diese wohlmeinende Ansicht vom primitiven Denken akzeptiert wird, stehen ihre Vertreter vor dem Problem zu erklären, wie es dazu kommen konnte, daß dem Primitiven derart generell absurde Vorstellungen à la Stier = Gurke nachgesagt wurden. Es gibt dazu mehrere Erklärungsversuche; einer der gängigsten lautet folgendermaßen: Diese scheinbar unsinnigen und in Wahrheit mißverstandenen Behauptungen sind gar keine Feststellungen über die natürliche Umwelt. Sie stehen normalerweise in einem rituellen Zusammenhang, und dort sind sie »in Wirklichkeit« Feststellungen über die Gesellschaftsordnung, der die Eingeborenen angehören. Die scheinbar empirische Aussage dient in Wirklichkeit einer Bekräftigung der Gesellschaftsordnung.[3] Es ist einfach nur Zufall, daß sie dafür ortsübliche Ausdrücke wie »Gurke« oder »Stier« verwenden, die *in anderen Zusammenhängen* in der Tat die besagte schlichte empirische Bedeutung haben können. Durch die semantische Vielschichtigkeit, durch die Veränderlichkeit der tatsächlichen Bedeutung je nach Kontext und Verwendungszweck hat sich indes der Beobachter hinters Licht führen lassen, zumal er, Gott sei's geklagt, nur zu scharf darauf ist, exotische Kuriositäten aufzuspüren und die Eitelkeit, das Gefühl der intellektuellen Überlegenheit zu befriedigen.

Diese Version ist unhaltbar. Wenn das, was die Angehörigen der fremden Kultur in Wirklichkeit beabsichtigen, einfach nur die Beteuerung ihrer Loyalität gegenüber der sozialen Ordnung ihrer Gemeinschaft ist, wieso um Himmels willen wird diese Absicht dann nicht auch vom Übersetzer *genauso* wiedergegeben? Ist es tatsächlich bloßer Zufall, daß dieselben Ausdrücke sowohl in einem natürlichen als auch in einem rituellen Zusammenhang gebraucht werden? Sind in einer Gesellschaft denn etwa nie absurde Überzeugungen verbreitet? Hat die Vorstellung von einem *falschen Bewußtsein*, einem institutionalisierten Irrglauben, der sein Teil dazu beiträgt, die Grundlagen der Gesellschaftsordnung zu festigen, denn wirklich keinen Sinn? Gibt es denn nicht zahllose Beispiele dafür, daß magische Beziehungen hergestellt werden, um die Umwelt zu beeinflussen, wobei diese Beziehungen so behandelt werden, als wären sie kausalen vergleichbar?

Vor allem aber – hat es wirklich keinen übergreifenden, langfristi-

---

[3] E. R. Leach, *Political Systems of Highland Burma: A Study of Kachin Social Structure*, London 1954.

gen Wandel in der menschlichen Geistesverfassung gegeben? Verstand es der Primitive tatsächlich, absolut sachadäquate empirische Beobachtungen von kulturspezifischen Bekräftigungen der Zugehörigkeit zu einer sozialen Gruppe zu unterscheiden? War die innere Ökonomie seines Intellekts tatsächlich im wesentlichen die gleiche wie bei uns? Gibt es wirklich nichts über eine Entwicklungsgeschichte der menschlichen Intellektualität zu berichten?

Von den beiden gegensätzlichen Positionen kann die eine, die den Primitiven in eine Art logikfeindlichen Dauerrausch versetzt, nicht erklären, warum er im Umgang mit seinem natürlichen Milieu eine so hervorragende und unbestreitbare Geschicklichkeit beweist. Die andere, die sein Vokabular in seinem Namen einer Revision unterzieht, um nachzuweisen, daß er über eine ebenso anspruchsvolle Logik verfügt wie wir, und ihn also vom Vorwurf absurder Überzeugungen freispricht, versäumt es, der tiefgreifenden Verschiedenheit zwischen primitiver und moderner Geistesverfassung Rechnung zu tragen. Im Namen eines toleranten Relativismus tut sie unsinnigerweise so, als seien alle kognitiven Systeme gleich. Während sie vorgibt, die Vielfalt der Systeme anzuerkennen, verwischt sie die wesentlichen und tiefgreifenden Unterschiede. Konfrontiert man sie mit den historischen Auseinandersetzungen zwischen Rationalismus und religiösem Glauben oder auch zwischen akribisch strengem Gesetzesglauben und blühendem Aberglauben, so weiß sie dazu nichts zu sagen. Und doch waren diese Auseinandersetzungen von großer historischer Bedeutung. Der wohlmeinende Standpunkt kann den großen Spannungen, die in unserer Geschichte eine zentrale Rolle spielen, nicht gerecht werden, kann darin bloß Mißverständnisse sehen. Aber sie waren weitaus mehr als das. Gibt es einen Ansatz, der die beiden Positionen einander annähern und die Anerkennung der großen Empfänglichkeit des Primitiven für empirische Dinge mit der Diskrepanz zwischen der Form seiner Geistestätigkeit und der des modernen Menschen vermitteln kann?

Was den beiden gegensätzlichen Positionen fehlt, ist die Einsicht in einen Sachverhalt, der für die Soziologie eine Selbstverständlichkeit darstellt. Merkwürdigerweise hat dieser Sachverhalt in erkenntnistheoretische Diskussionen nur unzureichend Eingang gefunden. Es handelt sich um den Unterschied zwischen eindimensionalen oder auf einen einzigen Zweck gerichteten Tätigkeiten einerseits und mehrdimensionalen Aktivitäten andererseits. Eine mehrdimensionale Tätigkeit (in unserem Fall die Sprachverwendung) dient mehreren Zwecken oder Gesichtspunkten, wird aber wie eine eindimensionale behandelt. Die von den beiden Positionen zugrundegelegte Annahme ist, daß der Primitive entweder Beobachtungen über seine natürliche Umgebung anstellt (Stiere sind Gurken bzw. sind es nicht) oder aber mit Hilfe einer rituellen Formulierung seine Loyalität gegenüber einer bestimmten Gesellschaftsordnung bekundet. Es wird angenommen, daß dem Primitiven dieser Unterschied mindestens innerlich bewußt ist. Die Möglichkeit, daß diese zwei (oder mehr) Tätigkeiten vollständig, unentwirrbar und stufenlos miteinander verbunden und verschränkt sein könnten, bleibt außer Betracht. Der Primitive wird mit anderen Worten so behandelt, als wäre er so wie wir der Erbe und Nutznießer einer komplexen, systematisierten, bewußten und regulären Arbeitsteilung, in deren Rahmen unterschiedliche Funktionen und Zielbestimmungen dazu tendieren, sich klar und eindeutig voneinander abzuheben. In *unserer* Gesellschaft ist eine solche Funktionstrennung ein systematisch entfaltetes Charakteristikum und genießt hohe Wertschätzung, während die Vermischung von Zielbestimmungen als tadelnswert gilt. Der Primitive hingegen hat für solche Unterscheidungen keinen Bedarf; das Funktionieren seiner Gesellschaft hängt unter Umständen sogar davon ab, daß es dergleichen nicht gibt.

Einen modernen Menschen zu fragen, ob er eine empirische Beobachtung anstellt oder seine Loyalität gegenüber dem hierarchischen Aufbau und der Struktur seiner Gesellschaft bekundet, hat einen Sinn. Falls der Betreffende über den entsprechenden Bildungshintergrund verfügt, dürfte er die Frage verstehen. Es ist sogar denkbar, daß er sie angemessen beantwortet. Aber haben wir irgendeinen Grund anzunehmen, daß diese saubere Funktionstrennung so sehr im Wesen der Dinge liegt, daß auch der Wilde – vorausgesetzt vielleicht nur, man gibt sich ein bißchen Mühe damit, ihm die Sache darzulegen und zu übersetzen – sie verstehen kann? Ist das Bewußtsein dieser Funktionstrennung jedermann in die Wiege gelegt oder ist es im Gegenteil die Errungenschaft einer ziemlich ausgefallenen Tradition, die Frucht höchst außergewöhnlicher historischer Umstände? Sind Arbeitsteilung und Funktionstrennung dem menschlichen Wesen und Denken natürlich, oder zieht es nicht im Gegenteil die Natur, wie am Ende auch die Gesellschaft, vor, mit *einem* Mittel eine Vielzahl von Zwecken zu erreichen oder viele Mittel in den Dienst *eines* Zwecks zu stellen? Wir mit unserem durch lange Übung erworbenen feinen Sinn für den Unterschied von Zielen und Funktionen müssen uns davor hüten, diese Eigenschaft anderen zu unterstellen. Sie könnte ja eine alles andere als selbstverständliche, um nicht zu sagen pathologische Erwerbung sein.

Die Vorstellung einer von Natur gegebenen sauberen Trennung verschiedener sprachlicher Funktionen ist so aberwitzig, daß es, hat man sie erst einmal in Frage gestellt, nicht schwerfallen dürfte, sie fallenzulassen. Unsere spezielle Sensibilität, die wir im Laufe einer sehr merkwürdigen und ausgefallenen historischen Entwicklung mühsam erworben haben, dem Menschen überhaupt zu unterstellen, ganz zu schweigen von dem der Frühzeit, ist eine unverzeihliche Anmaßung. Arbeitsteilung und die Fähigkeit, Fragen auseinanderzuhalten, was ja nichts als einen Aspekt der Arbeitsteilung darstellt, sind eine späte Errungenschaft und nichts, was dem Menschen von Natur aus eigen wäre.

Wenn wir auf diese fehlgeleitete Annahme verzichten, wie sieht dann die richtige Vorstellung von der Geistesverfassung des Primitiven aus? Mehrdimensionalität ist zwar nicht in Verbindung mit der Geistestätigkeit, wohl aber mit sonstigen menschlichen Tätigkeiten ein vertrauter und geläufiger Begriff. Die Überlegung ist einfach: In einer komplexen und großen, atomisierten und spezialisierten Gesellschaft können einspurige Aktivitäten einen »rationalen« Sinn haben. Sie gehorchen dann einem einzigen Zweck oder Kriterium, dessen Erfüllung einigermaßen präzis und objektiv beurteilt werden kann. Ihre instrumentelle Wirksamkeit, ihre »Rationalität«, läßt sich überprüfen. Wer zum Beispiel einen Kauf tätigt, wird von dem einfachen Interesse geleitet, die beste Ware zum billigsten Preis zu erstehen. Anders in einem von Mehrdimensionalität bestimmten sozialen Zusammenhang: Wer in einer Stammesgemeinschaft etwas von seinem dörflichen Nachbarn kauft, sieht sich nicht nur einem Verkäufer gegenüber, sondern auch einem Sippengenossen, einem Menschen, der mit ihm zusammenarbeitet, mit ihm verbündet ist oder konkurriert, seinem Sohn möglicherweise die Braut liefert, mit ihm gemeinsam zu Gericht sitzt, an Ritualen teilnimmt, das Dorf verteidigt, in der Ratsversammlung sitzt.

Diese ganzen vielfachen Beziehungen gehen in die ökonomische

Transaktion ein und hindern beide Parteien daran, sie nur isoliert unter dem wirtschaftlichen Gesichtspunkt zu sehen. In einem vielsträngigen Kontext dieser Art ist ein »rationales« ökonomisches Verhalten, das sich ausschließlich am Gewinndenken orientiert, ausgeschlossen. Solch ein Verhalten würde sich in katastrophaler Weise über die vielen anderen Erwägungen und Rücksichten hinwegsetzen, die bei dem Handel eine Rolle spielen und ihn beschränken. Diese anderen Erwägungen sind vielfältig, nicht zu überschauen, ineinander verwoben und häufig unvergleichbar und lassen sich deshalb in keine Kosten-Nutzen-*Rechnung* einbeziehen.

Unter solchen Bedingungen kann ein Mensch sich zwar normgerecht verhalten, aber er kann sich unmöglich einem einzigen Ziel verschreiben. Normen sind vielschichtig, Ziele hingegen müssen klar und eindeutig sein. Eine instrumentelle und mehr oder weniger quantifizierte Vernunft setzt einen einzigen Wertmaßstab voraus, mit dessen Hilfe unterschiedliche Verfahrensweisen beurteilt werden können. Wenn es mehrere unvergleichbare Wertmaßstäbe gibt, die sich zum Teil der Berechenbarkeit entziehen, ist der Mensch auf sein *Gefühl* angewiesen und darauf, daß er sich gefühlsmäßig von den allgemeinen Erwartungen und vorgefaßten Meinungen seiner Kultur leiten läßt. Berechenbarkeit gibt es nicht. Zielstrebigkeit und kühle Abwägung von Entscheidungsmöglichkeiten setzen ein ziemlich spezielles soziales System voraus, von dem die einfacheren Gesellschaften normalerweise nichts wissen. Je weniger Mitglieder eine Gemeinschaft hat, um so überdeterminierter ist das Handeln in ihr, um so mehr Zwecke muß es berücksichtigen. Gesellschaften müssen groß sein, damit sie sich den Luxus sauber getrennter Tätigkeiten überhaupt leisten *können* (was nicht bedeutet, daß sie ihn sich dann auch zwangsläufig und in jedem Fall leisten).

Natürlich wird aber in einfachen, kleineren Gesellschaften dieselbe Art von Vielsträngigkeit auch den Sprachgebrauch durchziehen. Man kann nicht einfach annehmen, daß ein Mensch, der eine sozial anerkannte und akzeptierte Lautfolge äußert – der also etwas *sagt* –, damit nur eine einzige Absicht verfolgt. Man kann zu Recht erwarten, daß seine Äußerung gleichzeitig einer ganzen Reihe von Funktionen dient. Unsere Vorgehensweise im Blick auf unser Problem besteht in einer Umkehrung der Ausgangslage. Unmittelbar neigen wir zu der Annahme, daß es dem Menschen natürlich ist, eine Aufgabe nach der anderen in Angriff zu nehmen und seine verschiedenen Tätigkeiten fein säuberlich zu trennen, weil ein solches Verhalten in der Tat zentraler Bestandteil unserer eigenen Einstellung und Erziehung ist; wenn also Menschen mehrere Dinge gleichzeitig tun, finden wir das erklärungsbedürftig. Das Gegenteil aber ist richtig: Eindimensionalität, saubere und logische Arbeitsteilung, Funktionstrennung sind dasjenige, was erklärt werden muß und was die Ausnahme darstellt, deren Erscheinen den Eintritt der Vernunft in die Geschichte markiert. Die Verdichtung und Vermengung von Funktionen, von Zielen und Gesichtspunkten ist der Normalzustand des Menschen, seine ursprüngliche Situation. Und es ist wichtig, diese Tatsache voll zu erfassen. Ein mehrfachfunktionaler Ausdruck kommt nicht dadurch zustande, daß jemand eine Reihe von Bedeutungen zusammenpackt, weil er es eilig hat und seine Sprache eine Sammelpackung für ihn bereithält. Im Gegenteil, die verdichteten Bedeutungen bilden für ihn einen einheitlichen und untrennbaren semantischen Gehalt.

Jeder mehrdimensionale Sprachgebrauch kann zwei, drei, beliebig vielen Zwecken und Gesichtspunkten dienen. Es gibt keinerlei Grund anzunehmen, daß irgendeine Anzahl häufiger vorkommt als die anderen oder einen Vorzug vor ihnen genießt, und auch nicht, daß sie in allen Sprachbereichen immer gleich sein muß. Wenn wir uns auf ein Modell mit *zweifacher* Zweckbestimmung konzentrieren, so nur, weil alle entscheidenden Komplikationen, die sich aus der Mehrsträngigkeit beliebigen Grades ergeben, im Doppelzweck-Modell bereits anzutreffen sind, und nicht etwa, weil die Zweizahl in irgendeiner Hinsicht etwas Besonderes oder Typisches wäre. In manchen neueren ethnologischen Theorien wird ein großes Geheimnis um die Binarität gemacht, aber sie spielt für die vorliegenden Überlegungen keine Rolle. Das zweigliedrige Modell soll nur dank seiner relativen Einfachheit die Darstellung erleichtern. Dualität genießt kein besonderes Privileg, sie eröffnet aber in der Tat den simpelsten Zugang zu den Problemen der Pluralität im allgemeinen.

Hat man erkannt, daß ein bestimmter sprachlicher Ausdruck zwei verschiedenen Zwecken dient, so braucht man, um die Verwendung dieses Ausdrucks in der betreffenden Gesellschaft darzustellen, ein mindestens zweidimensionales Diagramm. Aber nehmen wir zuerst eins mit nur einer einzigen Dimension:

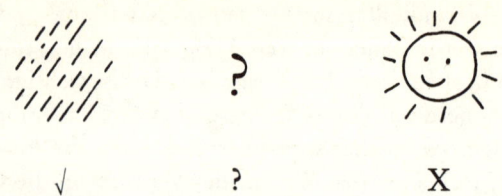

| Es regnet | √ | ? | X |

Der Ausdruck »Es regnet« ist in der *einen* Dimension »referentiell« bestimmt. Er ist »operationalisiert«, bezogen auf eine unabhängige Realität, nämlich den Regen. Er wird hoch bewertet (er ist »wahr«), wenn es tatsächlich regnet, wird niedrig bewertet (abgelehnt), wenn das nicht der Fall ist, und wird indifferent oder unentschieden eingestuft, wenn das Wetter selbst zweifelhaft ist.

Gleichzeitig aber kann der Ausdruck auch Bestandteil eines Rituals und mehr auf gesellschaftliche Ereignisse als auf natürliche Phänomene bezogen sein. In dieser Eigenschaft erhält er vielleicht eine hohe Note, wenn der Oberpriester oder Schamane des Dorfs ihn bejahend gebraucht hat, eine niedrige Note, wenn der Priester ihn verneint hat, und einen unentschiedenen Wert, wenn der Priester stumm geblieben ist. Indem sie diese Bewertungsskala akzeptieren, tun die Angehörigen der betreffenden Gesellschaft ihr Einverständnis und ihre Identifizierung mit der gesellschaftlichen Machtstruktur kund. Sie treffen dann also keine theoretischen Aussagen über natürliche Dinge; sie bekräftigen (oder verwerfen vielleicht auch) eine bestimmte Gesellschaftsordnung.

Der Oberpriester sagt, es regnet	√
Der Oberpriester schweigt	?
Der Oberpriester sagt, es regnet nicht	X

Wogegen wir uns wenden, ist die haltlose Annahme, daß derjenige, der den Ausdruck gebraucht, selber imstande sein müsse, zwischen den beiden Handlungen, dem Bezug auf Naturphänomene und der Bestätigung der Gesellschaftsordnung, zu unterscheiden – die Annahme also, daß es in der Natur der Dinge, in der Natur des Sprechens und Denkens liege, diese beiden Handlungen zu unterscheiden. Das ist nicht der Fall. Es kann im Gegenteil sein, daß der Objektivitätsanspruch der referentiellen Beziehung der Bestätigung des oberpriesterlichen Diktums noch zusätzliches Gewicht verleiht, während umgekehrt die Anerkennung der Naturphänomene von einem Flair übernatürlicher Bedeutung durchdrungen wird. Wieso soll man die beiden Funktionen trennen? Wieso sollen sie sich nicht lieber wechselseitig verstärken?

Zweckbestimmungen zusammenzuwerfen ist etwas viel Normaleres und in gewissem Sinn auch Natürlicheres, als sie säuberlich auseinanderzuhalten. Die verdichtete Multifunktionalität, die ein Ausdruck in dem besonderen sozialen Zusammenhang, in den er hineingehört, hat, *ist* sein »Sinn«. Wer ihn gebraucht, tut das nicht mit dem Bewußtsein, gleichzeitig Meteorologie *und* Politik zu treiben, eine Aussage über das Wetter zu treffen *und* ein soziales Treuebekenntnis abzulegen. Beides ist eins. Auf diese Weise wird die Politik durch die Natur beglaubigt, und die Meteorologie wird gesellschaftlich sanktioniert. So sieht die Existenz aus, die der Ausdruck in der Sprachgemeinschaft hat, und eine andere kennt er nicht. Schauen wir uns das Schema der tatsächlichen Verwendungsmöglichkeiten für den Ausdruck an:

	Es regnet	Unentschieden	Es regnet nicht
Der Priester sagt ja	√	√	Widerspruch
Der Priester schweigt	√		X
Der Priester sagt nein	Widerspruch	X	X

Die Vertreter des Referenzgesichtspunkts – man könnte von Referentialisten reden – sprechen den referentiellen Gebrauch der Sprache, den sie für primär und grundlegend halten, auch schon dem Menschen vor Einführung der Arbeitsteilung zu. Sie trennen die zweite waagrechte Reihe (wo der Priester schweigt) vom restlichen Schema ab und sehen darin die Situation, in der die »wirkliche Bedeutung« der Aussage zutage tritt. Alles übrige sind quasi nur soziale Anlagerungen. Auf zweierlei Weise versuchen die Referentialisten mit den Fällen fertig zu werden, in denen die Aussage der Wirklichkeit widerspricht (die beiden Konfliktpositionen in der ersten und dritten Reihe): Entweder sie werfen dem Primitiven vor, daß er gegen die Logik verstößt – indem er sich an das priesterliche Diktum statt an das natürliche Faktum hält –, oder sie behaupten, daß der Ausdruck zwar phonetisch gleichlautend ist, aber in einem anderen Sinn gebraucht wird. Die Absurdität oder der Widerspruch zu den Tatsachen wird dann dem Übersetzer zur Last gelegt, der gleichlautende Ausdrücke als gleichbedeutende mißversteht.

Im Gegensatz dazu haben sich die Vertreter einer, wie man sie nennen könnte, Sozialtheorie der Bedeutung auf die zweite senkrechte Spalte konzentriert, in der dank unserer analytischen Leistung der gesellschaftliche Aspekt (der vereinfacht dargestellten Situation) isoliert betrachtet wird. In dieser Spalte spielen Tatsachenfragen keine Rolle. In unserem Beispiel ist das der Fall, weil das Wetter unentschieden ist; die empirische Realität verweigert eine klare Auskunft. Das einzige, was deshalb hier festgehalten wird, ist der Respekt, den der Sprecher dem hierarchischen Aufbau seiner Gesellschaft zollt.

Die von links oben nach rechts unten verlaufende Diagonale könnten wir die Bestätigungs-Diagonale nennen. Die bemerkenswerte Übereinstimmung der Positionen dieser Zeile mit den Feststellungen des Oberpriesters ist dazu angetan, von der visionären Kraft des letzteren, von der göttlichen Herkunft des Glaubens, dem er dient, Zeugnis abzulegen. Er spricht »Es regnet«, und siehe, es regnet. Er spricht »Es regnet nicht«, und siehe, es regnet nicht. Er verschließet den Mund, und siehe, niemand vermag zu sagen, was das Wetter will.

Dann gibt es noch die andere wichtige Diagonale, die von links unten nach rechts oben verläuft. Sie können wir als die Widerspruchs-Diagonale bezeichnen. Rituelle Veranstaltungen lassen sich normalerweise nicht nur an ihrer gestelzten Sprache, sondern auch an ihrer Tendenz erkennen, sich über empirische und logische Tatsachen hinwegzusetzen.[4]

Ein besonderes Gefühl für das Festliche eines Anlasses läßt sich nicht nur dadurch erzeugen, daß man sich in Betragen und Kleidung außergewöhnlicher Förmlichkeit oder aber Ausgelassenheit befleißigt,

[4] E. R. Leach, »Time and False Noses«, in: *Rethinking Anthropology*, London 1961.

sondern auch durch exzentrisches Verhalten im Blick auf logische oder faktische Gegebenheiten. Wenn der Wilde, wie übrigens auch der Liebhaber esoterischer Zirkel, tatsächlich nie Dinge äußerte, die den normalen Vorstellungen von Logik oder Sinn widersprächen, wie sollte eine solche besondere Atmosphäre sich je einstellen können? Was könnte dann jenes festliche Gefühl bewirken? Das Leben verliefe immer in derselben semantischen Tonart und wäre eine öde Angelegenheit, bar jeden gesteigerten Empfindens.

Ohne Widersinn kein logisches Feuerwerk! Wenn die Behauptung »Diese Gurke ist ein Stier« nichts Paradoxes an sich hätte; wenn es sich bloß um eine Fehlinterpretation des Sachverhalts handelte, daß eine Gurke zum Zeichen des Festhaltens an der gesellschaftlichen Ordnung auf rituelle Weise aufgeschnitten wird und daß sie dabei mit einem Ausdruck benannt wird, der zufällig dasselbe Wort ist, mit dem normalerweise Stiere bezeichnet werden – würde man das dann im mindesten aufregend finden? Man stelle sich vor, die Behauptung, die Oblate sei der Leib Christi, würde auf ähnliche Weise neu gefaßt ... Wenn das Mysterium der Wandlung sich darauf reduzierte, aus phonetischer Sparsamkeit statt zweier Worte eines zu gebrauchen, könnte es uns dann so tief bewegen? Die Lehre von der leiblichen Gegenwart Christi ist quasi ein vorweggenommener Versuch, der allzu wohlmeinenden ethnologischen »Aufklärung« einen Riegel vorzuschieben. Übrigens widerspricht die Position, die Edmund Leach in seinem Buch über die Stämme auf dem burmesischen Hochland in dieser Sache einnimmt, faktisch der wichtigen Einsicht, die er in seinem Aufsatz »Time and False Noses«[5] selber verkündet. Wenn tatsächlich alle offenkundige empirische Absurdität durchweg nur das Ergebnis von Fehlübersetzungen ganz normaler und vernünftiger sozialer Akte wäre, wo bliebe dann die Möglichkeit, ein Gefühl für festliche Anlässe durch Verstöße gegen die Logik zu erzeugen – da der Verstoß einfach weginterpretiert wäre?

Unser Modell skizziert gewissermaßen eine zweidimensionale Wahrnehmung: einen Zusammenhang von Ausdrücken, der auf *zwei* verschiedene Bedingungssysteme reagiert, von denen das eine durch die Natur, das andere durch die Gesellschaft gebildet wird. In den wirklichen Gesellschaften und Sprachen gibt es häufig noch viel mehr

[5] Ebenda.

als zwei gleichzeitig funktionierende Bedingungs- oder Steuersysteme. Wir haben die beiden Systeme ausgewählt, die für unsere Überlegungen von maßgebender Bedeutung sind. Wenn man dem naturwissenschaftlichen Empirismus folgt, dann steht und fällt die Funktionalität von Begriffen mit ihrer Beziehung auf Naturvorgänge. Ethnologen interessieren sich vornehmlich für Vorstellungen, die eine klar erkennbare »soziale« Funktion haben, eine »Bedeutung«. Tatsache ist, daß die weitaus meisten Vorstellungen einen Bezug zu gesellschaftlichen Vorgängen haben. Gewöhnlich weisen die Regeln, die den Gebrauch eines bestimmten Worts definieren, ihm eine Funktion in der einen wie auch in der anderen Hinsicht zu. Aber erfahren wird die Multifunktionalität solcher Ausdrücke als etwas *Einheitliches*.

Multidimensionale Wahrnehmung

MAN KANN DAVON ausgehen, daß die Sprache einer bestimmten Gemeinschaft über mehrdimensionale Subsysteme dieser Art verfügt; und man kann annehmen, daß sie eine Vielzahl davon besitzt. Die verschiedenen vielsträngigen Subsysteme, aus denen eine Sprache besteht und die über das Wahrnehmungsvermögen der Sprachgemeinschaft entscheiden, setzen sich ihrerseits aus unterschiedlichen Reihen von Elementen oder Dimensionen zusammen. Nicht nur ist jedes einzelne dieser Systeme komplex; die Elemente, die in die Komplexität eingehen, sind auch von System zu System ganz verschieden.

Das ist von höchster Wichtigkeit. Die »Dimensionen«, die sich im einen Subsystem finden, sind *nicht* dieselben wie in anderen Subsystemen. Die Subsysteme können sich in den Dimensionen teilweise überschneiden, aber das muß nicht der Fall sein.

So können etwa in einem der Handlungssysteme Brautwerbung, Gruppenabgrenzung und Zeiterfahrung miteinander verschmolzen sein; ein periodisch wiederkehrendes Fest zeigt dann den Fortgang der Zeit *und* den der Generationen an, indem es dazu dient, eine Altersgruppe in einen neuen Status einzuführen. Gleichzeitig können die Teilnehmer am Ritual Rollen zugewiesen bekommen, die ein Hinweis darauf sind, welche ehelichen Verbindungen als zulässig gelten. Ein anderes Ritual verschränkt vielleicht die Organisation der Jagd mit der Anerkennung einer gesellschaftlichen Stellung; die Festlegung der

Jagdzeiten und Jagdgebiete ist vielleicht Sache verschiedener Amtsinhaber, deren Entscheidungen sowohl durch die objektiven Aussichten auf Beute als auch durch die politischen, innergesellschaftlichen Konsequenzen ihrer jeweiligen Entscheidung bestimmt sind. Ein drittes Subsystem ist möglicherweise sowohl »Spiel« im üblichen Sinne des Wortes als auch Herstellung einer hierarchischen Ordnung, die mit der rituellen oder offiziellen konkurriert und dazu dient, von letzterer zu entlasten: Man nutzt ein gesellschaftliches Ereignis, bei dem man sich mit Rauschmitteln und anderen Techniken aufputscht, zur Einführung einer Sitz- und Rangordnung, deren Regeln flexibler sind als bei anderen Anlässen üblich, so daß die Beteiligten ihre unterdrückten Ambitionen ausleben und an eine soziale Berufungsinstanz appellieren können[6]; usw. Die Palette von Möglichkeiten ist riesig groß.

Wenn diese Hypothese über die Wahrnehmungsweise der Primitiven, wahrscheinlich aber auch der meisten anderen Menschen, stimmt, was folgt dann daraus? Die wichtigste Konsequenz lautet: Wenn wir ein realistisches Modell davon entwerfen wollen, wie solche Menschen »die Welt« wahrnehmen und erfahren, müssen wir uns so etwas wie ein Unterseeboot mit einer Vielzahl von Periskopen vorstellen. Ungefähr folgendermaßen:

—————— = feste Wand

//// = »durchlässige Zonen«

Kulturell wahrnehmendes Subjekt

Teile der Außenwand des U-Boots sind undurchdringlich; sie entsprechen jenen – zumeist ziemlich ausgedehnten – Teilen des Überzeugungssystems einer Gesellschaft, die normalerweise völlig unempfindlich sind gegenüber äußeren Einflüssen. Die grundlegenden Mythen und Legenden, die Einteilung von Menschen, Lebewesen, Dingen und Tätigkeiten, die zugleich denen, die sie ausüben, ihre Position und Rolle zuweisen – all das sind im Alltagsleben der meisten Gesellschaften feste Gegebenheiten. Das meiste von dem, was Menschen sagen,

---

[6] Vgl. S. Weir, *Qat in Yemen: Consumption and Social Change*, London 1985.

und das, was sie damit ausdrücken wollen, steht in keiner direkten Beziehung zur natürlichen Welt (entgegen der Ansicht einer naiven Sprachtheorie, die in allen Diskursakten unmittelbare Erfahrungsprotokolle sehen möchte). Es ist einfach nur Teil der sozialen Interaktion. Die Sprache wurzelt nicht nur im Rituellen, sie *ist selber* ein Ritual. Grammatische Regeln sind ein System von Anweisungen für den Vollzug eines Rituals. Sprechen ist die geläufigste aller rituellen Tätigkeiten.

Meist gebrauchen wir die Sprache eher so, wie wir den Hut vor jemandem ziehen, um ihn zu grüßen, als im Sinne eines informativen Berichts. Die komplizierten Spielarten, die es bei Grußformen gibt, mögen dabei noch relativ vielsagend sein oder vielerlei andeuten; die Geschichten hingegen, aus denen das Corpus von Glaubensvorstellungen besteht, liegen weitgehend fest. Wenn sie überhaupt variieren, dann unter dem Einfluß von etwas ganz anderem als »äußeren Gegebenheiten«. Es läßt sich von ihnen eine Beschreibung geben, aber die ist in keiner Weise abhängig von irgendwelchen äußeren Daten.

Es gibt aber auch eine Vielzahl von Öffnungen, durchlässigen Zonen oder, wenn man so will, Periskopen, die es dem einzelnen Organismus und der Sprachgemeinschaft, zu der sich die Organismen zusammenfinden, ermöglichen, Stücke der äußeren Realität wahrzunehmen und vor allem auf sie zu reagieren. Die Existenz einer von der Gesellschaft unabhängigen Natur ist unleugbar; aber normalerweise besteht kein Anlaß, diese Natur zu einem *einzigen*, gesellschaftsunabhängigen, einheitlichen Ganzen zusammenzufassen, und die Gesellschaften lassen sich dergleichen normalerweise auch nicht einfallen. Wenn es dennoch passiert, stellt es eine historisch seltene und komplizierte Leistung dar. Es ist alles andere als eine Art Grundlage des Menschseins überhaupt, alles andere als ein natürlicher Bestandteil des menschlichen Wesens.

Worauf es wirklich ankommt, ist die Tatsache, daß es wenige, und wahrscheinlich gar keine, »unvermischte« Begegnungen mit der nichtgesellschaftlichen Realität gibt. Die Begegnungen sind vielmehr durchweg mehrdimensional, und was sie an Reaktionen auf die Außenwelt zeitigen (falls überhaupt), ist verzahnt mit anderen innersozialen Wahrnehmungen und Rücksichten. Die Empfänglichkeit des Wahrnehmungsvermögens für irgendwelche äußeren Tatbestände, auf die es »funktionell« eingestellt ist und denen gegenüber es für den

Organismus gewissermaßen die Rolle eines speziellen Wachpostens spielt, ist normalerweise mit anderen, systeminternen Wahrnehmungsfunktionen zusammengeschaltet. Die Reaktion auf die Außenwelt ist demnach Teil eines »Gemischs«, dessen andere Elemente oder Dimensionen in den meisten Fällen über das rein empirische Moment triumphieren. Wenn der Anführer bei der Jagd rituell unrein ist, dann stehen die Zeichen für die Jagd schlecht – gleichgültig, wie es um die »wirklichen«, natürlichen Bedingungen bestellt ist. Hinzu kommt, daß die verschiedenen Periskope oder Wahrnehmungsbereiche von unterschiedlicher Beschaffenheit sind; ihre Elemente werden nicht einfach kombiniert und sind auch gar nicht kombinationsfähig. Der Wahrnehmungsbereich A, der die Wetterbeobachtung mit der Achtung vor dem Oberpriester verschränkt, läßt sich nicht kurzerhand mit dem Wahrnehmungsbereich B zusammenfügen, der, sagen wir, sowohl die Frage, ob Wild vorhanden ist, als auch das Problem der rituellen Reinheit des Jägers umfaßt. Jeder Bereich behauptet seine selbständige Existenz und unterliegt seinen eigenen unverwechselbaren Kriterien oder Steuermechanismen.

Es ist also falsch, im traditionellen Sprachzusammenhang primär ein Referenzsystem zu sehen (wobei dann nicht-referentielle Elemente als eine Art von nebensächlichen Verunreinigungen gelten). Aber genauso falsch wäre es, ihn als völlig abgekoppelt von der Natur zu sehen. Der entscheidende Punkt ist vielmehr, daß im traditionellen Sprachgebrauch der Bezug auf die Natur mit anderen Elementen verquickt ist und daß die diversen Naturbezüge nicht zu einem einheitlichen, rein referentiellen Bild von der Natur als einem eigenständigen, gesellschaftsunabhängigen System verschmolzen werden beziehungsweise verschmolzen werden können. Das hat zur Folge, daß die einzelnen Wahrnehmungszonen oder Naturbezüge über wenig oder gar kein Entwicklungs- oder Fortschrittspotential verfügen; von der Möglichkeit, mit Begriffen so lange herumzuprobieren, bis ein bestimmtes Stück Natur sein angemesseneres sprachliches Korrelat gefunden hat, fehlt jede Vorstellung. Dieses Fortschrittspotential fehlt nicht nur, es würde auch gar nicht ins Bild passen; normalerweise wird verhindert, daß es überhaupt entsteht.

Es kann einfach nicht oft genug wiederholt und betont werden, daß jemand, der sich eines dieser Systeme zu eigen gemacht hat und so sehr darin zu Hause ist, daß er sich überhaupt kein anderes vorstellen kann, es ganz und gar nicht als ein Multifunktionssystem, als eine Zusammenfassung zweier oder mehrerer verschiedener Aktivitäten wahrnimmt. Es ist sinnlos, ihm zum Beispiel folgende Frage zu stellen: Wenn du sagst, morgen wird das Wetter schön sein, verleihst du dann deiner Ansicht in Sachen Wetterprognose oder deiner Unterwerfung unter die Autorität des Priesters Ausdruck? Wenn du sagst, es gibt reichlich Wild, stützt du dich dann auf empirische Beobachtungen oder teilst du nur mit, daß deine rituelle Verfassung dir erlaubt, auf die Jagd zu gehen? Selbst wenn es einem gelänge, diese Fragen in der Sprache des Betreffenden zu formulieren, er würde einen garantiert nur verständnislos anstarren. Für ihn ist der durch mehrere Rücksichten bestimmte Begriff nur *ein* Begriff.

Grundlegende Dimensionen

WAS EIN GERÄUSCH oder beliebiges Signal, das von menschlichen Wesen gesendet oder hervorgebracht wird, zu einer sprachlichen Äußerung werden und also mehr als ein bloßes Geräusch sein läßt, ist unter anderem die Existenz von Regeln, die darüber entscheiden, ob es passend verwendet wird oder nicht: es eignet sich nicht unterschiedslos für jede Gelegenheit. Die Urteilskriterien, die über die Angemessenheit von Geräusch- und Signalmustern entscheiden, sind kompliziert. In höher entwickelten Sprachen ist die korrekte Bildung und soziale Annehmbarkeit eines Satzes häufig daran gebunden, daß er sich mit Hilfe einer im wesentlichen binären Skala beurteilen läßt: Er gilt als *wahr* oder *falsch*. Im Unterschied zur formalen Sprache der zweiwertigen Logik legt die Alltagssprache in ihrer Praxis keine solche binäre Strenge an den Tag. Sie ordnet Behauptungen nicht nur als wahr und falsch ein, sondern ist einigermaßen empfänglich für feinere Unterschiede. Im Alltagsgebrauch verfahren wir nicht nach dem Grundsatz, daß »fast getroffen auch daneben« ist, sondern finden es durchaus relevant, wenn eine Behauptung nur haarscharf danebenliegt oder bloß in einer formalen Einzelheit irrt, wenn sie der Wahrheit sehr nahekommt und sich ohne große Mühe richtigstellen läßt. Wir unterscheiden zwischen falsch und himmelschreiend falsch oder zwischen Unwahrheiten und faustdicken Lügen.

Dessen ungeachtet tendiert das heute gängige Nachdenken über das Denken dazu, den Mythos oder die Idealvorstellung von einer strikt zweiwertigen Logik aufrechtzuerhalten. Das spielt zwar keine allzu große Rolle – dennoch ist es wichtig festzuhalten, daß auch die Regeln und Bewertungen, denen die verschiedenen »Dimensionsstränge« selbst unterliegen, jede nur denkbare Form und Gestalt aufweisen. Präzise, zweiwertige Urteilsfunktionen genießen kein Monopol. Vielwertige Skalen, ja kontinuierliche Skalen finden sich genausogut, sie sind allgegenwärtig und lassen sich mit Händen greifen.

Die große Zahl von Zwecken und Kriterien, denen die Menschen sowohl ihr Handeln als auch ihr Sprechen unterwerfen, ist auffällig. Aber ungeachtet dieser Mannigfaltigkeit von Bewertungskriterien, die wesentlicher Bestandteil der Sache ist, lassen sich die vielen verschiedenen Zweckbestimmungen sinnvoll in zwei große, übergreifende Gattungstypen aufteilen: nämlich in die referentielle Verwendung und in die Bekräftigung gemeinsamer Vorstellungen. Sozial anerkannte Geräuschmuster finden entweder deshalb Billigung, weil sie »wahr« sind im Sinne einer referentiellen Gültigkeit, eines korrekten Bezugs zur äußeren Natur, oder weil sie »wahr« sind im Sinne eines Loyalitätsbeweises, einer Übereinstimmung mit normativen Erwartungshaltungen. Dies sind die zwei entscheidenden Grundtypen von »Wahrheit«. Das Englische verwendet zweideutig und vielsagend für beide Bedeutungen ein und dasselbe Wort »truth«, »Wahrheit«. Das Deutsche unterscheidet zwischen »treu« und »wahr«.

Die Wahrheit Nr. 1 im Sinne referentieller Treue ist möglicherweise nur eine merkwürdige Spielart der Wahrheit Nr. 2 im Sinne sozialer Treue: ein exklusives Treueverhältnis gegenüber einer gleichförmigen, einheitlichen Natur, das Gleichgültigkeit gegenüber der Gesellschaft nach sich zieht. Am Ende kann man vielleicht wirklich nicht zwei Herren gleichzeitig dienen; eben das aber hat der Großteil der Menschheit die meiste Zeit über getan. Für uns ist wichtig, diese beiden großen Gattungen jetzt auseinanderzuhalten und einander gegenüberzustellen. Zwar weist auch jede *für sich* eine enorme Vielfalt auf; aber was für unsere Überlegungen zählt, ist der grundlegende Unterschied *zwischen* ihnen.

Indem wir nun diesen Unterschied, den die meisten Menschen nicht machen oder nicht kennen, auf die Vergangenheit anwenden, gewinnen wir das Rüstzeug, um uns das primitive Denken begreiflich zu machen. Wir entrinnen dem absurden und bislang unlösbaren Dilemma, von dem oben die Rede war. Kehren wir also zu unserem vereinfachten, zweidimensionalen Diagramm zurück. Wir vereinfachen insofern, als wir von der Existenz nur zweier »Stränge« ausgehen. Das tun wir, weil wir primär an den zwei großen Grunddimensionen interessiert sind, der referentiellen und der normativen. Darüber hinaus nehmen wir der Einfachheit halber an, daß jede der beiden Dimensionen mit einer simplen, vergleichsweise groben Ja/Nein-Bewertungsskala operiert. (Unsere Überlegungen werden von solchen Vereinfachungen nicht beeinflußt.)

Vom Standpunkt desjenigen aus, der die Sprache spricht, stellt jedes derartige Subsystem einen einheitlichen, übergangslosen Wahrnehmungsbereich dar. *Wir* sind es, die den Bereich nachträglich in zwei Dimensionsstränge zerlegen, und zu allem Überfluß auch noch in zwei Stränge, die sich radikal voneinander unterscheiden. Der eine ist der referentielle. Er steht und fällt mit der objektiven Sachlage. Er ist im strengen Sinn »funktionell«, gebunden an den Naturausschnitt, auf den er sich bezieht und der über die »Wahrheit« oder »Falschheit« seiner Aussagen entscheidet. Der andere kann zwar eine Vielzahl von Funktionen übernehmen, dient den Sprechenden aber vor allem zur Bekräftigung der Tatsache, daß sie sich gemeinsamen Anschauungen verpflichtet fühlen. Da die Sprechenden Angehörige ein und derselben Gemeinschaft sind, ist diese Loyalität gegenüber Anschauungen zugleich ein Mittel, ein Treuebekenntnis zur Gemeinschaft abzulegen.

Mit Anschauungen sind natürlich nicht einfach nur beliebige Ansichten gemeint. Der Begriff umfaßt, vermittelt und legitimiert vielmehr eine verbindliche Art und Weise der Einordnung und Bewertung, ein verbindliches Ensemble sozialer und natürlicher Ansprüche und Pflichten. Er ermöglicht Zusammenarbeit und kommunikativen Austausch. Er unterwirft das Verhalten und die Wahrnehmung, die sich sonst in einer unendlichen Erscheinungsvielfalt verlieren würden, klar umrissenen Beschränkungen und stiftet auf diese Weise eine »Kultur«, einen Kommunikationszusammenhang.

Man kann Kultur unter anderem auch als ein Ensemble von Anschauungen betrachten und in bestimmter Hinsicht sogar als ein *System* von Anschauungen. Jede Anschauung umfaßt eine Reihe von Gegenständen oder Vorgängen oder was auch immer. Sie erzeugt in denen, die von ihr erfüllt sind, eine Reihe von Erwartungshaltungen. Zum Beispiel muß in den verschiedenen Kulturen das Verhalten eines »Mannes« unterschiedlichen Erwartungshaltungen genügen, und diese Erwartungen erstrecken sich in irgendeiner Form auf alles in der Natur, was als männlich klassifiziert wird.

Es hat kaum großen Sinn, hierbei einen strikten und systematischen Unterschied zwischen Erwartungen moralischer Natur und bloßen Wahrscheinlichkeitserwartungen zu machen; die Unterscheidung mag manchmal zutreffen, aber systematische Verbindlichkeit hat sie nicht. Das »Normale« und das »Normative« hängen zusammen, auch wenn beides nicht immer zusammenfällt. Wenn etwas den Erwartungen, die mit einer Vorstellung verknüpft sind, nicht entspricht, stellt das im häufigeren Fall ein Vergehen gegen moralische Normen als einen Einwand gegen theoretische Annahmen dar. Ein Mann, der etwas tut, was in seiner Kultur »ein rechter Mann nicht tut«, widerlegt keine Theorie; er stört die moralische Ordnung.

Anschauungen sind einfach die Summe aus solchen Erwartungshaltungen, und normalerweise sind sie mit einem bestimmten Wort verknüpft. Sie liegen nicht im Wesen der Dinge selbst, sondern sind Bestandteil von Kulturen und werden von diesen gebildet und den Menschen eingeprägt; ihre Übertragung ist definitiv keine Sache der Vererbung. Ob es Anschauungen gibt, die universal und allen Kulturen gemeinsam sind, ist eine offene Frage. Wenn es der Fall ist, dann entweder, weil die Natur allenthalben bestimmte Muster vorgibt, die in den Kulturen stets die gleiche Resonanz hervorrufen, oder weil die strukturellen Voraussetzungen jeder Kultur, jedes Systems von Anschauungen stets dieselben, wie man sagen könnte, Arbeitsbegriffe erfordern, Anschauungen, mit deren Hilfe die übrigen sich organisieren lassen. Universal auftretende Anschauungen, wenn es sie denn gibt, könnten Ausdruck grundlegender, unausweichlicher Gegebenheiten der äußeren Wirklichkeit sein, oder sie könnten gemeinsamen Erbanlagen der Menschheit entstammen. Wir können diese offenen Fragen nicht beantworten, was Gott sei Dank für den Fortgang unserer Überlegungen auch nicht nötig ist; unabhängig davon, daß es sich allemal lohnt, sie aufzuwerfen.

Es ist Emile Durkheims zentrale Einsicht, daß Anschauungen *bindenden* Charakter haben und daß tatsächlich dies den ursprünglichen, ungeschriebenen Gesellschaftsvertrag ausmacht, das auszeichnende

Charakteristikum menschlichen Gemeinschaftssinns.[7] Durkheim erkannte auch, daß diese bindende Kraft von Anschauungen nichts Selbstverständliches ist, sondern nach einer Erklärung verlangt. Auch die Erklärung, die er selber dafür liefert, kann sich durchaus sehen lassen, obwohl seine Hauptleistung vielleicht darin besteht, daß er das Problem überhaupt ins Auge faßte. Mit großem Nachdruck und völlig zu Recht vertrat er die Ansicht, daß die Erklärung, die der Empirismus für die Macht von Vorstellungen gibt, unzureichend ist.

Der Empirismus neigt der Annahme zu, daß abstrakte Vorstellungen, Begriffe, die eine Vielzahl von Erscheinungen unter sich fassen, durch eine Art *Abstraktionsprozeß* aus der Erfahrung gewonnen werden. Wir sehen einen Mann, dann noch einen Mann, dann wieder einen, und siehe da, schon haben wir irgendwie mitbekommen, daß es da einen Haufen übereinstimmender Merkmale gibt, und sind dadurch zur abstrakten Vorstellung »Mann« vorgedrungen. An einer solchen Theorie ist vielerlei schief. Erstens, und das war für Durkheim entscheidend, kann sie nicht das *Zwingende* der Vorstellung erklären. Selbst wenn es den Menschen möglich ist, nach Gutdünken zu handeln – nach Gutdünken denken können sie nicht! Vorstellungen oder Anschauungen sind der Wahrnehmung vorausgesetzt und folgen nicht aus ihr. Das »Abstraktionsmodell« mag vielleicht für einen hochversierten modernen Forscher Gültigkeit haben, der bei der Arbeit in einem Forschungsbereich versuchsweise Erscheinungen nach bestimmten gemeinsamen Eigenschaften gruppiert, weil er vermutet, daß diese für sein Problem von Bedeutung sein könnten. Aber das normale Leben sieht anders aus. Menschen werden durch Vorstellungen in Bann geschlagen, lassen sich in ihrem Verhalten und in ihren Erwartungen von Vorstellungen leiten und bestimmen.

Die Menschen können nicht denken, wie es ihnen paßt; sie sind Sklaven ihrer Ideen, und ihre Ideen haben gesellschaftliche Verbindlichkeit. Wie Kant geht auch Durkheim davon aus, daß moralische und logische Notwendigkeit derselben Wurzel entspringen, obwohl er in der Frage, worin diese einzige Wurzel besteht, anderer Meinung ist als Kant. Die Hauptfunktion des Rituals besteht nach Durkheim darin, Anschauungen mitsamt der Nötigung und Verbindlichkeit, die

[7] Emile Durkheim, *Les formes élémentaires de la vie religieuse*, Paris 1912 (dt.: *Die elementaren Formen des religiösen Lebens*, Frankfurt a. M. 1981).

ihnen innewohnt, dem menschlichen Geist und Gefühlsleben einzuprägen. Kollektive Erregungszustände machen uns zugänglicher und empfänglicher für das, was man nicht schon als Indoktrination (die kommt erst viel später), sondern eher als Einführung in sozial akzeptierte Vorstellungen bezeichnen könnte. Gemeinsame Anschauungen und gemeinsame Zwänge haben die Menschen zu sozialen Wesen gemacht und haben sie damit tatsächlich überhaupt erst zu Menschen werden lassen.

Wenn die Bildung von Vorstellungen wirklich, wie der Empirismus behauptet, im Prinzip der »Assoziation« gründete, dann wären Vorstellungen, weil ja alles mit allem sich assoziieren läßt, eine hoffnungslos flüchtige Angelegenheit. Sie würden in alle möglichen Richtungen abdriften, und weil es keinerlei Grund gäbe, bei Gesprächspartnern übereinstimmende Vorstellungen zu erwarten, wäre jede Kommunikation unmöglich. »Freie Assoziation« ist tatsächlich ein »weißer Schimmel«: Assoziationen *sind* ihrem Begriff nach frei und regellos. Vorstellungen, die mit Hilfe dieses Prinzips gebildet würden, litten an einer Art semantischem Karzinom. Sie würden im Nu alles umschließen und verschlingen, was sich in ihrer Reichweite, will heißen in ihrem Assoziationsbereich, befände. Das Interessante und Wichtigste an unseren Vorstellungen ist, daß sie nicht nur selbst hochgradig diszipliniert sind, sondern auch *uns* in Zucht halten. Obwohl von Natur frei, tragen die Assoziationen überall Fesseln. Die Menschen parieren in ihren Vorstellungen und in ihrem Sprachgebrauch besser als im Moralischen. Der Grund dafür mag sein, daß in diesen Bereichen die Versuchung zur Abweichung geringer oder aber die Kontrolle stärker ist oder beides. Durkheims Theorie der Bildung von Vorstellungen – durchs Ritual – rückt das Problem ins Rampenlicht, warum unsere Vorstellungen sich eigentlich so erstaunlich disziplinieren lassen und auf welche Weise sie *uns* ihrer Zucht unterwerfen. Durkheim wirft Licht auf das Problem und bietet eine Lösung dafür.

Soziale und logische Kohärenz

ERINNERN WIR UNS: Gemeinsame Anschauungen, soweit sie von den nicht-referentiellen Bezügen eines sprachlichen Subsystems getragen werden, gehorchen nicht alle denselben Zielbestimmungen und Kriterien in dem betreffenden Subsystem. Sie erfüllen im Gegenteil die vielfältigsten Zwecke. Gemeinsam aber ist ihnen allen, daß sie einen Schwarm von normativen, durch Brauch geheiligten Erwartungen wecken. Diese Erwartungen sind für die Mitglieder der Gemeinschaft, die jene Anschauungen hegt, fast strikt verbindlich. Sprache ist ein für alle verbindliches System von Wahrnehmungsbeschränkungen.

Jedes Subsystem bringt seine eigene unverwechselbare Weise hervor, die Außenwelt wahrzunehmen. Das nicht-referentielle Element oder Prinzip, das in der jeweiligen Wahrnehmungsweise enthalten ist, ist aber *nicht* identisch mit dem nicht-referentiellen Element in anderen vergleichbaren Subsystemen. Hierzu ein paar Beispiele: Das eine Ritual dient dazu, den Beteiligten Folgsamkeit gegenüber dem Oberpriester einzuimpfen und sie zur Anerkennung der Kasten und Clans der betreffenden Gesllschaft anzuhalten. Ein anderes lehrt sie den Rhythmus des sozialen Zeitablaufs, die Zeiteinheiten, die das Maß für die Erfüllung ihrer sozialen Verpflichtungen bilden. Ein drittes schließlich definiert vielleicht räumliche Grenzen oder Anfang und Ende einer bestimmten Produktionstätigkeit. Jedes der Systeme kann dabei irgendeine Form der »äußeren« Wahrnehmung enthalten, eine besondere Art der Verknüpfung der Handlungen, die es auslöst, mit den empirischen Gegebenheiten. Aber diese Gegebenheiten sind dann mit jeweils verschiedenen Rücksichten verquickt, und ihr Idiom trennt sie von den empirischen Momenten in *anderen* Subsystemen. Es kann sein, daß die einzelnen Teile sich gegenseitig stützen und ein ethisches System bilden, und normalerweise scheint genau dies auch die Art zu sein, wie Gesellschaften funktionieren. Aber die verschiedenen Subsysteme sind nicht identisch und verwenden keine, wie man es nennen könnte, *referentielle* Einheitswährung. Jedes prägt vielmehr seine eigene Münze.

Die verschiedenen Öffnungen, die verschiedenen Periskope unseres Unterseeboots sind also auf ganz unterschiedliche Weise gebaut und entsprechen einer Vielzahl unterschiedlicher Prinzipien. Deshalb sind ihre jeweiligen Wahrnehmungen, die Daten, die sie dem U-Boot-Organismus liefern, nicht vergleichbar. Jede Information für sich genommen ist brauchbar, aber sie sinnvoll mit anderen zu kombinieren und zu parallelisieren ist unmöglich. Die sprachlichen Begleittexte unterschiedlicher Rituale sind nicht Bestandteile ein und desselben Systems.

Bedeutet dies, daß die mit einer solchen vielgestaltigen Mannigfaltigkeit von Wahrnehmungsorganen ausgestattete Welt des Primitiven inkohärent, fragmentarisch, ein Flickwerk ist? Auf den ersten Blick könnte dies als Konsequenz erscheinen; tatsächlich aber trifft das genaue Gegenteil zu.

Wenn ein Wahrnehmungsvermögen einem einzigen Zweck gehorcht, eindimensional ist, und wenn diese eine Zweckbestimmung in der referentiellen Beziehung zur Objektivität besteht, *dann* und erst dann passiert es, daß seine Befunde völlig unvorhersehbar werden und sich nicht mehr, oder jedenfalls nicht mehr zuverlässig, in den Dienst irgendeiner sozialen Absicht stellen lassen. Die Außenwelt ist per definitionem dasjenige, was sich unserer Macht entzieht. Die Außenwelt ist dasjenige, was uns widerfährt. Sie ist unabhängig von unserem Wollen. Sie ist Spielball des Glücks oder vielmehr Spielball der Natur. Empirische Daten sind *Gegebenheiten*; sie lassen sich keinen Bedingungen unterwerfen. Für soziale Zwecke stehen sie nicht oder höchstens zufälligerweise zur Verfügung. Sozialen Zwecken dienen sie nicht, weil sie überhaupt nicht zweckgebunden sind.

Die Sache liegt allerdings anders, wenn die fertigen Befunde, die das Periskop übermittelt, nur zum Teil abhängig von äußeren Daten sind und wenn, wie wir betont haben, die Beziehung zur Natur höchstens *ein* Element in einem Komplex von »Steuermechanismen« oder »funktionellen Bezügen« darstellt. Das System kann in diesem Fall so konstruiert sein, daß bestimmte Arten von Daten garantiert gar nicht erst rezipiert, sondern vom Mechanismus der anderen beteiligten, nichtreferentiellen Dimension oder Dimensionen zuverlässig überspielt, ausgesiebt, überdeckt werden. Das Gesamtsystem kann dann eine stilistische und funktionelle Einheitlichkeit wahren, die nicht den »empirischen Befunden« auf Gedeih und Verderb ausgeliefert ist. Die Hauptthemen und Grundanschauungen einer Kultur bleiben auf diese Weise dem Diktat der Natur entzogen. Die Natur kommt gewissermaßen nur durch Delegationen zu Wort, die mittels der Subsysteme Präsenz erlangen, und in jedem dieser Subsysteme stellt die jeweilige Naturdelegation mit ihrer Botschaft nur eine Minderheit dar. Wenn zum Beispiel das »Folgsamkeitsmotiv« im Sprechen über den Regen dafür sorgt, daß im Stamm die Autorität und das Ansehen des Oberpriesters gewahrt bleibt, wenn sein »Spruch« über die tatsächlichen Niederschlagsverhältnisse triumphiert, dann werden Daten über den

Regen, die nach unseren Maßstäben »objektiv« sind, nie imstande sein, die religiöse Rangordnung des Stammes in Frage zu stellen. Vielsträngigkeit macht es normalerweise *möglich* (ohne daß von einer Notwendigkeit gesprochen werden könnte), den referentiellen Aspekt den Erfordernissen des Sozialen unterzuordnen und sicherzustellen, daß keine Empirie sich einfach erdreistet, die aus sozialen Erwägungen bevorzugte Anschauung über den Haufen zu werfen.

Aus der Vielzahl solcher sozial überwachten Periskope muß sich natürlich nicht *notwendig* ein kohärentes, stimmiges Ganzes ergeben. Es kann durchaus die eine oder andere Unstimmigkeit, vielleicht sogar eine Menge von Unstimmigkeiten geben, und das ist zweifellos manchmal der Fall. Aber daß rein äußere und deshalb unkontrollierbare Daten erforderlichenfalls für unwirksam erklärt werden können, macht es immerhin *möglich*, ein kohärentes System zu schaffen, in dem es sich leben läßt.

Die meisten vorwissenschaftlichen Gesellschaften scheinen sich in der Tat diese Eigentümlichkeit ihrer Denksysteme zunutze zu machen, diese Freiheit des Denkens von aller reinen und gesellschaftsunabhängigen Referenzbeziehung, von allem unkontrollierten Einbruch der Außenwelt, um ein annehmbar kohärentes Bild von der Welt zu entwerfen, in dem sich elementare Kosmologie, Gesellschaftsorganisation und empirische Natur allesamt entsprechen. So deckt sich etwa das Subsystem, das den Zeitablauf regelt, mit dem Subsystem, das die Rangordnung der Personen festlegt: Die großen wiederkehrenden Feste, die den jahreszeitlichen Rhythmus akzentuieren, unterstreichen zugleich die priesterliche Rangfolge; je größer das Fest, um so höherrangig der Priester, der es leitet, und so weiter... Die *sozialen* Elemente in jedem einzelnen sprachlichen Subsystem bilden mit den sozialen Elementen in den anderen Subsystemen ein weitgehend zusammenhängendes Ganzes. Was nicht miteinander übereinstimmt, sind (falls überhaupt vorhanden) die empirischen Bestandteile in den verschiedenen Subsystemen. Ungeschieden und verschränkt mit den sozialen Komponenten, können sie zu anderen rein empirischen Elementen nicht in Verbindung treten, und es steht ihnen dafür auch kein spezielles Idiom zur Verfügung. Statt dessen dienen sie im Normalfall dazu, die herrschende, sozial bestimmte Sicht zu stützen.

Mehrzweck-Subsysteme, die verhindern, daß ein bestimmter Gesichtspunkt Dominanz erlangt (so daß die Natur es nie zu einem Vetorecht bringen kann), tragen dazu bei, daß ein kohärentes Bild von der sozialen und der natürlichen Welt nicht nur möglich wird, sondern im Normalfall auch wirklich entsteht. Sie führen zur Schaffung eines *Kosmos*, in dem das Natürliche und das Soziale nicht scharf oder systematisch voneinander getrennt sind. Daß Gesellschaften, insbesondere kleine und einfache, dazu neigen, relativ kohärente Anschauungen von der Welt auszubilden und sich in diesem ihrem »Kosmos« häuslich einzurichten, ist oft und nicht ohne Neidgefühle bemerkt worden. Die Tatsache, daß solche kohärenten Weltbilder in komplexen und instabilen Gesellschaften verschwinden und daß an ihre Stelle eine unpersönliche, von Gesetzmäßigkeiten beherrschte, indifferente Natur tritt, hat in neuerer Zeit zu romantischem und bitterem Bedauern Anlaß gegeben. Der Weltzusammenhang, der uns verlorengegangen ist, war eher thematischer oder stilistischer als strikt logischer Natur. Dem vergleichsweise kohärenten Bild lagen Mechanismen zugrunde, die sich der Logik entzogen oder ihr Hohn sprachen.

Um auf später zu Behandelndes vorzugreifen: Erst bei den komplexen und erkenntnismäßig »fortschrittlichen« Gesellschaften, in deren interner Bewußtseinsökonomie relativ säuberlich zwischen Erkenntnisfunktionen und anderen Aktivitäten oder Gesichtspunkten getrennt wird, kommt es zu einem hohen Grad von *logischer* Kohärenz. Zwischen sämtlichen »Fakten« lassen sich Querverbindungen herstellen, so daß sie alle in eine einheitliche logische Sphäre eingebettet sind. Auf sie findet eine gemeinsame begriffliche Währung Anwendung; mögliche Erklärungen lassen sich auf jedes beliebige Faktum, egal, wie weit hergeholt und auf welchem Weg es gewonnen sein mag, beziehen oder ausdehnen.

Gleichzeitig aber fehlt es diesen Gesellschaften normalerweise an *sozialer* Kohärenz; ihre moralische und ihre kognitive Sphäre bilden einfach kein geschlossenes Ganzes. Das bereitet manchen Philosophen in den fraglichen Gesellschaften Unbehagen, und teilweise sind sie eifrig bemüht, in dieser Hinsicht für Abhilfe zu sorgen.

Demgegenüber tendieren einfachere Gesellschaften zu einem hohen Maß an sozialer Kohärenz. Die Welt, in der man lebt und handelt, ist identisch mit der Welt, in der man denkt, und die moralische und kognitive Sphäre verstärken und stützen einander. Zugleich besitzen diese Gesellschaften einen geringen Grad an logischer Kohärenz. Die Informationen, die ihnen ihre verschiedenen Wahrnehmungsbereiche

– ihre Wahrnehmungs*organe*, könnte man fast sagen – zur Verfügung stellen, lassen sich nicht zusammenfassen und stellen keine einheitliche logische Sphäre dar. Es ist einfach sinnlos, allgemeine Theorien zu formulieren, wenn deren Anspruch der Prüfung durch jeden einzelnen dieser verschiedenen »Wahrnehmungsbereiche« unterworfen ist.

All das ermöglicht uns nun, eine extrem wichtige, wenngleich ziemlich grobe Gesetzmäßigkeit im Blick auf die Geschichte des menschlichen Intellekts zu formulieren: *Logische und soziale Kohärenz verhalten sich umgekehrt proportional zueinander.* Je mehr vom einen vorhanden ist, um so weniger kann man erwarten, vom anderen vorzufinden. Einem Wissenschaftler in unserer Welt, der auf einem bestimmten Gebiet, sagen wir: in der Nuklearbiologie, ein Problem erforscht, steht es völlig frei, sich auf Forschungsergebnisse zu berufen, die er einem anderen Bereich, sagen wir der Teilchenphysik, entlehnt, wenn er findig genug ist, zwischen beidem einen Zusammenhang herzustellen. Daß der Biologe und der Physiker ein und dieselbe Welt erforschen, wird von jedermann vorbehaltlos anerkannt. Falsche Theorien über das vorwissenschaftliche Denken irren gewöhnlich genau in diesem Punkt. Die moralbestimmte Welt, die sie den einfacheren Kulturen zuschreiben, gilt ihnen ganz selbstverständlich als eine *einheitliche* Welt. Tatsächlich ist solch eine Welt keine Selbstverständlichkeit für alle Menschen. Sie mußte von einer bestimmten, ziemlich ausgefallenen Kultur allererst entdeckt oder erfunden werden.

Wenn es nicht gelingt, Ergebnisse aus verschiedenen Forschungsgebieten zu einem Gesamtbild zusammenzufügen, dann gilt das in unserer Gesellschaft als Zeichen dafür, daß es noch weiterer Fortschritte auf einem oder mehreren dieser Gebiete bedarf, nicht aber als Beweis für eine naturgegebene Eigenständigkeit der jeweiligen Phänomene. Andererseits werden die theoretischen Vorstellungen, die ein Wissenschaftler in seiner Arbeit entfaltet, normalerweise nicht ins Gewicht fallen oder überhaupt keine Rolle spielen, wenn es für ihn darum geht, sich eine Frau zu nehmen oder für eine politische Partei zu entscheiden. Seine sittliche Existenz und sein Leben als Wissenschaftler sind im allgemeinen voneinander getrennt, und wenn Zusammenhänge hergestellt werden – wenn die mit Zähnen und Klauen bewehrte Natur als Argument für die Marktwirtschaft herangezogen wird oder wenn siedende Kessel bemüht werden, um als Sinnbild für die »dialektische« Natur gesellschaftlicher Prozesse herzuhalten –, dann sind diese Verbindungen gemeinhin suspekt und fehl am Platz. Im Unterschied dazu wird sich das Ritualsystem, das dem Primitiven hilft, eine günstige Zeit für produktive Tätigkeiten herauszufinden, zwar auch auf die Art und Weise beziehen, wie er sich seiner sozialen Zugehörigkeit versichert; aber zu dem Versuch, verschiedene Naturphänomene miteinander in Verbindung zu bringen, wird es ihn *nicht* ermuntern.

Der Endpunkt

MAN KÖNNTE MEINEN, es wäre an diesem Punkt das logischste, von dem vorgetragenen Modell des primitiven Denkens zur nächsten historischen Stufe überzugehen, wie immer man sich die vorstellen mag. Statt dessen besteht der nächste Schritt unserer Überlegungen darin, einen Abriß *unserer eigenen* kognitiven Verfassung zu liefern, mithin die – vorläufige – Endstation des langen Weges zu skizzieren, den die menschliche Intelligenz zurückgelegt hat. Was *zwischen* dem Anfangs- und dem Endpunkt liegt, werden wir uns später vornehmen.

Der Grund für diese Reihenfolge ist, daß wir zwangsläufig sowohl vereinfachend als auch spekulativ vorgehen müssen. Ein paar Fixpunkte haben wir: Wir wissen, in groben Umrissen, wie unsere eigene intellektuelle Welt beschaffen ist. Ich bin auch davon überzeugt, daß die Ausgangslage, der Anfangspunkt, in etwa der Beschreibung in den vorangegangenen Passagen entsprochen haben *muß*. Zu diesem Schluß bringt mich ein starkes, aber natürlich nicht definitiv zwingendes *argumentum ex negativo*: Kein anderes Modell vermag zu erklären, wie es kommt, daß in primitiven Gesellschaften ein unbestreitbarer und ausgemachter empirischer Sinn für die natürliche Umgebung mit einer durchgängigen Vorliebe für absurde und ausgefallene, dem sozialen Zusammenhalt indes förderliche Anschauungen verknüpft ist. Das Modell paßt zu den entscheidenden Fakten (daß der Primitive *sowohl* präzise Naturbeobachtung praktiziert *als auch* absurde und sozial nützliche Glaubensvorstellungen kultiviert). Darüber hinaus paßt es zu einer Annahme, die höchste Plausibilität hat: daß nämlich die Arbeitsteilung, die Trennung von Funktionen und Zwecken, nichts von Natur Gegebenes, nicht die Ausgangslage der Menschheit ist, sondern eine außergewöhnliche und an Wunder grenzende Errungenschaft. Nichts berechtigt uns zu der Vermutung, daß solche Arbeitsteilung mitsamt dem, was ihr auf geistigem Gebiet entspricht, seit jeher Bestandteil der menschlichen Verhältnisse ist. Wir haben die außergewöhnlichen Umstände für ihr Auftreten zu klären und müssen die vorausgehende Vermengung von Aktivitäten und Zweckbestimmungen als etwas »Natürliches« und Durchgängiges betrachten, als die Basis, von der auszugehen ist. Einzig und allein die Durchsetzung jener Arbeitsteilung, die Spezifizierung bestimmter und genau unterschiedener Ziele und Kriterien, ermöglichten die Entstehung einer erkenntnismäßig zusammenhängenden und gleichzeitig vom Sozialen abgekoppelten Welt.

Die Ausgangslage und der Endpunkt sind uns relativ klar gegeben und gut bekannt – was vielleicht am meisten für den Endpunkt gilt, der die Welt ist, die wir heute vor Augen haben. Aber auch, wenn sie das nicht wären, helfen sie uns jedenfalls, das Problem zu bestimmen. Wie gelangt man zu dem Punkt, an dem wir uns heute befinden?

Die Grundcharakteristika unserer Welt wurden durch die Erkenntnistheorie des 18. Jahrhunderts auf den Begriff gebracht und im 20. Jahrhundert einer Neufassung unterzogen. Im Grunde ist die Theorie sehr einfach: Einfach zu sein gehört zu ihren Wesenszügen. Sie lehrt, daß alle Fakten getrennt und gleichartig sind und daß sie allesamt Bestandteil ein und derselben, in sich zusammenhängenden logischen Sphäre sind. Jedes Faktum kann mit jedem beliebigen anderen in Verbindung gebracht werden, und die Verbindung ergibt stets einen Sinn. (Dagegen nehme man das U-Boot mit den vielen Periskopen, bei dem die Verknüpfung von Daten, die von verschiedenen Periskopen geliefert werden, nicht den geringsten Sinn ergibt.) Theorien, verallgemeinernde Darstellungen, können jede Menge verschiedener Fakten umfassen, die dieser *einen* Welt, diesem einheitlichen Wahrnehmungsbereich entnommen werden. Tatsächlich ist es der Sinn von Theorien, ein möglichst weites Spektrum von Fakten zu umfassen; je größer das Spektrum, um so größer die theoretische Leistung, vorausgesetzt, die Theorie behält ihre Überzeugungskraft.

Auch wenn sie Bestandteil ein und derselben logischen Sphäre sind, bleiben doch alle Fakten unabhängig voneinander. Jedes einzelne von ihnen kann gültig sein oder nicht, ohne daß dadurch die anderen berührt werden. Sie sind nicht befugt, uns als Teil einer unauflöslichen Sammelpackung unter die Augen zu treten. Das war vorzeiten Brauch, heute aber nicht mehr. Die Republik der Fakten ist egalitär und zentra-

listisch und duldet keine dauerhaften und institutionalisierten Partei-
bildungen. Diese prinzipielle Atomisierung wirkt nicht nur, wenn ich
so sagen darf, nach außen – trennt nicht nur jedes einzelne Faktum von
seinen räumlichen Nachbarn –, sondern wirkt sich ebensosehr auch
qualitativ oder nach innen aus. Jedes einzelne der in einem Faktum
versammelten Merkmale läßt sich gedanklich von den anderen abson-
dern, und für ihren Zusammenhang bürgt einzig und allein das Faktum selbst. Nichts steht mit irgendetwas anderem in einer *notwendigen* Verbindung. Wir sind gehalten, alles was in Gedanken trennbar
ist, zu trennen, um dann an Hand der Faktizität zu sehen, ob die gesonderten Elemente in einer – notwendigen – Verbindung existieren.
Dies gehört zu den Grundprinzipien rationaler Naturerkenntnis.

In neuerer Zeit sind Zweifel an diesem Wissenschaftsbild laut
geworden, und es mag in der Tat sein, daß die egalitäre Ächtung der
Parteibildung, das Verbot der Zusammenrottung zum Zwecke wechselseitiger Protektion, sich noch nicht einmal in den Naturwissenschaften effektiv durchgesetzt hat. Ein gewisses Maß an Sammelpak-
kungs-Mentalität, an Sippenhaftung unter den Ideen und Fakten
bleibt vielleicht erhalten. Aber das ist dann eine flüchtige und verstoh-
lene Praktik, die nur mit schlechtem Gewissen und in verschleierter
Form überdauert. Wenn man die Regeln und Realitäten unserer heutigen intellektuellen Welt mit denen der vorwissenschaftlichen Menschheit vergleicht, so fällt vielmehr auf, in welchem Maß das atomistische
Ideal individueller Eigenverantwortung sich durchgesetzt hat. Wenn
eine Tatsachenbehauptung falsch ist und sich immer wieder als falsch
erweist, dann wird sie auch der Umstand, daß sie in einem durch Sippenhaftung bestimmten Bezugssystem von Vorstellungen eine wichtige Rolle spielt, auf Dauer nicht retten können, selbst wenn sie dadurch eine Gnadenfrist oder einen Aufschub des Hinrichtungstermins
erlangt. Die Behauptung, daß die Vorstellungen sich als korporativer
Verband[8] der Realität stellen, ist nicht richtig; vielmehr haben sie sich
als korporativer Verband traditionell der Realität entzogen. Das wird
ihnen heute nicht mehr gestattet, jedenfalls nicht über längere Zeit hinweg. Gelegentlich erhalten sie allerdings die Chance, es ein Weilchen

---

[8] Willard van Orman Quine, *From a Logical Point of View*, Cambridge,
Mass., 1953 (dt.: *Von einem logischen Standpunkt*, Frankfurt/Berlin/Wien
1979).

wieder auf die alte Weise zu treiben. In der Vergangenheit ließ man zu, daß der Zusammenschluß von Vorstellungen zu Interessengruppen in einer stabilen Struktur resultierte, die für geheiligt erklärt wurde und dem Erkenntnisfortschritt den Weg verbaute. Selbst wenn ein bißchen Korporationsbewußtsein auch heute immer noch stillschweigend geduldet wird, ist ihm jedenfalls nicht mehr erlaubt, offen zutage zu treten, sakrale Bedeutung zu gewinnen, sich als starres System mit der sozialen Rollenstruktur zu verbinden und allen Fortschritt zu unterbinden.

Wir leben in *einer einzigen* Welt, und die Sprache, mit der wir sie beschreiben, dient auch nur *einem einzigen* Zweck – die Vorgänge in dieser Welt zutreffend zu beschreiben, zu erklären und vorauszusagen. Zugleich genießt diese Welt den Ruf der Kälte, der moralischen Indifferenz. Ihre eisige Gleichgültigkeit gegenüber Wertvorstellungen, ihre fehlende Eignung, die Menschen zu trösten und ihnen ein Gefühl der Sicherheit zu geben, ihre völlige Unfähigkeit, Normen und Wertvorstellungen entweder hier und jetzt zu untermauern oder wenigstens für deren schließliche Durchsetzung einzustehen – das alles ist mitnichten Folge irgendwelcher besonderen empirischen Umstände. Die beklagenswerte Unbereitschaft dieser Welt, sich sozial zu engagieren, ist keineswegs Konsequenz ihres faktischen Zustands. Sie ist nicht Ergebnis zufälliger empirischer Realitäten, sondern der grundlegenden und tiefverankerten Konstitution unseres Denkens.

Diese unsere Welt hat noch bestimmte weitere charakteristische Züge. Sie ist nicht nur eine einheitliche, sondern auch eine geordnete Welt, die sich dem Anspruch nach aus allgemeinen Prinzipien herleiten läßt, selbst wenn diese Prinzipien noch zu entdecken bleiben. Es werden also, mit anderen Worten, die Fakten dieser Welt nicht nur in einer einheitlichen begrifflichen Währung gefaßt, sondern es wird darüber hinaus auch davon ausgegangen, daß alle Fakten denselben Gesetzmäßigkeiten unterliegen und daß die Gesetzmäßigkeiten ein einziges, pyramidenförmig zusammenlaufendes System bilden. Jedermann weiß, daß es ein Ding der Unmöglichkeit ist, die Berechtigung dieser Annahme nachzuweisen; dennoch ist sie durchweg in Kraft und ermöglicht uns, neue Hypothesen nach einem einzigen Kriterium zu beurteilen, nämlich danach, inwieweit sie uns dem angenommenen Ideal näherbringen.

Eine überaus wichtige Folgeerscheinung aus alledem ist, daß diese

Welt eine, wie man es nennen könnte, fluktuierende Ontologie besitzt. Die »Gegenstände«, das heißt die Begriffe, mit deren Hilfe wir das Erfahrungskontinuum in »Dinge« zerlegen, sind nicht für die Ewigkeit gemacht. Beim Umgang mit dem Erfahrungskontinuum, beim Versuch, es zu erklären und in den Griff zu bekommen, gilt es als legitim und angemessen, mit unterschiedlichen Begriffsbildungen zu experimentieren, auf verschiedene Art den Erfahrungsfluß zu »Objekten« zu gruppieren. Das ist ein wesentliches Charakteristikum unserer Welt, ohne das Fortschritte im kognitiven Bereich nicht möglich sind und unverständlich bleiben. In der guten alten Zeit des Erkennens war alles ganz anders. Die unverbundenen, multifunktionalen Öffnungen nach draußen arbeiteten jede auf ihre besondere Weise, mit einer Ontologie eigener Art, und jede dieser Ontologien stand ein für allemal fest, statt einem ewigen Austauschprozeß zu unterliegen. Die Welt verfügte über ein stabiles, wenn auch buntscheckiges Mobiliar.

Man kann die Trägheit und Indifferenz, die die neue Welt in moralischen und gesellschaftlichen Fragen an den Tag legt, auf verschiedene Weise deutlich machen. So kann man sie etwa als Folge des äußeren und inneren Atomismus der Fakten beschreiben. Das ist im großen und ganzen die Methode, die David Hume benutzte, um die Trennung zwischen Tatbeständen und Wertvorstellungen durchzusetzen. Diese Trennung ergibt sich schlicht und einfach aus dem Umstand, daß alles von allem abtrennbar ist. Die Wertkomponente wird von dem Bündel von Merkmalen, dem sie zufällig angehört, abgetrennt, und wir werden darauf hingewiesen, daß das Werturteil genausogut in einem anderen Kontext stehen könnte. Nichts in der Sache selbst fixiert es an dieser Stelle. Die Kontingenz, die allen Merkmalsbündeln eignet, erstreckt sich, wie auf alles andere, so auch auf die Werturteile. Wertvorstellungen sind von Tatbeständen ebenso getrennt wie diese untereinander.

Man kann sich dem Sachverhalt auch gewissermaßen von außen nähern, indem man auf dem singulären Zweck insistiert, dem die Konstruktion dieser Welt dient. Wenn referentielle Übereinstimmung mit der Realität, das Zusammentragen, Ordnen und Voraussagen von Fakten das alleinige und maßgebende Prinzip ist, dann steht und fällt alles mit der empirischen Evidenz. Weil diese letzte Entscheidungsinstanz im strengsten und wahrsten Sinne des Wortes unabhängig und unvorhersehbar ist, läßt sich auch schlechterdings nicht antizipieren oder garantieren, wie ihr Urteil ausfallen wird. Wenn deshalb unsere Wertvorstellungen fest mit den Tatsachenfeststellungen verknüpft wären, so wären sie in unvertretbarer Weise in Gefahr, widerlegt zu werden. Sie wären auf Gedeih und Verderb dem Spiel des Zufalls ausgeliefert. Folglich müssen sie abgetrennt werden.

Im Rahmen der neuen Welt ist im übrigen kein Platz (und kann auch gar keiner sein) für Magisches oder Sakrales. Magie setzt Handlungen, Beziehungen voraus, die einen besonderen Bezug zu der Person oder Gruppe haben, die handeln, zu deren eigener Persönlichkeit, ihrer rituellen Verfassung, ihrer speziellen Qualifikation oder ihrem inneren Wesen. In unserer Welt indes herrscht Gleichheit nicht nur unter den empirischen Fakten, sondern auch unter den beobachtenden und handelnden Subjekten. Ob Beziehungen Gültigkeit haben oder nicht, bleibt eine Sache öffentlicher Erprobung, und das Urteil, das darüber entscheidet, hat seiner Natur nach mit der Stellung oder dem klerikalen Status des Urteilenden nicht das geringste zu tun. Die Gleichheit der Fakten schließt die Möglichkeit sakraler, privilegierter, normativer Tatbestände oder Erkenntnisquellen aus. Von ihren Kritikern wird dieser Welt vorgeworfen, sie sei eine Welt der manipulativen Eingriffe. Aber manipulativer Eingriff und empirisches Zeugnis gehören wesentlich zusammen. Ein Wissen, das ohne Eingriff gewonnen wird, wirkt vielleicht nobler und objektiver, aber in Wahrheit entspringt es einfach nur der Bequemlichkeit. Es bestätigt persönliche Vorurteile und dient gesellschaftlichen Interessen, aber es unterliegt keiner Kontrolle von außen und trägt nichts zum Erkenntnisfortschritt bei.

Dies also ist in sehr groben und allgemeinen Umrissen die Welt, in der wir leben, so wie unsere philosophischen Theorien, oder jedenfalls ein Teil von ihnen, sie auf den Begriff gebracht haben. Alles ernsthafte, maßgebliche Erkennen muß sich ihrem Regelsystem unterwerfen, und seine Ergebnisse spiegeln ihre Konstruktionsprinzipien wider. Natürlich handelt es sich hier nur um einen gereinigten Idealtypus, der in seiner strikten Form oft von der Alltagspraxis entschärft oder umgangen wird. Manche Philosophen treiben einen flotten Handel damit, sanfte Tröstungen und freundliche Lesarten für diese kalte Welt bereitzustellen – Innenausstattungen, die ihre kalte Nüchternheit zudecken, abschwächen und verringern sollen. Weder Individuen noch Gesellschaft zeichnen sich durch besondere Beständigkeit aus. Nichtsdestoweniger aber ist, allen kleinen Kompromissen und Ausflüchten des Alltags zum Trotz, die manchmal Gegenstand hochgestochenster theoretischer Rechtfertigungsbemühungen sind, dies jetzt der herrschende Stil unserer Erkenntnis und Weltsicht.

Das Gesamtkonzept

VIELLEICHT IST hier der rechte Augenblick, um unser Problem und unser Konzept zusammenzufassen und die Richtung anzuzeigen, in die unsere Überlegungen gehen werden.

Der Übergang zum Menschen im engeren Sinn vollzog sich vermutlich da, wo dessen Erbausstattung so flexibel wurde, daß sie jene breite Palette sozialer Verhaltensweisen zuließ, die wir durch Geschichte und Ethnographie belegt finden. Die Annahme ist sinnvoll, daß die beobachteten Verhaltensweisen nur einen kleinen Teil der tatsächlichen, genetisch zulässigen Bandbreite darstellen.

Als dieser Übergang sich vollzog, wurden Kultur und Sprache zu etwas im strengen Sinn Unverzichtbarem. Die gesellschaftliche Vielfalt im Rahmen der Menschheit ist immens, die Erscheinungsvielfalt innerhalb jeder einzelnen Gemeinschaft oder Gesellschaft hingegen sehr beschränkt. Gemeinschaften, deren Mitglieder in ihrem Verhalten sehr sprunghaft wären, würden schwerlich überleben können. Ein System von Merkzeichen, durch das Grenzen markiert werden (das heißt eine Sprache), wurde dringendes Erfordernis. Dieses System von Merkzeichen und ihre Einbettung in die soziale Praxis macht eine Kultur aus. Die kulturelle Überlieferung ergänzte – und ersetzte in einem wesentlichen Umfang – die Vererbung als Garanten für Stabilität. Aber zugleich wurde dadurch ein fortlaufender kultureller Wandel ohne begleitende genetische Veränderungen möglich.

Ob die Menschheit seitdem genetisch stabil und unverändert geblieben ist, wissen wir nicht, aber unsere Überlegungen sind von dieser Frage unabhängig und ihr gegenüber neutral. Daß ein Großteil des Geschehenen sich ohne Zuhilfenahme genetischer Bestimmungen erklären läßt, liegt auf der Hand.

Seit dem Auftreten des Menschen im strengen Sinn haben zwei tiefgreifende Umwälzungen das Dasein der Menschheit so gründlich verändert, daß man versucht ist, von zwei verschiedenen Arten von

Gesellschaft, wenn nicht gar von zwei verschiedenen Arten von Menschen zu sprechen. Die Einführung von Lebensmittelerzeugung und Vorratshaltung hat den Umfang und die Komplexität der Gesellschaften ungeheuer vergrößert und damit die Möglichkeit eröffnet oder den Anstoß gegeben zur Abspaltung einer besonderen Klasse von Herrschenden, von Spezialisten in Fragen der Gewaltausübung, und einer eigenen Gruppe von Markierern, Verwaltern der symbolischen Merkzeichen, kurz gesagt der Geistlichkeit. Arbeit, Herrschaft und geistige Tätigkeit bilden nunmehr getrennte Bereiche, zumal seit es möglich ist, Vorstellungen mit Hilfe der Schrift zu speichern.

Im großen und ganzen ist die agrarische Welt eine stabile oder auf Stabilität ausgerichtete Welt, und insofern ist sie der verkörperte Widerspruch gegen jene zweite grundlegende Transformation, die Entstehung der wissenschaftlich-industriellen Welt. Was sind deren wesentliche Kennzeichen?

Der wichtigste Zug ist folgender: Das Milieu, in dem der Mensch heute lebt, ist zu einer einzigen, einheitlichen Natur zusammengefaßt, die als gesetzmäßig geordnet und als homogen gilt, bar jeder privilegierten (»sakralen«) Elemente, fortdauernder und niemals abgeschlossener Erforschung zugänglich, bestimmt vom Streben nach immer allgemeineren und begrifflich einheitlicheren Erklärungen.

Weil die Menschen der Moderne (manche Fachleute für Ethnologie eingeschlossen) dazu neigen, diese vereinheitlichte Welt für etwas ganz und gar Selbstverständliches zu halten, haben sie einige Mühe, sich vorzustellen, daß die Menschen früher nicht in einer genauso gearteten Welt gelebt haben. Die Empfänglichkeit früherer Menschen für die Außenwelt war nicht als ein einziges, einheitliches Wahrnehmungssystem organisiert; die beträchtliche Einheitlichkeit, die sie durchaus besaßen, verdankten die früheren »Welten« ihrer Verknüpfung mit sozialen Erfordernissen und nicht ihrer Beziehung auf äußere Daten.

Das Leben in solch einer vereinheitlichten, aber von sozialen Rücksichten abgelösten Welt schließt einige extrem wichtige Veränderungen ein. Zum einen lassen sich aus einer solch offenen, in steter Ausdehnung begriffenen und ständiger Korrektur unterworfenen Welt soziale Ordnungen praktisch nicht mehr begründen. Für soziale Wertvorstellungen, für die Zuschreibung sozialer Rollen und Pflichten muß nunmehr eine andere Grundlage gefunden werden. Zum anderen setzt die Technik, die mit solch einer Welt einhergeht, der bis dahin ständig präsenten Lebensnot ein Ende und läßt zugleich die Ausübung von Herrschaft leichter werden und ihren zwingenden Charakter verlieren.

Der moderne Mensch, so wie er sich heute darstellt, kann mit Fug und Recht als Bewohner einer solchen Welt charakterisiert werden. Das zentrale Problem, mit dem sich das vorliegende Buch beschäftigt, ist die Frage: Was hat diesen Menschen überhaupt möglich gemacht? Wie konnte es zu ihm kommen?

Wie wir in den folgenden Kapiteln an das Problem herangehen wollen, sei kurz umrissen. In Kapitel 3 wird versucht, eine allgemeine Theorie der Ideologie und überhaupt der Rolle von begrifflichen Vorstellungen, von kulturellen Merkzeichen, in schriftkundigen Ackerbaugesellschaften zu entwerfen. In Kapitel 4 wird die in der Folge auftretende Spannung zwischen »kommunal« orientierten, partikularisierten kulturell-ideologischen Systemen und solchen mit stärker zentralistischer Orientierung erörtert, wobei davon ausgegangen wird, daß diese Spannung einer der Hauptfaktoren bei der Vorbereitung der nächsten großen Umwälzung war. Zugleich werden der Zusammenhang zwischen politischer und ideologischer Zentralisierung sowie die Folgen ihrer Geschiedenheit diskutiert. In Kapitel 5 wird die von skeptischer Selbstbeobachtung geprägte Formierung der modernen Denkweise beleuchtet. Die Kapitel 6 und 7 diskutieren die Zusammenhänge zwischen den drei Hauptbereichen menschlicher Tätigkeit, den Ausbruch der Ökonomie aus den Schranken, die ihr die politische Herrschaft auferlegt, und die Probleme, mit denen sich die neue, auf eine innerweltliche Legitimation bauende Ordnung konfrontiert sieht. Die Kapitel 8 und 9 versuchen, einige der wesentlichen Züge der neuentstandenen Welt genauer ins Auge zu fassen, und das Schlußkapitel beschäftigt sich mit möglichen zukünftigen Entwicklungen und versucht ein Fazit aus den angestellten Überlegungen zu ziehen.

DIE ANKUNFT DES ANDEREN

Wege des Erkenntniswandels

WAS DEN VERLAUF dieses sehr langen und tiefgreifenden Wandels betrifft, sind wir auf Vermutungen angewiesen. Um unsere Vermutungen zu belegen oder zu überprüfen, können wir uns auf ein nicht unbeträchtliches Quantum an historischem und ethnographischem Material stützen. Welcher Weg kann von der heimeligen sozialen Eingesponnenheit des Menschen der Frühzeit zu der in ständiger Erweiterung begriffenen, von der Macht des Wissens kündenden und von sozialen Rücksichten unabhängigen Welt des modernen Menschen führen?

Innerhalb des U–Boots mit mehreren Periskopen geht die Vielfalt der mehrsträngigen Subsysteme einher mit einem geringen Grad der Arbeitsteilung. Vorstellungen erfüllen mehrere Aufgaben gleichzeitig, aber bei den Menschen tut jeder ungefähr dasselbe wie alle anderen. Dieser Mangel an Spezialisierung wird durch die niedrigen Bevölkerungszahlen und die Knappheit der Ressourcen erzwungen. Auch hier ist das Verhältnis reziprok. Die Menschen tun alle dasselbe, aber ihr Tun umfaßt eine Vielzahl von Verrichtungen. Jeder ist an zahlreichen Tätigkeiten beteiligt, und jede Tätigkeit ist etwas Komplexes.

Der erste Schritt heraus aus dem ursprünglichen Zustand war getan, als durch Nahrungsmittelerzeugung und Vorratshaltung eine Bevölkerungsexplosion ausgelöst wurde. Eine Überschußproduktion, wenn sie mit einem großen Bevölkerungsumfang zusammengeht, ermöglicht die Abspaltung einer herrschenden Klasse und einer Klasse von Spezialisten für rituelle und zu guter Letzt dann auch für doktrinäre Fragen. Wo die agrarische Gesellschaft selbst in verschiedene und voneinander unabhängige Einheiten zerfällt, kann es passieren, daß die Spezialisten fürs Ritual mehrheitlich an ihre jeweiligen regionalen Gruppen gebunden bleiben und deren diverse Bedürfnisse befriedigen, ohne dabei miteinander in Kontakt zu kommen. Wo andererseits eine große und bevölkerungsreiche Gesellschaft einer Zentralisierung unterworfen wird, da ist die Wahrscheinlichkeit groß, daß von dieser Zentralisierung auch die Geistlichkeit selbst erfaßt wird.

Ein zentralisierter oder gut definierter geistlicher Stand wird normalerweise in einem Rivalitätsverhältnis mit freischaffenden Konkurrenten stehen, insbesondere mit solchen, die im lokalen Kontext rituelle und therapeutische Funktionen ausüben. Häufig wird er bemüht sein, sein eigenes Monopol gegen diese Konkurrenten durchzusetzen und zu verteidigen. Er kann aber auch umgekehrt den volksreligiösen und magischen Praktiken, die sich ihm entziehen, mit abschätziger Gleichgültigkeit begegnen. Daß diese heterodoxen Praktiken verschwinden, ist unwahrscheinlich. Der zentralistische Staat der Antike ist, ungeachtet seiner vielberufenen Ansprüche auf absolute Macht, selten stark genug, um das Alltagsleben der ihm unterworfenen Bevölkerungsgruppen einer wirksamen Kontrolle zu unterziehen. Im typischen Fall übt er seine Herrschaft nicht über eine Masse von atomisierten Einzelnen, sondern über eine Reihe von lokalen Gemeinschaften aus, die mindestens eine teilweise Autonomie behaupten. Diese Gemeinschaften bringen normalerweise ihre eigenen Fachleute für Fragen des Rituals hervor, die mit der zentralen Geistlichkeit in Verbindung stehen können, aber nicht müssen.

Damit ist also der Boden bereitet für einen dauerhaften Zwiespalt zwischen Hochkultur und volkskultureller Gegenversion, ein Spannungsverhältnis, das in unterschiedlichen Formen und mit unterschiedlichem Intensitätsgrad in Ackerbaugesellschaften durchweg anzutreffen ist. Aber der eigentlich entscheidende Schritt in der Geistesentwicklung der Menschheit ist die Einführung der Schrift[1] und ihr Einsatz in der Religion (das heißt die Entstehung des Schriftglaubens). Am frühesten mag die Schrift in der Verwaltung, bei der Steuereintreibung und ähnlichen Bereichen Verwendung gefunden haben. Aber das geheimnisvolle Vermögen der Schrift, Verlautbarungen und Anweisungen festzuhalten, zu überliefern und der Vergänglichkeit zu entziehen, verleiht ihr bald schon ein ehrfurchtgebietendes Prestige und läßt sie mit der Autorität der Spezialisten fürs Ritual verschmelzen. Der Priester übernimmt die Schrift vom Buchhalter. Und geradeso wie die

---

[1] Eine allgemeine Diskussion bietet Jack Goody (Hrsg.), *Literacy in Traditional Societies*, Cambridge 1968. Eine interessante Stellungnahme dazu findet sich in Jonathan Parry, »The Brahmanical Tradition and the Technology of the Intellect«, in: Joanna Overing (Hrsg.), *Reason and Morality*, New York und London 1985.

Schrift der Zentralisierung der Verwaltung, des bürokratischen Apparats, zugute kommt, ermöglicht sie nun auch die Kodifizierung und logische Zentralisierung der religiösen Lehre.

Das entkörperlichte Wort

DAS BEMERKENSWERTESTE an der Schrift ist, daß sie es ermöglicht, die Verlautbarung von dem, der sie macht, abzulösen. Ohne Schrift bleibt alle sprachliche Äußerung kontextgebunden. Unter diesen Bedingungen läßt sich Verlautbarungen einzig und allein dadurch eine Art höhere Weihe verleihen, daß man sie durch einen Ritus, durch einen ungewöhnlichen und bewußt feierlich gehaltenen Handlungsrahmen, eine genau vorgeschriebene Steifheit des Verhaltens, unterstreicht.[2] Steht aber erst einmal die Schrift zur Verfügung, so lassen sich Verlautbarungen vom Kontext ablösen. Und daß sie nun in einer so verselbständigten Form existieren, begründet seinerseits einen Kontext radikal neuer Art.

Wenn man so will, ist dies die Geburtsstunde der Transzendenz, denn ab jetzt gibt es Sinn ohne Sprecher oder Zuhörer. Zugleich wird dadurch weihevoller Ernst möglich, der nicht eigens zelebriert werden muß, und Ehrfurcht, die nicht dem Kontext, sondern dem Inhalt gilt. Das wiederum leistet der Bilderstürmerei Vorschub: dem Anspruch, alle sprachliche Verlautbarung ernst und unterschiedslos wichtig zu nehmen, der Verlautbarung als solcher Ehrfurcht zu zollen, hingegen jene besondere Feierlichkeit zu meiden, die weniger feierliche Anlässe implizit entwertet. Auf jene besondere Feierlichkeit und ihre sakralen Kennzeichen kann nun Verzicht geleistet werden. Das geschriebene Wort kann auf die Posaunen verzichten; die Anbetung des geschriebenen Worts als solches eröffnet die Möglichkeit, allen Posaunen den Laufpaß zu geben. Ein geistiger und moralischer Egalitarismus rückt in greifbare Nähe. Für die weitere Geschichte der Menschheit ist das von allergrößter Bedeutung. Der semantische Gehalt gewinnt ein Eigenleben. Er kann auf die künstliche Belebung durch rituelle Veranstaltungen verzichten.

[2] Siehe M. Bloch, »Literacy and Enlightenment«, Beitrag in einem noch nicht erschienenen Werk, das von M. Trolle-Larsen und K. Sousboe herausgeben wird.

Ob die (in unseren Augen) absonderlichen Wesen oder Mächte, zu denen die vieldimensionalen Subsysteme des primitiven Denkens offenbar häufig in Beziehung stehen, gleichfalls die Bezeichnung »transzendent« verdienen, ist schwer zu beurteilen. Erst einmal muß man sagen, daß diese Wesen oft von einer traulichen Familiarität und Intimität sind und alles andere als distanziert wirken. Sie sind nah und vertraut. Wir können nur feststellen, daß sie uns, die wir gelernt haben, Empirisches vom Nicht-Empirischen zu trennen, so vorkommen, als gehörten sie einer anderen Sphäre an. Diesen Eindruck machen sie in der Hauptsache einfach deshalb auf uns, weil wir sie für offensichtlich fiktiv und frei erfunden halten. Wenn wir überhaupt an sie glauben könnten, würden *wir* sie für etwas halten, was jenseits unserer Sinneswahrnehmung liegt. Diejenigen unter uns, die solche Glaubensvorstellungen kultivieren, sprechen ihnen gewöhnlich einen transzendenten Status zu, um sie zu rechtfertigen und, wenn man so sagen darf, logisch stubenrein zu machen.

Alles, was wir vom Primitiven sagen können, ist, daß er von diesen Wesen in einer Sprache spricht, die wir ganz selbstverständlich als referentiell auffassen. Um aber überhaupt referentiell sein zu können, muß diese Sprache sich nach unserem Verständnis auf eine Transzendenz beziehen – denn auf etwas empirisch Beobachtbares bezieht sie sich offenbar nicht. In praxi aber werden diese Mächte oder Wesen als etwas behandelt, das mit anderen Dingen, die auch für uns augenscheinlich empirisch vorhanden sind, zusammen existiert, handelt und interagiert. Sie operieren tatsächlich in einer Welt, die ansonsten von natürlichen Wesen bevölkert ist. Und doch scheint zugleich die Sprache, in der von ihnen gesprochen wird, (nach unseren Maßstäben) nicht vollständig der Kontrolle durch die empirische Realität unterworfen. Statt dessen scheint sie in einer Beziehung zur Sozialordnung der betreffenden Gesellschaft zu stehen.

Daß diese Wesen immun gegen ihre empirische Widerlegung sind, erklären wir uns normalerweise mit ihrer sozialen oder psychischen Nützlichkeit. Jedenfalls ist dies die Version, der heutzutage die Ethnologen den Vorzug geben. Von Berufs wegen abgeneigt, den Primitiven anzuschwärzen, und einem althergebrachten Hang folgend, für alles, was er tut, eine »Funktion« finden, verknüpfen sie die magischen Überzeugungen mit der Gesellschaftsordnung statt mit der Natur. Auf diese Weise verleihen sie ihnen einen Sinn. Vorstellungen solcher

Art »transzendent« zu nennen, bedeutet offenbar in den meisten oder in allen Fällen, daß man den Menschen früherer Zeiten eine klare und präzise Unterscheidung zwischen diesseitiger und jenseitiger Welt unterstellt. Dadurch bringt man eine Trennung ins Spiel, die in ihrer Schroffheit dem betreffenden Vorstellungszusammenhang fremd ist oder die, wenn es sie denn gibt, ganz anders ausfällt. Im Hinduismus und im Buddhismus umfaßt die *diesseitige* Welt eine Vielzahl von Geistern; die Welt des Profanen und des Animistischen sind *gemeinsam* verschieden vom wahren *Jenseits*.

Es braucht erst die Einführung der Schrift, damit unter bestimmten Umständen mindestens die Möglichkeit zu einer Veränderung dieser Situation entsteht. Das jenseitige Andere kann dann den Charakter echter Eigenständigkeit annehmen.

Die Schrift ermöglicht die Kodifizierung und systematische Abfassung von Aussagen, mithin die Schöpfung einer Glaubenslehre oder *Doktrin*. Eine Geistlichkeit, eine Gruppe von Spezialisten für die Bereitstellung von Ritualen, Legitimationen, Tröstungen, Therapien, wird wie jede andere Unterabteilung der Gesellschaft früher oder später dazu tendieren, ihren Bereich abzustecken, um den Zugang zur Gruppe zu beschränken und sich ein Monopol zu sichern. Adam Smiths berühmte Äußerung über Geschäftsleute dürfte genausogut für Schamanen gelten: Wenn sie sich zusammenschließen, werden sie automatisch versuchen, den Markt zu kontrollieren und ein Monopol zu errichten. Die weihevolle Feierlichkeit der Rituale war in den Zeiten vor Erfindung der Schrift tatsächlich der einzige Weg, diesem Geltungsanspruch Ausdruck zu verschaffen. Aber wie läßt sich in einem Gebiet mit einer Vielzahl lokaler Kulte Gleichartigkeit des Rituals und eine feste Ritualordnung durchsetzen? Mit der Einführung der Schrift ändert sich die Situation. Standardisierung und Normenkontrolle im Bereich der Vorstellungen werden möglich. Eine geschriebene Mitteilung hat eine Art von echter Allgemeingültigkeit. Sie kann in immer gleicher Form an einer Unzahl von Orten existieren ... Eine Glaubenslehre kann aufgestellt und abgefaßt werden, womit zugleich auch die Möglichkeit zur häretischen Abweichung entsteht.

Der Drang nach einer Festschreibung ihrer bevorrechtigten Stellung bringt die Geistlichkeit dazu, ihre Glaubenslehre in schriftlicher Form zu fixieren. Die Tendenz zur Zentralisierung und Systematisierung veranlaßt sie dabei unter Umständen, der Lehre eine relativ geordnete und zusammenhängende Fassung zu geben. Und das bedeutet, daß zum ersten Mal in der Geschichte etwas entsteht, was eine gewisse, wenn auch vielleicht nicht sehr weitgehende Ähnlichkeit mit einem Einzwecksystem des »Erkennens« hat, einem in sich geschlossenen Korpus von Vorstellungen und Aussagen. Vielsträngigkeit, auch wenn sie mitnichten völlig verschwindet, büßt an Gewicht ein. Das Streben nach monopolistischer Macht treibt in die Richtung auf Vereinheitlichung, und heraus springt eine Art von methodischem Bewußtsein oder jedenfalls etwas, was dem nahekommt.

Aber wohlgemerkt – und das ist der mit Abstand wichtigste Dreh bei unseren Überlegungen: Erreicht ist damit *nicht etwa* das eindimensionale, von *einem* Zweck bestimmte *referentielle* System, mit dem wir durch die moderne Erkenntnistheorie vertraut sind und das wir uns selber zuschreiben. Ganz im Gegenteil. Der *eine* Zweck, der in den Vordergrund rückt, ist nicht das Streben nach rein empirischen Bezügen, das alle soziale Rücksicht und Werterfülltheit abgestreift hätte. Das erste Auftreten von so etwas wie einem einsträngigen System führt nicht zur Abschaffung des Glaubens an die Macht der Ideen und zu deren Ersetzung durch das Referenzprinzip, sondern es wird im Gegenteil der Glaube an die Macht der Ideen zur herrschenden und einheitlichen, wenn auch vielleicht nicht ganz und gar ausschließlichen Bestimmung.

Vorstellungen, Ideen werden in ein System gebracht, dessen Artikulationsform Aussagen sind. Ein solches System legt die Weltsicht und Ethik einer Gesellschaft, genauer gesagt der Hochkultur einer Gesellschaft, normativ fest. Der Schwerpunkt verschiebt sich von normengeladenen Vorstellungen, die den Subjekten auf rituellem Weg eingeprägt werden, auf sprachliche Aussagen und Verdikte, die zu einer Struktur zusammengeschweißt sind, deren Elemente sich gegenseitig stützen. Die Aussagen mögen einen gewissen empirischen Informationswert haben, aber verglichen mit den nichtverbalisierten, nicht in sprachliche Form gebrachten praktischen Fertigkeiten derjenigen Mitglieder der Gesellschaft, die, wie etwa die Handwerker, direkt mit der physischen Realität zu tun haben, ist dieser Informationswert verschwindend gering. Es ist ein hervorstechendes und überaus typisches Merkmal dieser Art von Gesellschaften, daß die empirischen Kenntnisse, die in den verstreuten und inoffiziellen praktischen Fähigkeiten jener Mitglieder der Gesellschaft enthalten sind, die *nicht* zu den amtlichen Spezialisten fürs Erkennen zählen, erheblich weiter reichen als das in der offiziellen Lehre kodifizierte Wissen. »Theorie« ist bestenfalls ein schwacher Widerhall und eine schlechte Kopie der Praxis, der gegenüber sie ein Eigenleben führt.

Einheitliche, vom Schriftglauben beherrschte Systeme dieses Charakters lassen sich sinnvoll mit der Gattungsbezeichnung »platonisch« belegen. Ein Gutteil dessen, was der Philosoph Platon in Gedanken gefaßt hat, kann als beispielhaft für die erörterte intellektuelle Struktur in ihren meisten, wenn auch nicht in allen Aspekten gelten. Dieser Art von System ist es mit dem gemeinsamen Glauben an die Macht der Ideen im äußersten Maße ernst. Tatsächlich wird der Versuch gemacht, alle konkurrierenden Zielvorstellungen aus dem Bezugsrahmen zu verbannen. Wissen wird gleichgesetzt mit der ehrfürchtigen Wahrnehmung moralisch verpflichtender Normen. Empirische Referenz wird vom reinen Platonismus verworfen. Die Fakten werden dem moralischen Verdikt der Ideen unterworfen, nicht hingegen wie bei uns die Ideen dem Erkenntnisurteil der Fakten.

Der einstige zwei- oder mehrdimensionale Bezugsrahmen ändert sich und wird schließlich – mindestens annäherungsweise – in dem Maß eindimensional, wie die Macht der gemeinsamen Vorstellungen systematisiert und garantiert wird und diese einen »universalen« Charakter erhalten, das heißt für jedermann und kontextunabhängig Geltung beanspruchen. Das System dient in der Hauptsache nur dem *einen* Zweck, eine einheitliche Charta für eine Gesellschaftsordnung und deren Weltsicht zur Verfügung zu stellen. Alle Funktionen, die das System außerdem noch erfüllen mag, sind demgegenüber sekundär. Vormals mußten Vorstellungen im Ritual agiert und auf diese Weise einer Gemeinschaft eingeprägt werden. Wenn schon das spezifische Merkmal des Menschen seine Fähigkeit zu denken war, so dachten doch aber nicht alle Menschen in denselben Begriffen. Jedermann dachte und erfuhr das Denken als unwiderstehlichen Zwang, aber die Zwangsvorstellungen waren nicht bei allen gleich. Jetzt waren die Vorstellungen in schriftlicher Form als Glaubenslehre fixiert, die allen Lesern zugänglich und für alle verbindlich war, und ein einziges System beanspruchte Autorität über alle Menschen, unabhängig davon, welcher Gemeinschaft sie zugehörten. Für diejenigen, die den Rückhalt festgefügter Gemeinschaften verloren hatten, konnte das in der Tat eine tröstliche Perspektive bilden, und ohne Zweifel liegt hier zum Teil die Erklärung für die erfolgreiche Ausbreitung universalistischer, schriftgläubiger Erlösungsreligionen.

Mit dem Gattungsnamen Platonismus bezeichne ich jene Art von Ideologie, die in Erscheinung tritt, sobald von der Schrift religiöser Gebrauch gemacht wird, und deren Träger ein organisierter geistlicher Stand ist. Diese Ideologie steht in schroffem Gegensatz zu den vorangehenden gemeinschaftsorientierten, traditionellen Religionen. Diese arbeiteten mit dem Ritus, nicht mit der Schrift, und waren primär damit befaßt, die kommunale Ordnung und den regelmäßigen Ablauf des Gemeinschaftslebens zu stützen und zu garantieren. Sie erhoben selten oder nie universalistische Ansprüche. Der Platonismus in seiner allgemeinen Form grenzt die Transzendenz klar von der Immanenz ab und läßt sie eine moralisch und doktrinär uneingeschränkte Autorität gewinnen, mit anderen Worten, universale Geltung behaupten. Indem er ihre moralischen und doktrinären Ansprüche präzis festlegt und aus der kommunalen Beschränktheit herauslöst, erzeugt er ein Spannungsverhältnis zwischen der Transzendenz und dem Menschen. Es ist gut möglich, daß dieses Spannungsverhältnis für die folgende Entwicklung der menschlichen Erkenntnis und Ethik von ausschlaggebender Bedeutung war.

»Platonismus«

DER ZENTRALE GEDANKE des Platonismus in seiner allgemeinen Form ist, daß es eigenständig existierende Vorstellungen gibt, die »Ideen«. Diese Wesenheiten beanspruchen gegenüber der Wirklichkeit eine gleichzeitig logische *und* moralische Vorbildfunktion. Das Transzendente findet seine förmliche Anerkennung. Die Wirklichkeit hat über die Ideen keine Macht. *Sie* sind es vielmehr, die der Wirklichkeit als Urteilskriterium und Leitfaden dienen.

Kurz, es existiert nunmehr eine Theorie, die das explizit *sagt*, was zuvor die Menschen nur durch ihr Handeln ausgedrückt hatten. Gemeinschaftssinn kam vorher dadurch zustande, daß die Menschen einander auf rituellem Weg gemeinsame Anschauungen vermittelten, die durchtränkt und aufgeladen waren mit einer substantiellen und autoritativen moralischen Energie. Das Verhalten der Menschen wurde in hohem Maß durch diese Anschauungen bestimmt, die also gleichermaßen das soziale Zusammenleben und die Kommunikation ermöglichten.

All das leistet jetzt der ausgebildete Platonismus durch die neue und charakteristische Zuspitzung, die er der Sache gibt. Er macht aus ihr eine offen erklärte Doktrin. Zum ersten Mal in der Geschichte tut – um es einmal so zu formulieren – der Mensch nicht nur etwas, sondern *weiß* auch, was er tut. Er weiß, daß er in Form von Anschauungen denkt. Und zweitens wird die Geltung dieser normativen Anschauungen universal. Solange nur erst nach ihnen gehandelt wurde und sie selber noch nicht durch eine begleitende Reflexion verhimmelt wurden, blieb die Geltung dieser Anschauungen an den sozialen Zusammenhang gebunden. Über die Grenzen des Gebiets, in denen die Rituale praktiziert wurden, durch die sie zur Geltung kamen, gelangten sie nicht hinaus. Jetzt wird der machtvolle Zwang, der jenen Anschauungen angeblich innewohnt, universal, überregional, übergesellschaftlich, gruppenübergreifend oder erhebt jedenfalls Anspruch darauf, es zu sein. *Er wird zur Vernunft.*

Kulturen haben seit je aus Vorstellungssystemen bestanden, die spezifische Assoziationen, Erwartungen, Forderungen mit sich führten. Die Gesellschaften sorgten dafür, daß ihre Mitglieder durch Rituale und auf anderen Wegen mit alledem imprägniert wurden, und ließen damit Zusammenhalt und Verständigung möglich werden. Zur Bekräftigung solcher normativen Anschauungen hatten schon immer *Geschichten* gedient, in denen jene Anschauungen eine Rolle spielten. Jetzt aber wurden sie darüber hinaus durch eine klar verständliche Doktrin bestätigt, es wurden formale Schriften verfaßt, die ihre moralische Bedeutung begrifflich entfalteten, und ihre Grundlagen wurden angeblich *bewiesen* und erhielten logische Verbindlichkeit. Mit seiner Lehre vom göttlichen Status und von der moralischen Autorität der Ideen legt der Platonismus im engeren Sinn, der Platonismus der griechischen Antike, die Funktionsweise traditioneller Gesellschaften offen. Das Transzendente wird in eine Form gebracht und erhält eine metaphysische Verfassung, um als Garant der Kultur und ihrer Verpflichtungen zu dienen. Aber indem all das zu einer Glaubenslehre erhoben wird, entsteht eine insgesamt neue Situation.

Die indirekte Route

DAS GRUNDPROBLEM der kognitiven Entwicklung der Menschheit läßt sich vielleicht am besten mit Hilfe eines Diagramms klar machen.

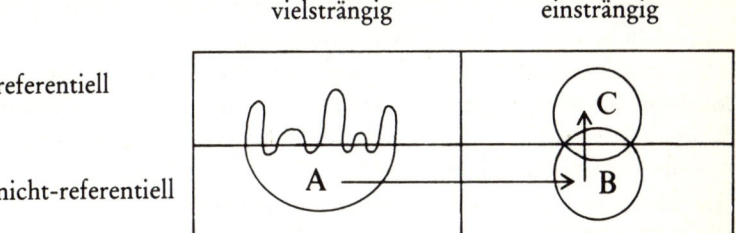

A Primitive Vorstellungssysteme. Während das System in sozialer Hinsicht eine Einheit bildet, sind seine referentiellen Fühler getrennt voneinander, auch wenn sie indirekt durch den sozialen Kontext verbunden sind. Die unzusammenhängenden referentiellen Bestimmungen des Systems sind stabil (sie haben eine feste ontologische Bedeutung).

B Vereinheitlichte doktrinäre Systeme der Geistlichkeit in bestimmten Ackerbaugesellschaften. Die Vereinheitlichung wird erreicht; der referentielle Gehalt ist gering. Die Ontologie ist stabil, die sozialen Konnotationen sind allgegenwärtig und von großem Gewicht.

C Idealform echter Naturerkenntnis. Ein vereinheitlichtes, referentielles, gesellschaftsunabhängiges System mit einer Ontologie, deren Charakteristika ihre Vorläufigkeit, ihre Unabgeschlossenheit, ihre Austauschbarkeit und ihr experimenteller Charakter sind. Die sozialen Implikationen sind gering, falls es sie überhaupt gibt.

Das 2x2-Schema stellt die referentielle Geistesstruktur der nicht-referentiellen und Einsträngigkeit der Vielsträngigkeit gegenüber.

Die Welt, in der *wir* leben und die wir ernst nehmen, ist einsträngig *und* referentiell (C). Die Welt des Primitiven war vielsträngig und in der Hauptsache, wenn auch keineswegs zur Gänze, nicht-referentiell (A). Ihre Anschauungen bestimmten das Verhalten und die Erwartungshaltungen, entfalteten sich aber nicht – und konnten das auch gar nicht – zu einer zusammenhängenden und fortlaufenden empirischen Erkenntnis. Dieses Wahrnehmungssystem streckte eine Reihe von

Fühlern in die referentielle Welt aus, von denen keiner ausschließlich der reinen Naturerkenntnis diente. Die einzelnen Fühler waren allesamt auf die »Welt« gerichtet, in der sich der Primitive bewegte. Aber sie standen untereinander in keinem logischen Zusammenhang. Sämtliche Periskope waren logisch unabhängig voneinander. Aber gleichzeitig speiste jedes von ihnen seine Informationen in das sozial, wenn auch nicht kognitiv integrierte Gesamtbild ein.

Es ist schwer oder unmöglich, sich vorzustellen, welcher soziale Mechanismus je auf direktem Weg von der primitiven zur modernen Weltsicht hätte führen können. Was in aller Welt – und das ist wörtlich gemeint! – hätte die zahlreichen Fühler jemals dazu bewegen und befähigen können, sich freiwillig vom nicht-referentiellen Rumpf abzulösen? Was hätte sie jemals dazu bringen können, sich von ihren nicht-referentiellen, gesellschaftlich nützlichen »Steuermechanismen« zu trennen und zu reinigen, um dann zu einem einheitlichen Wahrnehmungsvermögen zu verschmelzen? Erkenntnistheorien, die naiverweise unsere eigene einsträngige Fixierung auf eine einzige, einheitliche, gesellschaftsunabhängige Natur dem Menschen vergangener Tage unterstellen, setzen tatsächlich voraus, daß genau so etwas irgendwann stattgefunden hat. Aber den Mechanismus sich vorzustellen, durch den das geschehen sein könnte, ist überaus schwer.

James Frazer oder in unserer Zeit Philosophen wie Popper und Quine nehmen an, gehen einfach unkritisch davon aus, daß der Antrieb für den Übergang das rein erkenntnisimmanente Bedürfnis nach einer fortlaufend verbesserten referentiellen Beherrschung der Natur gewesen sein könnte. Damit wird auf höchst törichte Weise die Arbeitsteilung und insbesondere die Abtrennung der Erkenntnis von anderen Rücksichten auf eine historische Situation zurückprojiziert, in der von dergleichen noch keine Rede war und nach menschlichem Ermessen auch gar nicht sein konnte.

Hingegen ist es durchaus möglich, sich vorzustellen, und in einem gewissem Maß sogar möglich nachzuweisen, daß sich der Übergang auf Umwegen, auf *indirekte* Weise, vollzog. Und hier haben wir nun den Umweg, auf dem die plurale, vielsträngige Welt sich in eine homogene, begrifflich zentralisierte, von einigen wenigen Prinzipien beherrschte Natur verwandeln konnte. Dieser Umweg bestand in der Hervorbringung einer einheitlicheren, aber ironischerweise *weniger* referentiellen Welt. Und im Dienste dieser Welt, ihrer Vereinheitlichung und Kodifizierung, steht eine Geistlichkeit, die schriftkundig ist und die aus einem ebenso mysteriösen wie wichtigen Grund von einem unablässigen Streben nach Einheit, Ordnung und Homogenität erfüllt ist. Eine Welt nimmt Gestalt an, die gewissermaßen einem einzigen Herrn, einem zentralen Zweck, einem einzigen Bewahrheitungs- und Legitimationskriterium untersteht. Aber dieses fast monopolistische eine Prinzip ist nicht – und kann es auch noch gar nicht sein – die referentielle Beziehung zur Natur. Vielmehr ist es eine extreme Form der Normengläubigkeit. Es treibt eine Welt machtvoller gemeinsamer Anschauungen, eine Welt des allgemeinen »Platonismus«, ein einheitliches, zentralisiertes, pyramidenförmiges System Autorität beanspruchender Ideen hervor.

Erst wenn ein System dieser Art entstanden und allgemein akzeptiert, überall verbreitet, durchgängig zur Gewohnheit geworden ist, erst dann eröffnet sich eine weitere Möglichkeit: daß eines schönen Tages, oder vielmehr eines schönen Jahrhunderts, das System sich umdreht und den einen Herrn durch einen anderen ersetzt. Die ursprüngliche Vereinigung unter einem einzigen Herrn war vielleicht das schwerste Stück Arbeit. Die Ersetzung des nicht-referentiellen Herrn durch einen naturalistischen, die Naturmacht, ist zwar schwierig, aber vielleicht weniger hart, auch wenn es ein einmaliges historisches Ereignis ist. Der Übergang vom einheitsstiftenden Glauben an die Macht der Ideen zur einheitlich referentiellen Beziehung versteht sich nicht von selbst und ist nichts Zwangsläufiges. Aber er hat viel weniger von einem Sprung an sich als der erste Übergang von den pluralen Vielzweck-Welten zur »platonischen« Welt. Dieser zweite Übergang läßt sich leichter vorstellen. Außerdem läßt er sich ja offenbar historisch nachprüfen. Er hat sich in Gestalt der wissenschaftlich-technischen Revolution der Neuzeit vollzogen.

Die erste Einheitsstiftung

WAS AUF DIESER WELT hat anfänglich die Geistlichkeit dazu gebracht, die Richtung auf eine Vereinheitlichung des Weltbilds einzuschlagen und sich dabei von anderen Zielen und sozialen Rücksichten freizumachen? Was konnte den Übergang von Stadium A zu Stadium B bewirken?

Zum Teil mag dafür der in manchen historischen Traditionen zu beobachtende Erfolg dessen verantwortlich sein, was man als transzendente Erkenntnis bezeichnen könnte. Einige ihrer frühesten Erfolge scheint die menschliche Erkenntnis auf dem Gebiet der Astronomie und der Geometrie errungen zu haben: bei der Aufzeichnung der Bewegungen der Himmelskörper und bei der Betrachtung (schließlich der Darstellung) der Eigenschaften abstrakter räumlicher Objekte. Wie Burtt in seinem Buch *Metaphysical Foundation of Modern Science* gezeigt hat, ist die Pythagoräische Mathematisierung der Natur ein wesentlich an der Geometrie orientierter Vorgang. Himmlische und abstrakte Körper haben dies gemein, daß sie etwas von den gewöhnlichen irdischen Objekten Abgesondertes und Eigenes zu sein scheinen. Die Bewegungen der Himmelskörper sind regelmäßig, stabil, geordnet, dauerhaft und der Erkenntnis zugänglich. Sie können als Illustration für denselben Gegensatz herhalten, der zwischen der Einfachheit, Eleganz und normativen Kraft abstrakter Ideen und der Verworrenheit besteht, in der die gewöhnlich unvollkommenen und mangelhaften irdischen Dinge erscheinen. Auf diese Weise ließ sich ein Gegensatz, der im anachronistischen Rückblick wie eine Aufforderung zur rein referentiellen Naturwissenschaft wirkt, im damaligen Zusammenhang als ein Ansporn zur normativen, Maßstäbe setzenden, »platonischen« Erkenntnis lesen. Das wahre Wissen galt den Idealen und nicht den empirischen Dingen.

Ein weiterer Anreiz für die Geistlichkeit oder für Teile von ihr, sich um ein von der Gesellschaft abgelöstes System zu bemühen, könnte eher von der Bedarfs- als von der Angebotsseite ausgegangen sein. Die frühesten größeren Staatsgebilde waren entweder Gemeinschaften, die aus den Nähten geplatzt waren, oder Ansammlungen von Gemeinschaften. Das rituelle und religiöse Leben wies vermutlich noch die alten gemeindlichen Züge auf. Es war verknüpft mit der Sozialorganisation und mit deren räumlichen und zeitlichen Ordnungen und Abläufen. Aber an irgendeinem Punkt in der Entwicklung brachten Verstädterung, wachsende Komplexität und soziale Umwälzungen eine neue religiöse Klientel hervor, deren Heilserwartungen nicht mehr gemeindlich, sondern individell und universal waren. An Gemeinschaftlichkeit, von der sich die einzelnen Geborgenheit und Halt versprechen konnten, herrschte nun Mangel. Heil wurde von Menschen gesucht, die als einzelne kamen, nicht mehr in Gruppen, und die nach

Erlösung, nach Errettung aus einer insgesamt unerträglichen Lage, nicht bloß nach der Behebung besonderer Gebrechen und Leiden verlangten. Irgendwann war es soweit, daß die Pilger nicht mehr im Sippenverband kamen, um fruchtbringenden Regen zu erbitten, sondern einzeln auftraten und generelles Heil erflehten.

»Achsenzeit« hat Karl Jaspers diese Periode genannt, in der eine vereinheitlichte und fordernde Transzendenz in der Menschheitsgeschichte erscheint, um teilweise die gemeinschaftsbezogenen Kulte zu ersetzen. Weise tauchen auf und bemühen sich um die Befriedigung des neuen Bedürfnisses: Sophisten, Propheten, die nicht einen sozial sanktionierten Platz in einem bestimmten Ritual, sondern ein Allheilmittel, eine jedermann angehende Grunderneuerungstherapie anbieten. Sie verheißen Erlösung, ein in der einen oder anderen Form in sich selber ruhendes wahres Leben, das nicht länger Spielball des launischen Glücks ist.

Die Heilsidee weist eine Reihe charakteristischer Züge auf. Sie verheißt nicht bloß Befreiung von einem bestimmten Übel und zielt auch nicht einfach auf irgendeine Art totaler Glückseligkeit, sondern auf einen Zustand allgemeiner Erfüllung. Sie ist für jeden einzelnen da und wird nicht nur en gros an ganze Gemeinschaften ausgeteilt. Das wahre Leben, das sie verspricht, ist zwar der Sache nach umfassend, aber es sind die isolierten einzelnen, denen es gewährt und sogar vorzugsweise gewährt wird. Diejenigen, die eine solche Erlösung anbieten, meiden häufig den Pauschalweg über die etablierte politische Herrschaft und hierarchische Ordnung und geben dem direkten Kontakt mit der bedürftigen Gemeinde den Vorzug.

In den traditionellen Gemeinschaften sind die Rituale gewöhnlich maßgeschneidert und tragen den Ansprüchen der Beteiligten und deren unterschiedlicher gesellschaftlicher Stellung Rechnung. Entsprechend der sozialen Schichtung der Teilnehmer gibt es wie im Theater Parkett, Ränge, Logen. Für Leute, die nicht der Gemeinschaft angehören, ist kein Platz reserviert, oder sie sind sogar in aller Form ausgeschlossen. Wenn Fustel de Coulanges recht hat, ist im antiken Stadtstaat der Ausschluß der letzteren einer der Hauptmechanismen der sozialen Kontrolle. Aber was soll man mit den neuen und rasch anwachsenden Schichten von Entwurzelten anfangen, die keinen Ort haben, an den sie gehören, oder nur solche, an denen sie sich unwohl fühlen und mit denen sie sich nicht abfinden können? Auch die Nöte, von denen sie befreit werden möchten, sind diffus und vielgestaltig. Im Arabischen gibt es eine Geschichte von einem Mann, der Gott um die Errettung aus einer solchen Vielzahl persönlicher Nöte bat, daß sein Gebetsnachbar spitz bemerkte: »Es ist leichter für Gott, einen neuen Menschen zu machen, als jemanden wie dich wieder instand zu setzen.« Menschen dieser Art mit ihren unzähligen Beschwernissen sind es, die der Gedanke an eine umfassende Erlösung, einen von Grund auf erneuerten Zustand, eine neue Ordnung besonders anspricht. Universalismus und generelle Heilserwartungen oder Weisheitslehren entsprangen vermutlich dem Erfordernis, den Bedürfnissen einer breitgefächerten und entwurzelten Klientel vorwiegend städtischen Ursprungs Rechnung zu tragen.

In manchen Fällen mögen, wie gesagt, so offenkundig gesellschafts- und gruppenüberschreitende Wahrheiten, wie sie Astronomie und Geometrie zu liefern vermochten, das Vorbild für den Charakter jener umfassenden Weisheitslehren abgegeben haben. Aber es konnten auch andere Faktoren in diese Richtung wirken. Einer davon war der Monotheismus; einen weiteren konnte ein zentralisiertes und geordnetes Rechtssystem wie etwas das römische darstellen. *Eine* Vernunft, *ein* Gott, *ein* Gesetz . . .

Die Vorstellung von einer einzigen, ausschließlichen, eifersüchtigen und bilderfeindlichen Gottheit, einem geschworenen Feind aller Zauberei und allen Götzendiensts, hat vielleicht in der Erziehung des Menschengeschlechts einen der wichtigsten und prägendsten Einflüsse ausgeübt. Über die Herkunft dieser Vorstellung können wir nur Vermutungen anstellen. Es gibt eine alte Theorie, derzufolge diese Gottheit dem Königtum der großen zentralisierten Staatswesen des alten Orients nachgebildet ist – eine Theorie, die Edward Evans-Pritchard, dem sie offenbar ein rechtes Ärgernis war, als schlechte Soziologie gegeißelt hat. Die Muslime erklären gelegentlich den Sultan für den Schatten Gottes auf Erden, und ob der Kalif ursprünglich der Statthalter Gottes oder bloß der Vertreter des Propheten war, ist strittig.[3] Die umgekehrte Annahme, daß der eine Gott der Schatten des großen Königs ist, zielt nicht auf den Beifall der Gläubigen. David Hume vermutete, daß diese Idee durch denselben Mechanismus entstanden sei, dem

[3] Vgl. Patricia Crone und Martin Hinds, *God's Caliph: Religious Authority in the First Centuries of Islam*, Cambridge 1986.

die Zusammenballung großer Macht zugeschrieben werden müsse: nämlich dem Wetteifer der Verehrer, die sich die Gunst des Höchsten dadurch zu sichern suchen, daß sie sich gegenseitig in Speichelleckerei übertreffen und dem Höchsten unter Verunglimpfung seiner Konkurrenten eine immer umfassendere Macht zusprechen.

Aber die Frage nach der Herkunft der Vorstellung, so interessant sie auch ist, beschäftigt uns weniger als die nach ihren Implikationen und Folgen. Ein alleiniger und eifersüchtiger Gott stellt, wenn er erst einmal zur zentralen und herrschenden Bestimmung der von einem geistlichen Stand ausgebildeten und vertretenen intellektuellen Struktur geworden ist, einen unerhört machtvollen Antrieb in Richtung auf die Entfaltung eines einsträngigen Systems dar. Es war der eifersüchtige Jahwe, der die Menschheit das Prinzip vom ausgeschlossenen Dritten zu achten lehrte. Er war es, der darauf bestand, daß Schluß sein müsse mit der Lässigkeit des geistigen Pluralismus, daß das Nebeneinander einer Vielfalt von verschiedenen Sprech- und Denkweisen ohne Rücksicht auf ihre Vereinbarkeit in einem einzigen logischen System aufhören müsse. Ein Gott, der keinen anderen neben sich duldet, lehrt seine Verehrer die Unzulässigkeit von Opportunismus in geistlichen Dingen. Schließlich dehnen sie das Verbot dann vielleicht auch auf den Opportunismus auf logischem Gebiet aus.

Dem historisch gut belegten ersten Auftreten des eifersüchtigen Gottes haftet zweifellos etwas Paradoxes an. Er tritt in einer Gemeinschaft in Erscheinung, die den großen Monarchien des Vorderen Orients voll Angst und Abwehr gegenübersteht, aber wegen ihrer eigenen Kleinheit und Schwäche keine Hoffnung hat, es jemals mit ihnen aufnehmen zu können. Als der eifersüchtige Gott erscheint, ist das betreffende Volk noch stammesgemeinschaftlich organisiert, und sein religiöses Leben dreht sich um Opferrituale, die von einer auserwählten geistlichen Führungsschicht vollzogen werden. Mit diesen Umständen würde man normalerweise nicht die Heraufkunft des einen und universalen Gottes verbinden. Anfänglich war dieser Gott, auch wenn er von denen, mit denen er einen Bund geschlossen hatte, ungeteilte Verehrung verlangte, noch nicht wirklich universal, sondern stand in einer ganz besonderen Beziehung zu einem bestimmten Volk und dessen Wohngebiet. Die Tatsache, daß dieses Volk hirtennomadischer Herkunft war und im Kampf mit einer agrarischen Bevölkerung stand, deren Rituelleben ja häufig so viel aufwendiger ist als das der Hirtennomaden, mag zu einer Erklärung des Phänomens beitragen. Der exklusive Monotheismus fungierte als ein Mittel, sich abzugrenzen.

Ein eifersüchtiger Gott, der sich schließlich von seiner Beschränkung auf ein bestimmtes Volk und auf dessen Rituale der Selbstdefinition emanzipierte und der am Ende auch noch eine gut organisierte und hierarchisch geordnete Geistlichkeit zur Verfügung hatte, erwies sich als ein machtvolles Mittel zur Umgestaltung des menschlichen Bewußtseins. Dies wurde besonders deutlich, als die Hierarchie sich daranmachte, Glauben und Moral in Begriffe zu fassen, und dabei die logische Akribie der platonischen Tradition mit dem römischen Sinn für ordentliche Rechtsverfahren zusammenbrachte.

Jetzt hatte die intellektuelle Führungsschicht Gelegenheit, ihre Verstandesmuskeln spielen zu lassen, und konnte bei der Auseinandersetzung mit den hausgemachten Problemen ihres eigenen vereinheitlichten Lehrgebäudes die höchst lehrreiche Erfahrung innerer Not und Gewissensqual machen. Jene Probleme entstammten nur zum Teil dem Lehrgehalt selbst; zum anderen Teil entsprangen sie dem üblichen Streben der Geistlichkeit nach einer Monopolstellung. Das Heilsversprechen im Sinne einer *Belohnung* zum Beispiel setzte logischerweise Willensfreiheit voraus. Aber die bloße Möglichkeit einer Erlösung, die sich ohne Hilfe allein durch persönliche Leistung oder eigene Anstrengung erreichen ließ, untergrub das Monopol der priesterlichen Heilsmittel. Die Gläubigen mußten angespornt werden, sich Mühe zu geben, aber gleichzeitig sollten sie auch nicht zu der Meinung verführt werden, es allein schaffen zu können, ohne Unterstützung durch das geistliche Gnadenmonopol. Die komplizierten Versuche des heiligen Augustinus und seiner Nachfolger, solche widerstreitenden Erfordernisse unter einen Hut zu bringen, haben sehr zur Schulung des abendländischen Geistes beigetragen. Sie erzeugten eine in intellektueller und sozialer Hinsicht fruchtbare Furcht des Herrn.

Das Problem des Konflikts zwischen der Berufung auf die »Vernunft« (das heißt auf eine zwingende Logik, die dem Anschein nach unabhängig ist von kulturellen Bedingungen) und der Berufung auf monopolistisch verwaltete Prinzipien moralischer und doktrinärer Rechtfertigung trat ebenfalls in Erscheinung. Das Spannungsverhältnis bestand nicht mehr nur zwischen einer in der Transzendenz verankerten Glaubenslehre und der gesellschaftlichen Wirklichkeit, sondern trat auch innerhalb der Lehre selbst auf. Die Ausschließlichkeit, die sie verkündet hatte, holte sie nun ein. Die Haarspaltereien in Glaubensfragen, zu denen das führte, setzte das System Belastungen aus, die aus seinem Inneren kamen.

Die Macht der Ideen

IN DER ACHSENZEIT löste sich der Glaube von der ritualistischen Verklärung der Gemeinschaft und ihrer internen Ordnung und wandte sich dem Anderen zu.[4] Eine gereinigte Form von selbstbezogener Transzendenz hatte sich herausgebildet. Sie war stolz auf ihr Anderssein und bezog ihre Macht aus ihm. Der Stand, der ihr diente, war einer Geistlichkeit im strengen Sinn ähnlicher als einer Schamanenzunft und lebte in einer viel größeren und anhaltenderen Spannung zur profanen Welt. Das Hauptinstrument der Transzendenz war die Schrift, die das Wort entpersonalisierte und die Möglichkeit schuf, es unabhängig vom jeweiligen Kontext zu verehren. Zugleich bestand ein Zusammenhang zwischen Ausbreitung des Glaubens und politischer Zentralisierung. Eine schriftkundige Geistlichkeit war der beste Lieferant von Kandidaten für die neue königliche Verwaltung.

Demnach führt also einer der Wege zu der neuen universalen Transzendenz über den eifersüchtigen Gott und seinen Ausschließlichkeitsanspruch. Ein anderer Weg, mit dem wir in der europäischen Tradition nicht minder vertraut sind, führt über das griechische Denken und vor allem den Platonismus. Das tiefe Paradox des eigentlichen Platonismus ist, daß er eine Wiederherstellung oder Neubefestigung der alten, in sich geschlossenen, stammesgemeinschaftlich organisierten Gesellschaft predigte, dazu aber Methoden verwendete, die ihrerseits Folge und sonnenklarer Beweis der Emanzipation vom alten Ritualismus und Gemeinschaftsgeist waren. Platon vertrat einen Dogmatismus, den er mit Mitteln des Liberalismus verfocht, ein Autoritätsdenken mit rationalem Antlitz.

Die Rationalität, Offenheit und liberale Gesinnung der Argumentationsweise erweist sich zu guter Letzt als genauso wichtig wie der

---

[4] S. N. Eisenstadt (Hrsg.), *The Origins of Diversity of Axial Age Civilizations*, New York, erscheint demnächst.

Illiberalismus des Arguments selbst. Die Dialoge verraten eine klare und unüberhörbare Begeisterung für das logisch Zwingende im Gegensatz zum bloß sozialen Zwang. Anders als die Mehrzahl ihrer Nachfolger in der mediterranen Welt haben die Gesprächsteilnehmer nicht das Gefühl, sich etwas zu vergeben, wenn sie ohne Rücksicht auf den sozialen Status des Gesprächsführers sich der Logik unterordnen. Sie sind imstande, den Inhalt des Gesagten höher zu bewerten als die Stellung des Redners. Die Logik, »der Geist des Arguments«, hat für sozialen Rang nichts übrig. Es hält schwer, sich den späteren mediterranen *machismo* vorzustellen, der sich solch einem ehrenrührigen Ansinnen unterwerfen soll.

Der einflußreichste liberale Kritiker Platons in unserer Zeit ist Karl Popper.[5] Er interpretiert Platon im Grunde tiefenpsychologisch: Platon, so behauptet er, fürchtete und haßte die offene Gesellschaft, die sich im Athen des Perikles entwickelte, und sehnte sich zurück nach einer geschlossenen Gesellschaft ohne Entscheidungsprobleme und Statusunsicherheiten. Poppers eigentlich freudianische Diagnose unterstellt Platon eine Art soziales Gegenstück zum Wunsch nach Rückkehr in den Mutterschoß. Platons Versuch, die Gesellschaft und ihre hierarchische Ordnung zu stabilisieren, wird als Ausdruck dieses Wunschs gewertet.

Sich in Vermutungen über Platons angebliche Besinnung auf und Begeisterung für eine vergangene Volksgemeinschaft oder hypothetische Epoche der griechischen Geschichte zu ergehen, ist ganz unnötig. Was Platon in *Der Staat* tut, läßt sich auch ohne Rückgriff auf Sehnsüchte nach einer archaischen Gesellschaftsordnung begreifen. Platon versucht eine Konstellation festzuschreiben und zu verklären, die das typischste und gängigste Organisationsschema schriftkundiger Agrargesellschaften ist. Er entwirft das Modell einer Gesellschaft, die Ackerbau betreibt, Künste und Handwerke praktiziert, ein Mehrprodukt erwirtschaftet, das geschützt werden muß, über Schrift verfügt und einen relativ gleichbleibenden oder jedenfalls nicht in sichtbarem Fortschritt begriffenen technischen Entwicklungsstand aufweist.

Gesellschaften dieser Art brauchen eine stabile politische und ideologische Ordnung, und von einem Großteil der Bevölkerung wird verlangt, daß sie sich unterordnet und voll und ganz in der produktiven

[5] K. R. Popper, *Die offene Gesellschaft und ihre Feinde*, München 1975

Arbeit aufgeht. Der relativ geringe Produktionsüberschuß trägt nur eine ziemlich kleine Oberschicht von Herrschern, Kriegern und Geistlichen. Diese Dreischichtung der agrarischen Gesellschaft in Arbeitende, Waffenführende und Geistliche ist historisch überaus verbreitet und fehlt nur in Ausnahmefällen. Sie scheint der Logik der Situation zu entspringen. Sie ist nicht, wie manchmal behauptet worden ist, das Charakteristikum irgendeiner besonderen Tradition oder Entwicklungslinie der Menschheit.

Im Grunde arbeitet Platon das Schema dieser Konstellation heraus, rechtfertigt es und setzt es absolut. Zugleich schlägt er sich auf die Seite der Geistlichkeit, indem er es zum transzendent verfügten Wesen der Dinge erklärt und behauptet, es sei etwas durch menschliche Weisheit Ergründbares. Zugänglich soll es aber nur einer Weisheit sein, die sich einer langdauernden besonderen Schulung unterworfen hat, und diese wiederum liegt ausschließlich in Händen der Geistlichkeit. Als recht und als gut gilt, was der Aufrechterhaltung des Systems dient.

Der Antiempirismus Platons erfährt bekanntlich bei seinem Nachfolger Aristoteles eine Abschwächung. Aber das bißchen Respekt für die empirische Welt, das der Doktrin damit eingeimpft wird, fällt nicht sonderlich ins Gewicht. Auch die aristotelische Welt bleibt ein durch die Sozialfunktion bestimmter Kosmos und ist keine unpersönliche, gesellschaftsunabhängige Natur. Aber das, worauf es ankommt, ist das grundlegende Ideal einer einheitlichen, geordneten Welt, die mathematische und geometrische Regelmäßigkeit beweist und die komplementär dazu einem universalen menschlichen Vermögen, der »Vernunft«, zugänglich ist. Daß diese Tradition mit dem Glauben an einen einzigen, ausschließlichen, eifersüchtigen und verborgenen Gott zusammenfloß, könnte sehr wohl von entscheidender Bedeutung für die schließliche Herausbildung des modernen Naturbegriffs gewesen sein.[6]

[6] Vgl. E. A. Burtt, *The Metaphysical Foundations of Physical Science*, London 1925.

Platons soziologische Irrtümer

DIE MENSCHHEIT verharrte solange in der Epoche, die man als das Zeitalter Durkheims bezeichnen könnte, wie sie selbst durch das Ritual unbewußt die Autorität der Vorstellungen über sich errichtete. Damals war das Ritual, nur durch Mythen und Legenden verstärkt, das hauptsächliche oder alleinige Legitimationsinstrument. Die Menschheit trat in das Zeitalter Platons ein, als die Macht der Ideen *theoretische* Form annahm, als das Transzendente als solches in Erscheinung trat und als die Idee ihre paradigmatische Verkörperung nicht mehr, oder nicht mehr hauptsächlich, im Ritual, sondern in der Schrift fand. Einst hatte der Ritus dem Wort als Grundlage gedient, aber jetzt wurde das Wort zu einem eigenen Ritus.

Der konkrete Gesellschaftsentwurf, den Platon mit Hilfe seiner dialektischen Methode ausarbeitete, war in mancher Hinsicht erstaunlich scharfsichtig, in anderer hingegen merkwürdig unzulänglich. In vielen Hinsichten – etwa wenn er eine starre und unveränderliche Herrschaft der Geistlichen und der Krieger über die Arbeitenden propagiert – handelt es sich nicht um irgendeine normative Bestimmung, sondern um eine ziemlich genaue Wiedergabe der realen gesellschaftlichen Verhältnisse im schriftkundigen Agrarzeitalter. Mit seiner Empfehlung, den Stand der Wächter aller verwandtschaftlichen Bindungen und allen Privatbesitzes zu berauben, nimmt er einige der effektivsten Verwaltungen der agrarischen Welt vorweg, vornehmlich die katholische Kirche, das Mönchswesen und die Mameluken. In anderen Hinsichten hält er sich nur ungenau an die tatsächliche Vorlage und entwirft ein abweichendes und insgesamt irreführendes Bild von der sozialen und ideologischen Organisation der großen vorindustriellen, schriftkundigen, agrarischen Zivilisationen.

Daß Platon Alexander den Großen und den mit ihm besiegelten Untergang des unabhängigen griechischen Stadtstaats nicht vorhersah und die Polis für die naturgegebene gesellschaftliche Grundeinheit hielt, ist offensichtlich. Tatsache war, daß die Stadtstaaten auf dem Rückzug waren, während die – politischen oder religiösen – Großreiche sich anschickten, den üblichen und typischen Organisationsrahmen für das Zusammenleben der Menschen abzugeben. Aber dabei geht es um weit mehr als bloß um Größenverhältnisse.

Keine der großen theologisch fundierten Zivilisationen jener Epoche, die wir das Zeitalter Platons nennen könnten, keines dieser dogmatischen, von Geistlichen geschurigelten, von Gewaltmenschen beherrschten, schriftgläubigen Systeme hat tatsächlich den platonischen Rationalismus und Ideenkult offen zu seiner Ideologie erhoben. Statt dessen haben sie sich alle auf eine göttliche Macht als auf den Urheber der Ideen berufen. Nichtsdestoweniger stellt ihr Schrift- und Transzendenzglaube eine Verwirklichung des platonischen Programms dar. Die Erklärung für diese Kombination ist wahrscheinlich ganz einfach: Für die breite Masse ist der Ideenkult, wie poetisch er auch immer gefaßt sein mag, eine ziemlich blutarme Angelegenheit. (Schon Platon hatte nichts gegen eine Beibehaltung der bestehenden hellenistischen Ritualbräuche einzuwenden – im Gegenteil! –, unternahm aber auch keinen Versuch, zwischen diesen Bräuchen und den Vorstellungen, seinen *Ideen*, eine Verbindung herzustellen.) Der Gedanke, daß Pflichten im Leben wahrgenommen und erfüllt werden müssen, nur weil abstrakte Ideen dies fordern, ist einfach nicht mitreißend genug, um den normalen Menschen zu erschüttern und zum Gehorsam zu bewegen. Etwas Ehrfurchtgebietenderes war nötig, und man fand es in der Furcht des Herrn. Das Wort ward Fleisch.

Außerdem hatte Platon quasi *allen* Ideen einen göttlichen Status verliehen, auch wenn manche heiliger waren als andere. In einem gewissen Sinn handelte er damit auch soziologisch richtig, weil ja alle Ideen normativen Charakter haben und nicht bloße Datenzusammenfassungen sind (auch wenn einige normativer sind als andere). Aber andererseits verzettelte er sich auf diese Weise und leistete einer inflationären Entwertung Vorschub. Wenn alle Ideen verehrungswürdig sind, dann wird keine richtig verehrt. Man muß etwas wählerischer sein mit seinen Auszeichnungen. (Im vorangegangenen Durkheimschen Zeitalter, als die Anschauungen ihre Macht durch das Ritual erlangten und nicht durch eine Theorie oder Metaphysik, war der Ritus in der Tat recht wählerisch in bezug auf die Anschauungen, die er mit einer besonderen sakralen Weihe versah. Je bedeutender die Anschauungen, um so wichtiger die Rituale.) Um Achtung und Furcht einzuflößen, müssen manche Ideen, manche Normen, manche Modelle eine ganz besondere Verehrung genießen.

Hinzu kommt, daß die Ideen in ihren Umrissen verschwommen und zweifelhaft sind: Wenn man sie vergöttlicht (und von *dem* Helden, *dem* Heiligen, *dem* Edlen spricht) werden sie mit Bryce Gallies berühmtem Ausdruck »im Kern strittig«[7]. Die Menschen können Verschiedenes in sie hineinlesen, können sich heraussuchen, was ihnen gerade paßt; und was wird dann aus der Gesellschaftsordnung? Das Schwergewicht auf den Gebots- oder Regelcharakter zu legen ist für eine schriftbestimmte Gesellschaftsideologie ein viel besseres Verfahren, als einfach nur Ideen zu verklären. Nicht in den eigentlich platonischen *Formen*, sondern in Form einer Verehrung heiliger *Gebote* schuf die Ethik des Schriftglaubens das monotheistische Über-Ich.

Natürlich sind auch Lehrsätze und Imperative nicht vor Zweideutigkeiten und vor der Möglichkeit divergierender Auslegung geschützt. Aber ihre Flexibilität und Dehnbarkeit ist erheblich geringer als die der Ideen. Befehl ist Befehl; hingegen hat man noch keinen Unteroffizier oder subalternen Beamten sich zu der Behauptung versteigen hören: Idee ist Idee. Was vielleicht gut genug für einen Athener Intellektuellen war, war nicht genug für normale Bürger, die weniger ätherische Orientierungshilfen brauchten. Sie benötigten *Regeln*, die allerdings ihrerseits der Bekräftigung durch persönliche Vorbilder und der Untermauerung durch Strafandrohungen bedurften. Abstrakte Modelle sind nicht genug. Der Platonismus in der eigentümlichen Form, die Platon ihm gab, reicht bei weitem nicht aus. Als das Schwergewicht bei der Vermittlung und Durchsetzung kultureller Normen sich vom Ritus zur Schrift verschob, war eine entsprechende Schwergewichtsverlagerung von der Vorstellung zur Regel, zur *Vorschrift*, erforderlich.

Die Vergöttlichung der Ideen als solcher krankt auch noch in einem ganz anderen Sinn an Bleichsucht. Platon schreibt die Macht der Ideen ihnen als solchen zu oder läßt sie höchstens von der obersten Idee, der Idee des schlechthinnigen Guten, herrühren. Die Menschen fürchten vielleicht einen obersten Gott, aber vor einer obersten Idee zittern sie bestimmt nicht. Ideen fehlt es an der nötigen Rachsucht. Und so kam es, wie es kommen mußte: Die wichtigsten agrarischen schriftkundigen Zivilisationen, die in der Tat im großen und ganzen das platonische Programm verwirklichten und zum Tragen brachten, taten dies nicht mittels Vergöttlichung der Ideen, sondern in der Weise, daß sie Lehrsätze, Vorschriften, Gebote befolgten, die sie als Botschaft einer

[7] »essentially contested«. Siehe W. Bryce Gallie, *Philosophy and the Historical Understanding*, London 1964.

Gottheit (oder auch mehrerer Gottheiten) ausgaben. Das Wort Gottes, nicht das göttliche Wort, erhielt die Macht. Um den Menschen eine Ordnung aufzuzwingen, braucht es die Autorität einer Person. Abstrakta flößen keine Ehrfurcht ein. Und doch erwies sich die Abstraktheit, die Transzendenz, die Weltenthobenheit am Ende als ausschlaggebend. Der eine und verborgene Gott leistete beides: Er flößte die nötige Furcht des Herrn ein, und er sorgte für jenes Bewußtsein der Einheit und des Andersseins, das dem intellektuellen Leben der Menschheit eine neue Gestalt verleihen sollte.

Platon zog auch nicht die Möglichkeit und die Vorteile (Vorteile für sein Vorhaben oder auch für spätere liberale Entwicklungen) einer Trennung von Geistlichkeit und Herrschenden in Betracht. Im *Staat* unterscheiden sich die Weisen von den Wächtern nur durch ihr Alter und durch einige besondere Leistungsprüfungen, nicht durch Gruppenzugehörigkeit oder Besitzstand. Diese spezifische Einheit der beiden Gruppen wurde selten in die Tat umgesetzt, auch wenn religiöse Ritterorden oder Verwaltungen des Mamelukentyps mit einem Personal aus geschulten Sklaven Beispiele für sie liefern.

So begründeten also die schriftgläubigen Zivilisationen die Geltung ihrer kodifizierten Regeln normalerweise in einer personalisierten Transzendenz und nicht in Abstraktionen, die für sich selber einstanden. Die transzendenten Regeln wurden verehrt, aber auf einen Autor zurückgeführt. Bei seinem Bemühen, den Menschen der agrarischen Gesellschaften einen Sinn für Ordnung, Disziplin und Stabilität zu oktroyieren, schätzte also Platon nicht nur den Umfang der dazu erforderlichen Funktionseinheiten falsch ein, sondern er überschätzte auch entschieden die Ansprechbarkeit der Menschen durch Vernunftgründe – selbst wenn diese Vernunftgründe dadurch verstärkt wurden, daß ein paar Mythen erhalten blieben und die bestehenden hellenistischen Bräuche und Rituale beibehalten wurden. In gewisser Weise wurde in Indien das platonische Rezept genauer befolgt, als das je im Westen geschah, und China mit seiner nicht in eine Theologie eingebetteten Ethik verwirklichte eine weitere Version des Modells; im Konfuzianismus kam es dem Ideal eines unpersönlichen Moralkults vielleicht am allernächsten. Das westliche Idealbild aber von einem abstrakt formulierten, geordneten Kosmos, der in *einem einzigen*, göttlichen Punkt kulminierte, sollte schließlich Früchte tragen, die auch ein Platon schwerlich voraussehen konnte.

SPANNUNGEN

Eine göttliche Ordnung

DAS PROBLEM DES BÖSEN ist dazu angetan, die Geistlichkeit zentralisierter Glaubenslehren in Atem zu halten. Max Weber erweckt gelegentlich den Eindruck, als sei die Theodizee, die Antwort auf das Problem des Bösen in der Welt, für alle Religionen gleich zentral. Jeder Mensch brauche die Überzeugung, daß die Welt in letzter Instanz wohlbegründet und akzeptabel sei. Bei den stammesgemeinschaftlich orientierten traditionellen Religionen war das aber nicht der Fall. Da deren Augenmerk eher konkreten Übeln galt, setzten sie im Zweifelsfall voraus, daß die Welt im ganzen sinnvoll war, unbeschadet dessen, daß sie selber an der Aufrechterhaltung dieses Gesamtsinns wesentlich beteiligt waren. Die Garantie dafür zu übernehmen, daß die Welt, aufs Ganze gesehen, gut eingerichtet war, fühlten sie sich nicht verpflichtet. Ihren Sinn erhielt die Welt wie von ungefähr, ohne eine eigens darauf abgestellte Offenbarung. Zentralisierte Glaubenslehren hingegen, die ja ein umfassendes, aus allen Nöten rettendes Heil verheißen, scheinen in dieser Hinsicht gefordert zu sein. Wenn eine Macht die Welt beherrscht, die Heil garantiert, warum müssen wir dann so leiden? Warum ist die Welt so voller Willkür und so ungerecht?

Der Übergang von den Stammesreligionen zu den Heilsreligionen stellt einen der großen Sprünge in der Geschichte der Menschheit dar, und er fällt ins Agrarzeitalter. Fustel de Coulanges zeichnet diesen Übergang in der antiken Welt des Mittelmeerraums nach.[1] Weiter im Osten fiel der Wechsel weniger vollständig aus: In China existierte eine ethische Vision in der Oberschicht neben fortdauernden volksreligiösen Ritualen in den unteren Schichten, und in Indien trug ein generalisiertes volksreligiöses System, das allgemeine Erlösungsmotive aufnahm, über die abstrakten Heilslehren den Sieg davon.

Haben sie sich einmal etabliert, sind diese heilsbezogenen und von der gesellschaftlichen Realität abgehobenen Glaubenslehren einem

---

[1] Fustel de Coulanges, *La cité antique*, Paris 1957 (dt.: *Der antike Staat*, Berlin/Leipzig 1907).

Spannungsverhältnis zu den handgreiflicheren, deutlicher sozial eingebundenen religiösen Praktiken ausgesetzt. Die Hochreligionen entwickeln sich, weil ein erheblicher Teil der Bevölkerung, an die sie sich wenden, sozial deklassiert und entwurzelt ist; aber eben deshalb macht ihnen nun auch der Umstand zu schaffen, daß nicht die ganze Bevölkerung entwurzelt oder die Entwurzelung kein Dauerphänomen ist. Die Verstädterung entwurzelt einige Menschen ein für allemal und alle irgendwann einmal, aber die Entwurzelung ist kein allgemeines und durchgängiges Schicksal. Daher bleibt in einem beträchtlichen Ausmaß die gesellschaftliche Basis und Bedürfnislage für eine gemeinschaftlich orientierte Religion bestehen. Das heißt, es wird nach wie vor eine Ritualform gebraucht, die dazu dient, die gesellschaftliche Ordnung zu bestätigen, und die nicht nur dazu da ist, Ersatz für die letztere zu bieten und über deren Fehlen hinwegzutrösten.

Aber die Sache geht noch weiter. Gerade der Erfolg, den eine universalistische Heilsreligion hat, befördert, jedenfalls in einem gewissen Maß, die Wiederherstellung jener gesellschaftlichen Verhältnisse, deren Fehlen ursprünglich dem Aufkommen der Heilsreligion Vorschub geleistet hatte. Die Verkünder einer universalen und unpersönlichen, übergesellschaftlichen Erlösung verwandeln sich allmählich ins Personal zur Aufrechterhaltung und Versorgung einer neuen, in Symbolen kodifizierten Gesellschaftsstruktur. So kommt es, daß die überlebenden alten Schamanen und die neuentstehende Priesterschaft Hand in Hand oder auch im konkurrierenden Nebeneinander mit den eifrigen Verfechtern der »reinen« Lehre in Konflikt geraten. Für die Menschheitsentwicklung hat dieser Konflikt tiefgreifende Folgen gehabt.

Die wesentliche Strategie bei der Präsentation einer Glaubenslehre, die Anspruch auf übergesellschaftliche, völkerübergreifende Bedeutung und auf eine überweltliche Legitimation erhebt, besteht darin, sie in schriftlicher Form zu fixieren *und* sie mit einer Meta-Theorie, einer Theologie, auszustatten, die eine Benennung, Bestimmung und Begrenzung der Offenbarungsquellen ermöglicht. Ohne eine solche zusätzliche Leistung ist der reine Schriftglaube wenig nutze. Schließlich bliebe es dann immer möglich, zu dem heiligen Schriftenkanon kleinere – und gegebenenfalls auch größere – Stücke hinzuzufügen. Der Kanon muß in sich abgeschlossen sein, und es müssen Meta-Prinzipien existieren, die seine Begrenzung rechtfertigen. Das nun wiederum führt unvermeidlich in eine logische Regreßbewegung. Die berüchtigte und absolut fundamentale Form, die dieser Regreß im politischen Bereich annimmt, kleidet sich in die Frage: »Wer wacht über die Wächter?« Das ideologische Gegenstück dazu lautet: »Wer kontrolliert die Macht der Interpreten? Wer legt die Ausleger aus?«

Ja, wer eigentlich? In der Praxis gibt es verschiedene Methoden, um die Regreßbewegung abzubrechen (oder jedenfalls Anspruch darauf zu erheben). So kann etwa die Offenbarungsquelle auf einen einzigen historischen Ursprungsort eingeschränkt sein. Sie kann dann mit einer innerweltlichen Institution verknüpft werden, die sich aus eigener Kraft erhält und deren kontinuierliche Rückbindung an jenen Ursprungsort ihren jeweiligen Interpretationen der überlieferten Glaubenslehre Geltung verschafft. Die Glaubenslehre ihrerseits verleiht der Institution Autorität.

Oder es steht ein Heiligengeschlecht zur Verfügung, das sich genealogisch von jenem Ursprungsort herleitet. Die Unbestechlichkeit der Angehörigen dieser Abstammungslinie sei dann die Garantie dafür, daß ihren Interpretationen der schriftlich fixierten Glaubenslehre eine über jeden Zweifel erhabene Geltung zukommt. Oder es kann auch eine Glaubenslehre ausschließlich dem Schriftkanon Heiligkeit zusprechen, womit sie dann tatsächlich die Schriftgelehrten, die privilegierten Zugang zur Heiligen Schrift haben, mit großer Macht ausstattet.

Logisch gesehen ist die Regreßbewegung unabschließbar. Die Autorität einer Interpretation läßt sich immer in Frage stellen. Sozial und emotional betrachtet, gelingt es indes den kodifizierten Theologien und Kosmologien des Agrarzeitalters, die Regreßbewegung zum Stillstand zu bringen. Die höchste und entscheidende Offenbarung wird mit einer solchen ehrfurchterregenden Aura und Heiligkeit umgeben, daß auch der Vorwitzigste normalerweise verstummt. Wenn die religiöse Lehre es nicht schafft, können politische Strafandrohungen herhalten, ihm den Mund zu schließen. Nichtsdestoweniger kultivieren diese Systeme, sofern sie auch nur irgendwo in ihrer logischen Konstruktion Beweise bemühen, einen Begriff von Vernunft, die Vorstellung von einem einzigartigen Vermögen, dessen auszeichnendes Charakteristikum es ist, die Wahrheit zu ermitteln respektive einem Bewährungstest zu unterwerfen. Die scholastische Theologie ist nicht einfach nur die Verbeugung des Glaubens vor der Vernunft: Sie ist zugleich ein wichtiges Instrument, im Bewußtsein der Menschen einen allgemeinen Vernunftbegriff durchsetzen.

Kirche und Staat: Sind sie zu trennen?

DER UNABHÄNGIGKEIT der Glaubenswahrheit von der bloßen politischen Ordnung können verschiedene konkrete Umstände förderlich sein. Der institutionelle Unterbau einer Offenbarungsreligion, die geistliche Behörde, kann sich von einer politischen Machtorganisation im engeren Sinn ablösen und emanzipieren. In bescheidenerem Umfang kommt es zu dergleichen sogar schon in kleinen schriftlosen stammesgemeinschaftlichen Gesellschaften: Dort kommt es vor, daß der Priester oder Prophet mit dem politischen Oberhaupt in Konflikt gerät. Aber wenn der Streit sich um eine geschriebene, abstrakte Glaubenslehre dreht, erhält die Sache eine neue Dimension.

Im Prinzip können sogar innerhalb eines einheitlichen Staatswesens Kirche und Staat in einen Gegensatz zueinander treten. Aber unter solchen Umständen ist es wahrscheinlich, daß einer der beiden Kontrahenten triumphiert und den anderen schluckt: Der Priester wird König oder aber der König Priester. Anders liegt die Sache, wenn die geographischen Territorien der weltlichen und der geistlichen Macht sich nicht decken, wenn die Geistlichkeit ein weites Gebiet versorgt, das ihr Unabhängigkeit von den regionalen Herrschern verleiht, oder wenn sie Stützpunkte und rituelle Zentren außerhalb des Machtgebiets des weltlichen Oberherrn besitzt. Die christliche Kirche überlebte das Römische Reich, die muslimische Geistlichkeit überdauerte das Kalifat. Am merkwürdigsten liegt vielleicht der Fall in Indien. Ein stammesgemeinschaftlicher Religionstyp setzte sich in einem Großteil des Subkontinents als allgemeine Religionsform durch und erhielt, ausgestattet mit einem heilsreligiösen Element, seine schriftliche Fixierung, obwohl seine Träger Gemeinschaften waren, Stammesgruppierungen, die in keiner Verbindung zu irgendeinem Staatswesen standen und die das ständige Entstehen und Vergehen politischer Einheiten auf dem Subkontinent überdauerten.

Es lassen sich eine Reihe von Systemen vorstellen, innerhalb derer die Schriftkundigen von den Schwertträgern unterschieden sind und sich, ungeachtet ihrer physischen Unterlegenheit, mit den letzteren effektiv in die Macht teilen. Bei jeder Konfrontation zwischen einzelnen Vertretern der beiden Gruppen kann natürlich von einem Kräftegleichgewicht gar keine Rede sein. Wer das Schwert hat und es zu führen versteht, braucht sich vom Federfuchser nichts vorschreiben zu lassen und wird höchstwahrscheinlich auch keinen Widerspruch von dessen Seite dulden. Um zu verstehen, wie die Federfuchser dennoch den Männern des Schwerts wirksam Widerstand leisten und sogar über sie den Sieg davontragen können, brauchen wir unsere Zuflucht nicht zu irgendeinem – im Zweifelsfall ohnehin überschätzten – mysteriösen Aberglauben im Herzen der Schwertmänner zu nehmen, der sie zwingt, vor den Hütern der Legitimität und Glaubenswahrheit das Knie zu beugen. Wir müssen uns nur ansehen, was passiert, wenn Haudegen und Federfuchser in ein und dieselbe komplexe gesamtgesellschaftliche Ordnung eingebunden sind.

Man stelle sich eine Gesellschaft vor, in der eine Schicht von Ackerbauern von einer viel kleineren Schicht berufsmäßiger Kriegsleute beherrscht wird, die mehr oder weniger die Mittel zur Ausübung von Zwang monopolisiert. Jeder Angehörige der Kriegerklasse verfügt über einen eigenen Stützpunkt und eine eigene waffentragende Gefolgschaft. Innerhalb seiner kleinen Feudalherrschaft ist der Krieger oder Rottenchef gleichzeitig Richter, Verwalter und zuständig für die Verteidigung. Die Aufrechterhaltung der Ordnung wird in der Praxis, oder sogar in der Theorie, an solche lokalen Machthaber delegiert, die ihre Stellung auf ihre Söhne vererben. Diese lokalen Feudalherren sind indes locker in eine Art von pyramidenförmige Hierarchie oder in eine Reihe solcher Hierarchien eingebunden. Feudalherren höherer Ordnung haben das Recht und die Möglichkeit, die unter ihnen stehenden Herren zur gemeinsamen Verteidigung der jeweiligen »Region« zu den Waffen zu rufen, wenn die Region von einer Streitmacht bedroht ist, der wegen ihrer Größe die einzelnen kleinen Feudalherren nicht gewachsen sind.

Sowohl die Aufrechterhaltung der Ordnung *als auch* die Rechtspflege liegt also in den Händen dieser locker organisierten Hierarchie von Feudalherren. Aber die allgemeine Glaubenslehre, das Ritual, die Legitimationsverfahren und die schriftliche Überlieferung befinden sich in den Händen einer territorial ungebundenen, eigenständigen Organisation, die etwas effektiver zentralisiert ist als die politische Macht, aber im großen und ganzen keine Möglichkeit hat, direkte Gewalt auszuüben. Die effektivere Zentralisierung dieser Organisation erklärt sich zum Teil aus ihrer eigentümlichen Art, den Nachwuchs zu rekrutieren und für ihren Fortbestand zu sorgen: Ihre Mitglieder haben sich dem Zölibat verschrieben. Folglich können eventuelle leibliche Nachkommen nicht öffentlich anerkannt werden, und die Mitglieder haben es schwer, an solche Nachkommen die Machtstellung weiterzureichen, die sie sich selber in der Organisationshierarchie erworben haben. Positionen werden also auf bürokratische Weise zugeteilt, kraft Ernennung durch die Zentrale und nicht auf Grund lokaler Erbfolge. Dadurch nun wird automatisch die Macht der zentralen Verwaltung der Organisation außerordentlich gestärkt.

Die kleinen Feudalherren hingegen mögen zwar ihre Posten und Güter als Lohn für geleistete Dienste von einem zentralen Oberherrn zugewiesen bekommen haben, der auch im Prinzip die Oberhoheit über das Lehnsgut behält; in der Praxis indes bauen sie sich eine lokale Machtbasis auf und vererben ihre Position an ihre Söhne. Die politische Organisation ist deshalb viel anfälliger für Spaltungen als die geistliche.

Das Entscheidende bei den losen und veränderlichen Konglomeraten aus Feudalherren unterschiedlichen Rangs ist in der Tat das Lokkere und Instabile ihrer Verbindung. Dafür gibt es mehrere Gründe. Zum einen neigen sie einfach auf Grund ihrer ethischen Grundeinstellung dazu, Konflikte und kriegerische Auseinandersetzungen zu suchen. Gewalttätigkeit ist ihr Stolz, ihre spezifische Fertigkeit, und tatsächlich sind sie gehalten, ihre Fähigkeit zur Ausübung und zur Abwehr von Gewalt nahezu ständig unter Beweis zu stellen.

Es gibt auch noch andere Gründe. Das Kräftegleichgewicht zwischen den einzelnen Raufbolden und den Koalitionen aus ihnen, auf dem der Friede ruht, ist instabil und unzuverlässig. Die Macht eines hochrangigen Feudalherren, sogar eines Königs, hängt davon ab, wie viele von den Haudegen der niederen Ränge er zu den Waffen rufen kann. Die Mobilisierbarkeit, die »Loyalität« eines niederrangigen Raufbolds ist bestimmt durch die persönliche Einschätzung, die dieser von der Macht des Königs und also, indirekt, von der Loyalität der *anderen* niederrangigen Haudegen hat. Jeder belauert jeden.

Öffentlich oder offiziell aber werden alle Positionen in der weltlichen Hierarchie kraft Abstammung vergeben – kraft *legitimer* Abstammung. Und hier liegt der Hase im Pfeffer; denn die Frage der Legitimität der Abstammung fällt letztlich ganz in das Ressort der geistlichen Organisation. In einem »dynastischen« oder »grafschaftlichen« Konflikt kann die Bestätigung oder Bestreitung der Legitimität durch die Geistlichkeit ohne weiteres darüber entscheiden, ob die waffenführende Gefolgschaft einen Erbfolgeanspruch unterstützt oder nicht. Das bedeutet auch hier nicht unbedingt, daß der Anspruch der Geistlichkeit auf höchste moralische Autorität und ihr Recht, dem Erbanspruch anderer Legitimität zu verleihen, die einzelnen Haudegen mit unendlicher Ehrfurcht erfüllt. Nötig ist nur, daß sie alle in der Öffentlichkeit die entsprechende Ehrerbietung zeigen, so daß jeder einzelne weiß, daß die anderen sich dem Diktum der Glaubenshüter unterwerfen und daß er also gut daran tut, sich anzuschließen, weil er sich damit auf die Seite der stärkeren Bataillone schlägt. So kommt es, daß die schließlichen Entscheidungen über Loyalität und politische Legitimität sehr häufig den Verfügungen der Repräsentanten der Organisation entsprechen.

In einer berühmten Passage beschreibt Keynes, wie Kapitalanleger sich in ihrem Verhalten nicht am tatsächlichen Erfolg einer Firma, sondern daran orientieren, wie der künftige Erfolg *ihrer* Meinung nach von *anderen* Geldanlegern eingeschätzt wird, die sich ihrerseits wiederum nach anderen Anlegern richten usw. usf. Ganz ähnlich hängt bei Auseinandersetzungen, die sich an konkurrierenden Ansprüchen auf Legitimität entzünden, die Unterstützung der einzelnen nicht so sehr von ihrer Beurteilung der tatsächlichen Berechtigung der Ansprüche ab, sondern vielmehr davon, wie sie das voraussichtliche Verhalten anderer insgeheim einschätzen. Wenn die Geistlichkeit die Macht hat, Legitimität zu bescheinigen, und über den Apparat verfügt, ihre Verdikte an die Öffentlichkeit zu bringen und bekannt zu machen, so verschafft ihr dies einen großen indirekten Einfluß. Sie erzeugt den Konsens, der dann die größeren Einheiten zusammenführt.

Stellen wir uns ein anderes, davon ganz verschiedenes Gesellschaftssystem vor. Nehmen wir an, daß die Geistlichkeit nicht im mindesten zentralisiert ist und daß ihr sowohl eine permanente Zentrale als auch ein Oberhaupt fehlt, ja daß sie nicht einmal über ein hierarchisch geordnetes Verwaltungssystem und eine Befehlsstruktur verfügt. Statt dessen ist sie rigoros schriftgläubig, verehrt einen streng begrenzten Kanon von heiligen Schriften und nimmt jeden in ihre Reihen auf, sich durch seine Schriftgelehrtheit ein Recht darauf erwirbt. Dieses Gelehrtenkorps sammelt sich hauptsächlich in Handelsstädten, die unter dem zweifelhaften Schutz der einen oder anderen Zentralregierung stehen. Diesen indes gelingt es nicht, die ländlichen Regionen effektiv unter ihre Kontrolle zu bringen. In ausgedehnten Landstrichen behaupten sich Gruppen, die auf Selbsthilfe- und Selbstverwaltungsbasis funktionieren und die wir unter dem Namen »Stämme« kennen. Innerhalb dieser Gruppen fehlt die Einteilung in bäuerliche Produzenten und Krieger völlig, die für das andere System so typisch ist. Alle männlichen Erwachsenen sind im Zweifesfall Produzenten und Krieger in einer Person. Das Erfordernis einer fortlaufenden kollektiven Selbstverteidigung verleiht diesen Gruppen einen beträchtlichen Zusammenhalt und macht aus ihnen die im ganzen Land am meisten gefürchteten Kampfeinheiten. Was hält sie davon ab, die Städte zu brandschatzen? In der Hauptsache ist dafür der Umstand verantwortlich, daß diese Gruppen, sogar bis in ihre Untergruppierungen hinunter, ständig im Streit, in »Fehde«, miteinander liegen, und sodann die Tatsache, daß ein Teil von ihnen mit dem Staat verbunden und also mit dem Schutz (und der Ausbeutung) der Städte befaßt ist. Dafür, daß dieser Teil vom Reichtum der Stadt profitiert, hilft er ihr, sich gegen potentielle Räuber zu verteidigen. Wahrhaft gefährlich werden die Stämme erst dann, wenn sie zu größeren Einheiten verschmelzen, was indes nur selten passiert. Ihr ganzes Ethos, ihre gegenseitigen Eifersüchteleien halten sie normalerweise davon ab, sich zu einem größeren Ganzen zusammenzufinden. Gleichzeitig ist diese ständige Verstrickung in gewalttätige Kleinkriege Grundlage ihrer inneren Ordnung und erhält sie kampftüchtig.

Aber sie und die handeltreibenden, schriftkundigen Städte mitsamt ihren Beherrschern huldigen alle demselben Glauben, selbst wenn dessen Ausübung dem jeweiligen Milieu entsprechend verschieden ausfällt. Auch hier wieder können diejenigen, die als der Hort der legitimierenden Glaubenswahrheit fungieren, gelegentlich großen Einfluß und in der Tat gewaltige Macht gewinnen. Der Glaube ist eine hochmoralische Angelegenheit und übt strengste Zensur. Er regelt alle Aspekte des gesellschaftlichen Lebens. Hier entscheidet der Schriftgelehrte nicht so sehr über die Legitimität von Erbfolgen, sondern über die Legitimität moralisch-politischen Verhaltens, bis hin zur Frage, wo die Grenzen rechtmäßiger Besteuerung liegen. Verdammt er eine Zentralregierung und gibt einer mit ihr konkurrierenden Macht seinen Segen, so kann er dazu beitragen, daß Gruppen, die ansonsten in ihre Dauerfehden verstrickt sind, eine jener zeitweiligen Verbindungen eingehen, durch die allein eine Auswechslung des Personals im politischen System erreicht werden kann. Obwohl sie selber keine Macht haben, sind die Schriftgelehrten, und vielleicht niemand sonst außer ihnen, imstande, unter Kriegstüchtigen, die noch ohne Auszeichnung sind, jenen Zusammenschluß herbeizuführen, durch den diese allererst gefährlich werden und die Fähigkeit gewinnen, ihre Vorgänger, die die zentrale Festung in der Hand haben, zu vertreiben.

Noch ein weiteres Modell läßt sich denken. Es gibt eine bedeutende Glaubensrichtung, in der sich Züge aus beiden Religionen, der »stammesgemeinschaftlichen« und der »heilsorientierten«, kreuzen. Einerseits besteht diese Glaubensrichtung wie die Gemeinschaftsreligionen aus rituell vorgenommenen Rollenzuweisungen, einer Art von religiöser Orchestrierung einer bestimmten Gesellschaftsordnung. Andererseits entfaltet sie sich als Schriftreligion und umfaßt eine ausgebildete Theologie sowie die Lehre von einer finalen, allgemeinen Erlösung. In der Gesellschaftsordnung, die ihr entspricht, sind die geistlichen Ämter erblich, einfach deshalb, weil praktisch alle sozialen Positionen erblich sind. Die Macht der Geistlichen beruht auf ihrer Unentbehrlichkeit. Sie werden für jene Rituale gebraucht, mit denen die Legitimität alles übrigen steht und fällt. Wenn die zuvor beschriebene Gesellschaft gesetzeshörig ist, so ist diese ritualbesessen. Obwohl sie teilweise von der Schrift und der Vernunft Gebrauch macht, lebt sie nach wie vor weit mehr aus dem Ritual als aus theoretischen Gewißheiten. Das gilt zweifellos für alle Gesellschaften, aber für diese gilt es in ganz besonderem Maß. Rituale, und nicht die Verpflichtung einer Doktrin gegenüber, beschwichtigen die inneren Ängste ihrer Mitglieder.

Aber was die nicht zum Klerus gehörende Bevölkerung regierbar macht, ist einzig und allein ihre Einbindung in hierarchisch gegliederte, berufsständisch gesonderte gesellschaftliche Einheiten. Die Wahrung ihres Platzes in dieser rituell organisierten Hierarchie nimmt alle Kräfte der einzelnen in Anspruch, geradeso wie im vorhergehenden Modell die Kraft der Stammeseinheiten sich in den nach allen Seiten ausgetragenen Fehden verzehrte. In den muslimischen Gemeinwesen stellen vom Ehrbegriff diktierte, kollektive, gewalttätige Auseinandersetzungen zwischen gleichwertigen Gruppen das Opium für das Volk dar; in den hinduistischen Gemeinwesen ist es statt dessen der von Reinheitsvorstellungen bestimmte kollektive Snobismus der höheren gegenüber den niederen Gruppen, der diese Rolle übernimmt. Aber die rituell vermittelte und untermauerte Aufteilung in Gruppen läßt sich nur mit Hilfe derjenigen durchsetzen, aufrechterhalten und besorgen, die dem Ritual vorstehen und es monopolisieren und die dadurch auch hier wieder, trotz ihrem Mangel an physischen Machtmitteln, die Gesellschaft fest im Griff haben. Den Spezialisten für Gewaltausübung sind sie keineswegs hilflos ausgeliefert; ein Teil der gesellschaftlichen Überschußproduktion läßt sich sogar der Habgier der Zentralgewalt entziehen, indem er Aufnahme ins Tempelgut findet.

Mit den Organisationsformen, die wir umrissen haben, erheben wir natürlich keinen Anspruch auf Vollständigkeit. Zweifellos lassen sich viele weitere Spielarten finden. Aber ganz allgemein läßt sich von der Agrargesellschaft folgendes feststellen: Ihre Abhängigkeit von speicherbaren und der Aneignung zugänglichen Überschüssen sowie von Ackerland, des weiteren das Prinzip, daß Konflikte mit räuberischen Nachbarn zu eskalieren pflegen und die letzteren zu Präventivaktionen ermuntern – das alles zusammen sorgt dafür, daß diese Gesellschaften normalerweise der autoritären Herrschaft durch eine Gruppe oder Schicht unterworfen sind, die über das Gewaltmonopol verfügt. Dessen ungeachtet hat die häufig unvermeidliche territoriale und sonstige Zersplitterung dieser Schicht und haben die Schwierigkeiten, die in vorwissenschaftlichen Zeiten die Organisation ausgedehnter Regionen bietet, zur Folge, daß die Macht der Zentralgewalt beschränkt bleibt und daß Konflikte ständig drohen, wenn nicht sogar an der Tagesordnung sind.

Die Parteinahme in diesen Konflikten hängt wegen der Unklarheit der Loyalitätsverhältnisse und wegen der Unsicherheit des Ausgangs der Affären zumeist in hohem Maß von den *Legitimitätsansprüchen* der Streitenden ab, durch die Wechselwählern oder vielmehr Wechselkämpfern die Entscheidung, wen sie unterstützen sollen, erleichtert wird. Wenn ein Aspirant auf eine anerkannte Legitimität seiner Ansprüche verweisen kann, fühlen sich dadurch *andere* Wechselwähler/Wechselkämpfer bewogen, ihn zu unterstützen, was wiederum anziehend auf diejenigen wirkt, die gern auf der Seite des Gewinners sein wollen – und das gilt für die meisten. Dadurch erhalten nun aber diejenigen beträchtliche Macht, die dank einer Mischung aus Schriftgelehrtheit und ritueller Kompetenz praktisch über ein Monopol der Zuerkennung von Legitimität verfügen. Das können bürokratische Amtsinhaber in der einzigen, für die religiöse Offenbarung zuständigen Organisation sein oder Angehörige einer offenen Klasse von Schriftgelehrten, denen es vorbehalten ist, die Korrektheit sozialen und politischen Verhaltens nach Maßgabe kodifizierter göttlicher Regeln zu beurteilen, oder es können erbliche Kastenangehörige sein, ohne deren rituelle Begleitung alles soziale Tun und Sein die Legitimität verliert. Die Schreibfeder ist nicht mächtiger als das Schwert; aber eine Schreibfeder, die vom Ritual unterstützt wird, kann durchaus das Schwert in seine Schranken weisen. Sie allein kann den Männern des Schwerts den Weg zeigen, wie sie sich am vorteilhaftesten zusammentun.

So kommt es, ganz allgemein betrachtet, daß nichtkriegerische soziale Elemente mit der nackten Gewalt in etwa von gleich zu gleich verkehren können. Im Normalfall indes erlaubt es diese gewaltfreie Macht, die der politischen Gewalt die Waage hält, einer Gesellschaft nicht, aus der Stagnation des Agrarzeitalters auszubrechen. Das ist nur ein einziges Mal vorgekommen. Um dieses einzigartige Ereignis zu verstehen, müssen wir unser Augenmerk, statt auf das allen schriftkundigen Agrargesellschaften Gemeinsame, vielmehr auf das Besondere der damaligen Situation richten.

Der Protestantismus als allgemeines und als besonderes Phänomen

Ob und in welchem Umfang der Protestantismus mitgeholfen hat, die industriell-wissenschaftliche Welt hervorzubringen, ist eines der schwierigsten und meistdiskutierten Themen in Soziologie und Geschichtswissenschaft.[2] Der moderne Kapitalismus und seine Institutionen und kulturellen Erscheinungsformen sind in der Hauptsache in jenen Teilen Nord- und Nordwesteuropas entstanden, die vornehmlich protestantisch sind. Was vielleicht noch mehr ins Gewicht fällt als

[2] Siehe etwa S. N. Eisenstadt (Hrsg.), *The Protestant Ethic and Modernization: A Comparative View*, New York/London 1968. Eine kritische Betrachtung dieser These findet sich in H. R. Trevor-Roper, »Religion, the Reformation and Social Change«, in: *Religion, the Reformation and Social Change*, London 1967 (dt.: Religion, Reformation und sozialer Umbruch, Frankfurt/Berlin 1970). Desgl. findet sich eine Kritik in H. Luethy, »Once Again: Calvinism and Capitalism«, in: *Encounter*, Bd. XXII, 1, 1964 (nachgedruckt in Eisenstadt (Hrsg.), op. cit.). S. Andreski, *Max Weber's Insights and Errors*, London 1984. A. Giddens, *Capitalism and Modern Social Theory*, Cambridge 1971.

dieser Zusammenhang, ist die Tatsache, daß es eine Art von innerer Wahlverwandtschaft zwischen dem modernen oder kapitalistischen Geist auf der einen Seite und der protestantischen Weltsicht auf der anderen Seite gibt. Worin genau diese Verwandtschaft besteht und was sie bedeutet, darüber wird nach wie vor heftig debattiert. Doch scheint die tiefgreifende Affinität zwischen beiden wichtiger als die Frage der kausalen Priorität.

Im groben Überblick stellt sich das Bild folgendermaßen dar: Die Europäer lebten vorher in einer Welt, in der das Heil und die Vermittlung mit Gott und dem Sakralen Sache einer speziellen Organisation, der Kirche, war. Die Gottheit, zu der die Kirche Verbindung unterhielt, ließ sich versöhnen, zumal wenn die Fürbitten, die an sie gerichtet wurden, von der Kirche übermittelt und sanktioniert wurden. Der Gott galt als keineswegs abgeneigt, in die von ihm ursprünglich geschaffene Welt einzugreifen. Daraus folgte, daß jedes natürliche oder moralische Gesetz, das er für seine Welt und Schöpfung erlassen hatte, außer Kraft gesetzt werden konnte und gelegentlich auch wurde. Die Gesetze galten unter Vorbehalt und waren verhandlungsfähig, statt absolut zu sein. Die Gottheit selbst räumte, wie der Theologe S. A. Kierkegaard es ausdrückt, eine »teleologische Suspension des Ethischen« und in der Tat auch des Kausalen ein.

Großes Gewicht legte die Kirche auf Wunder. Die Rolle, die Wunder sowohl für die Rechtfertigung des Glaubens als auch im rituellen Ablauf des von der Kirche geleiteten sozialen Lebens spielten, erinnerte die Menschen massiv und unmißverständlich an die Möglichkeit göttlichen Eingreifens. Ohne Zweifel schlug das Bewußtsein von dieser Möglichkeit in den Menschen tiefe Wurzeln. Die Kirche fungierte als eine Art monopolistische Agentur Gottes, als Verwaltung seines Protektorats auf Erden. Wer die Vertreter und Agenten der Kirche unterstützte, konnte erwarten, daß es ihm vergolten wurde. All das brachte die Menschen dazu, die ganze Moral in opportunistischer Weise auf eine Frage der Protektion zu reduzieren. Dem Schutzherrn zu gefallen war wichtiger, als seine Gebote zu befolgen und zu begreifen, zumal auch er selber sich nicht immer den Geboten gemäß zu verhalten schien. Loyalität wurde höher veranschlagt als peinliche Gesetzestreue. Der himmlische Gerichtshof hatte ziemliche Ähnlichkeit mit den irdischen, und das Jenseits schien genauso beherrscht von Protektion wie das Diesseits.

Zugleich war die Gottheit bereit, dem Menschen wichtige Wahrheiten zu enthüllen und ihn durch die mitgeteilten Einsichten Einblick in die Welt gewinnen zu lassen. Gott hatte nichts gegen ein gewisses Maß an Rationalismus. Mittels der allgemeinen Vernunft ließ sich nicht zwar das Ganze, wohl aber ein Teil der Offenbarung zumindest bestätigen, wo nicht gar aus eigener Kraft erfassen. Durch diese offenbarte Erkennbarkeit und teilweise Vernunftzugänglichkeit der Welt fühlten sich die Wahrheitssucher ermutigt, sich ohne viel Umstände an die wesentlichsten Wahrheiten heranzuwagen. Ein solcherart überstürztes Vernunftstreben stand in gewisser Weise dem Offenbarungsglauben näher als wissenschaftlichem Forschungsgeist.

Dagegen kann ein unerforschlicher, unzugänglicher, unversöhnlicher, vernunftentzogener, aber ordnungsliebender Gott in der Tat einen starken Antrieb für die Ausbildung der wissenschaftlichen Methode darstellen. Und zwar dadurch, daß er die empirische Ordnung seiner Schöpfung zum einzigen Hinweis auf seinen eigenen Weltplan werden läßt. Eine solch strenge und abweisende Gottheit hat niemanden, den sie erkenntnismäßig bevorzugt, und enthüllt ihre Geheimnisse nicht aus einer Laune heraus einigen wenigen. Geduldige Erforschung ihrer Gesetze, wie sie sich in der Schöpfung offenbaren, bleibt dann der einzige Weg zur Erleuchtung.

Natürlich wäre es falsch, die alte Weltsicht als etwas durch und durch Launenhaftes hinzustellen. Die Kirche hatte in ihre Welt von Vorstellungen ziemlich viel Ordnung gebracht. Sie wachte eifersüchtig über ihr Monopol in Fragen der Magie und des Sakralen, und freie Äußerungen des Übernatürlichen und Heiligen verwarf oder unterdrückte sie. Sie monopolisierte und bürokratisierte die Magie. Fälle von Heiligkeit unterwarf sie einer Qualitätsprüfung und versah sie mit einem Echtheitszeugnis. Aufs Ganze gesehen brachte sie die spontanen Erscheinungen des Magischen unter Kontrolle und begrenzte sie, indem sie ihnen einen Platz einräumte und sie sich einverleibte: Was als Feind zu stark ist, das muß man sich zum Freund machen. Wenn der Begriff von einem einzigen und ausschließlichen Gott der Vorstellung von einem orientalischen Monarchen nahekam, dann hatte die Kirche Ähnlichkeit mit einem *relativ* durchzentralisierten Protektionssystem, das unter einer einheitlichen Leitung stand und das konkurrierenden Systemen, zumal wenn sie sich nicht integrieren ließen, mit Unduldsamkeit begegnete.

Einen Großteil des Mittelalters hindurch war das geistliche Protektorat, ungeachtet gelegentlicher Schismen und Rückschläge, in seinen Bemühungen um zentralisierte Herrschaft eindeutig erfolgreicher als sein weltlicher Gegenspieler und Rivale. Wenn die Rolle des »Staats« darin besteht, seinen Untertanen ein Vorbild fürs rechte Leben zu liefern, eine Quelle der Legitimität zu sein und moralische Identität zu verleihen, dann *war* in einem sehr wesentlichen Sinn die mittelalterliche Kirche dieser Staat. Den damals herrschenden Bedingungen entsprechend übertrug sie – wobei es keine Rolle spielt, ob sie damit in Einklang mit ihrer eigenen Lehre handelte oder einfach nur aus der Not eine Tugend machte – die Aufgabe unmittelbarer Ordnungsstiftung einer Klasse berufsmäßiger Gewaltanwender. Aber deren innerer organisatorischer Zusammenhalt war deutlich geringer als ihr eigener. Unter den Haudegen waren die Spaltungstendenzen und zentrifugalen Kräfte normalerweise viel stärker als der Hang zum Zentralismus.

In solch einer Welt sind die Anreize für Akkumulationsbemühungen sei's auf wirtschaftlichem Gebiet, sei's im Erkenntnisbereich zwangsläufig begrenzt. Die Tatsache, daß, von Ausnahmefällen abgesehen, das Schwert mächtiger ist als der Pflug und das Kontor, bedeutet, daß die agrarischen Erzeuger und die Kaufleute ständiger Plünderung ausgesetzt sind. Eine Konsequenz aus dieser Situation, die für die Welt der Agrargesellschaften typisch ist, besteht darin, daß Fachleute für Produktion und Handel sich um des Erfolgs ihrer Bemühungen willen versucht, ja gezwungen sehen, selber teilweise oder ganz ihre Zuflucht zur Gewalt zu nehmen. Die Wikinger konnten in den finsteren Zeiten des Frühmittelalters Handel treiben, weil sie sich verteidigen konnten. Das hieß auch, daß sie, wenn die Gelegenheit günstig war, sich mit dem Handel gar nicht weiter aufhielten, sondern sich aufs punktuelle Plündern oder auf systematische Beutezüge verlegten. Karl Marx hat eine Theorie formuliert, nach der das ökonomisch machtlose Proletariat zusehen muß, wie sein Lohn auf das für die nackte Selbsterhaltung erforderliche Minimum heruntergedrückt wird. Eine ähnliche Entwicklung läßt sich mit mindestens derselben Plausibilität für das Bürgertum im agrargesellschaftlichen Zeitalter formulieren. In der Agrargesellschaft lassen die Herrschenden der bürgerlichen Schicht haargenau das, was diese zum Überleben braucht, und keinen Pfennig mehr. Dieser Mechanismus wird schlaglichtartig durch die Vorliebe mittelalterlicher Herrscher für Kaufleute verdeutlicht, die wegen ihrer Religionszugehörigkeit nicht den moralischen Schutz der katholischen Kirche genießen.

Aber die Angst davor, von den Praktikern der Gewalt ausgeplündert zu werden, hat auch noch andere und mittelbare Auswirkungen. Der sicherste Weg, sich vor der gewaltsamen Enteignung zu schützen, bestand darin, sein Vermögen an die Kirche zu binden und sich dem Schutz des Sakralen zu unterstellen. Fromme Stiftungen der einen oder anderen Art konnten dem ursprünglichen Eigner und Stifter Nutzen bringen oder ihm wenigstens seinen restlichen Besitz sichern helfen. So floß also Reichtum dem Tempel, dem Kloster, der Moscheeschule zu. Die Frage, ob der wohltätige Gläubige sich damit göttliche Gnade erkaufen oder nur der Habgier politisch-militärischer Machthaber entrinnen wollte, erübrigt sich fast. Er tat beides: Er entzog sich der Plünderung, und er erwarb sich Verdienst, das ihm in dieser und in der nächsten Welt von Vorteil war. Wie der Betreffende persönlich darüber dachte, fällt dabei kaum ins Gewicht. Wenn Menschen Handlungen vollziehen, die Teil des kulturellen Repertoires sind, dann gehören die den Handlungen beigelegten Motive zum Gesamtpaket dazu und brauchen im Einzelfall nicht allzu wichtig genommen zu werden. Wichtig sind allein die übergreifenden Zwänge, die durch die Situation gegeben sind.

In einer Gesellschaft dieser Art wird der Überschuß, den die Produzenten erzielen, soweit er nicht direkt denen in die Hände fällt, die über das Gewaltmonopol verfügen, entweder dazu verwendet, sich die Zugehörigkeit zum waffenführenden Stand zu erkaufen, oder er wird für den Ausbau des Ritualapparats der Gesellschaft ausgegeben. So oder so ist also die klerikal-militärische Führungsschicht der Nutznießer, unabhängig davon, wie sie sich als ganze erhält: ob sie sich durch einzelne Neuzugänge auffrischt oder ob ihre Erneuerung sich durch eine in Abständen wiederholte Auswechslung des Gesamtpersonals vollzieht. Unter keinen Umständen fließt der Überschuß jedenfalls in eine Verbesserung der Produktionsmittel der Gesellschaft oder ihres Wissenstands. Dem steht die gesamte gesellschaftliche Organisation mit allen ihren politischen und ideologischen Institutionen entgegen. Praktisch alles in der Grundeinstellung und im Kräftegleichgewicht dieser Gesellschaft schließt die Möglichkeit eines explosiven Wachstums im Bereich der Produktion oder der Erkenntnis aus.

Betrachten wir dagegen das Modell einer protestantischen Gesellschaft. Definieren wir den Protestantismus ganz allgemein als einen Glauben, der die Existenz einer eigenen, geweihten Priesterschaft, eines Personals, das zum Umgang mit dem Göttlichen besonders qualifiziert ist, bestreitet und der also auch dieser Priesterschaft das Recht abspricht, sich als eine eigenständige Körperschaft, als Stellvertreter Gottes auf Erden zu etablieren. Die Gottheit wird dadurch ihrer irdischen Holdinggesellschaft beraubt, jener Organisation, die Stiftungen in Empfang nehmen und die letzteren wie auch die Stifter selbst vor der Habgier der politischen Macht schützen kann. Dieser Ausweg der Überschußverwendung ist fortan verschlossen. Spektakuläre religiöse Prachtentfaltung, die den Ruf des Stifters in dieser Welt und seine Heilsaussichten in der nächsten verbessert, hört auf, eine praktikable Möglichkeit zu sein. Das protestantische Ethos lehnt bezeichnenderweise alle Prachtentfaltung ab, egal ob sie nach Geist und Absicht diesseitsbezogen oder jenseitsorientiert ist. Das allein hätte natürlich die Männer des Schwerts nicht daran gehindert, sich den Untergang der Geistlichkeit zunutze zu machen und den ganzen gesellschaftlichen Überschuß einzusacken. Manche Könner in Sachen Gewaltausübung, wie Heinrich VIII. von England und seine Leute, haben, wie bekannt, genau aus dieser Situation ihren Vorteil gezogen. Aber wie, wenn zur gleichen Zeit der Raub als etablierte Lebensform *ebenfalls* zugunsten anderer Existenzweisen in den Hintergrund tritt? *Dann* dürften die neuen Spielregeln in der Tat weitreichende Konsequenzen haben.

Die hier in ihrer allgemeinen Form vorgestellte protestantische Ethik weist noch andere folgenreiche Züge auf. Sie ist nicht nur ein großer Gleichmacher im Blick auf die Menge der Gläubigen, sie nivelliert überhaupt das ganze Universum. Ein unerforschlicher, transzendenter, namenloser Gott gibt sich nicht mehr dazu her, Einfluß auf die Alltagsgeschäfte in der von ihm geschaffenen Welt zu nehmen. Wunder stehen nicht mehr im Mittelpunkt der Religion, und überall herrscht absolute Ordnung. Die Zeiten des göttlichen Zauberkünstlers sind vorbei. Heiligkeit durchzieht gleichmäßig die ganze Schöpfung und konzentriert sich nicht mehr auf bestimmte Dinge, Orte oder Ereignisse. Auf die ordnungsliebende, strenge Gottheit läßt sich auch nicht mehr beschwichtigend einwirken; ihr Wohlwollen kann man nicht länger erkaufen oder manipulieren. In zweifacher Hinsicht hört sie auf, als die oberste Spitze eines Protektionssystems zur Verfügung zu stehen. Sie will von den Mittlern, den geistlichen Zwischenhändlern, nichts mehr wissen, und sie verliert ihre Empfänglichkeit für Erpressung und andere Einflußnahmen. Sie läßt sich nicht bestechen und besticht selber niemanden. Bezeichnenderweise hat in der strengsten Fassung der protestantischen Glaubenslehre Gott den Menschen unwiderruflich zur Erlösung oder zur Verdammnis prädestiniert. Jeder Versuch, durch eine Bestechung der Vertreter Gottes, falls es die überhaupt noch gäbe, Einfluß auf die Entscheidung zu nehmen, wird dadurch hinfällig, wenn nicht zur Lästerung.

Die berühmteste und einflußreichste der Theorien, die den Protestantismus mit dem Kapitalismus, der ursprünglichen Akkumulation und der wirtschaftlichen Expansion in Verbindung bringt, legt besonderes Gewicht darauf, daß die calvinistischen Gläubigen, die jeder Möglichkeit einer Einflußnahme auf ihr Geschick in der anderen Welt beraubt, aber zugleich überzeugt davon sind, daß ihr geschäftlicher Erfolg in dieser Welt Zeichen (wenn auch nicht Grund) ihrer Auserwähltheit ist, unbewußt versuchen werden, das Schicksal zu überlisten. Sie werden danach streben, sich selbst und den anderen durch berufliches Gedeihen zu beweisen, daß sie zu den Auserwählten gehören. Eine Klasse von Produzenten, die hauptsächlich aus diesem merkwürdigen Grund nach Wohlstand strebt und die nicht mehr darauf aus ist oder sich verpflichtet sieht, ihre Gewinne für Genuß-, Machtoder Heilsmittel dranzugeben oder aber darauf zu verwenden, sich den Eingang in die herrschende Schicht zu erkaufen – eine solche Gruppe stellt die ideale, vielleicht sogar die *einzig* mögliche Klasse für einen kontinuierlichen und durch persönliche Interessen unbeeinträchtigten Akkumulationsprozeß dar. Allein eine solche Klasse scheint in der Lage, aus eigener Kraft der Menschheit über die beschwerliche Klippe des initialen Wirtschaftswachstums hinwegzuhelfen und sie an jenen Punkt zu führen, an dem eine völlig neue Wirtschaftsordnung ins Leben tritt. Ist erst einmal ihre enorme Befähigung zur Bildung von Reichtum und folglich auch zum Machterwerb sichtbar geworden, so finden sich natürlich Nachahmer, deren Motive weltlicherer und gewöhnlicherer Natur sind.

In welchem Ausmaß dieser von Max Weber behauptete, ebenso geniale wie verwickelte psychische Mechanismus tatsächlich so funktionierte, ist umstritten. Es bleibt wichtig festzuhalten, daß er keineswegs die einzige mögliche Verbindung zwischen protestantischer Ethik und Wirtschaftswachstum darstellt. Auch dann, wenn die Einwände, die von historischer Seite gegen die Vaterschaft des Calvinismus in bezug auf die moderne Welt erhoben worden sind, sich als haltbar erweisen sollten, behält deshalb die komplizierte Verknüpfung zwischen dem Protestantismus im allgemeinen und der Moderne seine Bedeutung.

Im Protestantismus steht eine gleichförmige Schar von Gläubigen, unter denen niemand über einen privilegierten Zugang zum Heiligen verfügt, einer ähnlich gleichförmigen, wohlgeordneten Welt gegenüber, die festen Gesetzmäßigkeiten unterworfen ist. Kein besonderer Teil dieser Welt genießt oder beansprucht besondere Verehrung, wird als Spiegel oder Emanation des Heiligen angesehen. Die Gleichwertigkeit der Vorstellungen macht echte theoretische Forschung möglich: Ideen sind nicht länger konzeptionell gebunden und rituell festgelegt. Das unerforschliche und verborgene Wesen Gottes zwingt die Menschen zu einer unvoreingenommenen Erforschung der Natur, wenn sie deren Gesetzen und dem göttlichen Ratschluß auf die Spur kommen wollen. Gottes strikte und kompromißlose Unzugänglichkeit hat alle Hoffnungen zerstört, die Wahrheit direkt und ohne mühsame Beobachtung, durch kluge begriffliche Konjekturen oder dank göttlicher Gunst in Erfahrung zu bringen.

Daß die Fachleute für rituelle Angelegenheiten verschwinden oder selten werden, verleiht dem inneren Gewissenszwang größeres Gewicht, weil die äußeren Zwangsmaßnahmen an Bedeutung oder Aktualität verlieren oder sich mindestens durch ihre Verbreitung in der gesamten Gemeinde verwischen. Wenn Max Weber recht hat, dann vergrößert die Angst vor einer unerforschlich verhängten Verdammnis die Macht des Gewissens gewaltig, weil es so viel mehr gibt, wovor man Angst haben muß. Von Augustinus bis Kierkegaard reicht die Tradition theologischer Selbstquälerei, die mindestens manche davon abhielt, sich vorschnell mit äußeren Tröstungen zufriedenzugeben.

In einer protestantischen Welt ist also das Göttliche abwesend (verborgen), oder es ist, wenn man das lieber mag, gleichmäßig verteilt. Es gibt deshalb weniger Schranken und Vorschriften, durch die das wirtschaftliche Treiben eingeengt wird. Die tradierte Praxis und die Elemente, aus denen sie sich zusammensetzt, sind nicht länger sakrosankt. Der Weg zu Innovation und Wachstum durch neue Techniken, neue Kombinationen, ist also frei. Eine instrumentelle Vernunft wird zur mehr und mehr akzeptierten Norm. Die Demokratisierung der moralischen Autorität, das Gewicht, das nun der inneren Stimme jedes einzelnen Gläubigen statt wie bisher der speziellen Autorität einiger weniger zukommt, hat zur Folge, daß die protestantische Achtung für Verhaltensnormen weniger abhängig ist von der öffentlichen Meinung, der Furcht vor gesellschaftlicher Ächtung. Das Verhalten gewinnt deshalb an Vertrauenswürdigkeit, was wiederum dem wirtschaftlichen Gedeihen zugute kommt.

Allgemein nimmt die Vertrauenswürdigkeit zu, sie ist weniger abhängig von äußeren Sanktionen. Wer sich von seinem Gewissen leiten läßt, handelt zuverlässig, ohne erst abzuwarten, ob das auch die anderen tun. Damit wird der Teufelskreis des Mißtrauens durchbrochen und eine Art moralischer Schneeballeffekt ausgelöst. Wenn sich jemand ·in seiner ökonomischen Tätigkeit von dem Wunsch bestimmen läßt, seine Auserwähltheit unter Beweis zu stellen und seiner göttlichen Berufung zu folgen, neigt er weniger zu Betrügereien, als wenn sein Motiv Gewinnstreben ist. Seine Ehrlichkeit steht nicht unter dem Vorbehalt, daß auch die anderen ehrlich handeln. Der Protestantismus erfüllt demnach eine doppelte (und einigermaßen widersprüchliche) Funktion: Er erzieht die Menschen im Umgang mit den Dingen zu instrumenteller Rationalität, und er hält sie im Umgang mit ihren Mitmenschen zu einer ganz und gar nicht instrumentellen Aufrichtigkeit an.

Die herrschende Moral zeichnet sich weniger durch Loyalität als durch Gesetzestreue aus, gleichgültig, ob im familiären oder im geschäftlichen Bereich, ob auf politischem oder religiösem Gebiet. Die egalitäre Einstellung im Religiösen führt dazu, daß die Gemeinden sich auf Mitbestimmungs- und Selbstverwaltungsbasis organisieren. Das präjudiziert Entwicklungen auf politischem Gebiet und schafft die Möglichkeit, ein durch Partizipation und Verantwortlichkeit charakterisiertes politisches Verhalten einzuüben. Die Betonung des Schriftglaubens wirkt sich förderlich auf die Kultivierung des Lesens und Schreibens aus; der Schriftglaube und eine vom einzelnen ausgehende Theologie ziehen naturgemäß eine am einzelnen orientierte Erkenntnistheorie nach sich. Das verweist auf den absoluten Vorrang, den das Gewissen des einzelnen genießt, sein Recht und auch seine Pflicht, selbständig zu entscheiden und die Verantwortung nicht auf irgendeine äußere Autorität abzuwälzen. Wahrheitsansprüche unterliegen einer individuellen und egalitären Beurteilung. Weder die Ansprüche selbst noch die Urteilenden haben Anrecht auf eine privilegierte Stellung.

Die Betonung des Schriftglaubens und also allgemein der Schrift-kultur treibt ein Gemeinwesen hervor, in dem zum ersten Mal in der menschlichen Geschichte die Hoch-Kultur zur wirklich durchgängigen Kultur der Bevölkerungsmehrheit wird. Hochkultur nennen wir den Teil der Kultur, der auf normativen Texten beruht und durch formale Erziehung überliefert wird. Ihr steht die Volkskultur gegenüber, die in mündlicher Form und durch Verhaltensvorbilder tradiert wird und deren Normen eher im Ritual als in der Schrift verankert sind. Unter den Bedingungen, die im Agrarzeitalter herrschen, ist eine höhere Bildung, wenn sie überhaupt existiert, bestenfalls die Errungenschaft einer privilegierten Minderheit. Zwischen ihr und der Volkskultur herrscht ein ständiges Spannungsverhältnis.

Eine moderne Gesellschaft zeichnet sich definitionsgemäß dadurch aus, daß in ihr »Bildung« zur *Hauptkultur* des ganzen Gemeinwesens geworden ist. Die Abhängigkeit vom Schriftwesen und von einem formalen Erziehungssystem machen dies ebenso wie die (im weiteren und im strengen Sinn gefaßte) Normierung der Verfahrensweisen und Maßstäbe unvermeidlich. Ein Produktionsstil, der gleichzeitig innovativ ist *und* die Zusammenarbeit zahlloser anonymer Mitwirkender erfordert, kann nur unter der Voraussetzung gemeinsamer, festliegender Maße und Normen funktionieren. Schon lange vor dem tatsächlichen Eintritt der Moderne weist der Protestantismus die Menschheit in die Richtung auf eine solche Gesellschaftsordnung.

In der Weberschen Darstellung des Beitrags, den der Protestantismus zur Entstehung moderner Rationalität geleistet hat, spielt der Begriff der »Berufung« eine prominente Rolle. Im ganzen gesehen ist das Argument paradox: Die moderne Welt, in der die berufliche Mobilität groß ist und Berufe rasch gewechselt werden, zumal von einer Generation zur nächsten, wird von Leuten geschaffen, die mit äußerster Ernsthaftigkeit ihren Beruf als eine »Berufung« und als etwas Gottgegebenes ansehen. Manche Ackerbaugesellschaften verteilen in regelmäßigen Abständen das Gemeindeland neu, um auf diese Weise den sozialen Zusammenhalt zu stärken. Die Gesellschaft der Moderne erzielt den weitgehend gleichen Effekt durch die Umverteilung der Berufe. Das Paradox ist vorhanden, aber es steckt Logik darin. Das strikte Bekenntnis zum Beruf als einer Berufung diente dazu, sich gegen die Logik des Agrarzeitalters durchzusetzen, derzufolge Reichtum durch Macht übertrumpft wurde und deshalb bei der ersten sich bietenden Gelegenheit Reichtum in Macht und gesellschaftliches Ansehen umgesetzt werden mußte. Indem aus nichtökonomischen Motiven das ganze Sinnen und Trachten aufs Ökonomische gelenkt wurde, wurde eine Welt geschaffen, in der das Streben nach Reichtum zur hauptsächlichen und von anderen Rücksichten befreiten Bestimmung wurde. Der calvinistische »Beruf« mag den Charakter einer »Berufung« haben, aber er wird nicht durch ein Meister-Schüler-Verhältnis tradiert oder vom Vater auf den Sohn vererbt. Was sich in ihm zumindest ankündigt, ist die berufliche Mobilität von einer Generation zur nächsten.

Hier gibt es eine gewisse Parallele zu einem anderen neuzeitlichen Begriff, dem der »romantischen Liebe«, bei dem es um die gebieterische Macht und die Bedeutung unvorhersehbarer, mit einer Aura belegter leidenschaftlicher Bindungen geht. Manche haben den Ursprung dieser Vorstellung in der Arbeitssituation des Knappen gesucht, der die Leidenschaft nicht verkraftet, die durch die Nähe der »Herrin«, der er dient, in ihm entzündet wird.[3] Die wahre Erklärung für dieses Phänomen scheint mir vielmehr in der Existenz eines im echten Sinn offenen, auf Individuen abgestellten Heiratsmarkts zu liegen. Auf diesem Markt wählen die Menschen ihre Ehepartner ohne Rücksicht auf irgendwelche bevorzugten Verbindungen, ganz zu schweigen von verpflichtenden Heiratsregeln. Sie fühlen sich nicht länger gehalten, die Interessen ihrer Sippe in Rechnung zu stellen.[4] In dieser Situation braucht es eine Rechtfertigung dafür, daß man nicht die Braut wählt, die einem durch die soziale oder geographische Nähe aufgedrängt wird. Der Kult der *Liebe auf den ersten Blick*, einer Liebe, die sich nicht steuern läßt, aber Verbindlichkeit beansprucht und so gewissermaßen die Partnerwahl sanktioniert, liefert genau diese Rechtfertigung.

Ganz ähnlich dient die Liebe auf den ersten Blick bei der persönlichen Berufswahl, die eine starre Bindung an den Beruf bedeuten könnte, tatsächlich vielmehr dazu, die freie, durch keine sozialen Zuordnungen behinderte Berufswahl zu erleichtern. Zugleich signalisiert

---

[3] Denis de Rougemont, *L'amour et l'occident*, Paris 1939 (dt.: *Die Liebe und das Abendland*, Köln/Berlin 1966).

[4] Alan Macfarlane, *Marriage and Love in England 1300–1840*, Oxford 1986.

und bekräftigt sie die Würde aller produktiven Tätigkeiten. Die letzteren werden von dem Stigma befreit, das ihnen im Agrarzeitalter anhaftete, als im großen und ganzen nur priesterliche und militärisch-politische Funktionen wirkliches Ansehen genossen.

Sind produktive Beschäftigungen erst einmal als Berufung anerkannt, befreit sie das vom Ruch eines Notbehelfs, einer minderwertigen Alternative zur einzig vollwertigen menschlichen Existenz als Priester, Krieger oder Herrscher. Diese herausragenden Berufe verlieren ihre Vorbildfunktion. Die produktiven Tätigkeiten können zu guter Letzt volles Bürgerrecht erwerben. Während also die Bedingungen verschwinden, unter denen ein Mann gezwungen war, seinen ökonomischen Gewinn zu frommen Symbolen der Erlösung zu machen, zu Symbolen gesellschaftlichen Rangs oder politischer beziehungsweise militärischer Stärke, verschwindet gleichzeitig auch der ideologische Antrieb dazu. Gewerbe und Handel sind nicht länger stigmatisierte Zeichen der Zweitklassigkeit. Die Moral wird verinnerlicht, statt eine äußere Angelegenheit zu sein. Auch der moralische Anspruch der Gewerbe und des Handels, das Ethos der Arbeit, sieht sich gefestigt und dauerhaft zur Geltung gebracht. Die produktive Arbeit ist kein Übergangsstadium mehr, das man so bald wie möglich hinter sich läßt. Leute, die vom Arbeitsethos durchdrungen sind, stecken nicht nur ihre Gewinne wieder in das Unternehmen, sie bleiben auch bei ihrem Beruf, und kein Erfolg kann sie davon abbringen. Der Erfolg bestätigt sie in ihrem Gefühl, zu diesem bestimmten Beruf berufen zu sein, statt daß er ihnen Anlaß wäre, sich der politischen Unsicherheit, die mit ihm verknüpft ist, und dem moralischen Makel, der ihm anhaftet, zu entziehen.

Max Weber legt in seiner Argumentation Gewicht darauf, daß hier ausnahmsweise einmal Askese mit Diesseitigkeit verbunden ist. Normalerweise, so argumentiert er, ist Askese *jenseitsorientiert* und neigt dazu, ökonomische Überschüsse in religiöse Symbole zu stecken. Diese innerweltliche Version des Askese hingegen führt zur Akkumulation und zum Wirtschaftswachstum. Mir scheint, daß die diesseitige Orientierung eine Folgeerscheinung des nachdrücklichen spirituellen Egalitarismus ist. Wenn *jeder* in einer Gemeinschaft der Askese huldigt, dann muß diese Askese *zwangsläufig* diesseitsorientiert sein: Andernfalls würden alle Hungers sterben. Echte jenseitsorientierte, wirtschaftlich unfruchtbare Askese kann nur von einer Minderheit praktiziert werden. Der *gesamten* Gesellschaft steht sie unmöglich offen. Wenn alle Menschen Bettelmönche werden, leiden alle Not. Sobald asketische Mönche einen größeren Teil der Bevölkerung bilden, wenden sie sich produktiven Tätigkeiten zu und entwickeln sich zu einer Art geistlicher Kryptobourgeoisie. Marxisten, die in den angeblich feudalen Verhältnissen der vom Buddhismus lamaistischer Spielart geprägten Gesellschaften nach Ansätzen für ein entstehendes Bürgertum Ausschau hielten, mußten diese schwer aufzuspürende bürgerliche Schicht in den lamaistischen Klöstern suchen.[5]

Kaum etwas illustriert das von Zurückhaltung geprägte und jedem Gefühlsausbruch abgeneigte Ethos besser als die Ablehnung förmlicher Eidesleistungen, die sich bezeichnenderweise in manchen protestantischen Sekten findet. Alle Äußerungen sind unterschiedslos bindend. Von einer speziellen Heiligung bestimmter Akte, die mit einer stillschweigenden Entwertung der normalen, auf rituelles Brimborium verzichtenden Handlungen einhergeht, will man nichts wissen. Die Verbreitung und Durchsetzung von Verhaltensformen des protestantischen Typs ist insgesamt Anzeichen für Veränderungen, die man als Übergang von der Durkheimschen zur Weberschen Rationalität bezeichnen könnte.

Durkheim hob die Trennung zwischen Heiligem und Profanem hervor. Dadurch wird die Funktion des Heiligen unterstrichen, bestimmten Anlässen eine besondere Weihe zu verleihen und auf diese Weise *bestimmte* Anschauungen den Menschen besonders einzuprägen und mit ehrfurchtgebietender Autorität zu versehen. Nach Durkheims Ansicht war es diese Unterwerfung unter Ideen, die Menschen aus uns machte und Gesellschaft möglich werden ließ. Die Vernunft bedient sich des Rituals: Der Menschheit wird Gehorsam eingeimpft, und es wird der Grund für sozialen Zusammenhalt und für geistigen Austausch gelegt. Eine durch natürliche Ungleichheit charakterisierte Menschheit steht naturgemäß ungleichwertigen Vorstellungen gegenüber; und nur die sakralen haben wahrhaft bindende Gewalt über uns. Aber wenngleich der Mechanismus selbst universal ist, übt er seinen Zauber auf unterschiedliche Weise. Das Sakrale ist vom einen Ritual-

---

[5] Vgl. Sevyan Vainsthein (hrsg. von Caroline Humphrey), *Nomads of South Siberia: The Pastoral Economies of Tuva* (zuerst erschienen in Moskau 1972), Cambridge 1980.

system zum anderen verschieden. Das Brauchtum jedes Ritualbezirks stellt eine eigene, unkonvertierbare Währung dar.

Demgegenüber gewinnt die Menschheit – wenn sie über eine Schriftkultur verfügt, mit dem Gedanken eines als Einheit vorgestellten, einzigen Universums vertraut geworden ist und sich zu einer egalitären Theologie bekennt, die der Gleichheit unter den Menschen und den Dingen das Wort redet – Zugang zu einer ganz und gar anderen Art von Rationalität. Alles Gleiche läßt sich gleich behandeln, im Bereich der Produktion nicht anders als auf dem Gebiet der Erkenntnis. Der Mensch kann allen Vorstellungen mit der gleichen Aufmerksamkeit begegnen und kann eine Vernunft praktizieren, die sich in schriftlicher Form mitteilt und es nicht nötig hat, sich durch Theaterdonner Gehör zu verschaffen. Der Protestantismus egalisiert die Vorstellungen nicht weniger als die Menschen. Wie die Menschen werden auch die Vorstellungen rational in dem Sinn, daß sie ein und demselben Regelsystem unterworfen sind und keinen Sonderstatus für sich beanspruchen. Das Ritual büßt seine Stellung ein. Statt dessen erlangt der Zustand ständiger und gleichmäßiger Nüchternheit, dem es weicht, eine besondere Bedeutung und Vorbildlichkeit. Eine durch und durch geordnete Lebensführung, die Gleichbehandlung vergleichbarer Fälle und die Anerkennung der Reziprozität regelbestimmter Verpflichtungen ersetzen eine diskriminierende Ehrfurcht, die rituell überhöhten Situationen vorbehalten bleibt, und eine Ethik differenzierender Loyalität. Schuldgefühle kommen nun aus dem Inneren und sind nicht mehr abhängig von der lauten und anhaltenden Unterstützung durch audiovisuelle äußere Verstärker. Zugleich ist auch das zugrunde liegende Moralbewußtsein qualitativ verändert. Verpflichtungen bedürfen keiner besonderen äußeren Kennzeichnung mehr. Sie sind allgegenwärtig, symmetrisch und von innen diktiert.

Dadurch wird eine Gesellschaft anonymer einzelner möglich, die stolz sind auf ihre berufliche Spezialisierung und die sich das gesellschaftliche Regelsystem aneignen, ohne daß man sie ständig anfeuern und überwachen oder unter Druck setzen muß. Die Ziele spezialisierter Tätigkeit können ohne Rücksichten auf die Tradition verfolgt werden. Das Effektivitätsprinzip kann sich ungehindert durchsetzen. Statt Loyalität gegenüber Personen entwickeln die Menschen Achtung für Gebote, statt des sklavischen Gehorsams gegenüber den überkommenen Verfahrensweisen in ihren Berufen entwickeln sie den Willen zu einer innovativen Verfolgung ihrer Ziele. Eine Welt und eine Menschheit von dieser Beschaffenheit scheint geeignet, unsere Art von Gesellschaft ins Leben zu rufen und scheint sich mit dieser gut zu vertragen.

Die beiden großen Soziologen der Rationalität interessierten sich für tatsächlich radikal verschiedene Formen der Rationalität. Durkheims Problem lautete: Warum sind *alle* Menschen vernunftbestimmt? Alle Menschen zollen Ideen Anerkennung und Achtung – allerdings manchen Ideen viel stärker als anderen.

Das Heilige ist ein geschichtetes Phänomen und teilt die Welt in Schichten. Webers Problem hingegen lautete: Warum sind *manche* Menschen vernunftbestimmter als andere? Warum lassen *manche* Menschen *allen* Vorstellungen die gleiche methodische Behandlung zuteil werden? Unter Rationalität verstand Durkheim die Tatsache, daß die Menschen in ihrem Denken und in ihrem Verhalten der bindenden Kraft von Vorstellungen unterliegen, die Gemeingut ihrer Kultur sind. Die Lösung für dieses Problem fand er im Ritual. Webers Problem war die Entstehung einer ganz eigenen Form von Rationalität, einer regelorientierten Rationalität, die ohne Rücksicht auf traditionelle Bindungen instrumentelle Effektivität entwickelt – und die sich zugleich in ihrer vorschriftsmäßigen Ausübung des jeweiligen Geschäfts von keinem Streben nach persönlichen Vorteilen bestimmen läßt, sondern ihre Erfüllung in der produktiven Tätigkeit als solcher findet.

Die gängige Fassung der Frage nach der Rolle der Reformation in der Geschichte Europas und der westlichen Welt hat in den vorliegenden Überlegungen eine gewisse Modifizierung erfahren. Der Akzent ist verschoben. Die übliche Frage lautet: Welche Rolle spielte *die* Reformation? Demgegenüber betrachten wir die Reformation als ein allgemeines Konzept. Die ganze der Achsenzeit folgende, agrargesellschaftliche Periode hindurch kommt es immer wieder zu einem Spannungsverhältnis zwischen universalistischen, schriftkulturellen, egalitären, auf ein generelles Heil zielenden Glaubenslehren und religiösen Traditionen, die ritualzentriert, inegalitär und auf eine Stärkung des Gemeinschaftslebens ausgerichtet sind. Es besteht ein enormer Unterschied zwischen Kulten, die der Bestätigung und Stärkung einer stabilen und differenzierten Gesellschaftsordnung dienen, und universalen Heilsbotschaften, die jedem, den es danach verlangt, eine identische und für alle Bedürfnisse passende Erlösung in Aussicht stellt. Von irgendeinem Weisen oder Heilsbringer verkündet, sind frohe Botschaften der letzteren Art oft genug in Erscheinung getreten, aber auf lange Sicht haben sie sich nicht erhalten können. Dafür waren die sozialen Faktoren, die ihrer dauernden und vollen Verwirklichung entgegenstanden, viel zu mächtig. Die Faktoren, die der neuen Lehre günstig waren, mochten stark genug sein, sie entstehen zu lassen; aber stark genug, um sie durchzusetzen und vor »Verderbnis« zu schützen, waren diese Faktoren nicht. Einmal indes in der Geschichte und an einem Ort setzte sich dank ganz besonderer Umstände die Botschaft tatsächlich durch: und die Welt war unwiderruflich verändert. Unsere neue Frage muß deshalb lauten: Wie schaffte es diese eine Reformation unter so vielen anderen, einen dauerhaften Erfolg zu erringen?

KODIFIZIERUNG

Reformation und Aufklärung

Die Aufklärung kodifizierte die Sicht von der Welt als einer einheitlichen, auf sich selbst gestellten Natur, die von strengen Gesetzen beherrscht wird und den Menschen als reines Naturwesen mit einschließt. Im Umriß ist damit bereits die Welt auf den Begriff gebracht, in der wir heute leben. Die Annahme, daß die Aufklärung die Reformation nur weiterführt und vollendet, ist gelegentlich als naiv und allzu intellektualistisch angegriffen worden. Und doch liegt die logische Verbindung zwischen beiden auf der Hand: Die Vorstellung, daß es legitim ist, die Ansprüche einer Institution, die sich selber für heilig erklärt, durch Vergleich mit dem unabhängigen Zeugnis einer Heiligen Schrift einer Prüfung zu unterziehen, führt dem Anschein nach zwangsläufig zu der Idee, daß schlechthin alles, die Heilige Schrift eingeschlossen, im Lichte des unabhängigen Zeugnisses der »Vernunft« oder Empirie überprüfbar sein muß.

Gleichzeitig ist klar, daß eine Reformation nicht automatisch in Aufklärung übergeht. Für den Fall, daß sie wirklich oder auch nur teilweise erfolgreich ist, läßt sich von der Reformation für sich genommen ebensogut erwarten, daß sie in eine rigide und möglicherweise vernunftfeindliche Theokratie einmündet. Genau das ist auch in mindestens einer anderen Tradition, nämlich der des Islam, geschehen. Wahrscheinlicher ist es unter den Bedingungen, die normalerweise in Ackerbaugesellschaften herrschen, daß auf die Reformation ein Ausschlag des Pendels in die andere Richtung folgt und von »unreformierten« Maklern des Sakralen der klerikale Dienst an Gott, das Mittlerprinzip, hierarchische Strukturen und so weiter wiederbelebt werden.

Jene eine, einzigartig erfolgreiche Reformation indes blieb in ihrer Entwicklung nicht mehr an die stabile alte Gesellschaftsordnung geknüpft. Im Vergleich mit den Reformationen in anderen schriftgläubigen Religionen war sie beispiellos erfolgreich. Sie war von durchgreifenden und unwiderruflichen Veränderungen gefolgt und begleitet. Die Gesellschaftsordnung erfuhr eine nicht mehr rückgängig zu machende Umgestaltung. Dem extremen Flügel der Reformation allerdings war kein voller Erfolg beschieden. Er erlitt im Gegenteil eine Niederlage, die seine Anhänger zur Toleranz bekehrte. Weil sie das Reich Gottes der Gesellschaft nicht mit Gewalt aufzwingen konnten, traten sie den Rückzug in die Welt ihrer Sekten an und predigten Pazifismus und Toleranz. Die Tatsache, daß ihre Niederlage nicht total war, ermöglichte es ihnen, die nötige Toleranz, die sie selber brauchten, zu finden, wobei ihnen die heiklen internationalen Kräfteverhältnisse zustatten kamen.

David Hume war einer der ersten, der sich über die sozialen und politischen Implikationen Gedanken machte, die mit einem traditionellen Priesterstand und einem egalitären Schriftglauben verknüpft sind. Ganz zutreffend für vormoderne Verhältnisse gelangte er zu dem Ergebnis, daß eine spezialisierte traditionelle Geistlichkeit den bürgerlichen Freiheiten weniger abträglich sei als ein schwärmerischer Schriftglaube. In seiner *Natural History of Religion* (Kap. X) verlieh er dieser Überzeugung Ausdruck: »Der Geist der Versöhnlichkeit, der alle Götzendiener im Alterthum wie in der Neuzeit auszeichnet, zeigt sich deutlich jedem . . . Die allen auf göttliche Einheit abzielenden Religionen anhaftende Unverträglichkeit ist für sie so bezeichnend, wie die entgegengesetzte Gesinnung für die Vielgötterei.« In seinem Essay *Of Superstition and Enthusiasm* aber kommt er zu einem ganz anderen Ergebnis, das sich mit neueren historischen Erfahrungen besser verträgt: ». . . daß der Aberglaube ein Feind der bürgerlichen Freyheit, und die Enthusiasterey eine Freundin derselben ist.«[1] Unter »Enthusiasterey« versteht er einen puritanisch-unitarischen Schriftglauben wie den der Reformierten, während er mit »Aberglauben« eine dem Eiferertum abholde Vielgötterei meint.

Wie löst sich der Widerspruch auf? Erst behauptet Hume, die Unitarier seien Feinde der Freiheit, und dann erklärt er, ihr Eifer mache sie zu Freiheitsfreunden. Eine schlüssige Argumentationsweise bestünde

[1] David Hume, *The Natural History of Religion*, hrsg. von A. W. Colver, Oxford 1976, S. 60 (dt. zit. aus: *Anfänge und Entwicklung der Religion*, Leipzig 1909, S. 63).

David Hume, »Of Superstition and Enthusiasm«, in: *Essays Moral, Political and Literary*, Oxford 1963, S. 79 (dt. zit. aus: »Von dem Aberglauben und der Enthusiasterey«, in: *Vermischte Schriften, vierter Teil [Moralische und politische Versuche]*, Hamburg/Leipzig 1756, S. 135).

in der Feststellung, daß der unitarische Schriftglaube an sich antiliberal ist, daß er aber *in einem bestimmten Fall* zum Freiheitsfreund wird. Hume bekommt das mit, unternimmt aber nur einen matten Versuch, das Verhältnis darzulegen. Die Antwort muß lauten, daß die Schwärmer, um zu Freunden der Freiheit zu werden, eine Niederlage erleiden müssen, aber keine vernichtende. Ihre Niederlage bekehrt sie zur Toleranz (die ja jedenfalls im Einklang mit der Überzeugung ist, daß die Wahrheit nur aus dem Inneren kommen und nicht von außen aufgezwungen werden kann). Daß die Niederlage sie nicht völlig entmachtet, erleichtert es ihnen, selber Toleranz zu finden. Ein Kräftegleichgewicht in geistlichen Dingen und auch im Politischen trägt zur Aufrechterhaltung einer Situation bei, in der die Zentralgewalt ihre Macht nicht bis zum letzten ausspielt. Die Gesellschaften, in denen diese Situation irgendwann eintrat, haben durch ihren Reichtum und ihre Stärke bewiesen, was für erstaunliche ökonomische und militärische Vorteile aus diesem Kompromiß erwachsen können. Genau die Gesellschaften, die sich der alten Faszination für Gepränge und staatlichen Pomp entzogen, wurden zu Vor- und Musterbildern für die Welt. Die weniger zentralistische Monarchie Großbritanniens brachte der stärker absolutistischen Frankreichs mehrfach Niederlagen bei. Sie selbst aber unterlag im Verlauf der folgenden beiden Jahrhunderte zweimal ihrer eigenen bürgerlichen Gesellschaft – einmal im eigenen Land und das andere Mal jenseits des Atlantik. Eine starke bürgerliche Gesellschaft im Verein mit einem relativ schwachen oder jedenfalls nicht übermächtigen zentralistischen Staatsapparat übertraf an Macht Gemeinwesen mit stärker ausgeprägter zentralistischer Verfassung. Das gab der Aufklärung zu denken.

Jene Gesellschaften, in denen sich ein Reformkompromiß durchgesetzt hatte, oder mindestens einige von ihnen, gediehen so prächtig, daß sie Anfang des 18. Jahrhunderts bereits eine enorme ökonomische, militärische und zur kolonialen Expansion treibende Macht darstellten. Von den Gesellschaften, die einem anderen und konventionelleren Weg gefolgt waren, wurden sie schließlich beneidet, als Vorbild angestaunt und nachgeahmt. Die Aufklärung war nicht nur eine säkularisierte Fortsetzung und detailliertere Wiederholung der Reformation. Zu guter Letzt wurde sie auch zu einer Art Beweisfeststellung, mittels derer die Nichtreformierten im Lichte der Erfolge der Reformierten Kritik an ihren eigenen Verhältnissen übten. Die *philosophes* waren die Systemanalytiker des unterentwickelten Frankreich.

Man muß also vielleicht unterscheiden zwischen der Aufklärung der Reformierten selbst, die Veränderungen analysierte und ratifizierte, die bereits *eingetreten* waren, und der Aufklärung der Unreformierten, die im oft zornerfüllten Verlangen nach *ausstehenden* Veränderungen bestand. In Edinburgh und Glasgow versuchten die Denker geschehene Veränderungen zu erklären, in Paris riefen sie nach Veränderungen, die endlich geschehen *sollten*. Hinzu kommt noch eine dritte Kategorie, die der rückständigen Reformierten, die damalige Dritte Welt jenseits des Rheins, in Berlin oder Königsberg. Dort verlieh die Erinnerung an die Verwüstungen der Religionskriege zusammen mit den herrschenden autoritären politischen Verhältnissen der Aufklärung einen besonderen Charakter, den sie weder in Schottland noch in Paris hatte.

Der Unterschied zwischen den beiden Aufklärungsstilen hat sich bis zum heutigen Tag erhalten. Wer »aufgeklärte« Einsichten formulierte, tat das entweder vor dem Hintergrund einer form- und dehnbaren, von sich aus maßvollen, pluralistischen religiösen Tradition oder im Gegensatz zu einer organisatorisch und doktrinär voll ausgebildeten Kirche. Auch wenn diese Kirche sich viele reformierte Einstellungen und Ideen angeeignet haben mochte, erhielt sie doch, vielleicht sogar in verstärkter Form, ihre absolutistischen Ansprüche aufs Wahrheitsmonopol aufrecht. Dagegen stand interessanterweise die offizielle ideologische Institution der auf Entwicklung setzenden, pluralistischen Gesellschaften dem Eiferertum ablehnender gegenüber als dem Unglauben. Deshalb hing auch sie selber dem Glauben nicht mit übertriebenem Eifer an. Dadurch hätte sie ein schlechtes Beispiel gegeben und sich auf einen Wettstreit mit ihren Hauptkonkurrenten, den strengen Reformierten, eingelassen. Im 19. Jahrhundert fühlten sich etliche ihrer in geistlichen Fragen engagierteren Mitglieder durch diese Lauheit bewogen, zur kompromißloseren und umfassenderen Organisation der katholischen Kirche zu konvertieren.

Die Konsequenzen aus dieser allgemeinen Situation liegen auf der Hand und sind auch wohlbekannt. Der »britische« Aufklärungsstil legte den Akzent auf Empirismus und Skeptizismus. Obwohl er mit dem »Utilitarismus« ein massiv diesseitsorientiertes Kriterium für die Gesellschaftspolitik und die grundlegenden empiristischen Erkenntnisprinzipien auf den Begriff brachte, machte er nie einen ernsthaften Versuch, eine vollständige Gegendoktrin gegen die kirchliche Lehre, ein neues säkulares oder naturalistisches Credo, zu formulieren. Hingegen fühlt sich der »französische« oder romanische Aufklärungsstil, egal ob in Gestalt der Lehren der Enzyklopädisten, des Comteschen Positivismus oder der späteren anhaltenden Begeisterung für den Marxismus, exakt zu solch einer Gegendoktrin oder Gegenkirche hingezogen. Ihn reizen Systemgebäude, die zwar aus weltlichen, naturalistischen oder historischen Elementen errichtet sind, die aber ihrer allgemeinen Bauweise und Ausstrahlung nach nur allzu getreuliche Spiegelbilder des Systems sind, das sie abschaffen und ersetzen sollen.

Die Macht der Erkenntnis

DIE AUFKLÄRUNG umfaßt eine Reihe von Themen. Eines der wichtigsten, und am Ende vielleicht das wichtigste überhaupt, behandelt die Autonomie und die Macht der Erkenntnis. Hier entstand die Philosophie, die das auf einen einzigen Zweck ausgerichtete Bild von einer einheitlichen, methodisch geordneten Natur ratifizierte, die sich auch nur auf methodische Weise erkennen läßt. Vielleicht ist dies die wichtigste Folgeerscheinung der Arbeitsteilung und der mit dieser verknüpften instrumentellen Vernunft: Die Erkenntnis soll nur noch ihrer eigenen Zwecksetzung gehorchen und durch keine anderen Rücksichten mehr eingeschränkt sein. In Fragen der Konstruktion der Welt erlangen die Erkenntnisprinzipien Souveränität. Diese Prinzipien erfordern Gleichförmigkeit der Erklärungen und den Verzicht auf jegliche Unterscheidung zwischen Heiligem und Profanem. Die Elemente, aus denen die Welt besteht, sind allesamt von derselben Art, und das gilt auch für die Forschenden selbst.

Die Idee eines eigenständigen Erkennens trug zuerst und in höchst eindringlicher Form René Descartes (1596–1650) vor. Bei Descartes erscheint diese Zentrierung auf die Erkenntnis nur erst als *Problem* formuliert und noch keineswegs zu einer Lösung gebracht. Descartes' Lösung fällt vielmehr in die Vorstellung einer absoluten und autoritätsbeherrschten Welt zurück, deren Grundstruktur unzweifelhaft feststeht und auf die göttliche Autorität als letzten und höchsten Bezugspunkt verweist. Die legitimen Formen des Erkennens werden dann eher von den gegebenen Realitäten bestimmt als umgekehrt. Als Problem *und* als Lösung tritt die große Wende erst im 18. Jahrhundert in Erscheinung, vornehmlich bei den zwei großen Kulminationspunkten der Aufklärung, bei David Hume und Immanuel Kant.

Die moderne Gesellschaft ist die erste und einzige Gesellschaft in der Geschichte, die durch und für einen anhaltenden und fortlaufenden Zuwachs an Erkenntnis und Wirtschaftskraft existiert. Es kann gar nicht ausbleiben, daß ihre Vorstellung vom Universum und von der Historie, ihre ethische, politische und ökonomische Theorie und Praxis durch diesen Umstand zutiefst geprägt sind. Daß eine solche Gesellschaft sich beeilt, die Erkenntnis ins Zentrum ihrer ganzen Philosophie zu stellen und zu deren oberstem Herrn zu erklären, ist nur recht und billig. Genau dies tut die, wie man sie nennen könnte, cartesianische Tradition.

Anfänglich lag die Betonung auf der Erkenntnis als solcher, und der Wachstumsgesichtspunkt wirkte eher nebensächlich. Man ging erklärtermaßen davon aus, daß zum gesunden Wissen auch ein ständiges Wachstum gehöre. Erst später wurde Wachstum als solches, und auch nicht mehr primär oder ausschließlich Wachstum im Bereich der Erkenntis, zur beherrschenden Idee. Zuerst stand die Theorie des Erkennens im Vordergrund; die Fortschrittsphilosophie kam erst später dazu.

Bei alledem haben wir es mit einer der großen und tiefgreifenden Revolutionen in der Geschichte des menschlichen Geistes zu tun. Ursprünglich ließ sich die Philosophie in zwei große Richtungen aufteilen: den Platonismus und den Kartesianismus (wobei allerdings im 19. Jahrhundert noch eine dritte Richtung in Erscheinung tritt). Der Unterschied zwischen den beiden ist grundlegend. Der Platonismus ist der höchste Ausdruck des Menschen der schriftkundigen Agrargesellschaft, einer Gesellschaft, die über umfängliche und zuverlässige Nahrungsreserven für den Unterhalt einer kleinen Führungsschicht verfügt, die im Besitz einer »höheren Bildung« und darüber hinaus schriftkundig und folglich imstande ist, ihr Ethos und ihre Kenntnisse in schriftlicher Form abzufassen, begrifflich zu formulieren und zu überliefern. Diese Gesellschaft ist stabil und legt Wert auf Stabilität; radikale Veränderungen gelten ihr im Zweifelsfall als unnatürlich. Sie erkennt an und bejaht, daß geistliche und weltliche Macht bei der Aufrechterhaltung der gesellschaftlichen Stabilität zusammenwirken. Die

Gemeinschaft unterteilt sich in die Weisen, in die Streitbaren und in diejenigen, die hart arbeiten müssen. Der Kartesianismus hingegen tritt beim Übergang von dieser Gesellschaftsordnung zur Moderne in Erscheinung, als die Weisen aufhören, eine eigene Kaste zu bilden. Ob er auch in Zukunft charakteristisch für uns sein und unser Bewußtsein bestimmen wird, ist eine andere Frage.

Ein enormer Unterschied, vielleicht sogar der grundlegendste zwischen den beiden philosophischen Richtungen, ist dieser: Der Platonismus sieht im Erkennen ein innerweltliches Ereignis. Die Welt mit ihren dauerhaften und geheiligten Strukturen, ihrem naturgegebenen Gehalt, verleiht dem Erkennen Gültigkeit. Auch wenn der Platonismus versucht, die Wissenden als höchste soziale Autorität zu etablieren, *entspringt* doch das Wissen dieser Kenner auf dem Gebiet des Erkennens dem innersten Wesen der Welt selbst, das als stabil und feststehend, endgültig und dem Menschen zugänglich vorausgesetzt wird. Hingegen betrachtet der Kartesianismus die Welt als ein Ereignis innerhalb des Erkennens. Die Erkenntnis verleiht der Welt Gültigkeit und ist unabhängig von dieser. In einer Gesellschaft, die in letzter Instanz auf der Grundlage wachsender Erkenntnis existiert und vollständig vom Wissenszuwachs abhängt, genießt dabei aber das Erkennen keine Heiligkeit und verleiht auch keine soziale Autorität. Der Unterschied könnte kaum größer sein, und seine Folgen sind unabsehbar.

Der Platonismus geht von einer feststehenden, stabilen, normativen Realität aus, die vielleicht einigen oder auch vielen verborgen bleibt, die aber nichtsdestoweniger da ist und herrscht. Wissen und auch Moral lassen sich also aus dieser grundlegenden Beschaffenheit der Realität legitimieren. Endgültige Legitimation ist das Markenzeichen der platonischen Richtung. Die wesentliche Realität läßt sich gewissermaßen im Durchmarsch, das heißt umfassend und letztgültig erobern und nicht stückweise und durch Hintertüren. Ein solch zentraler Zugang zur Realität ist allerdings ein mit dem gesellschaftlichen Statussystem verknüpftes Privileg. Wissen hat Wert, wenn es uns der absoluten Realität näherbringt, und ist Schein, wenn es das nicht tut. Das moralische Gewicht von Menschen bemißt sich an der Erkenntnis, auf die sie Anspruch erheben können. Am Ende ist es also das Wissen, das auf dem Prüfstand steht, und nicht die Realität.

All das ermöglicht natürlich dem Platonismus seine Verschmelzung von Tatsachenfeststellungen mit Wertvorstellungen, seine konzertierte

Stützungsaktion für die hierarchischen Gliederungen im Bereich von Gesellschaft, Moral und Erkenntnis. Diese Fähigkeit verbindet ihn mit den einfacheren gemeinschaftsorientierten Religionen auf Ritualbasis, auch wenn er sein Ziel mit ausgeklügelteren und abstrakteren Mitteln erreicht. Einer Argumentationsweise zufolge, die uns Kartesianern als himmelschreiender Zirkelschluß erscheint, setzt theoretisch solides Erkennen moralisch solide Menschen voraus, und die Kriterien dafür, ob ein Mensch theoretisch glaubwürdig, weil moralisch zuverlässig ist, verschafft uns das Erkennen des wahren Wesens der Realität. Und das wahre Wesen der Realität bestätigen uns dann wiederum diese als zuverlässig erkannten Erkennenden. Damit ist der Zirkel komplett, den mit geringfügigen Unterschieden die meisten oder alle kodifizierten Glaubenssysteme der schriftkundigen Agrargesellschaften reproduzieren.

Das alles stellt der Kartesianismus auf den Kopf. Die Welt wird im Erkennen angesiedelt. Die Kriterien soliden Wissens sind unabhängig von der Struktur der Welt und gehen ihr *voraus*. Die gleichen Kriterien würden auch für *jede andere* Welt gelten und sind mitnichten an diese unsere Welt gebunden. Bei der Formulierung jener Kriterien sehen wir von dieser Welt ab und setzen sie beiseite, geradeso wie jeder ehrenhafte Geschworene sich des Umgangs mit den streitenden Parteien enthält, während über ihren Fall verhandelt wird. Erst kommt das Erkennen, dann das Leben. Laß dich nicht von der Welt gefangennehmen, die du erforschst! Laß dich bloß nicht korrumpieren! So kulminiert also die Arbeitsteilung in der strengen Autonomie des Erkennens. Der Gerichtshof der Vernunft erringt zu guter Letzt strikteste Unabhängigkeit.

Dieses Erkenntnisverfahren verdankt seine ganze Existenz der Arbeitsteilung: Jede gesonderte Frage hat Anspruch auf eine gesonderte Behandlung. Die alte Welt hingegen hatte, solange sie noch unangefochten in sich ruhte, ihre Stabilität dadurch sichergestellt, daß sie alle ihre Aspekte sich gegenseitig stützen ließ. Die neue Atomisierung der empirischen Fakten, der Individualismus in der Gesellschaft, die Sonderung der Fragestellungen, die Ausgrenzung des urteilenden Erkenntnissubjekts aus Kultur und Gesellschaft – all das hängt miteinander zusammen.

Descartes' tatsächliche Methode war auf ihre Weise merkwürdig platonisch. Sie bestand in einer seltsamen Art von ebenso selektivem wie residualem Ideenkult: Ideen galten als zuverlässig, *sofern sie klar und deutlich waren*. Diejenigen Vorstellungen, denen ein besonderer Respekt bezeigt wurde, waren keine, die Begeisterung weckten und Ehrfurcht erregten (das war einmal), sondern solche, die den nüchternen und soliden, gutbürgerlichen Tugenden der Klarheit und der Deutlichkeit huldigten. Sie waren nur dazu gedacht, jeweils einem einzigen Zweck zu dienen. Ihre Klarheit und Deutlichkeit war als solche ein überwältigender Ausdruck und Beweis des Prinzips der Arbeitsteilung und der Eindimensionalität. Hier handelte es sich offenbar um einen extrem bürgerlichen Platonismus. Ordnung muß sein, lautete seine Devise. Keine Sammelpackungen, keine unordentlichen Mischprogramme. Solche klaren und deutlichen Vorstellungen dienten Descartes dann zum Nachweis der Existenz eines dem Erkennen wohlgesonnen Gottes, der wiederum für die mit Hilfe solcher Vorstellungen durchgeführten intellektuellen Operationen einstand, einschließlich der Operation, die dem Nachweis seiner eigenen Existenz diente. Jene privilegierten Ideen halfen ihm also, seine Existenz zu sichern, und er sicherte ihnen als Gegenleistung ihre Zuverlässigkeit. Ordnungsbewußtsein und alleiniger Gott gingen hier ein symbiotisches Verhältnis ein. Dem Gott fiel die Rolle zu, den Erkenntnisprozeß zu sanktionieren, aber *nur* unter der Bedingung, daß er sorgsam, ordentlich und mit Verstand durchgeführt wurde. Die Logik der Descartesschen Philosophie spiegelte einen Prozeß wider, der sich gleichzeitig im kulturellen Leben Westeuropas real vollzog.

In seinen inhaltlichen Ansichten fiel demnach Descartes rasch in jene Art von zirkulärem Denken zurück, das typisch ist für die Glaubenssysteme des platonischen Zeitalters vor dem Kartesianismus. Geltung erhielt das Erkennen durch eine absolute und absolut zuverlässige Realität. Dem zirkulären und realitätsgläubigen Denken entging er nur in seinen ersten Schritten, die ebenso bündig wie eindeutig den Geltungsanspruch der Realität vor den Gerichtshof einer Vernunft brachten, deren Urteil von ganz und gar eigenen Gesetzen bestimmt wurde. Diese Gesetze waren definitiv *nicht* aus irgendwelchen tieferen Schichten der in ihrem Geltungsanspruch zu beurteilenden Realität herleitbar. Und jene Eröffnungsschritte der Descartesschen Philosophie waren das, worauf es eigentlich ankam.

Über den Gegensatz von Realitäts- und Erkenntnisbezogenheit hinaus gibt es zwischen der platonischen und der kartesianischen Sicht noch einen anderen großen Unterschied. Der Kartesianismus ist eine individualistische und deshalb implizit egalitäre Philosophie. Die Erkenntnisprinzipien, die über die Realität entscheiden, sind Sache der einzelnen, nicht des Kollektivs. Implizit und explizit macht der Platonismus aus dem Menschen ein soziales Wesen, das beim Erkennen wie auch sonst nur im Verein mit anderen tätig werden kann. Die Grundeinheit ist nicht der einzelne, der wesentlich unvollständig ist. Die Gesellschaft, nicht das Individuum, ist die wirkliche Einheit, die Erkenntnisfähigkeit besitzt. Die grundlegende Welterforschungsstrategie steht und fällt mit dem Gegensatz zwischen moralisch guten und moralisch schlechten Menschen. Allein ihr Gutsein ermöglicht den guten Menschen wahres Erkennen; und sie wiederum werden gebraucht, um den anderen als Führer zu dienen. Das Bewußtsein vom Ergänzungsverhältnis zwischen den Menschen und ihrer Abhängigkeit voneinander ist in der platonischen Sicht besonders ausgeprägt und präsent.

In Platons eigenen Schriften sind, wie bekannt, die hierarchischen Gliederungen im gesellschaftlichen Bereich und auf dem Gebiet des Erkennens massiv ausgebildet und von großer normativer Verbindlichkeit. Der Hinduismus, eine der großen schriftkundigen Zivilisationen, kommt diesem platonischen Entwurf am nächsten (und ich habe immer den Verdacht gehabt, daß es zwischen beiden eine historische Verbindung gibt, auch wenn die Belege dafür fehlen). Der Kartesianismus dagegen vertritt auf dem Feld der Erkenntnis eine Art Robinson-Crusoe-Standpunkt. Ein hinduistischer Crusoe wäre eine Ungereimtheit. Er wäre das Opfer fortlaufender ritueller Verunreinigungen. Gehörte er zur Priesterkaste, wäre er durch sein Alleinsein und seine erzwungene Selbstversorgung ständig genötigt, erniedrigende und verunreinigende Tätigkeiten zu verrichten. Wäre er kein Priester, so wäre er deshalb verloren, weil er die obligatorischen Rituale nicht vollziehen könnte. Das Entscheidende ist, daß jetzt eine Gesellschaft entstand, in der jeder einzelne offenbar Träger der gesamten Kultur war, um sie gegebenenfalls eigenhändig und ohne jede Hilfe von außen auf seiner Insel neu zu entfalten. Das steht im engsten Zusammenhang damit, daß in dieser Gesellschaft das Erkennen Autonomie genoß und selber Richter war, statt einer anderen Jurisdiktion unterworfen zu sein.

Die Zwangslage des armen hinduistischen Robinson macht nur den Dauerzustand der schriftkundigen Agrargesellschaften im Blick auf das Erkennen deutlich. Die Arbeitsteilung in dieser Gesellschaftsordnung schließt die Möglichkeit aus, daß jeder ein Fachmann in kognitiven Fragen und im vollen Besitz des Erkenntnisapparats der Gesellschaft ist. Nur eine Minderheit kann darauf Anspruch erheben, und der Rest der Gesellschaft erfüllt komplementäre Aufgaben und steht mit den Erkenntnisspezialisten in einem Verhältnis wechselseitiger Abhängigkeit.[2] Dieser Umstand bildet einen Zusammenhang mit den anderen Eigenschaften einer solchen Ordnung, ihrer Stabilität (negativ ausgedrückt: Stagnation), ihrem autoritären Charakter (die Erkenntnisprinzipien bleiben dem Kriterium einer absoluten Realität unterworfen, das Erkennen genießt keine Autonomie) und dem Geborgenheitsgefühl, das sie vermittelt: Sach- und Werturteile stimmen überein, die Realität bestätigt und stützt die soziale und moralische Rangordnung, das Leben ist »sinnvoll«.

Der neue Erkenntnisstil geht einher mit einer doppelten Unabhängigkeitserklärung, des Ichs und der Natur. Ein autonomes Ich tritt für eine in sich geordnete und unabhängige Natur ein und umgekehrt. Homo faber und mechanistische Natur gehören zusammen.[3] Die Gewaltenteilung (ihrerseits ein Aspekt der Arbeitsteilung) erlaubte der Naturforschung und der Morallehre, sich getrennt voneinander zu entwickeln. Spezialisierung, Atomisierung, instrumentelle Vernunft, Trennung von Sach- und Werturteilen, Wachstum des Wissens und Vorläufigkeit des Wissensstands – all das hängt miteinander zusammen.

Die Entthronung der Idee

DESCARTES PROPAGIERTE und betrieb die Emanzipation der Erkenntnis von den gesellschaftlichen Verhältnissen. Das Erkennen sollte

---

[2] Vgl. Louis Dumont, *Homo Hierarchicus*, London 1970 (dt.: *Gesellschaft in Indien*, Wien 1976); Charles Malamoud, »Semantique et rhetorique dans la hierarchie hindoue des ›buts de l'homme‹«, in: *European Journal of Sociology*, Bd. XXIII, 2, 1982.

[3] Autoren, die diese Trennung bedauern und sie anscheinend rückgängig machen möchten, sind etwa Charles Taylor, *Hegel*, Cambridge 1975, oder Alasdair MacIntyre, *After Virtue: a Study in Moral Theory*, London 1981.

seinen eigenen Gesetzen folgen und keiner bestimmten Kultur, keiner bestimmten politischen Macht verpflichtet sein. Eine solche Haltung ist tatsächlich in der Vorstellung von einem Wachstumsprozeß auf dem Gebiet des Erkennens, einer endlosen, uneingeschränkten, unabschließbaren Erforschung der Realität, bereits angelegt. Wo die frühere Bindung an die Gesellschaftsordnung beibehalten wird, da wird der Erkenntnisfortschritt unvermeidlich gehemmt.

Diese Emanzipation weist einige paradoxe Züge auf. In einem gewissen Sinn war das Erkennen ja schon seit dem Entstehen eines eigenen geistlichen Stands vom übrigen gesellschaftlichen Leben abgehoben. Aber mochte die Geistlichkeit auch für ihr Wissen noch so sehr in Anspruch nehmen, daß es gebieterisch über der Gesellschaft throne, im Wirklichkeit diente es doch immer noch gesellschaftlichen Zwecken. Es diente weit mehr der Aufrechterhaltung der Ordnung (auch wenn diese Ordnung jetzt nicht mehr eine enge stammesgemeinschaftliche, sondern eine übergreifend gesellschaftliche war) als dem, was wir heute für eigentliche Erkenntnisziele halten. Aber als das Erkennen sich wirklich von seinen sozialen Rücksichten emanzipierte, verlor es zugleich seine Bindung an eine bestimmte gesellschaftliche Kaste.

Ihrer formalen Stellung nach und oft auch kraft sakramentaler Weihe waren die Geistlichen von den übrigen Menschen unterschieden. In diesem Bereich, nicht anders als auf ökonomischem Gebiet, hört die Arbeitsteilung, sobald sie wie bei uns den Gipfelpunkt ihrer Entwicklung erreicht hat, auf, die Menschen in unterschiedliche Gruppen zu zerlegen. Arbeitsteilige Tätigkeiten werden, wenn sie voll entwickelt sind, allen Menschen zugänglich. Aufgespalten wird die Menschheit durch eine *unvollendete* Arbeitsteilung; ihre volle Ausbildung führt zu einer homogenen Menschheit.

Vollständige Arbeitsteilung in der einen Hinsicht bedeutet also gleichzeitig, daß sie sich in anderer Hinsicht zurückbildet. Solange das Wissen sozialen Rücksichten unterworfen bleibt, ist es Spezifikum einer bestimmten Klasse; wenn es nur noch seinen eigenen Bestimmungen folgt, hört das auf. In diesem Paradox steckt natürlich eine tiefe Logik. Echtes Erkennen ist in dem Sinne egalitär, daß es keine privilegierten Quellen, Prüfer oder Träger der Wahrheit kennt. Es kennt auch keine privilegierten und vorbestimmten Daten. Das autonome Erkennen ist ein Nivellierer.

Das gleiche Paradox kehrt auch in anderen Sphären wieder. Ein und dieselbe Gesellschaft, die ihre Grundlage in kognitivem und ökonomischem Wachstum und also in einer vermehrten Arbeitsteilung hat, ist gleichzeitig egalitärer und weniger im Bann sozialer Auswirkungen der Arbeitsteilung als ihre Vorgängerinnen agrarisch-schriftkundigen Typs. Die Arbeitsteilung wirft ihre Schatten nicht mehr in der Weise über die Menschheit, daß sie diese in fundamental verschiedene Stände zerspaltet. In der neuentstandenen Welt tun die Menschen Verschiedenes; aber sie tun es nicht als verschiedene Menschen, und die Einstellung, mit der sie es tun, ist weitgehend identisch. Um es akkurater zu formulieren: Eine mobile, instabile Tätigkeitsdifferenzierung, deren Grundlage eine allen gemeinsame, schriftorientierte Hochkultur ist, führt zu einer starken Verringerung der Differenzierung unter den Menschen selbst.

Descartes hatte seine Ansicht von der Souveränität des individuellen Bewußtseins auf angeblich sonnenklare innere *Vorstellungen* gegründet. Dieser Aspekt seiner Lehre verfiel rasch der Kritik durch die als »englischer Empirismus« bekannte philosophische Tradition, die dagegen geltend machte, das Bewußtsein empfange seine Daten von den Sinnen statt aus irgendeinem inneren *Ideen*reservoir. In ihrer voll entwickelten Form behauptete diese Schule, Vorstellungen seien nur ein Widerhall, ein Nachklang der Sinneswahrnehmung. Diese Überzeugung ist ungeheuer folgenreich. Die Lehre, daß wir durch Erfahrung lernen, mag eine Binsenwahrheit scheinen. Der Gedanke, daß wir *auf keine andere Weise* lernen, hat die Welt umgemodelt. Daß die Erfahrung zur Alleinherrscherin gemacht wird, bedeutet die Entthronung anderer vermeintlicher Mächte. Die Welt, die ohne Rücksicht auf die Maßregeln der letzteren entsteht, ist radikal verschieden von derjenigen, die unter ihren Auspizien zustande kommt.

Schauen wir uns an, was mit der *Idee* geschieht. Natürlich wird die Menschheit auch weiterhin von Vorstellungen geleitet. Die Menschen können gar nicht anders leben als auf die Weise, daß sie Objekte als Exemplare umfassenderer Klassen und Gattungen identifizieren und sich in ihrem Verhalten diesen Exemplaren gegenüber von den Erwartungen leiten lassen, die sie mit der Spezies, zu der das Exemplar gehört, verknüpfen. Das Verhalten des einzelnen wird außerdem von dem Bild bestimmt, das er sich von *sich selber* macht oder gern verkörpern würde. All diese Erwartungshaltungen gehen nur in einem sehr geringen Maß auf das Individuum selbst zurück. In der Hauptsache sind sie aus dem Vorstellungsreservoir geschöpft, das die Gesamtkultur und die Sprache zur Verfügung stellen.

In ihren moralischen Reaktionen und Einsichten lassen sich die Menschen von der überkommenen, akzeptierten Überzeugungskraft der Vorstellungen leiten, in denen ihre Existenz gründet. Ein Dichter hat einmal bemerkt, daß der einzelne Autor hie und da eine Zeile hinzufügen könne, daß aber das Gedicht selbst von der Tradition geschrieben werde. Gleich solch einem Autor ändern wir gelegentlich die Zeilen ab oder fügen bei noch selteneren Gelegenheiten eine eigene hinzu. Aber im großen und ganzen speist sich unser Denken, Fühlen und Tun aus dem vorhandenen kulturellen Vorrat. In dieser Hinsicht hat sich das Leben der Menschen bis heute nicht sehr verändert – auch wenn es stimmt, daß wir den offenen Platonischen Ideenkult oder vielmehr seine überzeugenderen Ausprägungen in Form des Schriftglaubens hinter uns gelassen haben.

Aber überall da, wo in konkreten moralischen Fragen Differenzen auftreten und Argumente ausgetauscht werden, kommt es zu einer großen Veränderung. Der Empirismus, die gereifte Form der Kartesianischen Lehre von der Herrschaft des Erkennens, ist nicht einfach nur eine philosophische Theorie. Er verkörpert und kodifiziert eine tiefgreifende soziale Revolution. Er verwandelt die Verfahrensregeln zur Legitimation sozialer Rechte und Pflichten.

Sehen wir uns an, was mit der Theorie von der Vorstellung passiert. In diesem Punkt gehen Hume und Kant so ziemlich konform. Was eine Vorstellung enthält, ist durch *uns* in sie hineingelegt, durch Bestimmungen, zwischen denen *wir* wählen und ungefähr so wechseln können wie zwischen unseren Hemden. Vorstellungen sind Menschenwerk. Der Mensch, und nicht die Natur der Dinge oder die Gottheit, bestimmt die Vorstellungen. Sie entspringen menschlichem Tun und Trachten, nicht überirdischen Verfügungen. Sie kommen nicht von oben zu uns herab. Wir tauschen sie nach Belieben und nach Maßgabe ihrer Brauchbarkeit aus; sie sind unsere Werkzeuge, nicht unsere Herren. Sie unterliegen einer Kosten-Nutzen-Rechnung. Wir können uns nicht mehr demütig von ihnen leiten lassen, geschweige denn sie vergöttlichen oder in Gehorsam und Ehrfurcht vor ihnen erschauern.

Der Mensch wird nicht mehr durch Rituale vergesellschaftet, die bestimmte Vorstellungen verklären und mit einer besonderen Aura umgeben. Er wird einem ausgedehnten methodischen Erziehungsprozeß unterzogen, durch den ihm eine maßvolle Achtung für alle Vorstellungen beigebracht wird, die in akzeptabler Weise funktionieren. Wildwüchsigen Vorstellungen, die nicht auf ordentliche und zuverlässige Weise mit Berufsperspektiven verknüpft sind, lehrt man ihn zu mißtrauen. Vorstellungen lassen sich unseren Bedürfnissen entsprechend umformulieren. Sie sind genauso revidierbar wie Verfahrensweisen. Weder Vorstellungen noch Verfahrensweisen sind uns durch unseren Stand oder Beruf vorgegeben, genausowenig wie uns unser Stand oder Beruf selbst vorgegeben ist. Ein erklärtermaßen pragmatisches Vorstellungssystem korrespondiert einem geschworenermaßen pragmatischen und variablen System gesellschaftlicher Rollen.

Diese Situation spiegelt sich in der philosophischen Theorie vom grundlegenden Unterschied zwischen »analytischen« und »synthetischen« Urteilen wider. Die Terminologie stammt von Kant, aber die Sache selbst findet sich auch bei Hume. Wenn wir eine Feststellung über etwas treffen, ziehen wir entweder einfach nur das aus der Sache heraus, was *wir* vorher (per Definition, möglicherweise stillschweigend) in sie hineingelegt haben. In diesem Fall haben unsere Feststellungen keine größere Autorität als die Klugheit unserer ursprünglichen und keineswegs unveränderlichen Übereinkunft, diese oder jene Gruppe von Merkmalen zur Einheit eines bestimmten Begriffs zusammenzufassen. Im anderen Falle ist unsere Aussage nicht schon im Subjekt des Satzes enthalten; unsere Feststellung ist eine »synthetische« Hinzufügung. In diesem Fall kann das Festgestellte seine Bestätigung *nur* durch die äußere Empirie erfahren. Um die Sache durch ein abgedroschenes Beispiel zu erläutern: Wenn ich sage, daß Junggesellen unverheiratet sind, dann erläutere ich nur den geläufigen Inhalt des Begriffs Junggeselle, das, was nach stillschweigender Übereinkunft alle Deutschsprechenden mit dem Begriff verbinden. Wenn ich hingegen sage, Junggesellen seien unglücklich, dann stelle ich eine Behauptung auf, die ich nur dadurch erhärten kann, daß ich den Gemütszustand unverheirateter Männer einer entsprechenden empirischen Untersuchung unterziehe.

All das mag ein bißchen den Eindruck fachphilosophischer Haarspalterei machen. Aber es ist mehr als das. In der Unterscheidung steckt etwas, das für das menschliche Leben von durchschlagender

Bedeutung ist, weil es über die Art entscheidet, wie sich Streitfragen klären lassen, bei denen es um das rechte Leben, das richtige Denken, die angemessene Funktionsweise und Organisationform der Gesellschaft geht.

Alles läuft darauf hinaus, daß sich Geltungsansprüche im Bereich der Erkenntnis auf zweierlei und nur zweierlei Weise entscheiden lassen. Wir können darüber entweder nach unserem Dafürhalten und Vorteil entscheiden, oder wir müssen die empirischen Fakten entscheiden lassen, unabhängig von unserem Willen und von allen gesellschaftlichen Verhältnissen. Etwas anderes gibt es nicht: *Tertium non datur.* Weiter kann man die Säkularisierung kaum treiben. Dies Ganze steckt in einer scheinbar trockenen, pedantischen, scholastischen Theorie des Urteilsvermögens. Es gibt also nur zwei grundlegende Formen der Legitimierung von Wissen: einmal durch *uns selbst*, und das andere Mal durch die *äußere Natur.* Unser eigenes Interesse oder die blinde Natur sind die beiden einzigen Instanzen, mit deren Hilfe wir unsere kognitiven Geltungsansprüche rechtfertigen können.

In dieser Theorie tut sich eine Kultur kund, die ihre Ideen nicht mehr als gottgegeben hinnimmt, sondern sich ihre Vorstellungen selber wählt und ihnen nur eine Geltung unter Vorbehalt einräumt. Vorstellungen sind nicht mehr durch ihre rituelle Einschleifung oder eine platonische Metatheorie sakrosankt. Beherrscht werden wir von unserem Interesse und nicht von irgendeinem transzendenten Imperativ. Der Quell allen Werts und aller Geltung liegt jetzt in uns und nirgends sonst. Dabei besteht der Wert, nach dem die Vorstellungen ganz ebenso wie die Menschen beurteilt werden, eher in ihrer Leistung als in irgendeiner inneren Würde. Äußere Natur und Gesellschaftsordnung sind unabhängig voneinander, und keine kann der anderen ihre Gesetze aufzwingen. Die Unabhängigkeit und Gesellschaftsenthobenheit der Naturwahrheiten ist das Gegenstück dazu, daß alle Geltung auf den Menschen zurückgeht.

Es stimmt, daß Kant (und hierin unterschied er sich von Hume) außerdem noch einige Formen notwendiger Erkenntnis oder verbindlicher Begrifflichkeit anerkannte. Diese Formen lagen nach seiner Ansicht unserer Mathematik, einem Teil unserer Physik und unserer ganzen Ethik zugrunde. Aber auch hier ist das, was diese notwendigen Formen funktionieren läßt und garantiert, nicht etwa die Natur der *Dinge*, sondern die Struktur *unseres* Geistes bzw. die transzendentalen

Bedingungen, mit deren Hilfe unser Geist die Welt ordnet und unsere Wahrnehmungen zu *einem* kohärenten Bild von ihr zusammenfaßt. Daß wir die Natur einer solchen Einheitsstiftung unterwerfen müssen, galt ihm als etwas Selbstverständliches; daß die Menschen früherer Zeiten darauf verzichtet hatten, entging seinem einigermaßen ethnozentrischen Blick. Geltung wurde entweder von uns selber beigesteuert, oder sie war eine Frage der reinen Faktizität und zufälligen Gegebenheit. Die Natur der Dinge war moralisch verstummt.

Nehmen wir zum Beispiel Humes bekanntestes Theorem, seine Lehre von der Kausalität. Auf den einfachsten Begriff gebracht, behauptet Hume, die Kausalverknüpfung entspringe keiner inneren Notwendigkeit in den Dingen selbst. Ein Kausalverhältnis könne sich zwischen allem möglichen herstellen, und nur die Erfahrung könne uns lehren, welche Verknüpfungen sich tatsächlich in der Natur fänden. Damit wird in der Tat die Lehre von einer im Wesen der Dinge liegenden Naturordnung verworfen. Es wird ein Freibrief ausgestellt nicht nur für den Unternehmungsgeist im Bereich der Erkenntnis, sondern auch für das Unternehmertum auf wirtschaftlichem Gebiet, für die uneingeschränkte Kombination von Produktionsfaktoren. Die Gesetze dieser Art von Produktion wurden zur gleichen Zeit von Adam Smith, einem guten Freund Humes, erforscht. Die Vorstellung, daß alles Ursache von allem sein kann (im Gegensatz zu der Ansicht, daß zwischen den Dingen Beziehungen bestehen, in denen sich eine natürliche *und* moralische Seinsordnung spiegelt), entspricht der Vorstellung, daß in der Produktion jede Kombination von Faktoren recht und billig ist, vorausgesetzt, sie beweist ihre Effektivität. Das steht in krassem Gegensatz zu den alten Gepflogenheiten, nach denen Produktionstätigkeiten durch althergebrachte Verfahrensweisen bestimmt wurden, die ihrerseits in ein *festgefügtes* System der Arbeitsteilung eingebettet waren.

Der wichtigste Unterschied zwischen der Welt, die hinter uns liegt, und der Welt, in der wir heute leben, zwischen der Welt, die Durkheim erforscht hat, und der Welt, die von Weber analysiert worden ist, betrifft die Frage, welcher Status in beiden den Vorstellungen zukommt. In der erstgenannten Welt waren die Vorstellungen geheiligt, und manche waren heiliger als andere. Sie waren Orientierungshilfen für Denken und Handeln und empfingen ihre Weihe durchs Ritual. In der neuen Welt unterliegen die Vorstellungen wie auch die Menschen der

Gleichmacherei; keine genießt besondere Heiligkeit, alle werden instrumentalisiert, alle sind entbehrlich und lassen sich ersetzen. Das bedeutet indes nicht, daß die neue Welt weniger gut geordnet ist als die alte; ganz im Gegenteil. Was die neue Welt hochhält und für sakrosankt erklärt, ist die formale Denkmethode, die Forderung, daß alle Fälle gleich, alle Probleme getrennt zu behandeln sind, daß alle referentiellen Behauptungen dem Kriterium der äußeren Empirie unterworfen, alle Erklärungen soweit wie möglich zu einem geordneten Ganzen zusammengefügt werden müssen. Wenn in der alten Welt die soziale und intellektuelle Ordnung durch fest im Bewußtsein verankerte Vorstellungen gewahrt wurde, die als ihre Hüter fungierten, dann wird sie in der neuen Welt durch die Begeisterung für gleichförmige Vorgehensweisen auf der Ebene der Methode garantiert. Durkheim hat die Grundmechanismen der alten Prozedur aufgedeckt, und Max Weber hat die Unterschiede zwischen der neuen und der alten Welt analysiert und eine Hypothese darüber aufgestellt, wie es zu den erstaunlichen Veränderungen kam. Durkheim hat uns erklärt, warum alle Menschen rational handeln, und Weber, warum manche rationaler handeln als andere.

Vorstellungsorientierte und zweckorientierte Kulturen

DIE NEUBEWERTUNG der Vorstellung, ihre Verwandlung aus einer normativen Anschauung, die zuerst durchs Ritual ihre Weihe empfing und dann durch die Glaubenslehre sanktioniert war, in ein bloßes auf Konvention beruhendes Mittel zum Zweck, begleitet, reflektiert und ratifiziert den Übergang von einer Kultur, die Ideen prägt, zu einer Kultur der instrumentellen Vernunft. In vielerlei Hinsicht ist ein rein instrumentelles Denken, der kalte, berechnende Einsatz von Mitteln für *einen* bestimmten Zweck, in einer agrargesellschaftlichen Ordnung nicht praktikabel und kaum vorstellbar. Vielsträngigkeit, Multifunktionalität und die wechselseitige Abhängigkeit gesellschaftlicher Einrichtungen und Tätigkeiten verhindern, daß sich einzelne, scharf abgegrenzte Zielsetzungen entwickeln können. Ohne solche Zielsetzungen ergibt die instrumentelle Vernunft wenig Sinn. Wenn nicht einigermaßen klar ist, worin die Leistung besteht, ist ein leistungsorientiertes Verhalten unmöglich. Von Rationalität im allgemeinen läßt sich in der Tat dort reden, wo durchgängig von einem instrumentellen Leistungsdenken Gebrauch gemacht wird.[4]

Aber diese Erklärung trifft noch nicht den Kern der Sache. Der Vorrang, den die Vielsträngigkeit genoß, entsprang nicht der Willkür oder dem Zufall, sondern war eine wesentliche und naturgegebene Implikation der alten Verhältnisse. In Agrargesellschaften kann es zwar hie und da Märkte und gelegentlich auch Wissenschaft geben, aber innerhalb ihrer Kultur führen beide eine isolierte Existenz, ein ungutes Ghetto-Dasein. Der Markt ist nicht imstande, die gesellschaftliche Produktion aufzunehmen und unter seine Kontrolle zu bringen, und die Wissenschaft vermag es nicht, sich der gesellschaftlichen Ideen zu bemächtigen und Herr über sie zu werden. Das Ghetto, in dem die Rationalität steckt, weist die typische Ghetto-Rationalität auf. Daß die Bewohner dieser Welt keine vollen Bürgerrechte genießen, hindert sie zugleich daran, differenzierte, »menschlich vollgültige« Beziehungen zu denjenigen auszubilden, denen sie ökonomisch dienen. In ihrer der Stigmatisierung entspringenden Festlegung auf eine einzige isolierte Funktion läßt sich von ihnen auch nur die Ausübung dieser einen Tätigkeit erwarten. Ihre Nützlichkeit und ihr Überleben hängen davon ab, daß sie diese Tätigkeit gut verrichten. Etwas anderes anzubieten ist ihnen nicht erlaubt. Auf diese Weise kann, wie Werner Sombart behauptet, das Ghetto zum Entstehungsort instrumenteller Vernunft werden.[5]

Eine Gesellschaft mit geringer Überschußproduktion kann sich unmöglich zu einer allgemeinen Marktgesellschaft entwickeln. In der entfalteten modernen Welt dagegen, die über eine enorme Überschußproduktion verfügt, gibt der einzelne seine Arbeitskraft her und kauft sich praktisch alles, was er braucht, mit seinem Lohn. Etwas konkret *Dingliches*, was er hergeben könnte, hat er normalerweise gar nicht. Er nimmt einfach nur an einer sehr komplexen Tätigkeit teil. Mit seiner Entlohnung holt er sich auf dem Markt, was er zur Befriedigung seiner Lebensbedürfnisse braucht, und zwar dann, wenn er es braucht. Ein entsprechendes Vorgehen in einer Ackerbaugesellschaft wäre absurd

---

[4] I. C. Jarvie, *Rationality and Relativism: In Search of a Philosophy and History of Anthropology*, London 1984.

[5] Werner Sombart, *Die Juden und das Wirtschaftsleben*, München/Leipzig 1918.

und katastrophal. Wenn der landwirtschaftliche Produzent seine ganze Ernte hergäbe, um dann das Lebensnotwendige käuflich zu erstehen, würde ihn die erste beste Teuerung, hervorgerufen etwa durch eine Lebensmittelknappheit im benachbarten Gebiet, dem Hungertod preisgeben. Deshalb wird ein sehr großer Teil der Produktion als Vorrat zurückgelegt. Die Ackerbaugesellschaft besteht praktisch aus einer Ansammlung von geschützten Vorratseinheiten.

Bei geringem Überschuß hat die Produktion tatsächlich viel von jenem Charakter eines kompromißlosen Entweder-Oder, den wir heute mit Gewaltsituationen und einem Verhältnis totaler Konfrontation verbinden. Für das Streben nach kleinen Vorteilen, nach einem dosierten, wohlüberlegten Ausgleich der Befriedigungsansprüche oder Interessen ist wenig Spielraum. Entweder man hat genug oder man ist verloren. Unter solchen Bedingungen gibt es keine autonome Wirtschaft – nur ein verbindliches System von Institutionen, die gleichzeitig ökonomischer und politisch-herrschaftlicher Natur sind. Die entscheidende Arbeitsteilung, die eindeutige Abgrenzung von Tätigkeitsbereichen, die schließlich zu einer Überflußwirtschaft führt, kann erst entstehen, wenn bereits ein gewisses Maß an gesellschaftlichem Reichtum vorhanden ist. Wie anderswo gibt es auch hier das Dilemma, wer früher da ist – die Henne oder das Ei.

Vorräte müssen geschützt werden, wenn die Vorratshaltung funktionieren soll. Die Systeme der agrargesellschaftlichen Vorratshaltung variieren: Die Grundeinheit kann der befestigte Bauernhof sein, der sich mit seinesgleichen auf der Basis nachbarschaftlicher Hilfe behauptet; oder die gutsherrliche Scheune; oder der kollektive Speicher der Stammesabteilung, wie er sich noch in jüngster Zeit in den *irgherm* oder *agadir* der bäuerlichen Vetternrepubliken im Atlas-Gebirge fand. Die sardischen Nuraghen, die dank ihrer stabilen steinernen Bauweise die Zeit vom ersten vorchristlichen Jahrtausend bis heute überdauert haben, dürften demselben Zweck gedient haben. Das Vorratshaltungs- und Schutzsystem kann eine Reihe von einzelnen Häusern einschließen, die von einer Stadtmauer umgeben sind und der Bewachung und Ausbeutung durch eine Burg unterliegen, oder es kann auch in einem zentral verwalteten Speicher bestehen.

Wie das System auch aussehen mag, eines ist all seinen Erscheinungsformen gemeinsam. Die Aufgabe, die politisch-soziale Grundstruktur vor äußerer Zerstörung und innerem Umsturz zu bewahren, ist mindestens genausowichtig wie eine eventuelle Steigerung der Produktion. Aufs Ganze gesehen ist sie sogar *weit* wichtiger. Eine Produktionsstrategie, die einzig und allein ökonomischen Kriterien gehorcht, kommt mit anderen Worten gar nicht in Frage. Eine Rationalität und Experimentierfreudigkeit, die sich auf begrenzte Ziele richtet, ist ausgeschlossen. Die Erhaltung des Systems und seiner internen Ordnung hat Priorität. Gefordert ist dementsprechend nicht die Fixierung auf isolierte, rein ökonomische Ziele, sondern die Berücksichtigung einer komplexen Reihe von ineinander verschlungenen sozialen Bedürfnissen. Dieses unbestimmte Erfordernis wird beherrscht von gesellschaftspolitischen Erwägungen, die sich um die Erhaltung der sozialen Ordnung und der Sicherheit drehen, die diese gewährt. Vielsträngigkeit, mithin die Unmöglichkeit, ein rein ökonomisches Interesse auszugrenzen und zu verfolgen, ist also dem System immanent. Sie ist eine wesentliche Voraussetzung des Systems, kein zufälliger Defekt oder Entwicklungsmangel. Es geht um die Bewahrung einer komplexen und heiklen Ordnung, und mit diesem Interesse verträgt sich schwerlich die rücksichtslos innovative Verfolgung scharf umrissener Zwecksetzungen innerhalb einer solchen Ordnung. Chayanovs berühmte Untersuchungen über die Einstellung russischer Bauern zur Produktion ist hier ein lehrreiches Beispiel.[6]

Charakteristisch für Marktverhältnisse ist nicht, daß Dinge ausgetauscht werden (das kann auch in sehr wenig marktförmiger Weise bei rituellen Anlässen geschehen), sondern daß der Austausch vom Streben nach Profitmaximierung beherrscht wird und vor allem unter Ausblendung fast aller anderen Rücksichten stattfindet. Jemand, der Wertpapiere verkauft, hat normalerweise keine Ahnung, wer der Käufer ist. Was die' Marktgesellschaft ausmacht, ist selbstverständlich nicht, daß solche anonymen Beziehungen durchgängig vorhanden, wohl aber, daß sie vorherrschend sind. Eine, allerdings nur eine, Voraussetzung dafür, daß eine instrumentelle Vernunft dieser Art entsteht, ist die Verfügung über ein großes und anwachsendes gesellschaftliches Mehrprodukt. In einer solchen Situation ist es nicht mehr

---

[6] A. V. Chayanov, *The Theory of Peasant Economy*, 1925; hrsg. von D. Thorner, R. E. F. Smith und B. Kerblay, Irwin 1966. Theodor Shanin, *The Awkward Class, Political Sociology of Peasantry in a Developing Society: Russia 1910–25*, Oxford 1972.

erforderlich, einen größeren Teil der Produktion zu speichern und in Verwahrung zu nehmen. Das Anwachsen des Mehrprodukts hängt natürlich von einem fortlaufenden Innovationsprozeß ab. Wenn dieser Prozeß wirklich beständig und kontinuierlich sein soll, dann ist es nicht mit einer oder auch mehreren Erfindungen getan, sondern dann braucht es ein grundsätzliches Bewußtsein von der Erkennbarkeit und Beherrschbarkeit der Natur. Es braucht mit anderen Worten eine säkularisierte, vereinheitlichte, auf eine einzige Begrifflichkeit vereidigte Sicht von der Natur.

Der instrumentelle Geist im Ökonomischen (der im Verein mit dem Entstehen politisch unabhängiger Produzenten die Marktwirtschaft ins Leben ruft) hat also seine Entsprechung in einer vereinheitlichten und instrumentellen Einstellung zur Natur. Die Verschmelzung von empirischen Daten und Interpretationen zu einer einzigen idealen Begriffswährung, die nurmehr dem einen Ziel dient, Erklärungen zu geben und Voraussagen zu treffen, ist entscheidend. Instrumentalität im Ökonomischen und im Erkennen sind also einander parallel und bedingen sich wechselseitig. Die kommerzielle Orientierung einer Stadt oder einer Reihe von Städten oder auch, wie im Fall Großbritanniens, einer günstig gelegenen Insel war bereits bei einem *relativ* niedrigen Stand des Erkenntnisfortschritts möglich. Aber die allgemeine Expansion des Markts, die zur Unterwerfung ganzer Gesellschaften unter das Marktprinzip führte und in einem System des Weltmarkts kulminierte, war nur möglich unter der Voraussetzung eines fortlaufenden und ungeheuren Wissenszuwachses und technischen Fortschritts.[7]

Eine Gesellschaft mit nur geringer Überschußproduktion, die sich marktmäßig organisierte, brächte sich in eine unerträglich prekäre Situation. Sie bewegte sich in noch riskanterer Nähe zur Gefahr von Hungersnöten als bei den meisten Agrargesellschaften ohnehin schon der Fall. Erst der Fortschritt im Wissensbereich schuf die wirkliche Möglichkeit, eine Gesellschaft komplett der Herrschaft des Marktprinzips zu unterwerfen. Dies verleiht der marxistischen Lehre, daß die radikalen gesellschaftlichen Veränderungen aus der Entwicklung der »Produktivkräfte« hervorgegangen seien, ihren partiellen Anspruch auf Wahrheit. Wahr ist daran, daß es zur Produktivitätssteige-

---

[7] A. E. Wrigley, *People, Cities and Wealth*, Oxford 1987.

rung ohne die Entwicklung von Wissenschaft und Technik nicht hätte kommen können. Aber der Marxismus irrt und argumentiert befremdlich teleologisch, wenn er dann weiter behauptet, diese erhöhte Leistungsfähigkeit der Arbeitsmittel habe irgendwie einer neuen Gesellschaftsordnung zum Leben verholfen, im Sinne einer der Menschheit gestellten neuen Aufgabe (durch wen oder durch was gestellt?):

»Eine Gesellschaftsformation geht nie unter, bevor alle Produktivkräfte entwickelt sind, für die sie weit genug ist ... Daher stellt sich die Menschheit immer nur Aufgaben, die sie lösen kann, denn genauer betrachtet wird sich stets finden, daß die Aufgabe selbst nur entspringt, wenn die materiellen Bedingungen ihrer Lösung schon vorhanden oder wenigstens im Prozeß ihres Werdens begriffen sind.«[8]

In Wirklichkeit war es so, daß diese Entwicklung durch eine ans Wunderbare grenzende Kräftekonstellation in den nicht-ökonomischen Bereichen der Gesellschaft ermöglicht wurde, und zwar just zu dem Zeitpunkt, als auch das technische Potential dazu vorhanden war. Nicht weniger mirakulös fand sich gleichzeitig bei mindestens einem Teil der produktiv Tätigen die Bereitschaft vor, diese einmalig günstige Verkettung kognitiver, ideologischer und politischer Umstände zu nutzen.

Wenn Instrumentalität und Wachstumsorientierung im ökonomischen Bereich Instrumentalität und Unabhängigkeitsbewußtsein auf dem Gebiet des Erkennens voraussetzt, so gilt auch das Umgekehrte. Es hält schwer, sich einen Prozeß des ständigen und radikalen kognitiven Wandels in einer Gesellschaft vorzustellen, in der die alte Allianz aus Herrschenden und Geistlichen ihre Vormachtstellung behauptet. Diese Schichten würden den Erkenntnisprozeß erdrücken und ersticken. Es wäre gleichgültig, ob sie das in zielstrebiger, wenn auch vielleicht nur halbbewußter Wahrnehmung ihrer Interessen täten oder aus subjektiv ehrlicher Anhänglichkeit an den rechten Glauben, dem ihre Gesellschaft huldigte. Die entwickeltste Gesellschaft des Mittelalters, die des chinesischen Kaiserreichs, verhielt sich ungefähr so.[9] Nur eine

[8] Karl Marx, *Vorwort zur Kritik der politischen Ökonomie (1859)*, Marx-Engels-Werke, Bd. 13, S. 9.

[9] Vgl. Mark Elvin, »Why China Failed to Create an Endogenous Industrial Capitalism: A Critique of Max Weber's Explanation«, in: *Theory and Society*, Bd. 3/3, 1984.

von Individualismus und Instrumentalität geprägte Gesellschaft, die sich der Toleranz als einer Bedingung des internen Kompromisses zwischen den Parteien verschrieben hat, kann das erforderliche Milieu bieten. Sie stellt den Strukturrahmen dar, innerhalb dessen ein Prozeß des ständigen Wissenszuwachses zur festen Einrichtung werden kann.

Die auf einen Zweck gerichtete instrumentelle Einstellung gegenüber einer Natur, die vereinheitlicht und, wenn man so will, nivelliert ist, steht, so paradox das anmuten mag, in einem wahlverwandtschaftlichen Verhältnis zur protestantischen Autonomie der Person. Oberflächlich betrachtet scheint das Gegenteil einleuchtender: daß nämlich die moderne Einstellung gegenüber der Natur und ihrer Erforschung die Autonomie der Person entschieden und eindeutig *ausschließt*, weil ja die empirischen Daten, die Fakten, und sie allein, maßgebend sind. Man könnte meinen, es müsse die Rolle des Menschen entwerten, wenn seine Macht über die natürliche Empirie derart geschmälert wird. Aber die Erkenntnistheorie, die den Wissensfortschritt begleitet und in Begriffe faßt, ist individualistisch und deshalb eigentümlich subjektivistisch: Das letzte Wort haben die privaten Daten des *einzelnen*. Die Wahrheit erscheint insofern als Privatsache. Das einschneidend Neue daran aber ist, daß die überkommene, durch Sitte und Brauch geheiligte kulturelle Sicht der Dinge ihre bisherige Geltung verliert. Die Natur oder vielmehr die Erforschung der Natur wird von ihren Fesseln befreit. Die Autonomie des erkennenden einzelnen geht Hand in Hand mit der Autonomie der zu erkennenden Natur. Durch das Ende des ganzheitlichen gesellschaftsgebundenen Erkennens werden Individuum *und* Natur befreit.

Den grundlegenden Gegensatz bilden also einerseits vorstellungsorientierte Gesellschaften – bei denen die Vorstellungen (nebst den strittigen Randzonen und Zweideutigkeiten, die sie zwangsläufig aufweisen) durch Ritual und Glaubenslehre ihre Weihe empfangen, eine systematische Funktion ausüben sowie ein System bilden, in dem Mensch *und* Natur ihren vorgeschriebenen Platz haben – und andererseits Gesellschaften, in der die Vorstellungen mindestens stillschweigend profanisiert werden und in ihrer Verwendung bis zu einem bestimmten Grad einzelnen, isolierten Kriterien unterworfen sind und in der die einzelnen als einzelne einer geordneten, »mechanisierten« Natur gegenüberstehen.

Die aufgeklärte Sicht und ihre Probleme

Es GINGE ZU WEIT, der Aufklärung, die das neue Weltverständnis auf den Begriff brachte, eine verbindliche und gänzlich zusammenhängende, schlüssige und voll ausgearbeitete Doktrin zuzuschreiben. Derart saubere Lösungen kommen in der Geschichte des menschlichen Intellekts nicht vor. Immerhin eignet dem aufgeklärten Denken ein beträchtliches Maß an Kohärenz. Seine Themen – Liberalismus, Rationalismus, Naturalismus, Empirismus, Materialismus – sind markant und ziemlich allgegenwärtig, selbst wenn sie nicht immer einen schlüssigen Zusammenhang bilden.

Vielleicht sollte man zwischen einer Volksaufklärung und einer Aufklärung für die Gebildeten unterscheiden. Die Volksaufklärung wurde von Männern formuliert und betrieben, die selber sozial und kulturell weit entfernt davon waren, zum einfachen Volk zu gehören: nämlich von den *philosophes* der eleganten Salons im vorrevolutionären Paris. Sie schrieben scharfsinnig und geistreich, gelegentlich auch tiefsinnig, und ihren weit verbreiteten Schriften wird nicht ohne Grund die Veränderung des moralischen und intellektuellen Klimas in Frankreich und damit das Verdienst zugeschrieben, den Boden für die Proklamation einer neuen Gesellschaftsordnung durch die Französische Revolution bereitet und so aus einer *fronde* eine tiefgreifende Umwälzung, aus einer Revolte eine Revolution gemacht zu haben. Sie hoben die Vernunft und die Natur auf den Thron. Diese beiden Göttinnen hängen eng zusammen und stehen in einem Ergänzungsverhältnis, das allerdings auch seine Konfliktseite hat. Merkwürdigerweise fand aus Anlaß eines feierlichen Akts während der Revolution nur die eine der beiden ihre Versinnbildlichung durch eine nackte Schauspielerin.

Die Vernunft ist eine Art von allgemeinem Vermögen zur Gewinnung und Beurteilung von Erkenntnis, das mindestens potentiell allen Menschen eigen sein soll. Und mindestens seiner Potentialität nach haben alle Menschen gleich viel davon. Die Natur ist das methodisch geordnete System der Wirklichkeit, das uns durch die Vernunft offenbart wird. Die Natur ihrerseits revanchiert sich bei der Vernunft damit, daß sie dieser das Monopol rechtmäßigen Erkennens im Bereich ihres Systems einräumt. Die Vernunft offenbart die Natur, und die Natur inthronisiert die Vernunft.

Eine Schrift, die diese Sichtweise stärker als andere entfaltet, ist das

1770 erschienene *System der Natur* von d'Holbach. Wegen seines unverhohlen subversiven Inhalts erschien es zuerst anonym und wurde auch tatsächlich der öffentlichen Verbrennung durch den Scharfrichter überantwortet. Der Baron war ebenso reich wie gebildet und gab lange Zeit regelmäßige donnerstägliche Diners für die französischen Enzyklopädisten. D'Holbachs Buch war eine Art von Handbuch der neuen aufgeklärten Wissenschaft und dürfte, inhaltlich gesehen, eine Gemeinschaftsarbeit sein. Wie sehr die neue Sicht die alte bei aller stilistischen Kontinuität sachlich in ihr Gegenteil verkehrte, läßt die bemerkenswerte Hymne an die Natur deutlich werden, in der das Buch gipfelt: »O Natur, Beherrscherin aller Dinge, und ihr, deren angebetete Töchter: Tugend, Vernunft, Wahrheit! seid auf ewig unsere einzigen Gottheiten; ihr seid es, denen der Weihrauch und die Huldigungen der Erde gebühren. Zeige uns denn, o Natur, was der Mensch tun muß, um das Glück zu erlangen, nach dem du ihn streben läßt. Erwärme ihn, Tugend, mit deinem wohltätigen Feuer. Leite du, Vernunft, seine unsicheren Schritte auf den Pfaden des Lebens. Deine Fackel, Wahrheit, möge ihn erleuchten.«[10]

Soviel zur Volksaufklärung. Die gehobene Aufklärung wird von jenen großartigen Denkern des 18. Jahrhunderts repräsentiert, die mehr taten, als bloß die neue Sicht in Begriffe zu fassen. Sie enthüllten zugleich ihre tiefgreifenden Probleme und inneren Spannungen und setzten sich mit ihnen auseinander. Die größten unter ihnen waren Hume und Kant.

Es gibt eine Anzahl solcher tiefgreifenden Spannungen, aber es mag genügen, die wichtigsten zu benennen. Diese sind: der *Konflikt* zwischen Vernunft und Natur; die ausgeprägte Neigung der Vernunft, sich selber den Prozeß zu machen, und der Widerstreit zwischen Universalismus und Relativismus. Zwischen diesen Problemen besteht ein Zusammenhang.

Die Zwillingsgottheiten der Aufklärung harmonieren nicht miteinander. Nur die stärker popularisierenden und weniger streng theoretisierenden Propagandisten der neuen Weltsicht waren in diesem Punkt anderer Meinung. Die Natur ist ein einziges, methodisch geordnetes, allumfassendes System, das dem Menschen nicht nur gestattet, son-

---

[10] Baron d'Holbach, *System der Natur* (*Système de la Nature*), Frankfurt a. M. 1978, S. 610f.

dern ihn mehr noch dazu ermuntert, durch die Wahrnehmung und praktische Nutzbarmachung von Gesetzmäßigkeiten Einfluß auf die Naturvorgänge zu nehmen. Andererseits schließt es willkürliche Manipulationen durch Magie oder Beschwörungen aus und läßt in der Tat auch keinerlei Ausnahmen (»Wunder«) oder Einwirkung durch Sühnehandlungen zu. Vernunft ist der Oberbegriff für die Fähigkeit des Menschen, die Natur zu erforschen, und darunter verstand man im 18. Jahrhundert im großen und ganzen die empirische und experimentelle Überprüfung von Ideen, die allesamt keinen Anspruch auf naturgegebene Geltung mehr erheben konnten. Keine Idee kann Geltungsansprüche bloß aus ihrer Herkunft ableiten. Eine rationale Forschung schließt die Berufung auf höhere Autoritäten oder den Anspruch auf Erkenntnisprivilegien aus. Wie die Menschen müssen sich auch die Ideen ihre Anerkennung durch Leistung verdienen und können Geltung nicht einfach verliehen bekommen. Jedes der beiden zugrunde liegenden Ideale – das einer methodisch geordneten Natur und das einer egalitären, vom Respekt vor der Empirie getragenen Forschung – ist für sich genommen löblich. Aber vertragen sich auch beide miteinander? Anders gesagt, wenn wir nur und ausschließlich empirische Daten gelten lassen, wodurch ist dann noch unser Glaube an eine Naturordnung gerechtfertigt?

Hume erklärt offen, daß es eine solche Rechtfertigung nicht gibt. Die empirischen Daten, über die wir verfügen, sind bruchstückhaft und unvollständig. Vor allem können sie keinerlei Verbindlichkeit für die Zukunft beanspruchen. Sie können nicht garantieren, daß Gesetzmäßigkeiten aus der Vergangenheit auch in Zukunft gelten werden. Wenn also unsere Überzeugungen in nichts als in Empirie gründen, haben wir nicht das mindeste Recht, auf eine ein für allemal gegebene Natur*ordnung* zu bauen. Unserer rationalen Methode stellt die Natur also keinen Freischein aus. Es mag der Vernunft gelungen sein, die Vorgänger und Konkurrenten der Naturmacht, die Mächte einer kohärenten theologischen oder magisch-rituellen Weltsicht, aus dem Feld zu schlagen; aber die erstere an die Stelle der letzteren zu setzen gelingt ihr nicht. Die Realität der Natur läßt sich nicht garantieren. Nach vernunftimmanenten Urteilskriterien ist die Natur ein der Erkenntnis genauso unzugängliches Ding wie der frühere »Kosmos«, das System, das der Verschränkung von sozialen Rollen und natürlichen Vorstellungen entspringt. Nichts berechtigt uns anzunehmen, daß Vorgänge oder Dinge ein methodisch geordnetes System darstellen, das der erfolgreichen Erforschung durch den Verstand offensteht.

Es gibt noch einen anderen Konflikt zwischen den beiden Damen. Wenn Natur tatsächlich sowohl methodisch geordnet als auch allumfassend ist, sind auch unsere eigenen kognitiven und moralischen Akte Teil dieser Naturordnung. Aber wenn sie wie die übrige Natur Gesetzen unterliegen, durch die sie in einen Kausalzusammenhang eingebettet sind, können diese Handlungen dann wirklich als frei, als eigenverantwortlich gelten? Sind sie dann überhaupt *unsere* Handlungen? Können sie, von unpersönlichen Kausalgesetzen beherrscht, noch als triftige Erkenntnis gelten? Was sie determiniert, sind äußere Ursachen, und die sind etwas anderes als Vernunftprinzipien. Die Mechanismen unserer Erkenntnis sind dann Bestandteil der Natur und deren Zwekken unterworfen, statt die eine, universale Wahrheit zum Ziel zu haben.

Die Arbeitsteilung hat der Erkenntnis zur Autonomie verholfen; das autonome Erkennen zeitigt eine Natur, in deren Rahmen es autonome Tätigkeiten nicht geben kann. Das ist das Problem. Unsere Erkenntnistätigkeit kann also bestenfalls zufällig über die Wahrheit stolpern. Die alte abendländische Angst ums Seelenheil scheint durch eine vergleichbare Sorge um die Möglichkeit der Wahrheit ersetzt. An die Stelle der Auserwähltheit (Prädestination) tritt die Vorherbestimmtheit (Determination).

Das Problem des selbstzerstörerischen Charakters der Vernunft ist nur eine verallgemeinerte Version des erstgenannten Problems. Kann die Vernunft, die als das generelle Vermögen definiert ist, Wahrheiten ohne äußere Hilfe ausfindig zu machen, wirklich aus eigener Kraft all jene Prinzipien – die moralischen und politischen ebenso wie die erkenntnistheoretischen – herbeizaubern, die wir für die Gestaltung unseres künftigen kognitiven und sozialen Lebens brauchen? Für Hume war es ein zentraler Punkt, ihr dies zu bestreiten; Kant beugte sich der Überzeugungskraft und in einem gewissen Maß auch den Ergebnissen der Humeschen Überlegungen.

Die Volksaufklärung hatte gehofft und angenommen, das neue System der Außenwelt werde von derselben Aureole fragloser Geltung umgeben sein wie der alte hierarchisch geordnete und durch die Offenbarung beglaubigte Kosmos. Sie hatte auf eine neue Vision von der Welt gehofft, die über die gleiche Autorität verfügen werde wie die alte. Sie werde natürlich inhaltlich verschieden sein, geprägt von methodischer Ordnung und egalitärem Geist. Nichtsdestoweniger werde sie für die nunmehr befreite Menschheit dieselbe Rolle spielen, wie die alte Weltsicht sie für die in der Knechtschaft der Könige und Priester schmachtende Menschheit gespielt hatte. Sie zu erkennen, zu erforschen und in ihrer Geltung nachzuweisen, sei Aufgabe ihres neuen eigentümlichen Offenbarungsmittels, nämlich der Vernunft. Diese werde sich von der alten Wissensinstanz dadurch unterscheiden, daß sie frei von Willkür sei. Privilegierten Anspruch auf Wahrheit werde sie weder erheben noch zulassen.

Aber das alles trat so nicht ein. Das neue Offenbarungsinstrument erwies sich *durch seine eigenen Kriterien und Normen* als zutiefst gehandikapt. Es konnte das nicht leisten, was es sollte, oder jedenfalls die Leistung nicht garantieren. In der neuen Natur selbst war für die neue Offenbarung kein Platz; die neue Offenbarung war nicht imstande, die Natur zu beglaubigen und zu sanktionieren. Es waren die größten Denker der Aufklärung, die diese interne Krise aufdeckten.

Dann gibt es auch noch das damit zusammenhängende Problem von Universalismus und Relativismus. Die neue Sicht beansprucht universale Geltung (was ja auch für ihre dem Schriftglauben huldigenden religiösen Vorgänger und gesellschaftlichen Vorfahren gilt). Ohne solch einen Anspruch wäre ihr ungestümer und schwärmerischer missionarischer Eifer kaum vertretbar. Jene französischen Propagandisten der Aufklärung, die Pariser Enzyklopädisten, waren sich nur zu genau und nicht ohne eine gewisse Bitterkeit und Furcht darüber im klaren, daß die Wahrheiten, die für sie auf der Hand lagen, für das Volk, für die Massen, wenig Plausiblität hatten oder sogar unverständlich blieben. Sie wünschten alle Menschen zu bekehren, aber von der Aufgabe, ihre einfacheren und weniger gebildeten Landsleute zu überzeugen, fühlten sie sich entmutigt und terrorisiert. Sie mußten indes nicht nur die Harthörigkeit des Volks fürchten, sondern auch die selbstzerstörerischen Neigungen des kritischen Geists unter ihresgleichen.

Während sie aber dem neuen Naturkonzept universale Geltung zuschrieben, galt ihnen gleichzeitig die Vorstellung von der durchgängigen funktionellen Abhängigkeit allen Erkennens als integrierender Bestandteil dieses Konzepts. Das Erkennen selbst ist demnach ein natürlicher Bestandteil des Funktionszusammenhangs des jeweiligen biologischen oder sozialen Organismus. Aber Organismen der einen wie der anderen Art weisen vielfältige Erscheinungsformen auf. Von jeder Erscheinungsform läßt sich erwarten, daß sie ihre eigenen passenden Erkenntnispraktiken und -kriterien hat. In der Natur kann man also logischerweise mit einer Vielfalt von Erkenntnisweisen, einem allgemeinen Relativismus rechnen. Von jedem Organismus und von jeder Kultur läßt sich voraussetzen, daß sie ihre eigene Sichtweise hat, die ausschließlich für sie funktionelle Bedeutung und Verbindlichkeit hat. Und doch beansprucht der Naturbegriff, aus dem diese relativistische Konsequenz sich unausweichlich ergibt, zugleich *einzigartige* Geltung ...

Hume und Kant haben dem Problem dieser Art von Relativismus nicht angemessen Rechnung getragen. Für die ersten beiden Probleme hingegen, die in ihrem Denken eine große Rolle spielten, hatten sie eine Lösung parat. Ihre Lösungen waren einander ziemlich ähnlich, ungeachtet der Tatsache, daß sie in Philosophiegeschichten normalerweise eher als rivalisierende denn als alliierte Doktrinen präsentiert werden. Die Differenzen indes betreffen eher Fragen des Akzents und des Ausdrucks als den Kern der Sache. Die Übereinstimmungen sind weit tiefgreifender und wichtiger.

Die Lösung ist einfach. Räumen wir ein, daß Natur als methodisch geordnetes und erkennbares System, das dem menschlichen Verstand zugänglich ist, nichts ist, was für sich selber einsteht. Weder die Natur selbst noch irgendeine andere höhere Macht garantiert das Vorhandensein eines solchen Systems beziehungsweise kann es garantieren. Wer solch eine Garantie fordert oder erwartet, geht von irgendeiner letztgültigen und letztlich erkennbaren fundamentalen Realität aus, die vor Eintritt des Ereignisses das schon determiniert, was dann die Erkenntnistätigkeit herausfindet. Das aber heißt soviel wie die Autonomie der Erkenntnis leugnen und sie abhängig machen von einem aller Erkenntnis vorausliegenden fundamentalen oder eingewurzelten Wesen der Dinge. Die empirische Erkenntnis kann nicht zugleich frei und abgesichert, zuverlässig garantiert sein, auch wenn manche Philosophen offenbar beides zugleich möchten.

In einer Welt, über die das Wissen unumschränkt herrscht, schauen wir uns nicht mehr nach solchen höheren Mächten um – denn wie sollten wir von der Existenz und Rechtmäßigkeit dieser höheren Macht *wissen* können? Aber laut Hume und Kant ist das auch kein Beinbruch: Wir selbst, unser eigener Verstand funktioniert in einer Weise, die sicherstellt, daß unsere Erkenntnis jedenfalls dem Systemerfordernis entspricht. Die Garantie findet sich in uns selbst, in der Beschaffenheit unseres Verstands.

Wenn sie von *unserem* Verstand sprechen, meinen Hume und Kant die ganze Menschheit. Im Ton unterscheiden sich die beiden Philosophen allerdings beträchtlich. Wenn man Hume folgt, dann ist es eben einfach so, daß unserem Verstand immer wieder dieselben Regelmäßigkeiten auffallen, von denen er schließlich annimmt, daß sie auch in Zukunft auftreten werden. Aus dieser innerpsychischen Tendenz, gewohnheitsmäßige Erwartungen auszubilden, resultiert unsere Vorstellung von der Natur als einem aus lauter Regelmäßigkeiten bestehenden Zusammenhang. Eine zufällige Regelmäßigkeit in einem kleinen Teil der Natur – unsere eigene psychische Gewohnheit – spiegelt sich, wenn man so will, in tausendfacher Brechung in der Natur als ganzer. Daß unser Verstand auch in alle Zukunft auf diese Weise funktionieren wird, dafür kann Hume nicht garantieren. Er kann einfach nur den glücklichen Umstand feststellen, daß der Verstand eben so und nicht anders funktioniert. Kant hingegen verwendet Formulierungen, die, nimmt man sie buchstäblich, erheblich mehr Vertrauen einflößen können: Die bestimmte Struktur, die unser Verstand aufweist, eignet ihm mit Notwendigkeit, und dadurch ist zuverlässig garantiert, daß unser Wissen jene methodisch geordnete Form annimmt, die wir *Natur* nennen.

Die Unterschiede zwischen beiden treten hinter dieser Gemeinsamkeit zurück: daß sie *unserem Verstand* das zuschrieben, was weniger tiefschürfende Denker nach wie vor der Natur der äußeren Dinge beilegten. Hume und Kant huldigten auch demselben Irrtum: der Annahme, daß alle Menschen die gleiche Art Verstand hätten. Sie sahen nicht, daß der Verstand, den sie beschrieben, Kulminationspunkt einer einzigartigen historischen Entwicklung war. Sie beschrieben mit großem Scharfsinn ihren eigenen Verstand und dessen neuen intellektuellen Stil und erklärten ihn dann zu etwas Allgemeinmenschlichem. Deshalb sahen sie sich auch nicht, jedenfalls nicht direkt und in der Hauptrichtung ihrer philosophischen Arbeit, mit der Frage des Relativismus konfrontiert. Das konnten sie auch gar nicht, denn die Lösung, die sie für ihr zentrales Problem anboten, schloß Relativismus aus (selbst wenn er ihnen in anderen Zusammenhängen begegnete).

Es blieb dem 19. Jahrhundert vorbehalten, sich mit diesem Problem auseinanderzusetzen. Hume und Kant hatten nicht, wie sie meinten, die allgemeinen Verfahrensweisen des menschlichen Verstands überhaupt, sondern nur die einer bestimmten *Art* von Verstand auf den Begriff gebracht: eines Verstands, der alle empirischen Daten sich in einer einheitlichen Begriffswährung artikulieren sieht, der alle Fakten als im Wesen gleich behandelt, als etwas, das sich einer gleichförmigen Erklärungsmethode fügt, wobei die Erklärungen im Idealfall ein einziges, in *einem* Punkt zusammenlaufendes System bilden oder mindestens bilden sollen. In diesem Buch versuchen wir eine abrißartige Darstellung vom historischen Werdegang dieser Art Verstand zu geben. Zum Weltbild eines solchen Verstands gehört entscheidend dazu, daß die empirischen Daten nicht nur alle gleichwertig, sondern auch mehr noch moralisch »wertlos« sind: Wertvorstellungen, moralische Gebote, mögen sie stammen, woher sie wollen, finden im einheitlich und methodisch geordneten System der äußeren Dinge keinerlei Rückhalt. Für Hume und Kant lag es nahe, das Problem der Ethik in einer Weise zu lösen, die ihrer Rechtfertigung des Naturbegriffs ähnelte: Auch die Moralgebote hatten ihren Grund im Menschen selbst und in der ihm eigenen Vernunft.

Tatsächlich aber hat der menschliche Geist im Normalfall wenig Ähnlichkeit mit der aufgeklärten Vernunft, die ein ganz besonderes und höchst ungewöhnliches Produkt der Geschichte ist. Das allgemeine Modell des primitiven Geistes, das wir zuvor dargelegt haben, geht von einer Mannigfaltigkeit von Subsystemen aus, von denen jedes moraldurchtränkt und aufgrund spezifischer Regeln mit seinem jeweiligen sozialen Kontext verbunden ist.

Sobald der Irrtum von Hume und Kant bezüglich der angeblichen Allgemeinverbindlichkeit des aufgeklärten Geistes erkannt war – und es dauerte nicht lange, bis man sich darüber klar wurde –, drängte sich die Frage auf, warum denn der neuen Sicht, wenn sie nur eine unter anderen war und keineswegs die einzig wahre, der Vorzug gebührte. Und übrigens: *Gebührte* ihr überhaupt der Vorzug? Was eigentlich verlieh ihr Verbindlichkeit?

Das Zeitalter des Fortschritts oder
das Unternehmen Münchhausen

MENSCHLICHE VIELGESTALTIGKEIT hieß nicht nur das Problem, sondern auch die Lösung. Diese Lösung fand ihren Ausdruck in der hervorstechendsten und typischsten Philosophie des 19. Jahrhunderts, dem Fortschrittsglauben.

Eine Gesellschaft war entstanden, deren Existenzgrundlage zum ersten Mal in der Geschichte ein anhaltendes und ununterbrochenes Wachstum auf dem Gebiet der Erkenntnis und im ökonomischen Bereich bildete. Zurückblickend meinte diese Gesellschaft in der Vergangenheit eine vergleichbar kontinuierliche Tendenz zum Besseren ausmachen zu können, mit ihr selbst als Zielpunkt. Eine Tendenz, die manchmal zu undeutlich war, um erkennbar zu sein, und die gelegentlich von Rückschritten unterbrochen wurde, war nunmehr sichtbar und unverkennbar und ließ sich klar und unmißverständlich nachvollziehen. Blickten sie in die Zukunft, so fühlten sich manche Denker dazu berechtigt anzunehmen, daß dieser Trend zum Besseren sich ständig fortsetzen werde. Nach Ansicht mancher blieb dieser kontinuierliche Fortschritt nicht auf die Sphären der Erkenntnis und der Produktion beschränkt. Moral und Politik und überhaupt alle Lebensbereiche würden an diesem Marsch in die Zukunft teilhaben. Dadurch erhielt das menschliche Leben einen neuen Sinn. Es entstand eine neue Theodizee: All die Kümmernisse, die von der Menschheit hatten erduldet werden müssen, fanden eine nachträgliche Rechtfertigung. Die Aussicht auf einen zukünftigen Himmel auf Erden entschädigte für die Ungerechtigkeiten und Beschwernisse des gegenwärtigen Lebens.

Diese Vision vom Fortschritt löste das Problem des Relativismus, mit dem die Aufklärung in ihrer simpleren Form nicht hatte fertigwerden können. Die Fortschrittsidee bestreitet nicht, daß es in bezug auf Perspektive und Einstellung der einzelnen Kulturen und historischen Epochen tiefgreifende Unterschiede gibt. Im Gegenteil, sie braucht solche Vielfalt und rühmt sich ihrer. Sie dient ihr als Ausgangsmaterial. Es gibt in der Tat solche Vielfalt. Aber es handelt sich um keine Mannigfaltigkeit ohne Sinn und Verstand. Die Vielfalt der Glaubensvorstellungen, Wertbegriffe, Organisationsmodelle oder was auch immer ist in Form einer grandiosen Sequenz angeordnet. Die späteren Elemente der Reihe stellen eine Vervollständigung, verbesserte Fortsetzung, Vervollkommnung der früheren dar. Darüber hinaus entspricht diese Anordnung nach Perfektionsgesichtspunkten im großen und ganzen der chronologischen Abfolge, wie sie uns die Geschichtsschreibung überliefert.

Das westliche Denken war nun so weit, die Geschichte zu vergöttern. Die Geschichte galt als ein Prozeß, der nicht etwa eine zufällige Abfolge vielfältiger Ereignisse, sondern eine Reihe kontinuierlicher und innerlich zusammenhängender Fortschritte darstellte. Die Geschichte, wie überhaupt das ganze Universum, glich dem bürgerlichen Leben. Und schließlich war dies ja auch das Zeitalter des Bürgertums. Die bürgerliche Mittelschicht glaubte an eine fortschreitende Erziehung und Selbstvervollkommnung, und in der Geschichte sah man den Erziehungsprozeß für das ganze Menschengeschlecht (eine Vorstellung, die auf das 18. Jahrhundert zurückgeht). Das bürgerliche Leben ist vor allem eine *Karriere*. Es findet seine hauptsächliche oder ausschließliche Rechtfertigung darin, daß man sich zunehmend mehr Verdienste, gesellschaftliches Ansehen, Ruhm, Reichtum erwirbt. Jetzt sprach sich herum, daß dies für das gesamte Universum galt: Mit der Welt als ganzer ging es aufwärts.

Diese neue Art von Philosophie unterschied sich sowohl von der platonischen als auch von der kartesianischen Weltsicht. Sie schuf nicht wie der Platonismus eine transzendente, starre und autoritäre Legitimation für die Organisationsmodelle und Glaubensmuster einer stabilen schriftkundigen Agrargesellschaft. Und sie vollzog nicht wie der Kartesianismus eine individualistische Abkehr von kulturell geheiligten Vorurteilen, um sich in ein Exil zurückzuziehen, von dem aus eine instrumentell wirksame Erklärung und Behandlung der Welt möglich wurde. Im Unterschied zu beiden Richtungen betonte und bejahte sie die kulturelle Vielfalt und sah (wenn auch verschwommen) den Gegensatz zwischen platonischen und kartesianischen Gesellschaften. Sie unternahm den Versuch einer übergreifenden Vision, die es erlaubte, die verschiedenen Erscheinungsformen in *ein* großes Schema einzuordnen. Mit Hilfe dieses Schemas ließ sich die Vielfalt gleichzeitig erklären *und* rechtfertigen, vor allem aber in ihrer Grundrichtung überzeugend sichtbar machen. Dem Schema zufolge kulminierte der Prozeß in einem historischen Punkt, von dem die Menschen des Westens glauben konnten, sie hätten ihn bereits erreicht oder stünden jedenfalls kurz davor.

Die Fortschrittsphilosophie wurde unter dem Eindruck zweier Wissenschaften formuliert, die nacheinander und unabhängig voneinander Karriere machten: der Geschichtswissenschaft und der Biologie. Beide ließen sich aber auch miteinander verbinden. Die Anregung zu einer allgemeinen Fortschrittstheorie ging ursprünglich von der Beobachtung aus, daß die Geschichte einer Art vorwärtsweisendem Bewegungsmuster zu gehorchen schien; als dann später von der Darwinschen Biologie die Nachricht kam, dieses Bewegungsmuster habe nicht nur für die Geschichte, sondern für das Leben überhaupt Gültigkeit, ließ man sich dies zu einer Bestätigung und Universalisierung der Theorie dienen.

Wenn dieser Vorwärtsdrang fürs Leben ganz allgemein zentrale Bedeutung beanspruchen durfte, war er bestens geeignet, auf neue und annehmbar säkulare Weise einem Bedürfnis nachzukommen, für dessen umfassende Befriedigung zuvor die großen universalen Erlösungsreligionen gesorgt hatten. Dies war das Bedürfnis nach einer Lösung für das Problem des Übels auf Erden, nach einer Versöhnung des Menschen mit seiner Welt. Die Welt hatte, wie es schien, nicht länger mehr einen *von außen kommenden* Heiland, Erretter und Erhalter nötig. Sie stand für ihre eigene Erlösung ein und sorgte selber dafür. Sie wurde durch Prozesse erlöst, die sie aus eigener Kraft hervortrieb, und aufgrund von Kriterien, denen sie selber Wirklichkeit und Geltung verlieh. Die Fortschrittsphilosophie liefert in der Tat eine grandiose Lösung für das Problem des Übels in der Welt. Das Übel wird zu guter Letzt durch ein grundlegendes Prinzip überwunden, das seine Wirkung *innerhalb der Welt* entfaltet. Aber zugleich stellt das Übel auch erst einmal einen Stachel, einen notwendigen Widerstand dar. Ohne es verlöre der spätere Erfüllungszustand viel von seinem Reiz, oder er könnte gar nicht erst eintreten. So gewann das Übel schließlich eine Notwendigkeit und Funktion.

Auf diese Weise gelang es mit Hilfe eines begrifflichen Instrumentariums, das jetzt ganz und gar der weltlichen Immanenz entlehnt war, vorübergehend und in einigermaßen prekärer Form die alte Einheit zwischen empirischer Tatsache und Wertvorstellung wiederherzustellen. Als die folgenreichste Spielart dieser Art Theorie erwies sich die Lehre von Hegel und Marx, und zwar im politischen Bereich ebenso wie auf philosophischem Gebiet. Die Weltgeschichte, so lehrten sie, hatte Sinn, Richtung und Ziel. Veränderungen waren mehr als bloße

Einbrüche von Diskontinuität. Die alte Verschmelzung von Tatsachen und Wertvorstellungen blieb entweder erhalten und wurde in einen Zustand der Vollkommenheit überführt (Hegel), oder aber sie fand letztendlich ihre Verwirklichung, nachdem sie in der Vergangenheit lediglich vorgetäuscht war (Marx). Der künftige Zustand der Menschheit würde beide noch unauflöslicher miteinander vereinigen.

In ihrer marxistischen Form war es, wie bekannt, dieser Vision beschieden, eine der großen Weltreligionen zu werden. In ihr vermengen sich eine ganze Reihe von Ideen. Die wichtigsten sind: daß die verschiedenen gesellschaftlichen Formationen, die von der Menschheit bisher durchlaufen wurden und noch durchlaufen werden, zu einem Endpunkt führen, der auch moralische Verbindlichkeit beansprucht; daß die verschiedenen Stadien der Vergangenheit ihre hauptsächliche Grundlage in der Produktion haben, deren Entwicklung und kontinuierlicher Entfaltung sie durch die Geschichte hindurch korrespondieren; und daß am Ende ein Zustand erreicht wird, in dem es weder Zwangsinstitutionen noch Privateigentum mehr gibt. So wurden eigenartigerweise eine materialistische Gesellschaftstypologie und eine Theorie sozialer Entwicklung benutzt, um zusammen einen politischen Messianismus zu begründen, der das Ende aller Herrschaft und Täuschung verhieß.

Das war natürlich nicht die einzige Fortschrittstheorie. In Frankreich und anderswo spielte auch die Comtesche Schule eine große Rolle. Der Darwinismus gab die Anregung zu einer ganzen Schar von neuen Theorien, von denen die wichtigste vermutlich der Pragmatismus war. Der Pragmatismus lehrte, daß der Anpassungs- und Ausleseprozeß, der im natürlichen Überlebenskampf seinen Anfang genommen hatte, sich im Prinzip auch in dem späteren Streben der Menschheit nach Erkenntnis und sittlicher Vervollkommnung fortsetzte. Der Prämisse oder Garantie einer einheitstiftenden übergreifenden Macht bedurfte es nicht, weil die stückweisen Anpassungsleistungen ihre eigene Rechtfertigung in sich trugen oder im Erfolg fanden. Der Verzicht des Pragmatismus auf umfassende Verbindlichkeit und sein leidenschaftliches Eintreten für kleine Lösungen entwickelte sich nun wiederum ironischerweise zu einer großen und extrem abstrakten Lehre von allergrößter Verbindlichkeit. Diese Lehre dürfte die wichtigste einheimische Philosophie sein, die der nordamerikanische Kontinent hervorgebracht hat. Die pragmatistische Vorstellung vom kontinuierlichen und ununterbrochenen Fortschritt wurde dadurch möglich, daß man höchst unglaubhaft bereits dem Primitiven vergleichsweise einspurige Geistestätigkeiten unterstellte. Stillschweigend projizierte man die moderne Arbeitsteilung auf die Verhältnisse der Vergangenheit. Das paßte gut zu einer Kultur, die auf kein eigenes Ancien régime zurücksah, dem solche Arbeitsteilung noch fremd war.

Was uns hier interessiert, sind das allgemeine Schicksal und die durchgängigen Schwächen der Fortschrittsphilosophien. Eine von ihnen ist bekanntlich in einem riesigen Teil der Erde zur Staatsreligion geworden. In den Gebieten, in denen das Denken frei geblieben ist, haben es die Fortschrittsideen am Ende nicht so gut getroffen. Im Agrarzeitalter konnte es so *scheinen*, als würden die Glaubenssysteme sich durch ihre Ansprüche in Gefahr begeben, aber tatsächlich wurden sie selten, und schon gar nicht nachdrücklich und effektiv, auf die Probe gestellt. Den sozialen und logischen Schutzmechanismen, die ihre Haltbarkeit garantierten, kam zu Hilfe, daß es den betreffenden Gesellschaften nicht gelang, ihren Wissensstand wesentlich anzuheben. Das gesamte Ethos jener Gesellschaften stand einfach quer zu jedem Interesse an und Streben nach vermehrtem Wissen. Angriffe auf die zentralen und geheiligten Lehren waren mithin eine Seltenheit.

Dies alles ist heute anders. Die soziale, historische oder biologische Neo-Metaphysik des 19. Jahrhunderts kann zwar, wenn sie zum offiziellen Glaubenssystem erhoben wird, nach wie vor auf gesellschaftliche Unterstützung rechnen oder auch schlicht und einfach von der Protektion durch die Staatsgewalt profitieren. Sie kann sich immer noch wie die Glaubenssysteme früherer Zeit der Auseinandersetzung entziehen. Diesbezügliche Mechanismen stehen ihr reichlich zur Verfügung. Aber der unaufhaltsame Wachstumsprozeß des Wissens und ein alldurchdringender Geist der Kritik setzen sie einer unablässigen Erosion aus. Weder aus den Strukturen der Geschichte noch aus denen der Biologie läßt sich eine stabile Glaubenslehre herleiten. Solche Strukturen sind zu unsicher, um eine derart schwergewichtige moralische Autorität zu tragen.

Diese letzten Sprößlinge der metaphysischen Tradition, einer systematischen Beglaubigung der Welt, waren bereits Zwitter. Sie sanktionierten unsere Ordnung mit Hilfe einer höheren Macht. Aber die höhere Macht bestand diesmal – mehr oder weniger eindeutig – bloß in den tieferliegenden und dauerhaften Grundtendenzen *eben dieser*

Welt. Jene mutmaßlichen Tendenzen waren hinlänglich von dieser Welt, um nicht nach Art der alten Religionen einen Dualismus heraufzubeschwören und gegen unseren Begriff von einer einheitlichen Natur zu verstoßen. Zugleich sollten sie tiefgreifend und dauerhaft genug sein und sich vom Einerlei der Tagesgeschäfte ausreichend unterscheiden, um mit ihrem Geltungsanspruch Eindruck auf uns zu machen. Diese Systeme sind selbstverständlich nicht ganz und gar verschwunden; mindestens eines scheint noch auf lange Zeit eine historische Präsenz behaupten zu wollen. Aber ihre Blütezeit haben sie hinter sich und gehören der Vergangenheit an. Unsere heutige ideologische Desorientierung hat ihren Ursprung nicht im Tode Gottes, sondern im Sturz dieser Ersatzgötter des 19. Jahrhunderts.

DIE HERRSCHAFTSORDNUNG
UND IHRE AUFLÖSUNG

Strukturen der Macht

WIR HABEN DIE WANDLUNGEN des ersten großen Bereichs menschlicher Tätigkeit, des geistigen Bereichs, durch die entscheidenden Stadien der Entwicklung der Arbeitsteilung hindurch verfolgt: von den Jäger-Sammler-Gemeinschaften über den Agrarkomplex bis zum industriellen Kapitalismus. Was ist in dieser Zeit mit der Herrschaft passiert? Was hatten die Machtstrukturen mit den Veränderungen in der geistigen Welt des Menschen zu tun? Wie vor allem ging aus dem Agrarzeitalter, in dem Gewalt und Raub den thematischen Mittelpunkt und Wertmesser des Lebens bildete, das Industriezeitalter hervor, in dem die Produktion zum Hauptinteressenpunkt der Gesellschaft wurde und deren ganze Organisation und Ethik umkrempelte?

In den voragrarischen Gesellschaften, in denen es wenig gehorteten Reichtum gibt, läßt sich mit Macht und Herrschaft keine übermäßig klare Perspektive verbinden. Wer nicht für die Zukunft vorsorgt und keine Mittel hat, den künftigen Unterhalt sicherzustellen, hat nur wenig Veranlassung, andere in seinen Dienst zu zwingen. Natürlich kann es vorkommen und kommt auch vor, daß jemand andere unterwirft, um kurzfristige Zwecke zu erreichen oder selber eine gesellschaftliche Vormachtstellung zu erringen; aber die Frage ist, inwieweit sich daraus eine dauerhafte und unpersönliche Herrschaftsstruktur entwickeln kann. Daß die betreffenden Gesellschaften klein sind, verstärkt noch die Schranken, die wegen des Mangels an ständig verfügbaren, gehorteten Subsistenzmitteln der Ausbildung einer dauerhaften Herrschaft gesetzt sind.

Mit dem Aufkommen des Ackerbaus ändert sich die Lage schlagartig. Es kommt zu einer Überschußproduktion lagerfähiger Güter. Das Vorhandensein gehorteter Sachwerte läßt Herrschaft im strengen Sinn nicht bloß möglich, sondern regelrecht obligatorisch werden. Platon stellt fest, daß es das Entstehen eines Mehrprodukts war, was die Wahrnehmung von Verteidigungsaufgaben und die Durchsetzung von Ordnungsfunktionen unvermeidlich werden ließ. Im Prinzip gehört einem, was man mit physischer Kraft oder mit sozialen Mitteln verteidigen kann. Eigentum und Macht sind korrespondierende Begriffe. Man kann Eigentum durch die Ausübung von direkter Gewalt verteidigen oder aber mit Hilfe sozialer Gesetze, die ihrerseits auf der Basis von Gewaltandrohungen durchgesetzt werden. Herrschaft in einer eigentumslosen Gesellschaft läßt sich zwar vorstellen. Aber solcher Herrschaft sind, was ihre Beständigkeit, ihre systematische Entfaltung und ihren Umfang betrifft, augenscheinlich Grenzen gesteckt. Sobald indes materieller Reichtum in Erscheinung tritt, werden diese Grenzen hinfällig.

Die agrarische Revolution führte zu einer extensiven Vorratshaltung und Reichtumsbildung und ließ damit die Ausübung von Macht zu einem unabdingbaren Aspekt des gesellschaftlichen Lebens werden. Kein Regelsystem für die Verteilung eines Überschusses kann Selbstverständlichkeit beanspruchen und sich aus eigener Kraft durchsetzen. Es braucht Vorkehrungen, um die vorhandenen Subsistenzquellen zu schützen und die »gerechte« oder anerkannte Verteilung ihrer Früchte durchzusetzen. So tritt denn die Macht in Erscheinung und wird zum unentrinnbaren Begleiter der gesellschaftlichen Ordnung.

Grob läßt sich zwischen unmittelbarer und mittelbarer Gewalt unterscheiden. Unmittelbare Gewalt übt jemand aus, wenn er auf einen anderen durch physische Bedrohung Zwang ausübt. Mittelbare Gewalt ist dann im Spiel, wenn jemand mit Hilfe gesellschaftlich verfügter Bestimmungen einem anderen seinen Willen aufzwingt, indem er ihm zum Beispiel droht, öffentlich Anschuldigungen gegen ihn zu erheben, die irgendeine Form der Bestrafung nach sich ziehen. In diesem Fall hängt die Wirksamkeit der Drohung von der Zuverlässigkeit ab, mit der das gesellschaftliche Gebot zur Geltung gebracht wird. Eine soziale Regel wird als Hebel benutzt. Der Hebel selbst operiert nur indirekt (wenn überhaupt) mit der Drohung wirklicher Gewalt. Ein Verstoß gegen das gesellschaftliche Gebot kann Zwangsmaßnahmen nach sich ziehen oder wiederum andere gesellschaftliche Gebote aktivieren. Unter Umständen kommt es nie so weit, daß ein solcher Zirkel von Regeln, die einander stützen, durch eine systematisch durchgeführte Provokation auf die entscheidende Probe gestellt wird.

Unmittelbare Gewalt ist relativ selten, und reine unmittelbare Gewalt, bei der nichts als das tatsächliche Kräfteverhältnis den Ausschlag gibt, ist extrem selten, wenn auch wichtig. Soziale Regeln und das Vertrauen auf sie spielen vermutlich in allen menschlichen Gesellschaften eine große Rolle. Falls allerdings stimmt, was manche Ethnologen behaupten, daß der Primitive von absoluter Ehrfurcht gegenüber Vorschriften erfüllt ist, die er für Willensbekundungen übernatürlicher Mächte hält, dann ließe sich daraus rückschließen, daß die Hörigkeit gegenüber Geboten im Leben der Frühzeitmenschen besonders ausgeprägt war. Indes sind Zweifel an einer solchen These angebracht. Selbst in primitiveren Gesellschaften reicht zur Aufrechterhaltung von Verhaltensnormen der Glaube nicht aus. Selbst dort bedarf es darüber hinaus sozialer Mechanismen, und eine Übertretung sogar der heiligsten Gebote kommt vor. *Beides* ist vorhanden: die Internalisierung von Normen *und* handgreifliche Zwangsmaßnahmen. Wie die Ausübung von Gewalt und die Berufung auf automatisch respektierte Gebote sich gegenseitig bedingen und ergänzen, ist, abhängig von den einzelnen Gesellschaftstypen, ganz verschieden.

Hat sich das konkrete Machtproblem erst einmal gestellt, so gibt es dafür zwei diametral entgegengesetzte Lösungen: Machtkonzentration oder ein Gleichgewicht der Kräfte. Die Logik dieser beiden Lösungen ist unschwer nachvollziehbar.

Der Weg zur Machtkonzentration ist einfach: Wenn zwei Menschen (oder Gruppen) potentiell in Konflikt miteinander stehen, weil der eine über Hilfsmittel verfügt, die der andere gerne an sich brächte, dann ist es für jeden der Beteiligten höchst vorteilhaft, wenn er mit seinen Aktionen dem anderen zuvorkommen kann. Er wird gut daran tun, jede günstige Gelegenheit, die sich ihm bietet, zu nutzen. Wenn er nichts unternimmt, wird es schließlich der andere tun. Dieses Bewußtsein, das beiden gemeinsam ist, schürt den Konflikt. Wenn man sicher sein kann, daß der Gegner eine drohende Niederlage zum Anlaß nehmen wird, seine Rüstung zu verstärken, dann kann man ihm auch gleich zuvorkommen und von Anfang an mit gesammelter Macht gegen ihn antreten. Verlieren kann man dabei nichts, und vielleicht gewinnt man! Dieser Mechanismus ist wahrscheinlich verantwortlich für die autoritäre Struktur der meisten Agrargesellschaften.

Die Logik der Situation verwickelt die Beteiligten in einen erbarmungslosen Überlebenskampf. Das läßt sich in jeder Gesellschaft neu beobachten, in der eine Revolution das alte anerkannte Zentrum der Legitimität und den alten Kreis von wechselseitig einander stützenden gesellschaftlichen Gepflogenheiten zerstört. Miteinander konkurrierende, neue, selbsternannte Gewalten tauchen auf, von denen keine durch Alter geheiligt ist. Diejenige, der es am wirksamsten gelingt, die anderen zu vernichten oder einzuschüchtern, vereinigt schließlich die Macht in ihrer Hand. Die Schreckensherrschaft ist keine »Entartung« und Verfälschung der Revolution, kein Verrat an ihr, sondern ihre natürliche Begleiterscheinung. Ein durch die Tradition geheiligtes Regime unterscheidet sich deutlich von den Rivalen, die es ersetzen möchten, und muß nicht unbedingt zu extremen Maßnahmen greifen, um seine Macht zu behaupten. Ein neues Machtzentrum kann sich nur darauf stützen, überzeugender Furcht und Schrecken zu verbreiten als seine Konkurrenten. Die Wiederherstellung der Ordnung erfordert gemeinhin sehr viel mehr Gewalttätigkeit als ihre bloße Aufrechterhaltung. Die Schwächeren unter den Beteiligten können wählen, ob sie in diesem tödlichen Konflikt mitmischen wollen oder ob sie es vorziehen, sich dem voraussichtlichen Sieger zu unterwerfen. Diese Unterwerfung wiederum stärkt dessen Position und kann im Schneeballsystem mit dazu beitragen, daß er sich am Ende tatsächlich durchsetzt.

Unvorhersehbar ist der Ausgang eines gewalttätigen Konflikts, wenn die Gewalttätigkeit wirklich total ist und keinerlei Spielregeln gehorcht. Manch *scheinbar* gewalttätiger Konflikt, bei dem sogar Blut fließt, ist dagegen in Wahrheit hochritualisiert und nicht eigentlich total. Manche Stämme zum Beispiel halten sich an eine Saison für Kriegszüge, die so liegt, daß sie nicht mit der Erntezeit kollidiert. Die geltenden Spielregeln sorgen dafür, daß es viel munteres Geplänkel gibt und relativ wenig Verluste an Menschenleben. Nichtsdestoweniger bleibt ein originär gewalttätiger und regelloser Konflikt immer etwas Gefährliches und kommt oft genug vor. Für solche Konflikte ist dann die Ungewißheit des Ausgangs ein überaus typisches Merkmal. Angesichts dieses ungewissen Ausgangs kann es sein, daß die beteiligten Parteien davor zurückschrecken, den Konflikt auszutragen oder eskalieren zu lassen; sie ziehen den Verzicht auf einen Sieg der Gefahr zu unterliegen vor. Das kann dann zu einer Situation führen, in der sich die Kräfte die Waage halten.

Die Ungewißheit kann aber durch die Existenz einer größeren Anzahl potentieller Beteiligter und durch wechselnde Bündnisse noch vergrößert werden. Neue Verbündete können sich dem Gewinnenden anschließen; andererseits ist der Gewinnende daran zu erkennen, daß er Verbündete anzieht. Es kann sein, daß der künftige Sieger Verbündete anlockt, weil er »im Recht« ist und weil er von den Fachleuten für

Legitimationsfragen unterstützt wird. Das hat dann zur Folge, daß ein eindeutiger Sieger aus dem Konflikt hervorgeht und die Macht sich in einer Hand konzentriert. Die Partei mit den besser begründeten Ansprüchen zieht dabei unter Umständen Verbündete und Anhänger nicht so sehr deshalb an, weil alle in der Gesellschaft von einem tiefen Verlangen nach Recht und Billigkeit und von einem starken Glauben an die Unfehlbarkeit der Geistlichen oder Schamanen erfüllt wären, sondern weil die Betreffenden wissen oder sich denken können, daß auch andere Unentschiedene sich im Zweifelsfall auf die Seite des künftigen Siegers schlagen werden. Die geistliche Beglaubigung dient als Kristallisationspunkt für eine kollektive Zustimmung und läßt so aus bloßen Kandidaten Erwählte werden. Für die Beurteilung des relativen Machtverhältnisses zwischen Kriegern und Geistlichen ist das von großer Wichtigkeit.

Es gibt indes noch die andere Möglichkeit, den anderen Weg, um relative Stabilität zu erreichen. Zwei Gegner können in etwa gleich stark oder extrem unsicher sein, wie ein Konflikt gegebenenfalls ausgehen würde, und deshalb einem stillschweigenden oder erklärten Nichtangriffspakt den Vorzug geben. Auf diese Weise können Gemeinschaften entstehen, in denen ein mehr oder minder stabiles – wenn auch beileibe nicht perfektes – Kräftegleichgewicht herrscht.

Natürlich kann es auch zu Zwischenstufen oder Mischformen kommen. Ein eskalierender Konflikt und Überlebenskampf mit einem einzigen Sieger am Ende und ein schließliches Kräftegleichgewicht zwischen den streitenden Parteien stellen nur die beiden extremsten Möglichkeiten dar. Es können sich komplexe Situationen ergeben, in denen Elemente des polaren Gegensatzpaars kombiniert sind. Zum Beispiel kann im Verhältnis zwischen zwei Gemeinschaften eine totale Machtkonzentration statthaben – nach Art der Beziehung zwischen Spartanern und Heloten –, während gleichzeitig *innerhalb* der führenden Schicht ein Gleichgewicht der Kräfte herrscht. Oder aber eine einzige Zentralgewalt übt die Herrschaft über regionale Gemeinschaften aus und eignet sich deren Mehrprodukt an, räumt ihnen gleichzeitig aber eine gewisse Autonomie ein; denn unter Umständen lassen sie sich leichter mittels Selbstverwaltung regieren. Eine direkte Herrschaft kann mühsamer und der Überschußprduktion abträglich sein. Während also die Zentralgewalt über ein klar umschriebenes Machtzentrum verfügt, kann es sein, daß die von ihr beherrschten regionalen

Gemeinschaften intern vergleichsweise egalitär organisiert sind. Sie können ein internes Kräftegleichgewicht aufweisen, das ihrer externen, kollektiven Beziehung zum Herrscher völlig abgeht.

Als vorläufige Hypothese ließe sich formulieren, daß die Machtkonzentration den Normalfall bildet und daß es für ein Kräftegleichgewicht spezieller ausgleichender Faktoren bedarf. Das Kräftegleichgewicht ist empfindlich und läßt sich, ist es erst einmal gestört, nicht wiederherstellen. Wer ein zeitweiliges Übergewicht erlangt, wäre verrückt, wenn er daraus keinen Nutzen zöge und seine Überlegenheit nicht soweit ausbaute, daß sie zum Dauerzustand wird. Warum sollte man einem unterlegenen Rivalen Gelegenheit geben, neu zu erstarken? Tatsächlich zeichnen sich die Agrargesellschaften in der Mehrzahl durch große ökonomische Ungleichheit und eine eifersüchtig bewachte, kompromißlose Machtkonzentration aus. Was sind das für Faktoren, die dieser normalerweise unaufhaltsamen Zusammenballung der Macht in einer Hand entgegenwirken?

Gesellschaften mit Weidewirtschaft, insbesondere (aber nicht nur) hirtennomadische Gesellschaften, stellen ein Milieu dar, in dem die Zentralisierung von Macht zwar nicht unbekannt ist, aber doch, wenn sie auftritt, normalerweise kurzlebig, ephemer bleibt und nach vergleichsweise kurzer Dauer wieder dem ursprünglichen, nichtzentralisierten Zustand Platz macht.[1] Die Erklärung dafür ist nicht schwer zu finden: Auch wenn die hirtennomadischen Gesellschaften über Reichtum in Vorratsform verfügen, handelt es sich doch um *mobilen* Reichtum, dessen Eigentümer deshalb dem Dilemma eines Konfliktfalls, der zur präventiven Aktion zwingt, entrinnen können. Sie stehen nicht vor der Alternative, zu unterwerfen oder unterworfen zu werden, und sie können sich dem Aggressor durch die Flucht entziehen.

Ähnliches gilt für bäuerliche Gemeinschaften in unzugänglichen Regionen. Im allgemeinen sind Bauern an ihre Felder gebunden und insofern ausgesprochen leicht auszubeuten: Sie können nicht weglaufen. Wenn indes ihre Äcker in Gegenden liegen, die schwer zugänglich sind, dann lohnt möglicherweise ihre Unterwerfung und Beherrschung nicht die Mühe. Unter solchen Umständen sind autonome,

---

[1] A. M. Khazanov, *Nomads and the Outside World* (1983), Cambridge 1984.

relativ egalitäre und nicht von einer Zentralgewalt beherrschte bäuerliche Gemeinschaften keine Seltenheit.

Ein anderer Fall von Dezentralisierung der Macht resultiert aus einer Zersplitterung der herrschenden Schicht. Die Zentralgewalt ist vielleicht in der Lage, weit entfernte Gebiete zu unterwerfen, aber nachdem sie das vollbracht hat, steht sie vor dem Problem, wie sie die kontinuierliche Ausbeutung dieser Gebiete sicherstellen soll. Im Idealfall bewerkstelligt sie dies durch regionale Repräsentanten, denen sie eine zeitlich begrenzte Vollmacht erteilt und gegebenenfalls auch wieder entzieht. Das ist die bürokratische Lösung – die Herrschaft durch Beamte, die zeitlich befristet eingesetzt werden und deren Macht von der Zentralgewalt nach Belieben widerrufen werden kann.

Aber diese Ideallösung ist nicht immer praktikabel und unterliegt häufig der Verfälschung. Geradeso wie die Herrscher sich unter Umständen die Aufgabe der Verwaltung ganzer bäuerlicher Gemeinschaften dadurch vereinfachen, daß sie es diesen überlassen, ihre regionalen Angelegenheiten selber zu ordnen, kann die Zentralgewalt ihre Herrschaft auch durch lokale Repräsentanten ausüben, die in der betreffenden Region bereits über eine Machtbasis verfügen. Oder umgekehrt tendieren Leute, die ihre Laufbahn als Vertreter der Zentralgewalt angefangen haben, erfahrungsgemäß dazu, sich im Laufe der Zeit eine lokale Machtbasis aufzubauen. Die Zentralgewalt befindet sich in einem praktisch unlösbaren Dilemma: Sind ihre regionalen Repräsentanten schwach, können sie das Lehen nicht gegen äußere Angriffe oder interne Aufstände verteidigen. Sind sie stark, schaffen sie sich eine eigene Machtbasis und machen sich irgendwann selbständig.

Wenn dieser Prozeß sich lange fortsetzt, führt er zu einer Situation, in der die herrschende Schicht aus regionalen Kriegsherren und Verwaltungsbeamten ihren Zusammenhalt verliert und jeder einzelne relativ unabhängig von der Zentralgewalt und vollständig unabhängig von den anderen regiert. Wenn diese Situation in aller Form anerkannt und durch einen Verhaltenskodex, durch förmliche Rituale und durch ein Regel- und Gesetzeswerk ratifiziert wird, erhalten wir das Phänomen »Feudalismus«.

Dann gibt es auch noch den Fall der städtischen Gemeinschaften und insbesondere der Handelsstädte. Nicht alle Städte sind in der Hauptsache von Handeltreibenden oder sonstigen Nicht-Ackerbautreibenden bewohnt, und Städte im allgemeinen stellen höchstwahrscheinlich keine Ausnahme von unserer Grundhypothese dar, daß die Machtkonzentration der Normalfall ist. Aber einige Städte fallen tatsächlich aus dem Rahmen; und sie dürften vielleicht das wichtigste Sonderphänomen in der agrarischen Welt sein, weil sie anscheinend die einzige Ausstiegsstelle aus der Gesellschaftsordnung des Agrarzeitalters bilden.

Hirtennomadische Gemeinschaften mögen beispielhafte politische und kulturelle Partizipationsmodelle verkörpern, aber sie sind ganz gewiß außerstande, sich selber grundlegend zu verändern, geschweige denn sich zu verändern und dabei ihre Mustergültigkeit zu bewahren. Das gleiche gilt für die autonomen bäuerlichen Gemeinschaften, auch wenn diese im Bunde mit Handelsstädten ihren Beitrag zum sozialen Wandel leisten können. Die Diffusion der Macht und formale Ratifizierung von Privilegien mag dadurch, daß sie das Bewußtsein für Rechtsansprüche und für eine Regierung auf Vertragsbasis stärkt, ebenfalls zur Ausbildung einer berechenbaren, durch Gesetz gebundenen Herrschaft beitragen.

Aber den meisten dieser Gesellschaftsformen ist eine bestimmte negative Eigenschaft gemeinsam. Die hirtennomadischen und die autonomen bäuerlichen Gemeinschaften zwingen ihre Angehörigen, gleichzeitig Produzenten und Krieger zu sein, und verhindern durch diese schwere Bürde *sozialer* Verpflichtungen die Entwicklung der Arbeitsteilung. Bezeichnenderweise werden Kaufleute und Handwerker in dieser Art von Gesellschaft verachtet. Und die Alternative dazu sind Gesellschaften, deren Angehörige in strikt getrennte Produzenten- und Kriegerklassen zerfallen. Weder von einer unterdrückten Bevölkerung noch von Leuten, die mit militärischem Korpsgeist erfüllt sind und voll Verachtung auf Spezialisten herabblicken, läßt sich erwarten, daß sie auf wirtschaftlichem Gebiet innovativ tätig werden. Und dasselbe gilt für diejenigen, die Wehrhaftigkeit und Arbeit miteinander verknüpfen. Erforderlich für einen radikalen Durchbruch und für einen Ausweg aus der agrargesellschaftlichen Sackgasse schienen Leute, die sich der Produktion widmeten und dabei weder Opfer gewaltsamer Unterdrückung noch selber zu Gewaltspezialisten wurden. War das überhaupt möglich? Es widersprach aller agrargesellschaftlichen Logik.

Egalitäre, in Mitbestimmung gründende Gemeinschaften regeln ihre inneren Angelegenheiten und sorgen für ihre äußere Verteidigung mit Hilfe eines starken Zusammengehörigkeitsgefühls, dessen Kristallisationskerne gewöhnlich eine Reihe von ineinander eingebetteten Abteilungen und Unterabteilungen sind. Diese Abteilungen verstehen sich häufig, wenn auch nicht immer, als Sippenverbände. Die Loyalität wird gewöhnlich als eine Verpflichtung angesehen, die sich aus der Gemeinsamkeit von *Blut* oder *Bein* ergibt (worin die gemeinsame Identität ihren körperlichen Ausdruck findet, hängt vom jeweiligen Mythos ab). Verwandtschaftliche Bande können wirklich vorhanden sein oder auch nicht, und auch wenn gelegentlich das Gegenteil behauptet wird, sind sich die Stammesangehörigen häufig des fiktiven Charakters der Verwandtschaft bewußt. In kultureller Hinsicht aber sind solche »Vetternrepubliken«, wiewohl auf andere Weise, ebenso beengend wie die Herrschaft einer Zentralgewalt. Die Menschen stehen zu einem Großteil vor dem Problem, ihre Freiheit entweder dem König oder dem Vetter opfern zu müssen, und nicht selten sind sie der Herrschaft beider unterworfen. Die Frage ist: Gibt es eine Möglichkeit, sich sowohl der Königs- als auch der Vetternherrschaft zu entziehen?

Städte können Verwaltungszentren oder rituelle Zentren der Religion oder auch eine Kombination aus beidem sein. Selbst wenn sie Zentren des Handels und der handwerklichen Produktion sind, sind sie nicht unbedingt unabhängig. Selbst wenn sie unabhängig und auf Handel eingestellt sind, kann es sein, daß die Notwendigkeit, ihren eigenen Handel zu schützen, sie neben den kaufmännischen auch schutzherrliche Funktionen ausbilden läßt, und das kann wiederum eine Machtkonzentration zur Folge haben. Klammert man all diese Weiterungen aus, bleibt ein harter Kern von städtischen Gesellschaften, die auf die Produktion gerichtet und politisch nicht über Gebühr zentralisiert sind.

Ein Handelszentrum unter einer autoritären Ein-Mann-Herrschaft läßt sich durchaus denken und ist durch historische Beispiele belegt. In den Anfangsstadien von Handelsbeziehungen, die sich zwischen einem barbarischen Hinterland und einem fortgeschritteneren Zentrum entwickeln, ist dieser Fall tatsächlich nichts Ungewöhnliches. Sowohl das nördliche und östliche Europa im frühen Mittelalter als auch Teile von Schwarzafrika in den Randgebieten der arabischen und europäischen Expansion entwickelten kurzlebige Mini-Handelsstaaten dieser Art. Die Wahrscheinlichkeit, daß es beim Handel zu so etwas kommt, ist noch größer, wenn es nicht um eine breite Palette von Industriewaren, sondern um wenige, wertvolle Luxusgüter wie Sklaven und Edelmetalle geht.[2]

Ein entwickelter, diversifizierter Handel aber, der mit vielen verschiedenen Waren operiert, in Verbindung zur Produktion steht und mit komplizierten Marktentwicklungen fertigwerden muß, läßt sich nicht ohne weiteres auf diese Weise führen. Die Komplexität des Vorgangs erfordert das selbständige Wirken zahlreicher unabhängiger Händler. Die Beziehung dieser Händler untereinander ähnelt zumindest in mancher Hinsicht dem Verhältnis von Hirtennomaden oder Bergbauern. Sie neigen eher zum politischen Kräftegleichgewicht als zu Konflikteskalation und Präventivstrategien.

Tatsächlich sehen sie sich sogar noch stärker in diese Richtung gedrängt als egalitäre Stammesgruppen. Die letzteren können sich in einer antagonistischen Situation befinden, in der materieller Gewinn nur auf Kosten des jeweils anderen zu erringen ist. In dieser Situation kommen nun aber beide wegen der Ungewißheit des Ausgangs kriegerischer Auseinandersetzungen überein, auf aggressive Handlungen zu verzichten. Das hat den zusätzlichen Vorteil, daß sie sich Beistand gegen äußere Angriffe leisten können. Bei Auseinandersetzungen zwischen Kaufleuten spielen diese Überlegungen – ungewisser Ausgang des internen Konflikts, gegenseitige Hilfe im Falle externer Konflikte – ebenfalls eine Rolle; aber die wichtigste Überlegung ist, daß es sich hier um *keine* antagonistische Situation handelt. Das Wohlergehen der einen ist nicht etwa abhängig von einer entsprechenden Verelendung anderer Bürger. Alle können *gemeinsam* gedeihen. Der Wohlstand der einen kann die Grundlage für den Wohlstand anderer werden.

Die egalitären Stammesangehörigen erhalten sich ihre Freiheit und ihre Gleichheit mit Hilfe einer sehr hohen Kampfbereitschaftsquote, um S. Andreskis passenden Ausdruck zu verwenden.[3] Sie alle haben die Pflicht beziehungsweise genießen das stolze Vorrecht, an der Ausübung und Abwehr von Gewalt teilzunehmen. In der Tat halten sie sich durch nahezu unablässige Fehden in Schuß, so wie die feudale

[2] Vgl. Jack Goody, *Technology, Tradition and the State in Africa*, Oxford 1971. Eric de Dampierre, *Un Ancien Royaume Badia du Haut-Oubangui*, Paris 1967.

[3] Stanislav Andreski (eigtl. Andrzejewski), *Military Organization and Society*, London 1954.

Kriegerklasse sich durch kleine interne Privatkriege und blutrünstige Kampfspiele in Übung hält. Städtische Handelsgemeinschaften können durchaus ihre Mitglieder zur gemeinsamen Verteidigung der Stadt heranziehen und tun das im Notfall auch. Sie sind indes in dieser Hinsicht weniger erpicht auf Kontinuität und machen kein so großes Gewese darum. Gewalttätigkeit wird kein wesentlicher Bestandteil des Verhaltens. Nicht selten neigen die Handelsstädte dazu, Söldner in Dienst zu nehmen. Das hat einen einfachen Grund. Wie bei den meisten anderen Aktivitäten hängt auch im Handel oder in der Produktion ein erfolgreiches Wirken davon ab, daß man sich auf die Sache konzentriert, und wer wirklich etwas leisten will, muß unter Umständen den Großteil seiner Zeit an die Tätigkeit wenden. Einem Hirtennomaden macht es nichts aus, viel Zeit in Gewalttätigkeiten zu investieren – während er die Herden hütet, hat er genügend Zeit, sich zu erholen. Außerdem bedeutet die Aufgabe, die Herden gegen wilde Tiere und vor allem gegen andere Hirten zu schützen, eine ständige Einübung in die Kunst der Gewalttätigkeit. Aber wenn man sich auf subtile Entwicklungen auf dem Markt oder auf sein Hauptbuch konzentrieren muß, dann kann es sich als lästig erweisen, wenn man zuviel Zeit aufs Bogenschießen oder auf Übungen der Miliz verwenden muß. Wer Hervorragendes leisten will, muß sich spezialisieren, und Spezialisierung hat ihren Preis.

So werden also manche Handelskommunen eine Regierungsform ausbilden, die auf einem Kräftegleichgewicht basiert (was natürlich noch sehr weit entfernt von der Verwirklichung allgemeiner Gleichheit und voller Mitbestimmung sein kann). Solche Gemeinschaften sind dann möglicherweise frei von jener unbedingten Glorifizierung eines auf Gewalt gegründeten Ehrbegriffs, den man in der agrarischen Welt ansonsten durchgängig antrifft. Diese Art von Gesellschaft, und offenbar ausschließlich sie, scheint imstande, unter sehr günstigen und vielleicht einzigartigen Umständen zum Werkzeug eines Ausbruchs aus der agrarischen Welt zu werden. Sie kann der Herrschaft von Rot und Schwarz, von Kriegerkaste und Geistlichkeit, ein Ende setzen.

Bedingungen für den Ausbruch

DIE AGRARISCHE GESELLSCHAFT ist zur Gewalt verurteilt. Sie hortet Reichtümer, die verteidigt werden müssen und deren Verteilungsmodus mit Gewalt durchgesetzt werden muß. In einem zuverlässigen Sinn genügend Reichtum gibt es nie. Die Agrargesellschaft ist eine malthusianische Gesellschaft, die durch ihren Bedarf an Arbeitskräften und Kriegsmannschaft gezwungen ist, die Bevölkerungzahl so groß wie möglich zu halten. Nachkommenschaft oder jedenfalls männliche Nachkommenschaft steht hoch im Kurs, und periodische Hungersnöte sind mehr oder minder unvermeidlich. Sodann ist die Verteidigung der befestigten Getreidespeicher, wie immer diese aussehen mögen, ein zwingendes Erfordernis. Malthus hat vielleicht den politischen Konsequenzen, die aus dem Zugleich von sozialer Verteilungsstrategie *und* Vorratshaltung resultieren und die Platon klar erkannte, nicht genügend Rechnung getragen. Er entwirft das Bild von einer freien Menschheit, die sich am Rande des Hungertods bewegt. Das England zu Anfang des 19. Jahrhunderts war vielleicht eine solche Gesellschaft. Aber im Agrarzeitalter waren die meisten Menschen gar nicht frei und dem Hungertod nah. Sie waren unterdrückt und in einem Zustand ständiger Unterernährung. Sie hungerten, und zwar je nach gesellschaftlichem Rang. Die Rangordnung wurde mit Gewalt aufrechterhalten, aber sie war zugleich ein soziales Kontrollinstrument. Die Menschen waren von dem Bedürfnis geleitet, ihre soziale Stellung zu halten und zu verbessern.

Die Logik der Situation findet in dem durchgängigen Ethos der Agrarwelt gleichermaßen ihren Ausdruck und ihre Bestätigung. Dieses Ethos mißt nur höchst selten der Arbeit einen hohen Wert bei. Das wäre auch verwunderlich, da ja Arbeit etwas ist, wozu die unteren Klassen der Gesellschaft gezwungen werden. Arbeit wird gelegentlich anderen empfohlen, damit diese ihren Herren den Zehnten oder Abgaben entrichten können; in der ersten Person wird sie selten gepriesen. Die herrschenden Wertvorstellungen sind die der herrschenden Klasse. Die marxistische Formel, die für den Bereich, auf den sie eigentlich gemünzt war, den Bereich der »Ideen«, nicht immer Gültigkeit hat, wirkt plausibel, wenn man sie auf die Sphäre ethischer Normen anwendet. Die agrarische Welt kann nur den Lebensstil ihrer herrschenden Schicht propagieren, und das geschieht sowohl in Form nachdrücklicher theoretischer Anweisungen als auch durchs praktische Beispiel. In dieser Gesellschaft gibt es eine Klasse mit exemplarischem Anspruch, und die Vorbildfunktion erstreckt sich vielleicht sogar auf den Staat selbst.[4]

Wehrhaftigkeit stellt nicht immer den Gipfel der Vortrefflichkeit dar, auch wenn das bei der im Westen üblichen Gleichsetzung von Adel mit Kriegstüchtigkeit der Fall ist. Manchmal rangieren die Schreiber und Legitimationsexperten vor den Männern des Schwerts, wobei wir uns allerdings daran erinnern müssen, daß es die Schreiber selbst sind, aus deren Feder die Chroniken und die Formulierung der Ordnungsprinzipien stammen. Andererseits sind sich die letzteren häufig nicht zu schade, der Eitelkeit ihrer mächtigeren weltlichen Herren nach dem Munde zu reden. Nicht immer trauen sie sich wie Platon oder die Brahmanen, ein Gesellschaftsmodell zu entwerfen, das die eigene Klasse an die Spitze setzt. Die Brahmanen brachten die Kriegerkaste dazu, sich mit einem tieferen Rang zufriedenzugeben, auch wenn in der Praxis die Kriegerkaste über die Details der Kastenordnung entschied.[5] Unfaßlicherweise bewogen die Brahmanen herdenhaltende Eroberer dazu, die Heiligkeit und Unverletzlichkeit des Rinds zu akzeptieren. Mit der Verwandlung von Rindfleischessern in Verehrer des Rinds stellten die Priester ihre Macht voll und ganz unter Beweis.

Der Agrarkomplex kennt gelegentlich eine Umkehrung der Wertvorstellungen. Die Werte drücken dann eine markante Ablehnung der herrschenden sozialen Ordnung aus, statt sie zu spiegeln. Anstelle von Prachtentfaltung, ostentativer Verschwendung und Lebensbejahung werden Entsagung und Demut gepredigt. Diese Umwertungen, die für die Geschichte der Menschheit von äußerster Bedeutung sind, lassen sich teilweise als Strategie rivalisierender Gruppen innerhalb der Gesamtgeistlichkeit verstehen. Eine der Techniken, sich Einfluß und Macht zu verschaffen, besteht für die Legitimationsexperten darin,

[4] Vgl. Clifford Geertz, *Negara: The Theatre State in Nineteenth-Century Bali*, Princeton 1980.

[5] Louis Dumont, *Homo Hierarchicus*, London 1970. Stephen M. Greenwold, »Buddhist Brahmans«, in: *European Journal of Sociology*, Bd. XV, Nr. 1, 1974. Anne Vergati Stahl, »M. Greenwold et les Newars«, in: *European Journal of Sociology*, Bd. XVI, Nr. 2, 1975.

sich außerhalb des offiziellen Systems zu stellen, den Gesellschaftsvertrag aufzukündigen; und das Bekenntnis zu Askese und Demut ist eine spektakuläre Art, sich selber auszugliedern. Eine systematische und universale Einführung solcher alternativen Wertvorstellungen verträgt sich allerdings nicht mit der Logik der agrarischen Welt. Das einzige Mal, wo eine abweichende Wertordnung tatsächlich Macht über eine ganze Gesellschaft gewann, war eben die Gelegenheit, bei der die Menschheit aus dem Zwangsrahmen der agrarischen Zivilisationen ausbrach.

Das Schwert ist mächtiger als der Pflug. Diejenigen, die gewohnheitsmäßig und von Berufs wegen Übung im Umgang mit dem Schwert erwerben, werden im Zweifelsfall geschickter damit umgehen als Bauern, die es nur gelegentlich und in Notfällen in die Hand nehmen. In den seltenen Fällen freier bäuerlicher Gemeinschaften allerdings führen die Ackerbauern zugleich auch das Schwert, wie zum Beispiel im frühen Rom. Hussitische Bauern im Böhmen des 15. Jahrhunderts gerbten den feudalen Kreuzfahrern, die gegen sie ausgeschickt wurden, ordentlich das Fell. Aber das war eine Ausnahme.

Die Gleichgewichtssituation ist selten von Dauer. Die Wehrhaften gewinnen die Oberhand und haben wenig Veranlassung, den fortan wehrlosen Produzenten mehr zu lassen, als was diese brauchen, um am Leben und tätig zu bleiben. Im frühen Osmanischen Reich wurde eine einfache und elegante politische Theorie formuliert, die von der allgemeinen Existenzbedingung der Agrargesellschaft einen ebenso angemessenen wie klarsichtigen Begriff gibt. Aufgabe der Herrschenden ist es demnach, für die Aufrechterhaltung des Friedens zu sorgen, damit die Produzenten in Ruhe produzieren können. Die Produzenten, die Nutzen aus dem Frieden ziehen, müssen Steuern zahlen, um die Herrschenden und ihren Apparat funktionstüchtig zu erhalten. Das nennt man den Zirkel der ausgleichenden Gerechtigkeit. Diese Lehre ist ein Vorläufer der Arbeitswerttheorie und unterscheidet sich von der letzteren dadurch, daß sie den Bewahrern des Friedens einen Anteil am Produkt als gerechtes Entgelt für ihren Beitrag zur Wertproduktion zuerkennt. Eine Werttheorie, die sich ausschließlich auf die direkt ins Produkt eingegangene Arbeit konzentriert und das Herrschaftsmoment ignoriert, das nicht weniger unvermeidlich in das Produkt eingeht, tut das auf eigene Gefahr. Das Osmanische Reich war repräsentativer für die normalen menschlichen Lebensbedingungen als das England des 19. Jahrhunderts, und seine Theoretiker hatten für die Beziehung zwischen Gewalt und Wert mehr Verständnis als Marx.

Unter den normalen Bedingungen stellt sich schwerlich die Frage, wieviel die Beherrschten den Herrschenden überlassen sollen, wie ein gerechtes Entgelt oder ein Mindestlohn für die Aufrechterhaltung des Friedens auszusehen hat. Was die Beherrschten darüber denken mögen, ist zumeist nur von akademischem Interesse. Sie werden nicht gefragt. Die Herrschenden haben freie Hand, sich zu nehmen, was sie wollen oder kriegen können.

In dieser Sache gibt es ohne Frage jede Menge von Variationsmöglichkeiten. List, Brauchtum und Bündnispolitik erlauben unter Umständen durch ihr Zusammenwirken den nicht zur Riege der Gewaltexperten gehörigen Mitgliedern der Gesellschaft, sich mehr als das Minimum zu sichern, das ihnen auf Grund des einfachen Kräfteverhältnisses bliebe. Eine der wichtigsten Funktionen der Religion in der Agrargesellschaft besteht genau darin, den unterworfenen Schichten einen Teil des akkumulierten Reichtums zu erhalten. Die Herrschenden brauchen religiöses Personal für die Gemeinschaftspflege und für Legitimations- und Schlichtungsaufgaben, und so können die Untertanen das Prestige, das die Religion genießt, auch dazu ausnutzen, etwas von dem Reichtum der Beschlagnahme zu entziehen. Konkurrenz zwischen den Herrschenden können sich die Untertanen ebenfalls zunutze machen. Die rivalisierenden Anwärter erkaufen sich unter Umständen damit Unterstützung, daß sie günstigere Konditionen anbieten. Aufs Ganze gesehen aber ändern diese verschiedenen Strategien und Manöver an der Grundsituation nichts Wesentliches. Insgesamt zeichnet sich die Agrargesellschaft durch die Akkumulation von Reichtum auf der Seite der Herrschenden, die über das Gewaltmonopol oder über die Heilsmittel verfügen, und durch Armut auf der Seite der Untertanen aus.

Gelingt es nicht gewitzten Angehörigen aus den unteren Schichten gelegentlich, unbemerkt Reichtum anzuhäufen, mit dem Reichtum Bewaffnete anzuwerben und sich an die Stelle der Herrschenden zu setzen? Das ist ohne Frage möglich und kommt auch tatsächlich vor. Aber wenn es passiert, haben die vormaligen Untertanen, die jetzt die neuen Herrschenden sind, nicht den geringsten Anlaß, sich anders zu betragen als ihre Vorgänger in der Herrschaft. Warum sollen sie sich weiter mit der Produktion von Reichtum abmühen? Das ist ebenso gefährlich wie beschwerlich. Die Ausübung von Macht, ihre Zurschaustellung und ihr Genuß sind unvergleichlich reizvoller. Im mittelalterlichen Spanien erklärte man offen, daß der Krieg gegen die Ungläubigen ein nicht nur rascherer, sondern auch ehrenhafterer Weg sei, zu Reichtum zu gelangen, als eine produktive Tätigkeit. Und so kommt es, daß eine Schicksalswende, ein politischer Umschlag nur zu einem Personalaustausch führt und die Gesamtstruktur oder die Grundeinstellung so beläßt, wie sie ist.

Unser Problem ist zu verstehen, warum es das eine Mal in der Geschichte nicht bei einem bloß internen Austausch des Personals blieb, sondern warum eine Veränderung der gesamten Struktur möglich wurde. Unter welchen Bedingungen kann es geschehen, daß die Schwachen, die Wehrlosen, nicht nur über die Wehrhaften triumphieren, sondern daß mehr noch die ganze gesellschaftliche Organisation und Ethik sich wandelt und die Arbeit den Raub als zentralen Wert und Lebenszweck ersetzt? Alles an der Verfassung der Agrargesellschaft widerstreitet solch einem Wunder. Und doch geschah es, mit dem Ergebnis, daß die Welt sich vollständig wandelte. Wie war das möglich?

Es gibt dafür eine Reihe von Erklärungsversuchen, die, vielleicht auch in Kombination, die Antwort liefern.

Der Feudalismus als Matrix des Kapitalismus. Im Feudalsystem monopolisiert eine kleine Schicht von Berufskriegern, die allesamt über eine regionale Basis verfügen, den Krieg und die politische Herrschaft, wobei sie einem zentralen Herrscher mehr oder minder nominell Gefolgschaft schulden. Die Beziehungen zwischen den Angehörigen der verschiedenen Schichten in dieser stratifizierten Gesellschaft sind aber dem Ideal nach und im Prinzip vertraglicher Natur. Obwohl eher vom Status- als vom Vertragsdenken beherrscht, kennt und pflegt der Feudalismus nichtsdestoweniger einen merkwürdigen freien Markt der Loyalitätsverpflichtungen, auf dem im Austausch gegen das Gelöbnis von Gefolgschaftsdiensten Land verliehen wird. Der gesellschaftliche Stand, den jemand innehat, legt fest, welche Verträge ihm offenstehen, läßt ihm aber eine gewisse Freiheit, sich aus der gegebenen Statusgruppe seine Vertragspartner auszuwählen. Dieses Modell vertraglichverpflichtender Beziehungen stellt ein wichtiges Präzedenz dar.

Die städtischen Handels- und Handwerkszentren blühen unter

dem Schutz regionaler oder zentraler Herrscher auf. Sie gewinnen eine autonome Stellung, weil es für den steuereintreibenden Herrscher einfacher und effektiver ist, sich mit solchen Gemeinschaften zu arrangieren und ihnen das Einsammeln der Steuern zu überlassen. Er bekommt dann zwar vielleicht weniger, aber er bekommt es dafür schneller und mit geringerer Mühe. Wenn er den Betreffenden größere Freiheiten einräumt und wenn der Genuß dieser Freiheiten den Empfängern größeren Wohlstand bringt, kann er sogar sein Steuereinkommen erhöhen. Schließlich kommt es zu Konflikten zwischen dem Zentralherrscher und den regionalen Fürsten. Der Zentralherrscher verbündet sich mit den städtischen Bürgern, die mittlerweile ein Eigengewicht gewonnen haben, bricht die Macht der regionalen Fürsten und unterwirft die Gesellschaft einer durchgreifenden Zentralisierung. Bleibt nur die Frage, was ihn anschließend davon abhält, in zentralisierter Form die alte Vorherrschaft der Gewalt über den Reichtum wiederherzustellen.

Dualismus von Kirche und Staat. Während der mittelalterlichen Machtzersplitterung entsteht ein duales System, in dem eine zentralisierte Geistlichkeit ein Legitimationsmonopol erringt, das sie in den meisten Gebieten mit einem Verzicht auf unmittelbare weltliche Gewalt bezahlt. Die zersplitterte weltliche Macht rekrutiert ihre Kandidaten für die Herrscherämter durch *legitime* Erbfolge, wobei die Kirche das Monopol erwirbt, die dafür erforderlichen legitimen Ehen zu schließen.[6] Obwohl die Kirche über relativ geringe militärische Macht verfügt, ist sie dank ihrer Verbreitung über eine Vielzahl weltlicher Herrschaftsgebiete der jeweils einzelnen Macht gewachsen und kann es gelegentlich sogar mit den größten und stärksten unter ihnen aufnehmen. Sogar ein Canossa wird möglich. Die Trennung von höchster Legitimität und unmittelbarer politischer Macht setzt der Raubgier des Staats Grenzen. Auch hier wieder ist anzumerken, daß diese Erklärung für sich genommen wenig leistet. Eine Reaffirmation der Macht und Unabhängigkeit der Kirche, wie sie die Gegenreformation vollbrachte, zeitigte völlig andere Wirkungen als die, für die wir eine Erklärung suchen.

[6] Jack Goody, *The Development of the Family and Marriage in Europe*, Cambridge 1983.

Der zurückhaltende Staat. Aus mehreren denkbaren Gründen war der erfolgreich zentralisierte Staat, der auf die feudale Machtzersplitterung folgte, ein eher zur Gesetzestreue als zu gewaltsamen Aneignungspraktiken neigender Staat. Das mag seinen Grund im kulturellen Erbe des römischen Rechtsdenkens haben.[7]

Wahrscheinlicher dürfte ein Zusammenhang mit der Tatsache sein, daß der neue kommerziell und schließlich industriell erworbene Reichtum sich der gewaltsamen Aneignung stärker entzieht, weil er labiler ist. Anders als ein Sack Kartoffeln läßt er sich nicht so leicht fassen, er zerrinnt zwischen den Händen, wenn man zupackt.[8] Die Herrschenden dürften herausgefunden haben, daß die Steuerkraft ihrer Untertanen in dem Maß schwand, wie man sie frech bedrängte oder der Willkür aussetzte. Ein Staat dieser Art muß sich mit seinesgleichen kriegerisch auseinandersetzen. Seine Stärke hängt ab von seinen Finanzmitteln. Da er über eine Gesellschaft herrscht, die teilweise vom Kommerz lebt, wächst sein Steuereinkommen, wenn es seinen Bürgern gutgeht. Wohlstand ist in einem gewissen Maß abhängig von staatlicher Sicherheit und bürgerlichen Freiheiten. Wie der Staatsapparat rasch begriff, wirken sich übertriebene steuerliche Forderungen oder Staatswillkür nachteilig auf die Produktion aus. Ein Staat, der sich an die Gesetze hält, kann unter solchen Umständen stärker werden als ein Willkürstaat.

Die zurückhaltenden Bürger. In der traditionellen Situation tendieren die Herrschenden nicht nur aus Raubgier zu Unterdrückungsmaßnahmen und vorbeugender Gewalt, sondern aus einer durchaus rationalen Vorsicht. Wenn *sie* die Neureichen nicht enteignen, dann drohen die Neureichen *ihnen* mit Enteignung. Diejenigen indes, die von protestantischer Arbeitsethik erfüllt sind, stecken nicht nur ihre Gewinne wieder ins Geschäft, sondern sind auch aller auffälligen Pracht- und Machtentfaltung und jedem Prestigedenken abhold. Es stimmt zwar, daß die protestantischen Extremisten in England den Versuch unternahmen, die ideologische Wertordnung umzustürzen; aber als der Versuch scheiterte, bekehrten sie sich zum Pazifismus und begnügten sich

---

[7] Vgl. Perry Anderson, *Lineages of the Absolutist State*, London 1974.

[8] Vgl. A. Hirschmann, *The Passions and the Interests: Political Arguments for Capitalism before its Triumph*, Princeton 1977.

mit der Forderung nach Toleranz, statt nach der Herrschaft zu streben. Diese Bourgeoisie jedenfalls war nicht revolutionär und machte es so der etablierten Herrschaft möglich, sich mit ihr einzurichten.

Die durchlässige Aristokratie. Ein Adel, der keine strikt abgegrenzte Kaste oder ständische Organisation war, der hingegen das Erstgeburtsrecht praktizierte und mithin die jüngeren Söhne von der Erbfolge ausschloß, könnte eher geneigt gewesen sein, sich mit dem neuen Reichtum anzufreunden als ihn zu bekämpfen. Die Bereitschaft, jüngere Söhne in produktiven Berufen unterzubringen, paßt gut zusammen mit der Bereitwilligkeit, sich Reichtum in der Form von Mitgift einzuverleiben. Die weitverbreitete These von der Durchlässigkeit des englischen Adels ist zwar angefochten worden[9], aber die Frage ist nicht entschieden, und der Gedanke als solcher klingt nach wie vor plausibel.

Wachsende Bestechungsfonds. In den Anfangsstadien mußte die neue produktionsorientierte Schicht die etablierte Herrschaft bestechen, um sie bei Laune zu halten; in den späteren Stadien mußte sie ihre Bestechungsgelder eher nach unten als nach oben fließen lassen und die neuen städtischen Armen besänftigen.

Eine bloße Hinwendung zum Kommerz hätte, selbst wenn sie durch die plötzliche Erschließung neuer Märkte und durch vorteilhafte innere und äußere politische Umstände begünstigt wurde, nicht genügend Mittel liefern können, um die Opposition zu kaufen, es sei denn, die Gesamtmenge der verfügbaren Mittel war in ständiger Zunahme begriffen. Es fällt schwer, sich den Aufstieg der neuen Schicht unter Bedingungen vorzustellen, die einem ökonomischen Nullsummenspiel entsprachen, oder auch unter Bedingungen, die durch fallende Zuwächse auf ein Nullsummenspiel hinsteuerten.[10] Was machte den Zuwachs möglich?

Vergrößerung des Innovationspotentials. Voraussetzung dafür, daß der Bestechungsfonds wuchs, war ein ständig wachsender Bereich mög-

---

[9] Lawrence Stone und Jeanne C. Fawtier Stone, *An Open Elite? England 1540–1880*, Oxford 1984.
[10] E. A. Wrigley, *People, Cities and Wealth*, Oxford 1987.

licher technischer Erfindungen. Jede Gesellschaft hat eine bestimmte technische Ausstattung. Kennt man diese, so kann man den Umfang der Innovationen und Verbesserungen abstecken, die in der Reichweite der betreffenden Gesellschaft liegen. Eine Gesellschaft, die über eine bestimmte Art Werkzeug verfügt, kann, so muß man annehmen, Werkzeuge entwerfen, die weitgehend mit denselben Materialien und nach denselben Prinzipien operieren, aber mit größerer Effektivität. Die nähere Bestimmung solch einer hypothetischen »Obergrenze erreichbarer Erfindungen« ist natürlich einigermaßen heikel. Diese Vorstellung kann leicht die Gestalt eines Kurzschlusses annehmen. Wenn wir »mangelnde Bereitschaft, sich um eine bestimmte Erfindung zu bemühen beziehungsweise sie zu entwickeln«, als einen der einschränkenden Faktoren ansetzen, dann kann uns das leicht zu der Annahme führen, daß jede Gesellschaft diese Grenze unmittelbar vor ihrer Nase hat: daß sie also nur die technische Ausstattung haben kann, die sie hat. Desgleichen könnte man auch die Obergrenze zu hoch ansetzen und der betreffenden Gesellschaft allzu große Entwicklungsmöglichkeiten zubilligen. Aber wir müssen die Vorstellung ja nicht in einem übertrieben engen oder großzügigen Sinn verwenden. Auch wenn ein Moment von Willkür bleiben mag, kann man solche Entwicklungsgrenzen für bestimmte Gesellschaften vielleicht doch im groben bestimmen.

Unsere Behauptung ist, daß für die meisten Gesellschaften diese Grenze ziemlich nahe liegt, fast unmittelbar vor der Nase. Die betreffenden Gesellschaften sind imstande, Erfindungen zu machen und zu verwenden, aber es fehlt ihnen der Sinn für die Möglichkeit einer anhaltenden und durchgreifenden Innovationstätigkeit. Dieser Innovationsgeist, der zu einem beständigen Wachstum auf wissenschaftlichem und technischem Gebiet führte, fiel zeitlich mit dem Aufstieg der Produzenten und ihrer Eroberung der Gesellschaft zusammen. Er lieferte ihnen am Ende jenen wachsenden Bestechungsfonds, ohne den sie sich schwerlich hätten durchsetzen können.

Man könnte das Argument noch durch die Überlegung verfeinern, daß die Grenze in den Anfangsstadien des Übergangs relativ *nahe* liegen mußte und daß sie dann – um das Wunder wirklich werden zu lassen – im rechten Augenblick mehr Spielraum gab. Sie *mußte zu Beginn sehr nahe liegen*, weil sie sonst äußerst dramatische und vermutlich unzuträgliche politische Erschütterungen heraufbeschworen hätte.

Ein extrem früher und plötzlicher Aufschwung auf technischem Gebiet hätte vermutlich eine der folgenden Auswirkungen gehabt: Er hätte den Nutznießern der alten Ordnung die Notwendigkeit deutlich werden lassen, Präventivmaßnahmen zu ergreifen. Er hätte sie oder diejenigen, in deren Händen die neue Macht sich befand, auch in Versuchung führen können, mit Hilfe der letzteren rasch die politische Gewalt zu erobern. Das hätte dann allen Anreiz für weiteres Wachstum auf ökonomischem Gebiet und im Bereich der Erkenntnis beseitigt. So etwas passiert in der Tat, wenn rückständige Gesellschaften von Staatsapparaten beherrscht werden, die ihre Herrschaftsmittel von außerhalb entlehnen. Es war eine wichtige Eigentümlichkeit des frühen Wachstumsstadiums, daß es (erst einmal) weder die Besorgnis noch überhaupt die Aufmerksamkeit derer erregte, die primär in Machtkategorien denken. Daß die neue Gesellschaftsordnung schließlich aber die Welt eroberte, hing zusammen mit der rasanten Beschleunigung des technischen Fortschritts im 19. Jahrhundert, die es den Industrienationen erlaubte, die alten Raubstaaten zu unterwerfen, ohne sich sonderlich anstrengen zu müssen. Sie schafften das quasi mit der linken Hand und konnten währenddessen ihre Kraft auf die Beschwichtigung der inneren Unzufriedenheit konzentrieren, die – nach dem berühmtesten Kritiker der neuen Ordnung – am Ende bestimmt war, diese zu zerstören.

Freie Bauern sind stark und gesund. Innerhalb der agrarischen Welt können sich Gesellschaften mit mehr oder minder freien und gleichen Produzenten, die ihre Angelegenheiten selbst regeln, gelegentlich dem Trend zur Machtkonzentration entziehen. Sie tun das dadurch, daß sie sich ein innergemeinschaftliches Kräftegleichgewicht bewahren. Aber diese Art von Gesellschaft stellt keine Ausstiegsstelle, keinen Weg aus der Stagnation der Agrarwelt dar. Das Vetternwesen engt nicht weniger ein als die Königsherrschaft. Diese Gemeinschaften kultivieren normalerweise einen stark antiindividualistischen Korpsgeist und geben der Treue gegenüber den eigenen Leuten den Vorrang vor anderen Tugenden.

Daß derartige Gesellschaften Katalysatoren für die Entstehung der Moderne sein sollen, leuchtet nicht ein. Man kann bewundern, wie sich die Schweizer Gebirgskantone gegen die autokratische Macht der Habsburger behaupteten, aber daß sie wesentlich zur Entstehung des modernen Europa beitrugen, läßt sich mit Fug und Recht bezweifeln. Es kann durchaus sein, daß die Freiheit mit zweierlei Stimme spricht, aber die Stimme der Meere mit ihrem Handel war jedenfalls deutlicher vernehmbar als die der Berge. Was die übrigen halbautonomen, auf Partizipation basierenden, fehdelustigen Bergstämme angeht, die sich bis weit in die europäische Neuzeit hinein zu halten vermochten, ob im schottischen Hochland, auf Korsika, in den Abruzzen oder auf dem Balkan, so hält es definitiv schwer, sie als Vorkämpfer der Aufklärung auszugeben. Wie sie das heute im Jemen wieder tun, haben sie eine ausgesprochene Tendenz, sich auf der falschen Seite zu engagieren. David Hume, der wußte, worum es bei der Aufklärung ging und wo ihre Feinde saßen, charakterisierte die fünftausend Hochlandschotten, die Bonnie Prince Charlie nach Derby folgten, als die tapfersten und schlimmsten Bewohner Großbritanniens. Man kann solche Leute romantisieren und wird in der Tat der Versuchung dazu kaum widerstehen können, aber erst, wenn sie zuverlässig neutralisiert sind.

Im ganzen finde ich diese Argumentation überzeugend. Es ist indes in jüngster Zeit eine Fallstudie vorgelegt worden, die in gewisser Weise das freie Bauerntum als einen Faktor für die Entwicklung der Moderne in Anspruch nimmt.[11] In verkürzter und deshalb zwangsläufig vereinfachter Form stellt sich die Sache ungefähr so dar: In wichtigen Gegenden Nordwesteuropas, in denen später eine vom Individualismus geprägte und produktionsorientierte Zivilisation entstand, überlebten relativ freie und ihre Eigenart behauptende Agrarproduzenten, die ihre Unabhängigkeit nie völlig verloren. Sie waren nicht im echten Sinn Leibeigene; seltsamerweise waren sie auch nicht im Sinne der Sippenbindung übersozialisiert. Irgendwie entrannen sie dem Dilemma, sich entweder von Sippenloyalität oder vom Geist der Knechtschaft erfüllen lassen zu müssen. Ihr Verwandtschaftssystem war erstaunlich individualistisch.[12] Dieser Ansicht zufolge ist die ganz entgegen-

[11] Alan Macfarlane, *The Origins of English Individualism*, Oxford 1978.
[12] John Hajnal, »Two Kinds of Pre-Industrial Household Formation System«, in: Richard Wall, Jean Robin und Peter Laslett (Hrsg.), *Family Forms in Historic Europe*, Cambridge 1983, darin bes. Peter Laslett, »Family and household as work group and kin group: areas of traditional Europe compared«. Peter Laslett, »The uniqueness of European modes of production and

gesetzte Vorstellung von den mittelalterlichen Verhältnissen in den betreffenden Gegenden zumindest teilweise die Frucht des Vorurteils des 19. Jahrhunderts, daß auch hier die Bauern vor Beginn der Moderne den rückständigen Bauern geähnelt haben *mußten*, die sich im 19. Jahrhundert in Osteuropa, Indien und anderswo finden ließen. Nach dieser Ansicht waren die Bauern in den begünstigten Teilen Nordwesteuropas genaugenommen überhaupt keine »Bauern« – sie waren weder an ihr Land gekettet noch in Sippen eingebunden, und sie lebten auch nicht in lethargischer Unterwerfung unter eine Oberschicht, die über das Gewalt- oder Glaubensmonopol verfügte. Für die besagte privilegierte Super-Bauernschaft beansprucht diese These sowohl Unabhängigkeit gegenüber den Herrschenden als auch Freiheit von Sippenverbänden.[13] Die Hauptschwierigkeit, mit der sich diese These konfrontiert sieht, dürfte darin bestehen, daß sie das ganze Problem nur verschiebt. Wie kam es denn, daß diese privilegierte Volksgruppe sich entwickelte, entwickeln durfte und ein im allgemeineren Kontext der damaligen Zeit derart außergewöhnliches Bewußtsein ausbilden konnte? Wie entzogen sie sich den Zwängen der Agrarsituation, die in den meisten anderen Teilen der agrarischen Welt vorherrschten? In einer weiteren Arbeit wird ein Erklärungsversuch unternommen: Das christliche Verdikt über die Fleischeslust überlagert demnach ein verhältnismäßig lockeres Verwandtschaftssystem. Die sexuelle Enthaltsamkeit findet dadurch soziale Anerkennung. Indem der Junggesellenstand zu etwas Ehrenhaftem wird, sehen sich die Männer vom Zwang befreit, um der Stärkung und Aufrechterhaltung der verwandtschaftlichen Gruppe willen heiraten zu müssen. Männer, die nicht aus sozialem Pflichtgefühl, sondern aus Berechnung und freiem Entschluß heiraten, sind besser im Akkumulieren von Besitz, beseitigen oder vermindern den malthusianischen Bevölkerungsdruck,

reproduction«, in: John Hall, Michael Mann und Jean Baechler (Hrsg.), *Europe and the Rise of Capitalism*, Oxford 1988. Richard M. Smith, »Some issues concerning families and their property in rural England 1250–1800«, in: R. M. Smith (Hrsg.), *Land Kinship and Life-Cycle*, Cambridge 1984. Richard M. Smith, »Fertility, economy and household formation in England over three centuries«, in: *Population and Development Review*, Bd. 7, Nr. 4, 1981.

[13] Alan Macfarlane, op. cit. (1978)

und ihr »rationaler« Geist wirkt sich im Zweifelsfall auch auf ihre Produktionstätigkeiten aus.[14]

Ungeachtet der Schwierigkeiten, auf die die Argumentation stößt, ist sie überzeugend vorgetragen und von den Kritikern bislang nicht widerlegt. Das heißt natürlich nicht, daß sie schon ausreichend gesichert wäre. Die Möglichkeit, daß ein im System angelegter früher Individualismus direkt zur Entstehung einer produktionsorientierten, unräuberischen Gesellschaft beigetragen haben könnte, verdient mithin, ernsthaft in Betracht gezogen zu werden.

Die geistlichen Ursprünge des Individualismus I. Eine interessante Theorie über die Entstehung des Individualismus ist von Louis Dumont vorgelegt worden. Sie ist aus einem Vergleich südasiatischer und europäischer Gesellschaften hervorgegangen. Dumont arbeitet mit einer doppelten Gegenüberstellung: Rangordnung/Gleichheit und Holismus/Individualismus.[15] Nur im Westen entstand schließlich eine Gesellschaft, die sowohl egalitär als auch individualistisch war. Indien war hierarchisch und holistisch. Die Frage ist: Welcher Weg führte vom einen zum anderen Extrem? Indien, so argumentiert Dumont, hatte eine Gesellschaftsordnung, in der ein individualistischer Ausbruch aus einer streng hierarchisch geordneten und unter der Herrschaft eines Königs stehenden Welt zwar möglich war, aber nur um den Preis der Selbstisolierung. Es war möglich, sich dem Diktat des Kastensystems zu entziehen, aber nur durch Flucht in die religiöse Askese.

Der erste Schritt heraus aus diesem krassen Dilemma wurde in der europäischen Tradition dadurch getan, daß die Kirche solche Weltflucht zentral organisierte und kontrollierte. Sie ersetzte Mönche und Eremiten durch klösterliche Gemeinschaften. Der zweite entscheidende Schritt fand statt, als diese Organisation von zentral verwalteten Weltflüchtigen ihres Monopols beraubt und die Haltung, die sie pflegte, durch die Reformation zum Allgemeingut gemacht wurde. Man könnte dieser ganzen Geschichte etwa folgende Kurzfassung

[14] Alan Macfarlane, *Marriage and Love in England 1300–1840*, Oxford 1986.
[15] Louis Dumont, op. cit. (1970), sowie sein Beitrag in: Michael Carrithers, Steven Collins und Steven Lukes (Hrsg.), *The Category of the Person: Anthropology, Philosophy, History*, Cambridge 1986.

geben: Erst treten einzelne als Dissidenten aus der Gesellschaft aus; danach kommen alle Dissidenten in gutgeführte Heime mit Hausordnung; schließlich kann nach der reformatorischen Universalisierung des Priestertums sich jeder als Dissident verhalten und aus vorgeschriebenen und zugewiesenen sozialen Rollen ausbrechen. Der Individualismus unterliegt von nun an keiner Kontrolle und Einschränkung mehr. Auf diese Weise wird er zu einer frei sich entfaltenden, die ganze Gesellschaft durchdringenden Haltung.

Der Eintritt der Kirche in die Welt hatte die Situation verändert. Ein königlicher Priester war, so gesehen, etwas grundlegend anderes als die vorangegangenen Priesterkönige. Ungeachtet aller Einlassung in Staatsgeschäfte bewahrte die Kirche das Ideal eines in direkter Verbindung mit der Gottheit stehenden Individuums. Als die politisch engagierte Kirche unter Beibehaltung ihrer Vision sich mancherorts zur Reformationsbewegung auflöste, ermöglichte das die Entstehung einer vom Individualismus bestimmten Gesellschaft.[16]

Die Schwierigkeit bei dieser Theorie ist natürlich, daß der zweite Schritt keineswegs nur in der westlichen Tradition vollzogen wurde. Klostergemeinschaften sind auch anderswo überaus häufig. Auch die Lehre von der Vorbildlichkeit des mönchischen Lebens, den Anspruch des Mönchswesens auf tendenzielle Allgemeinverbindlichkeit, findet man anderswo. Gelegentlich verbreitet sich das Mönchswesen geradezu krebsartig und ergreift einen erstaunlich großen Teil der Gesamtbevölkerung. Was anderswo *fehlt*, ist nicht der reformatorische Anspruch, sondern seine erfolgreiche und *unwiderrufliche* Verwirklichung. Auch der Islam lehrt die direkte Beziehung des einzelnen zu Gott. Aber normalerweise folgt den daraus resultierenden Reformationsanstrengungen rasch eine Gegenbewegung, ein Zurückgleiten in den alten Zustand. Der soziale Druck, der eine Geistlichkeit fordert, die sich von der zivilen Gesellschaft abhebt, ist zu stark. Erklärt werden muß also der Erfolg jener einen, bestimmten Reformation, das Vorhandensein eines Nährbodens, auf dem die Keime des Individualismus wachsen und gedeihen konnten. Möglicherweise setzt die vorliegende Version den eigentümlichen Individualismus des Westens eher schon voraus, als daß sie ihn erklärt.[17]

[16] Louis Dumont, *Essais sur l'Individualisme*, Paris 1983.
[17] Ebenda.

Die geistlichen Ursprünge des Individualismus II. Eine interessante alternative Rolle bei der Erzeugung des Individualismus wird der Kirche von Jack Goody zugeschrieben.[18] Die barbarischen Stämme, die beim Zusammenbruch des Römischen Reichs in Europa einfielen, werden als Sippenverbände betrachtet, die sich aus eigener Kraft am Leben erhielten. Von einer Vielzahl derer, die sie unterwarfen und mit denen sie schließlich verschmolzen, dürfte weitgehend dasselbe gegolten haben. Die gesellschaftliche Situation Europas zu Beginn der Neuzeit dürfte sich noch nicht wesentlich von derjenigen unterschieden haben, die man in anderen Teilen der agrarischen Welt vorfindet.

Aber zu einer bestimmten Zeit fing die Kirche an, die Gläubigen einer Vielzahl von Heiratsbeschränkungen zu unterwerfen. Das Merkwürdige an diesen Beschränkungen ist, daß vielen von ihnen die biblische Beglaubigung fehlt. Warum sollte die Kirche es für angebracht halten, sich in das durch Tradition geheiligte System bevorzugter Heiratsverbindungen einzumischen, das der Aufrechterhaltung der Sippenverbände diente? Warum sollte sie neue Vorschriften und Verbote ersinnen? Warum sollte sie sich aufgerufen fühlen, den Geltungsbereich der göttlichen Gebote zu erweitern?

Die Antwort darauf findet man vielleicht in den Konsequenzen, die der Erlaß solcher Regeln hat. Wie, wenn die Sprengung der Sippenverbände nicht bloß eine zufällige Folgeerscheinung, sondern der (halbbewußte?) Zweck der entsprechenden Heiratsverbote war? Da sie sich ihre Bräute nicht mehr im stammesartigen Verwandtschaftsmilieu suchen konnten, wurden die Individuen isoliert. Die Beziehungen, die sie zu ihren weiter entfernten Sippenangehörigen hatten, brachen ab. Derartige Sippenbeziehungen sind für die gemeinschaftliche Abwehr von Angriffen und für die Brautsuche, den Austausch oder die Rotation von Frauen, erforderlich. Die gemeinsame Wehrhaftigkeit wurde den Bauern ohnehin vom Adel ausgetrieben und erhielt sich höchstens in abgelegenen und unvollständig beherrschten Gebieten. Aber an den bäuerlichen Heiratsregeln als solchen war der Adel vermutlich nicht interessiert.

Für die Kirche andererseits hatte die Zertrümmerung der Verwandtschaftsstruktur wichtige Folgen. Die ganze Überlegung steht und fällt damit, daß die Einführung der neuen restriktiven Regeln mit dem Auf-

[18] Jack Goody, op. cit. (1983).

stieg der Kirche zu einem europaweiten Eigentümer von Landbesitz zusammentraf. Atomisierte, isolierte einzelne, die keine verwandtschaftlichen Verpflichtungen an eine Gruppe banden, waren im Zweifelsfall, wenn der Tod nahte, eher geneigt, einen Teil ihres Besitzes oder auch ihre gesamte Habe der Kirche zu vermachen. Die Existenz von eigenen Kindern mochte sie davon abhalten, aber Seuchen und demographische Wechselfälle dürften dafür gesorgt haben, daß in jeder Generation ein nicht unbeträchtlicher Teil der Bevölkerung ohne Nachkommen verstarb. Die Sterbenden standen dann vor der Alternative, entweder ihr Land an Leute fallen zu sehen, aus denen sie sich wenig machten, oder zuzulassen, daß die politische Obrigkeit es wieder an sich riß, oder aber es der Kirche zu überschreiben und damit sowohl ihr Ansehen beim Klerus als auch ihre Aussichten in der anderen Welt zu verbessern. Das Letztgenannte dürfte häufig der Hauptattraktionspunkt gewesen sein. So konnte also infolge einschränkender Heiratsbestimmungen eine Art individualistische Gesellschaft entstehen, die gleichzeitig der Kirche enorme Vorteile brachte.

Die Kirche stand vielleicht der Gemeinschaft der Sippenverbände gar nicht feindselig gegenüber, aber die Aussicht auf Bereicherung mußte ihr zusagen. In agrarischen Gesellschaften bietet die Macht der religiösen Einrichtungen ganz allgemein eine Möglichkeit, Eigentum vor der Raubgier der Herrschenden zu bewahren. Besitztümer in religiöse Stiftungen einzubringen stellt einen weitverbreiteten Schutzmechanismus dar. Weil von nun an die gewaltsame Aneignung solchen Guts gleichzeitig ein gottloser Frevel ist, lassen sich Gewalthaber, die ein gieriges Auge darauf geworfen haben, möglicherweise von der Besitzergreifung abhalten. So bilden Kirche und zivile Bevölkerung unter Umständen eine Interessengemeinschaft und setzen der politischen Willkür Schranken. Den vorliegenden Überlegungen zufolge nutzte aber die Kirche die Gelegenheit, durch die Einführung eines neuen Systems von Heiratsvorschriften einen enormen Transfer von Landbesitz in ihre eigenen Hände sicherzustellen.

Die Ironie, falls sich die Sache so verhält, liegt darin, daß die Kirche sich dabei ihr eigenes Grab schaufelte, indem sie indirekt der Entstehung eines Individualismus Vorschub leistete, der später zur Demontage der Kirche selbst beitrug. Natürlich hat diese Version ihre Probleme: Warum gelang es der Kirche in den südeuropäischen Gebieten nicht, die Sippenverbände aufzulösen, in jenen Regionen, die auch später ihre Hochburgen blieben? Aber wenn es der Erfolg ihres Vorgehens war, durch den die Kirche ihre eigene Position untergrub, dann ist es vielleicht gar nicht verwunderlich, daß sie sich am besten in denjenigen Gebieten behauptete, in denen ihrer Sippenzertrümmerungsaktion am wenigsten Erfolg beschieden war.

Die These vom direkten Einfluß der protestantischen Ethik. Hierbei handelt es sich um die berühmteste These über die Entstehung der modernen Gesellschaft.[19] Das Wirtschaftswunder der westlichen Zivilisation ist demnach eher ein politisches als ein ökonomisches Phänomen. Erklärt werden muß vielleicht nicht so sehr, warum die Produktion sich ausdehnte, sondern warum man zuließ, daß sie sich ausdehnte, und warum das von den politischen Mächten nicht vereitelt wurde, warum die goldene Eier legende Gans nicht, wie normalerweise der Fall, aufgefressen wurde.

Zusätzlich zu den strukturellen Voraussetzungen, die auch in anderen Teilen der Welt vorhanden waren, wo der Kapitalismus sich nicht entwickelte, brauchte es für die Bildung einer maßgebenden Klasse rationaler Produzenten eine bestimmte geistige Einstellung, eine Hingabe an methodische und produktive Tätigkeiten. Der Weberschen Ansicht nach waren maßgebend für die Entstehung dieser Produzenten ein paar eigentümliche theologische Lehren des Calvinismus, und zwar nicht direkt, nicht im Sinne einer positiven Indoktrination, sondern indirekt. In einer prädestinierten Welt, in der über das Heil bereits entschieden war, verloren die alten Versuche, Gott zu beeinflussen oder günstig zu stimmen, allen Sinn. Die Pflicht eines Mannes bestand einfach darin, seine »Berufung« zu erfüllen. Aber wenn er des Glaubens war, daß die erfolgreiche Erfüllung dieser »Berufung« ein Zeichen dafür war, daß er zu den »Erwählten« gehörte, konnte er dann der Versuchung widerstehen, unbewußt zu mogeln und sich selber um den Nachweis seiner Erwähltheit zu bemühen? Auf diese Weise kam es, daß Handwerker und Kaufleute sich mehr um ihre Arbeit als um den materiellen Gewinn kümmerten und ihre Profite wieder in das Unternehmen steckten. Ihre Vision von einer magiefreien und methodisch geordneten Welt erlaubte ihnen außerdem jene rationale Verknüpfung von Mittel und Zweck, die den Kernpunkt des modernen Unternehmertums bildet.

[19] Siehe Kapitel 4, Anmerkung 2.

Die These vom indirekten Einfluß der protestantischen Ethik. Dieser These[20] zufolge hat die Reformation als solche nichts Wesentliches und Einzigartiges bewirkt. Für die dramatische Verschiebung des ökonomischen und intellektuellen Kräfteverhältnisses von Süden nach Norden sind nicht positive Auswirkungen der Reformation im Norden verantwortlich, sondern die verheerenden und katastrophalen Folgen der Gegenreformation im Süden. Durch die Gegenreformation wurde jene politisch-klerikale Herrschaft restauriert und verstärkt, die der Agrargesellschaft ihr Gepräge gibt. Eine zentral organsisierte Kirche und eine Reihe von zentralistischen Staaten, beide in panischer Furcht vor revolutionären Kräften, die ihre Existenz bedrohten, ließen Südeuropa in einen langen Schlaf versinken.

Das Vielstaatensystem. Die Zersplitterung Europas in eine Reihe von definitiv unabhängigen, aber gleichzeitig intern voll funktionsfähigen Staaten hatte tiefgreifende Auswirkungen. Ihre unmittelbar erkennbare Folge war, daß sie eine Situation allgemeiner Erstarrung, den Stillstand in der für spätagrarische Zustände typischen Sackgasse eines ausgefeilten Gleichgewichtszustands verhinderte. In manchen Teilen Europas kam es in der Tat zu dieser Erstarrung. Aber sie trat nicht überall ein, und daß sie sich zur gleichen Zeit allerorts durchsetzte, war auch höchst unwahrscheinlich.[21] Ein Vielstaatensystem ermöglichte es unternehmungsfreudigen Minoritäten (Juden, Herrnhutern, Hugenotten), in Gegenden überzusiedeln, in denen sie ihre Energien und Fähigkeiten zum Tragen bringen konnten.

Inneres und äußeres Kräftegleichgewicht. Ein Vielstaatensystem hätte für sich genommen vielleicht noch nicht ausgereicht, wenn jeder der autonomen Staaten eine zentralistische und autoritäre Ordnung besessen hätte. Inneres Chaos und ständige interne Auseinandersetzungen wären natürlich genausowenig hilfreich gewesen. Aber es konnte eine Situation entstehen, in der ein relativ starker Staat, der erfolgreich den inneren Frieden wahrte und imstande war, die Gesellschaft nach außen zu verteidigen, nichtsdestoweniger durch ein internes Kräftegleich-

[20] Ebenda.
[21] John A. Hall, *Powers and Liberties: The Causes and Consequences of the Rise of the West*, Oxford 1985.

gewicht daran gehindert wurde, eine allzu willkürliche oder repressive Macht auszuüben. Das Gleichgewicht bestand dabei sowohl zwischen der Staatsmacht und den einzelnen Interessengruppen als auch zwischen den dazugehörigen Ideologien. Die Konflikte, die ausbrachen, als die eine oder andere beteiligte Gruppe versuchte, die Macht an sich zu reißen, brachte die Mehrzahl von ihnen dazu, in den Kompromiß eines gesellschaftlichen Pluralismus einzuwilligen und sich schließlich sogar mit dieser Lösung zu identifizieren. Toleranz wurde zu einem Ideal, statt nur eine bedauerliche Notwendigkeit zu sein.

Inneres und äußeres Gleichgewicht konnten auch wechselseitig von einander abhängen. Ein Staat, der an einem prekären internationalen Balanceakt beteiligt war, war aus Angst vor möglichen internationalen Folgen weniger geneigt, innenpolitisch eine Gleichschaltung um jeden Preis zu betreiben. Ein solches kompliziertes Gleichgewicht scheint sich im 17. und 18. Jahrhundert in Teilen Nordwesteuropas tatsächlich hergestellt zu haben.

Ein nationales und nicht bloß ziviles Bürgertum. Im allgemeinen nahmen handelsorientierte, durch Bürgerbeteiligung bestimmte, nichtzentralistische Subgemeinschaften, die in der agrarischen Welt entstanden, die Gestalt von Stadtstaaten an. Eine Stadt konnte von ihren Handwerkern und vom Handel leben und gleichzeitig, was ihre Versorgung mit Agrarerzeugnissen anging, von ihrem ländlichen Hinterland abhängen. Daß ein ganzes Land so verfuhr, war für die Zeit vor Eintritt der Moderne schwer vorstellbar. Gleichzeitig war aber auch schwer vorstellbar, daß eine einzelne Stadt als Basis für die weltweite Durchsetzung einer instrumentellen, produktionsorientierten Geisteshaltung ausreichte. Es stimmt zwar, daß ein einzelner Stadtstaat vorzeiten den ganzen Mittelmeerraum eroberte, aber das ermöglichte ihm Kriegstüchtigkeit und nicht etwa kaufmännischer Geist. Eine Inselgesellschaft, der die See als Burggraben diente und die sich bürgerlicher Freiheiten erfreute, die nicht einzelnen Städten, sondern einem nationalen Parlament verliehen waren – ein Land mit einem nationalen statt bloß zivilen Bürgertum –, ein solches Land war möglicherweise einzigartig geeignet, der neuen Ordnung als Sprungbrett zu dienen. Holland, eine Vereinigung von Stadtrepubliken, spielte ebenfalls eine wichtige Rolle; aber daß der Veränderungsprozeß in England seinen zentralen Ort und Springpunkt hatte, dürfte bezeichnend sein.

Zusammenfassung

ES IST UNWAHRSCHEINLICH, daß wir je im Detail den Weg beschreiben werden, auf dem wir der Idiotie des Landlebens (ein Ausdruck von Marx) entronnen sind. Dieser Weg war ein enorm komplexer, facettenreicher historischer Prozeß. Die Aufzeichnungen sind fragmentarisch und gleichzeitig überladen mit Fakten. Viele Faktoren sind unserem Zugriff naturgemäß entzogen, und die praktischen und begrifflichen Probleme, vor die uns der Versuch stellt, die Fäden zu entwirren, werden aller Voraussicht nach unlösbar bleiben. Wir können das Experiment nicht wiederholen. Nichtsdestoweniger wird es unserem Verständnis des Prozesses in seinen wesentlichen Zügen, unserem Verständnis der Hauptalternativen, die er enthält, förderlich sein, wenn wir unsere Fragen zu klären vermögen.

Unser zweifellos unvollständiger Katalog möglicher Erklärungen steckt in der Tat einen Rahmen ab. Jeder der genannten Punkte, und gewiß noch viele weitere, kommen in unterschiedlichem Maß als Elemente einer Gesamterklärung in Frage. Es ist unwahrscheinlich, daß irgendeiner von ihnen allein ausgereicht oder funktioniert hätte. Zum Beispiel führt politische Zersplitterung für sich genommen zu überhaupt nichts. Sie findet sich häufig in anderen Teilen der Welt, ohne daß die mindeste fruchtbare Wirkung von ihr ausginge. Eine Regierung, die zugleich stark und gesetzestreu ist; das Vorhandensein einer Unternehmerklasse, die weder politisch völlig rechtlos noch besonders machthungrig ist und eine gewisse Neigung hat, ihrem Beruf über alle Bedürfnisbefriedigung hinaus treu zu bleiben; eine günstige historische Gelegenheit, nicht nur in Gestalt einer sich geographisch erweiternden Welt, sondern auch in Form eines sich vergrößernden Potentials nutzbarer Entdeckungen und Erfindungen – all diese Faktoren spielten offenbar notwendigerweise eine Rolle und konnten das nur im Zusammenwirken mit allen anderen tun.

Der große Transformationsprozeß konnte in seinen *Anfängen* auch gar nicht anders als unbewußt und punktuell vorankommen. Der Wandel war zu tiefgreifend und stand zu sehr im Gegensatz und in der Tat im Widerspruch zu den herrschenden Denkmustern und Wertvorstellungen, um bereits als solcher verstanden werden zu können. Hätte man ihn gleich eingangs begriffen, und sei's auch noch so nebulös, so

hätte die Bedrohung, die er für die meisten etablierten Interessen darstellte, einen entschlosseneren Versuch provoziert, ihn zu vereiteln.
Als man begriff, was vor sich ging, war es dafür zu spät.

PRODUKTION, WERT UND GELTUNG

Der ökonomische Wandlungsprozeß

DIE MEHRZAHL unserer heutigen Erkenntnistheoretiker sind bar jeden
Gefühls für radikale Veränderungen. Sie mögen ein gewisses Bewußtsein von der Art und Weise haben, wie wir Daten im Kontext mit anderen *kognitiv* relevanten Daten aufnehmen. Was ihnen indes im großen
und ganzen fehlt, ist ein ausreichender Sinn dafür, wie das Erkennen
in einen Kontext *nicht*kognitiver Tätigkeiten und Rücksichten eingebunden ist. Sie gehen von unserer Erkenntnissituation aus – in der,
grob gesprochen, ein Individuum sich einer im wesentlichen homogenen Datenbasis gegenübersieht, die aus gleichwertigen und gleich-
förmig behandelten Elementen besteht und die er in Abstraktion von
seinen eigenen sozialen Bindungen als Teilstücke einer einheitlichen,
geordneten Natur betrachtet. Dem Frühzeitmenschen schreiben sie
eine vergleichbare Bewußtseinsverfassung zu. Thomas Kuhn[1] tut so,
als sei der Mensch im vorwissenschaftlichen Zeitalter ohne »Paradigma«. Tatsächlich hat er ein sogar noch verbindlicheres Paradigma,
allerdings ein ganz anderes als wir.

Auf diese Weise wird eine Vision, die das Ergebnis einer rigorosen
Trennung von Fragestellungen ist, auf Formen zurückprojiziert, die
weder diese Trennung von Fragestellungen noch überhaupt eine wirkliche Arbeitsteilung kennen. Nun ist es natürlich eine Selbstverständlichkeit, daß ein Organismus nicht überleben kann, wenn seine Reaktionen auf das Milieu, in dem er lebt, sein Überleben unter diesen
besonderen Bedingungen unmöglich machen. Daraus folgt, daß Organismen, *wenn* sie überleben, dies auf Grund von Verhaltensweisen
tun, die auf irgendeine Weise den Umständen ihres Milieus Rechnung
tragen. Ihre Konstruktionsprinzipien dürfen, wenn man so sagen darf,
nicht auf falschen Annahmen über die Bedingungen der Außenwelt
basieren. Aber aus dieser Selbstverständlichkeit folgt nicht, daß die
erfolgreich angepaßten Reaktionen ausschließlich oder primär »proto-

---

[1] T. S. Kuhn, *The Structure of Scientific Revolutions*, Chicago 1962 (dt.:
Die Struktur wissenschaftlicher Revolutionen, Frankfurt a. M. 1967).

kognitiv« funktionieren müssen, das heißt daß sie *nur* implizite Informationen über die Außenwelt umfassen dürfen. Ihrer Konstruktion nach dienen sie zugleich vielfältigen internen Zwecken. Vielsträngigkeit, Multifunktionalität lautet die Devise nicht nur in der Natur, sondern auch in den meisten menschlichen Gesellschaften.

Es gibt natürlich Romantiker, die dem vielsträngigen, nichtatomisierten oder, wie sie lieber sagen, noch nicht ausgetrockneten Denken erklärtermaßen den Vorzug geben. In dieser Denkform bleiben unterschiedliche Fragestellungen miteinander verbunden und erzeugen ein einheitliches, »sinnvolles« Ganzes. Aber dieser Romantizismus, der bei uns sehr im Schwange ist, kann uns gleichfalls nicht sonderlich dabei helfen, den sozialen und geistigen Wandlungsprozeß zu verstehen. Denn während die unbekümmerten Pan-Modernisten stillschweigend voraussetzen, daß Erkennen schon immer in der heutigen, spezialisierten Form vor sich ging, meinen oder spüren die Romantiker (genauer gesagt sie glauben zu spüren), daß es den allseitigen Menschen immer gibt oder geben sollte. Sie ziehen es vor, der Verstümmelung durch eine säuberliche Trennung der Fragen und durch Arbeitsteilung zu entgehen. Die vormalige Zweckmäßigkeit der multifunktionalen Denkform wird als ein Wert an sich genommen. Auch wenn die Denkform verschwunden ist, kann sie jederzeit wiederbelebt werden. Diese Ansicht läßt jeglichen Erkenntnisfortschritt zum Humbug werden, indem sie alle Überzeugungssysteme als gleichwertig behandelt. Wenn diese Romantiker überhaupt ein Gefühl für historischen Wandel haben, dann höchstens in dem Sinn, daß sie mitbekommen, welch bedauerliche Ausmaße die Verstümmelung in allermodernster Zeit angenommen hat. Sie finden, dieser Entwicklung müsse Einhalt geboten und eine Wende eingeleitet werden.

Betrachten wir die volkswirtschaftliche Theorie, finden wir eine ähnliche Situation. Vielleicht liegen die Dinge etwas besser; denn die Diskussion, die der erkenntnistheoretischen auffallend gleicht, ist hier weitaus gründlicher geführt worden. Die unbekümmerten Pan-Modernisten sind natürlich nach wie vor sehr zahlreich bei uns. Zu ihnen gehört die Mehrzahl der professionellen Wirtschaftswissenschaftler. Sie gehen davon aus, daß die Wirtschaftswissenschaft das Wirtschaftsleben der gesamten Menschheit und nicht etwa nur eines Teils behandelt. Deshalb haben sie einige Schwierigkeiten, die Frage nach den Grenzen ihrer Anwendbarkeit auch nur zu verstehen. Aber unter denen, die zwar nicht vom Fach, aber mit wirtschaftlichen Themen befaßt sind, wie auch unter einigen wenigen, möglicherweise untypischen Ökonomen ist das Problem heftig und immer wieder debattiert worden.[2] Die auffällige und irritierende Tatsache, daß neuerdings Volkswirtschaften in Erscheinung treten, die sich in der *modernen* Welt mit großem Erfolg behaupten, aber in einer Gesellschaft zu Hause sind, die sich von der für die Wirtschaftstheorie maßgebenden erkennbar *unterscheidet* (man denke vor allem an Japan), läßt indes auf eine nachdrücklichere Thematisierung des Problems hoffen.

Im wesentlichen gibt es zwei Weisen, ökonomischer Rationalität und Zielstrebigkeit zur Stellung einer allgemeingültigen Eigenschaft zu verhelfen. Eine davon entspringt tatsächlich einem unverblümten, schrankenlosen Expansionismus wirtschaftswissenschaftlicher Vorstellungen. Sie besteht darin, schlechthin *alles* in jedem nur denkbaren Bereich als Anwendung einer Zweck-Mittel-Rationalität zu erklären. Diese Theorie hat nicht bloß ein Moment von Wahrheit; in einem höchst fragwürdigen Sinn ist sie vielmehr die reine Wahrheit. Sie ist nämlich tautologisch. Sie läßt sich ohne Mühe empirischen Daten überstülpen, so daß jede beliebige Faktizität sich mit ihr in Einklang bringen läßt.

Versuchen wir, uns ein Verhalten vorzustellen, das diese Behauptung Lügen straft. Nehmen wir an, jemand bringt sich an irgendeinem Heiligtum selber zum Opfer. In welchem Sinn kann das seinen eigenen Interessen dienlich sein, die ja vielleicht im Gegensatz zu denen des Heiligtums stehen? Unser Theoretiker in Sachen ökonomische Rationalität zeigt sich unbeeindruckt. Das Interesse des Betreffenden bestand eben gerade darin, den Ruhm seines verehrten Heiligtums zu vergrößern. Oder nehmen wir einen Menschen, der dem Anschein nach aller Rationalität Hohn spricht, indem er, komme was da wolle, eine bestimmte Rolle spielt und dabei eine völlige Unempfindlichkeit gegenüber allen Gefahren, die sich daraus ergeben, und Chancen, die sich darüber hinaus eröffnen, an den Tag legt. Sein Verhalten kann doch wohl unmöglich als Beweis für die Zweck-Mittel-Rationalität herhalten! Es scheint sich doch im Gegenteil durch systematische Indifferenz gegen alle Nützlichkeitserwägungen auszuzeichnen.

[2] Eine ausgezeichnete Zusammenfassung der anthropologischen Debatte findet sich in Y. I. Semenov, »Theoretical Problems of Economic Anthropology«, in: *Philosophy of the Social Sciences*, Bd. 4, 1974.

Aber auch hier wieder zeigt sich unser Ökonomist mit Universalitätsanspruch unbeeindruckt. Schließlich hat er den Bereich möglicher menschlicher Zielsetzungen nie in irgendeinem Sinne eingegrenzt. Zielvorstellungen ergeben sich aus den Neigungen oder dem Wollen der Menschen. Die Theorie trifft über sie keinerlei Vorentscheidung. Sie werden als etwas Gegebenes akzeptiert. Daß menschliche Ziele auf den Bereich der physischen Bedürfnisbefriedigung beschränkt sein müssen, hat er nie behauptet oder unterstellt. Und ebensowenig hat eine Beschränkung auf quantifizierbare Objekte wie zum Beispiel Geld stattgefunden. Eine solche Einschränkung wäre höchst unrealistisch, und unser Theoretiker ist sich der Bandbreite und Vielfalt menschlicher Ziele und Absichten voll bewußt. Er behauptet nur, daß die Menschen jedes gegebene Ziel (wobei dessen Gegebenheit ein strikt empirisches Datum ist) so effektiv wie möglich zu erreichen suchen. Mehr will er gar nicht sagen. Wenn Menschen von irgendeiner ausgefallenen Zielvorstellung oder von der Fixierung auf eine bestimmte Rolle beherrscht werden, dann widerspricht das in keiner Weise dem Modell der Zweck-Mittel-Rationalität. Ziele jeder nur denkbaren Art, mögen sie noch so logisch kompliziert oder abstrakt oder noch so gestalthaft umfassend sein – sie alle sind Wasser auf seine Mühle.

Und das zu Recht! Die These hat eine starke Ähnlichkeit mit der des psychologischen Egoismus, der Lehre, daß alle Menschen notwendig egoistisch sind. Was immer sie für Ziele anstreben (und wie immer fremdbestimmt diese sind), es bleiben doch immer *ihre* Ziele. Wenn wir die Sache nur richtig verstehen, gibt es vor dem Egoismus und der Rationalität kein Entrinnen. Aber natürlich wird in beiden Fällen die Behauptung dank der Gefräßigkeit, mit der sie alle Fakten verschlingt, zugleich zu etwas Nichtssagendem. Solche formalistischen, alles einbegreifenden Schemata können manchmal ganz nützlich sein; aber nicht in diesem Fall. Tatsache ist, daß wir ein spezifisches, unterscheidendes Rationalitätskonzept brauchen, eine Vorstellung von etwas, das sich im Fortgang der menschlichen Geschichte entwickelt und entfaltet. Schließlich *hat* sich ja etwas im Laufe der menschlichen Geschichte verändert. Wir brauchen Bestimmungen, mit deren Hilfe wir die *Unterschiede* fassen können.

Die andere Argumentationsweise, die nicht immer gebührend klar von der ersten unterschieden wird, ist empirisch. Es ist in der Tat so, daß viele (wenn auch nicht alle) Völker, die vorher in ihrer Wirtschaftstätigkeit durch verwandtschaftliche Rücksichten und Brauchtum eingeschränkt waren, die Prinzipien eines marktorientierten Verhaltens mit großer Bereitwilligkeit aufnehmen und anwenden. In einem begrenzten Bereich ihres Lebens haben sie diese Prinzipien vielleicht schon vorher praktiziert, ehe sie durch die Verhältnisse ermutigt wurden, den Geltungsanspruch einer rein ökonomischen Rationalität auch auf andere Gebiete auszudehnen. Das ist ein Hinweis darauf, daß die Einzweck-Rationalität vielleicht keine so schwierige und seltene Errungenschaft ist. Ist es denn wirklich nötig, in ihr die Frucht einer langen, komplizierten und mühsamen Entwicklungsgeschichte zu sehen, die sich in einer bestimmten historischen Tradition vollzog? (Das ist im wesentlichen die Ansicht, die in diesem Buch vertreten wird.) Könnte solche Rationalität nicht je schon latent in jedem Menschen vorhanden sein?

Dieser Überlegung zufolge ist der *homo oeconomicus* je schon im Gesellschaftswesen Mensch versteckt und drängt heftig darauf, in Erscheinung treten zu dürfen. Er nutzt begierig die erste beste Gelegenheit herauszukommen. Der Mensch ist ein geborener Maximierer und hat nur das Pech, daß ihm sonst überall gesellschaftliche Fesseln angelegt sind. Rationales Kalkulieren muß nicht erst erfunden werden. Alles, was es dazu braucht, ist die Sprengung der Fesseln. Nicht alle Verehrer ökonomischer Rationalität glauben das (der hervorragendste zeitgenössische Vertreter dieser Position, Hayek, glaubt es nicht). Aber die Möglichkeit, daß es sich so verhält, muß immerhin in Betracht gezogen werden.

Es besteht hier eine augenscheinliche Parallele zur kognitiven, referentiellen, einsträngigen Rationalität, die ebenfalls in allen Menschen latent vorhanden und mächtig sein soll und angeblich darauf lauert, bei der ersten sich bietenden Gelegenheit freigesetzt zu werden. Eine wichtige Stütze für diese Behauptung wird ausgerechnet in dem Umstand gesehen, daß so viele Gesellschaften sich zur Bekräftigung feierlicher Anlässe des absurden Mittels einer rituellen Hervorhebung bedienen. Wenn der Mensch nicht bereits latent rational wäre, würde er dann das Signal überhaupt wahrnehmen können? Würde er daraus die Feierlichkeit des Anlasses entnehmen können? Daß auf die Wirkung irrationaler ritueller Beglaubigungen gebaut wird, gilt als unwillkürliche Anerkennung, die der Vernunft von der Unvernunft gezollt wird. Die Vernunft in uns muß von Anfang an sehr stark sein, wenn Unvernünftiges uns so sehr anspringen läßt.

Aber egal, ob sie immer schon latent in uns war und darauf wartete zutage zu treten, oder ob sie in einem mühsamen Prozeß als Nebenprodukt einer obsessiven und ungewöhnlichen Theologie errungen werden mußte – als allgegenwärtiger und herrschender Lebens- und Produktionsstil war uns die instrumentelle Vernunft jedenfalls nicht seit jeher gegeben. Die Produktion war in hohem Maß von anderen Rücksichten, insbesondere vom Interesse an der Aufrechterhaltung der Gesellschaftsordnung, überlagert. Sie mußte erst einmal von den anderen Strängen abgetrennt werden, mit denen sie vorher verflochten war. Die Frage, wie das erreicht wurde, bleibt unser Problem.

Produktion und Herrschaft

PRODUKTION UND HERRSCHAFT sind etwas fundamental Verschiedenes. Sie gehorchen einer radikal unterschiedlichen Logik. Sie lassen sich nicht als Parallelverhältnis behandeln. Die politische und die ökonomische Geschichte der Menschheit sind zwar miteinander verschränkt, sind aber nicht einfach Kohlepapier-Durchschläge voneinander.

Es ist nützlich, den Gegensatz zwischen der Logik der Herrschaft und der Logik der Produktion und des Austauschs erst einmal hart und übertrieben herauszustellen, wobei es dann im folgenden nötig sein wird, eine ganze Reihe von Nuancierungen vorzunehmen.

Wirtschaftlicher Nutzen ist teilbar, kalkulierbar und Verhandlungen zugänglich. Bei der Herrschaft ist das anders. Sie funktioniert im Rahmen von unvermittelten, schroffen, sich ausschließenden Alternativen.

Der ökonomische Austausch ist eine Sphäre der Feinabstimmung. Das Kriterium oder Motiv, kraft dessen er funktioniert, ist der *Gewinn*. Gewinne lassen sich genau gegeneinander aufwiegen. Es besteht die Möglichkeit zu sehr feinen Abstimmungen, um ein geschäftliches Gleichgewicht herzustellen und so nahe wie möglich an die Situation heranzukommen, die für beide Beteiligte optimal ist.

Bei der Herrschaft ist das völlig anders. Die äußerste Zwangsmaßnahme, über die der Herrscher verfügt, ist die Verhängung der Todesstrafe. Der Tod ist mit nichts vergleichbar. Das Leben ist die Voraussetzung für den Genuß aller übrigen Güter. Gelegentlich kann der Verlust anderer Güter, die ihm teuer sind, einen Menschen dazu bringen, sich nach dem Tod zu sehnen; aber das ist selten der Fall. Im Normalfall ist der eigene Tod durch nichts anderes aufzuwiegen. Thomas Hobbes hat versucht, diese Tatsache als verbindliche Legitimationsgrundlage aller politischen Ordnung zu nutzen. Man kann nicht ein bißchen tot sein; Feinabstimmungen eines Mehr oder Weniger gibt es hier nicht. Wie de Maistre sagt, ist der Henker die tragende Säule der Gesellschaftsordnung.

Die ökonomische und die politische Sphäre sind zutiefst geprägt von dieser Verschiedenheit der äußersten Sanktionen, die sie vorsehen. In der einen Sphäre geht es um größere oder kleinere Gewinne oder Verluste; in der anderen steht alles auf dem Spiel.

Es mag eingewendet werden, daß der Gegensatz überkonstruiert oder, was noch mehr ins Gewicht fällt, nicht umfassend genug belegt sei. In stabilen Systemen finden politische und sogar kriegerische Auseinandersetzungen durchaus statt. Das Kriegführen im 18. Jahrhundert zum Beispiel war eine Routineangelegenheit und hatte viel vom Schachspiel an sich. Weder die gesamtgesellschaftliche Ordnung noch die kriegführenden Parteien liefen dabei allzu große Gefahr. Kalkulierbaren Gewinnen standen kalkulierbare Verluste gegenüber. Der Krieg war tatsächlich die Fortführung der Politik mit anderen Mitteln.

Stammesfehden sind auch häufig weit entfernt davon, eine Auseinandersetzung bis aufs Messer zu sein. Nachdem die Ernte eingebracht ist, gibt es rituelle Raufereien, ein oder zwei Leute kommen um, die Rechnungsbücher werden auf den neuesten Stand gebracht, und es wird das Blutgeld bezahlt. Dann warten alle auf die nächste Saison und diskutieren im Detail, wie sich beide Seiten geschlagen haben. Es wird erzählt, daß im Tal von Kathmandu die Bauernkaste unbeirrt ihre Felder weiter bearbeitete, während auf dem benachbarten Feld zwei konkurrierende Gruppen von Kriegern eine Schlacht austrugen. Die Kastenschranken in bezug auf die jeweiligen Tätigkeiten wurden respektiert.

Trotz des schroffen Alternativcharakters von Leben und Tod und trotz der Tatsache, daß Herrschaft in letzter Instanz mit dem Tod oder der Androhung des Todes operiert, gelingt es den Gesellschaften oft, Gewalt und herrschaftliche Zwangsausübung zu entschärfen, zu ritualisieren, einzuschränken. Eine Gesellschaft ist eine Gruppe von Menschen, die über einen Mechanismus zur präventiven Verhinderung von Konflikten verfügt.

Das Hauptmerkmal und die überragende Leistung erfolgreicher politischer Systeme besteht genau darin: daß sie die Eskalation von Konflikten vermeiden. Auf die eine oder andere Weise schaffen sie Verhältnisse, unter denen der Gedanke, daß es sich lohnt, als erster zuzuschlagen, tabu ist. Über Streitigkeiten kann detailliert verhandelt werden, Neuverhandlungen sind immer wieder möglich. Die Beteiligten kommen nicht auf die Idee und werden durch die objektiven Umstände auch nicht darauf gebracht, daß es besser sein könnte, eine Eskalation des Konflikts in Kauf zu nehmen, als einer Lösung zuzustimmen, die nicht uneingeschränkt vorteilhaft ist. Ein politisches System *ist* nichts anderes als ein Kollektiv, in dem es zu keiner Eskalation kommt, entweder weil eine der Parteien die Macht an sich gerissen hat oder aber weil ein Mechanismus vorhanden ist, der für ein Kräftegleichgewicht sorgt und so die Eskalation verhindert.

Umgekehrt läßt sich geltend machen, daß auch das ökonomische Handeln mit all seinen Tricks und Täuschungen gelegentlich, vielleicht sogar recht häufig, die Züge einer aufs Ganze gehenden Aktion annehmen kann. Verhandlungen auf wirtschaftlichem Gebiet werden erst dann zu einem lockeren Feilschen, wenn die Befriedigung der Grundbedürfnisse gesichert ist. Deshalb kann eine wirklich arme, primitive Ökonomie keine Marktwirtschaft sein; denn die Überschüsse sind zu gering, und das Lebensnotwendige kann nicht den Zufällen des Marktgeschehens ausgeliefert werden. Wenn der Hungertod droht, nehmen ökonomische Entscheidungen die Form von politischen an. Sie sind dann jedenfalls mit politischen verschränkt, mit der Aufgabe der Erhaltung und Verteidigung der sozialen Gruppe.

Gelegentlich kann von einzelnen ökonomischen Entscheidungen sehr viel abhängen. Die Entscheidungen ihrerseits müssen unter Umständen mangels zuverlässiger Informationen auf gut Glück getroffen werden. Wichtigen Investitionsentscheidungen, die den Einsatz großer Mittel erfordern, geht oft ein umständliches Ritual des Prüfens und Materialsammelns voraus. Jedes Mitglied von Kommissionen, die mit derartigen Entscheidungen befaßt sind, rückt mit ganzen Stößen von Unterlagen an. Diese bestehen aus eindrucksvoll wirkenden Zahlenkolonnen und Situationsanalysen. Es wäre höchst unprofessionell, ja geradezu unmoralisch, unvorbereitet anzutreten und zwecks Beschlußfassung eine Münze zu werfen. Es gibt aber tatsächlich halbmoderne oder sogar moderne Volkswirtschaften, in denen Astrologen konsultiert werden, und ich bezweifle, daß es die astrologische Einmischung ist, die für etwaige Fehlfunktionen dieser Volkswirtschaften haftbar gemacht werden kann. Befürworter anderer Strategien können immer einen Astrologen oder Wirtschaftswissenschaftler finden, der ihre Position vertritt. Jeder, der an solchen Entscheidungen beteiligt ist, weiß, daß die Ungeklärtheit wesentlicher Faktoren, die Fragwürdigkeit der Voraussetzungen, unter denen das Material gesammelt wurde (ganz zu schweigen vom Problem seiner Zuverlässigkeit), die Unvergleichbarkeit der Gesichtspunkte, die gegeneinander abgewogen werden mußten – daß all das den Entscheidungen zu guter Letzt immer den Charakter eines Sprungs ins Ungewisse verleiht.

Diese Einschränkungen sind allesamt berechtigt. Der Gegensatz zwischen den Sphären einerseits der politischen Macht und Herrschaft und andererseits der Produktion und des ökonomischen Austauschs hat nicht ganz die Einfachheit eines Gegensatzes zwischen einer kontinuierlichen Skala von Gewinn und Verlust einerseits und der schroffen Alternative von Leben und Tod andererseits. Kalkulierbarkeit tritt häufig auch in der Politik und Kriegsführung auf, und Kompromißlosigkeit, das unbedingte Insistieren auf einem bestimmten unter mehreren inkommensurablen und miteinander unverträglichen Angeboten, kann im wirtschaftlichen Bereich ohne weiteres vorkommen und tut das auch. Aber nichtsdestoweniger ist das oberste und grundlegende Prinzip der Herrschaft die ausschließende Alternative zwischen Leben und Tod, während das oberste Prinzip des Markts die Jagd nach wie auch immer geringen Vorteilen ist.

Im konkreten Fall, bei ernsthaften militärischen und politischen Auseinandersetzungen, sind Sieg oder Niederlage unwiderruflich und meilenweit voneinander entfernt. *Vae victis*: Ein echter Sieger sorgt dafür, daß die Besiegten keine zweite Chance bekommen. Das wäre schiere Tollheit. Die diesmal Unterlegenen würden, wenn sie es ein zweites Mal erfolgreicher probieren könnten, nicht so dumm sein, eine ähnliche Großzügigkeit an den Tag zu legen. Die Logik der nuklearen Abschreckung besteht darin, daß weder Sieger noch Verlierer ein zweites Mal erleben.

Aus der Kalkulierbarkeit und Kompromißbereitschaft, die für Handelsgeschäfte typisch ist, folgt in gewisser Weise, daß Handel nur dort getrieben wird, wo entweder eine übergreifende Macht oder ein Kräftegleichgewicht dafür sorgen, daß Raub oder Piraterie unterbleiben. Vielleicht sollte man gar nicht so sehr sagen, daß Gewalt etwas Absolutes ist und Geschäfte eine Sache der Kalkulation sind, sondern daß wir gewalttätig werden, wenn wir uns in extremen Entscheidungssituationen befinden, während wir da, wo wir keinen Mangel leiden und uns in geordneten Verhältnissen befinden, uns darauf kaprizieren können, kleine Vorteile auszuhandeln. Wir können dann so verfahren, selbst wenn der Verhandlungsort ein Schlachtfeld ist. Die Gegensatzpaare Unkalkulierbarkeit/Kalkül und Gewalt/Verhandlung können sich überschneiden. Manchmal verhandeln wir über Unkalkulierbares, und manchmal ist Gewalt Teil eines Kalküls.

In früheren Zeiten waren Handeltreibende häufig gleichzeitig Piraten oder Eroberer; Handel wurde getrieben, wenn die Alternative zu gefährlich war. Handel treiben bedeutet anzuerkennen, daß man sich an einem bestimmten Punkt eines kontinuierlichen Spektrums auf den Austausch einigen muß. Gewalt zu üben, die nicht eingeschränkt und ritualisiert ist, bedeutet anzuerkennen, daß man die Wahl zwischen einem der beiden Extreme des Spektrums hat. Aufs Ganze gesehen hat die Menschheit vorwiegend in politischen Verhältnissen gelebt, für die Verhandeln ein Fremdwort war. Das Verhandeln blieb in ein Ghetto gesperrt, das sich auf diese Kunst spezialisierte. Der rationale Verhandlungsstil hat dann ein einziges Mal zuerst eine bestimmte Gesellschaft und schließlich die ganze Welt erobert. Mittlerweile ist er aller Wahrscheinlichkeit nach wieder auf dem Rückzug.

Die drei Stadien der ökonomischen Entwicklung

DIE BÜNDIGSTE und einfachste Typologie ökonomischer Entwicklungsstadien ist die von Karl Polanyi, der eine Abfolge von einer Wirtschaft auf Gegenseitigkeit über eine Politik der Umverteilung zur Marktwirtschaft konstruiert.[3] Das korrespondiert nur teilweise mit einer anderen, sehr naheliegenden Klassifizierung, die zwischen einer Subsistenzwirtschaft, partiellen Märkten (für Luxusgüter und strate-

[3] Karl Polanyi, *The Great Transformation*, New York 1944, Boston 1957.

gisch wichtige Waren) und einer allgemeinen Marktwirtschaft unterscheidet.

Gegenseitigkeit ist offenkundig vorherrschend in vorproduktiven Gesellschaften, in denen es sehr wenig gibt, womit sich handeln *läßt*. Auch wenn Umverteilung als eine Wirtschaftsform vorgestellt wird, kann man sie doch genausogut als eine Form von politischer Ordnung betrachten. Sie entspricht einer Gesellschaftsordnung, in der ein politisches Zentrum existiert, das stark genug ist, um aus den Produzenten ein beträchtliches Mehrprodukt herauszuholen und dieses dann nach eigenem Ermessen zu verteilen oder zurückzuhalten. Eine allgemeine Marktwirtschaft, in der das Gros der Konsumgüter den Markt durchläuft und nur ein verschwindender Teil privat produziert und vom Produzenten gleich verbraucht wird, hat offenbar zweierlei zur Voraussetzung: Zum einen müssen die Produktivkräfte so groß sein, daß die Lebensmittelproduzenten zur Minderheit werden (und doch ausreichend Nahrung für die gesamte Gesellschaft erzeugen), und zum anderen muß die politische Macht einverstanden damit sein oder notgedrungen zulassen, daß ein wesentlicher Teil der Produktion frei auf dem Markt angeboten werden kann.

Diese beiden Voraussetzungen hängen im großen und ganzen, wenn auch nicht vollständig, zusammen. Eine umfängliche und wachsende Produktion ist, wie David Hume und Adam Smith bemerkten, einer guten Regierung förderlich, aber setzt diese natürlich auch voraus. Die Verknüpfung bleibt indes nicht so eng. Existiert erst einmal eine leistungsstarke Technik, so wird auf der Grundlage der damit gegebenen großen Produktivkraft auch eine Gesellschaft ohne sonderlich viel Markt möglich. Ob das dann *zwangsläufig* zur Entstehung eines heimlichen Markts (»Schattenwirtschaft«) oder zur Bildung von Beziehungssystemen auf Gegenseitigkeit führt, ist eine interessante Frage.

Tatsächlich ist es sehr schwierig, aufeinanderfolgende Wirtschaftsformen darzustellen, ohne zugleich von Herrschaftsformen oder Formen des Verzichts auf herrschaftliche Gewalt zu sprechen. Das Grundmuster der umverteilenden Agrargesellschaft ist Herrschaft durch Gewalt, selbst wenn diese normalerweise indirekt und in sekundärer Form geübt wird. Um die Herrschaft zu charakterisieren, die in der Agrargesellschaft das Schwert ausübt, muß man natürlich auch die Rolle würdigen, die der Geistlichkeit für die Organisation der herrschenden Gruppen zufällt. Diejenigen, die den letzten König mit dem Gedärm des letzten Priesters erdrosseln wollten, ließen damit dem Beitrag sein Recht widerfahren, den die Geistlichkeit zur Aufrechterhaltung des Systems leistete.

Die allgemeine Marktwirtschaft wurde durch einen gemäßigten technischen Fortschritt ermöglicht, wobei die Ausdehnung des Markts ihrerseits weiteren technischen Fortschritt begünstigte. Aber am Ende setzte eben diese machtvoll entfaltete Technik eine umfassende, in sich geschlossene, naturgemäß Zusammenhang stiftende, kollektive Infrastruktur voraus, die ihrerseits nun die soziale Bedeutung des Markts einschränkte. Während des ersten ökonomischen Wunders war dank eines historischen Zufalls die erforderliche Infrastruktur vorhanden und verfügbar. Das ist jetzt anders: Die Infrastruktur, die heute gegeben sein muß, hat enorme Ausmaße angenommen und kann nicht mehr von selbst entstehen. Und sie kann auch nicht mehr mittels Marktmechanismen instand- beziehungsweise aufrechterhalten werden, ebensowenig wie sie ohne Planung geschaffen werden kann.

Sie läßt sich nur noch auf »politischem« Weg garantieren, durch globale, zentrale und von vielfachen Rücksichten bestimmte Entscheidungen. So sind wir also im Begriff, in eine stärker politische und weniger ökonomische Welt zurückzukehren. Wenn heute die Rückkehr zu einem atomistischen Individualismus beschworen wird, so kann das nicht darüber hinwegtäuschen, daß die moderne Wirtschaft mit der Existenz einer umfassenden, unteilbaren und unentrinnbaren politisch kontrollierten Basis steht und fällt. An die Stelle vertraglicher Vereinbarungen treten wieder Statusbestimmungen. Wie das Statussystem diesmal aussehen wird, wissen wir noch nicht. Fürs erste hat es den Anschein, als werde es sich um ein egalitäres und bürokratisches Statussystem handeln. Den Ausgangspunkt bildet ein Egalitarismus, der kombiniert ist mit der generationsweise erneuerten Zuordnung hierarchisch geordneter Rollen. Ob dieser Egalitarismus eine Verringerung der Mobilität überstehen, ob die Mobilität ihrerseits die Ertragseinbußen sowohl auf ökonomischem als auch auf technischem Gebiet überleben wird und ob es zu solch einer Abnahme des Ertrags überhaupt kommen wird – das sind die entscheidenden Fragen, denen wir uns gegenüber sehen.

Der ideologische Übergang
zur allgemeinen Marktwirtschaft

DIE AGRARISCHE WELT ist auf Stabilität und hierarchische Ordnung ausgerichtet. Ihr ideologischer Apparat ist darauf ausgerichtet, ihren Institutionen Stabilität zu verleihen. All das drückt sich in ihrer Einstellung zur Ökonomie aus. Genauso wie zum Beispiel die Aristotelische Physik die Vorstellung vertritt, daß alle Dinge einen angemessenen Ort haben, zu dem sie hintendieren, fühlt sich auch die typische Wirtschaftstheorie jener Zeit, die Aristoteles zum Weisen schlechthin verklärt, unwiderstehlich von der Vorstellung eines »gerechten Preises« angezogen. Später ist das dann eine vielgeschmähte Idee.

Aber die Vorstellung ist nicht absurd: In einer stabilen Ordnung, die über eine stationäre Technik verfügt, kann ein fester Preis – gestützt und geheiligt vom Nimbus der Gerechtigkeit – ein vernünftiger Weg sein, ökonomische Probleme zu lösen. In einer stabilen Welt gibt es im Wissensspektrum möglicherweise keinen Platz für ein Gebiet »Ökonomie«.[4] Die Vorstellung von einem fairen und moralisch gebotenen Preis entbehren wir schmerzlich, und es kann sein, daß wir in umfassenderer Weise irgendwann einmal auf sie zurückkommen werden. Für eine Gesellschaft, die es Teilen der arbeitenden Bevölkerung gestattet, sich zusammenzuschließen und als Kollektiv Tarifverhandlungen zu führen, und in der manche dieser organisierten Teile gelegentlich das gesamte Wirtschaftsleben lahmlegen können, ist unter Umständen die Wiedereinführung eines Begriffs vom »gerechten Lohn« die einzige Möglichkeit, der Massenarbeitslosigkeit oder der Inflation (bzw. auch einer Kombination aus beidem) zu entrinnen.

Eine wachstumsorientierte, instabile Ökonomie mit einem ausgeprägten Potential technischer Innovation kann andererseits mit solch einer Vorstellung schwerlich etwas anfangen. Was sie vielmehr braucht, sind schwankende Preise, die – wie von der hausgemachten Theorie lauthals verkündet – als ein unendlich subtiles und feinfühliges Signalsystem funktionieren, das anzeigt, wo menschlicher Unternehmungsgeist im Interesse einer verbesserten Bedürfnisbefriedigung ansetzen und an welchen Stellen er Zurückhaltung üben muß. Zwischen

---

[4] M. I. Finley, *The Ancient Economy*, London 1985 (dt.: *Die antike Wirtschaft*, München 1977).

ökonomischem Wachstum und einem Marktmechanismus des variablen Preises besteht ein unmittelbarer Zusammenhang.

Natürlich gibt es auch Wirtschaftswachstum óhne solch einen Marktmechanismus, wenn der Antrieb von einer einzelnen oder jedenfalls beschränkten Entdeckung ausgeht, egal ob diese in einer neuen Rohstoffquelle, einem neuen geographischen Gebiet oder auch einem neuen Verfahren besteht, oder wenn neue Techniken von der Staatsmacht selbst eingeführt werden. Auch und gerade die extrem folgenreiche Einführung des Ackerbaus war eine solche einzelne Neuerung.

Der große Archäologe Gordon Childe meint, daß es die Sklaverei war, die dem Erfindungsgeist entgegenwirkte, weil sie die Motivation untergrub, nach einfacheren Verfahrens- und Herstellungsweisen zu suchen. Von Sklaverei im strengen Sinn läßt sich dort sprechen, wo atomisierte, einzelne Personen wie ein bewegliches sächliches Eigentum behandelt werden. Das ist etwas anderes, als wenn sie in untergeordneter Stellung in das Hauswesen integriert sind oder wenn ganze Gemeinschaften versklavt werden, die gleichzeitig ihre interne Organisation beibehalten dürfen. Tatsächlich kann die Sklaverei im strengen Sinn das genaue Gegenteil dessen bewirken, was Childe ihr zuschreibt. Ein Sklavenhalter, der seine Sklaven kaufen und am Leben erhalten muß, hat in der Tat allen Grund, eine Erhöhung der Produktivität zu begrüßen. Diese strikte Form der Sklaverei findet sich in der Weltgeschichte merkwürdig selten.[5] Kenner der Materie haben die Ansicht vertreten, daß diejenigen Gesellschaften, die solche Sklaverei praktiziert haben, sich buchstäblich an den Fingern einer Hand abzählen lassen (wobei zwei davon im antiken Mittelmeerraum und drei in der Neuen Welt nach ihrer Entdeckung durch Kolumbus anzusiedeln sind). »Echte« Sklaverei nutzt einzelne Personen schlicht und einfach als Arbeitskräfte und läßt es zu, daß solche »sprechenden Werkzeuge« (ein römischer Ausdruck) nach rein ökonomischen Gesichtspunkten beliebig verkauft oder übereignet werden können. »Echte« Sklaverei wirkt wie die Vorwegnahme eines »rationalen« Kapitalismus und seiner durch jede soziale Rücksicht unbehinderten Einzweck-Verwendung der Arbeitskraft. Man kann darüber spekulieren, warum

[5] M. I. Finley, »Slavery and the Historians«, in: *Social History – Histoire Sociale*, Bd. 12, 1979. Keith Hopkins, *Conquerors and Slaves*, Cambridge 1978.

diese Sklaverei nicht wirklich zum Kapitalismus führte oder führen konnte.

Was sich ansonsten viel häufiger in Gesellschaften findet, ist die gewaltsame Eingliederung gefangener oder gekaufter Personen in die niederen Ränge einer Gemeinschaft oder natürlich die Versklavung ganzer Gemeinschaften oder auch die Besetzung hoher gesellschaftlicher Positionen mit »Sklaven«. Letzteres ist tatsächlich nur eine spezielle Bezeichnung für Beamte in bestimmten Stellungen. Dadurch wird sichergestellt, daß diesen Beamten alle ihre Vorrechte einschließlich ihrer Position jederzeit entzogen werden können. Heute geht ein Beamter selbstverständlich davon aus, daß die Macht, über die er kraft seines Amtes in der Organisation verfügt, ihm nicht auf Lebenszeit verliehen ist und daß er aus seiner Position entfernt werden kann; in traditionellen Gesellschaften war es unter Umständen nötig, ihn als Sklaven zu bezeichnen, um sicherzustellen, daß es sich auch dort so verhielt. Selbst dann war es normalerweise schwierig, diesen Zustand über längere Zeit hinweg aufrechtzuerhalten. Die Sklaven mochten Staatseigentum sein, aber der Staat konnte dabei sehr wohl den Sklaven gehören.

Die wahre Erklärung für den niedrigen Entwicklungsstand der technischen Innovation ist also vielleicht noch allgemeiner: Die Gesellschaftsordnungen der agrarischen Welt haben Knechtschaftsverhältnisse zur Folge, und die wiederum behindern die Innovation. Diejenigen, die in Knechtschaft leben, haben wenig Anlaß, innovativ zu sein, und diejenigen, die über sie herrschen, kultivieren normalerweise ein Ethos, das eher zu Kampfgeist und Sinn für Stabilität als zu unternehmerischer Initiative neigt.

Wer von den Mechanismen einer freien Marktwirtschaft wirklich überzeugt ist, blickt meist mit Verachtung auf den in seinen Augen falschen Moralismus der Vorstellungen von einem gerechten Preis und gerechten Lohn. Interessanterweise stimmte R. H. Tawney mit dieser Perspektive soweit überein, daß er Karl Marx als den letzten Scholastiker bezeichnen konnte. Damit meinte er, daß die Arbeitswertlehre und vor allem der ihr zugrunde liegende moralische Anspruch in der Nachfolge der Bemühungen um eine »gerechte« Festsetzung von ökonomischen Entlohnungen stünden.

Die Denunzierung des Konzepts vom »gerechten Preis« ist integrierender Bestandteil der allgemeinen Ablehnung, mit der das aufgeklärte

Bewußtsein der Metaphysik und dem Aberglauben begegnet. Die ganze Sache entspringe, so der Tenor der Kritik, der kindischen Überzeugung, daß Gott oder die Natur oder welche Macht auch immer die Dinge mit Preisschildern in die Welt setze. Offenbar gehört das alles zur Vorstellung von der Welt als »Kosmos« statt als Natur, einer Anschauung, die allenthalben teleologische Zwecke, hierarchische Ordnungen, wesenhafte Werte am Werk sieht. Diese Welt ist durchtränkt mit Wertvorstellungen, die so tief im Wesen der Dinge verwurzelt sind, daß es ein Sakrileg wäre, wenn man die letzteren der erniedrigenden und entwürdigenden Wertfindungsprozedur des Markts überließe. Die Arbeitswertlehre war ein merkwürdiges Kompromißgebilde. Sie war traditionsgebunden insofern, als sie im Wert etwas sah, das an den Sachen selbst haftet und nicht nur flüchtiger Ausdruck von Bedürfnissen ist, die sich auf die Dinge richten. Und gleichzeitig sollte es eine menschliche Instanz, die Arbeit des Menschen, und nicht irgendeine höhere Macht sein, was über die Kraft verfügte, den Dingen ihren inneren Wert zu verleihen. Die Theorie war zugleich objektivistisch und aufs menschliche Subjekt ausgerichtet.

Aber wir haben gelernt, unterschiedliche Fragestellungen auseinanderzuhalten und die Dinge so zu sehen, wie sie sind. Wir trennen das, was in den Dingen ist, von dem, was unsere Konstruktion oder Projektion ist, und wir erkennen, daß es für die Dinge keinen solchen wertbestimmten Platz in der Seinsordnung gibt, einfach deshalb, weil diese Seinsordnung nicht existiert. Solange die Menschen an diese Ordnung glaubten, gab es wenig Neuerungen. Wir hingegen leben in einer Welt, deren Basis die ständige Innovation ist, die Trennung von Fragestellungen und Tätigkeiten, die kalte Zergliederung der Welt. Die neue Weltsicht beansprucht, sich von alten abergläubischen Vorstellungen befreit zu haben. Zwischen unserer Flexibilität und der Entsubstantialisierung der Wertvorstellung besteht ein enger Zusammenhang.

Preise, und Vergütungen ganz allgemein, sind also nichts objektiv Feststehendes. Sie drücken nur aus, wieviel Befriedigung Dinge und Dienstleistungen gewähren und wie knapp oder reichlich sie vorhanden sind, und diese Flexibilität der Preise, diese Notwendigkeit, sie ständig neu auszuhandeln, ist genau das, was Innovation, Fortschritt, Wachstum begünstigt. Die Vorstellung vom »gerechten Preis« ist nicht nur ein metaphysischer Irrtum und Aberglaube. Sie ist zugleich Musterbeispiel für den gräßlichsten aller Irrwege, der darin besteht, daß man die Welt unsinnigerweise in eine Schablone preßt, die man dann mit einem Nimbus der Heiligkeit und Verbindlichkeit umgibt, die sie gar nicht verdient. Und dadurch wurde aus dem bloß theoretischen Irrtum ein entscheidendes praktisches Hindernis für den Fortschritt und die Befriedigung menschlicher Bedürfnisse. Das heute zu beobachtende Wiederaufleben einer solchen Tendenz erscheint dann als ein unerklärliches Regressionsbedürfnis, als reaktionär im vollen und wahren Sinne des Wortes. Begreifen läßt es sich nur als Zeichen der psychischen Schwäche einzelner, die in den Schoß der alten, heimeligen, stabilen Gesellschaft zurückwollen, weil sie die Freiheit, das selbstverantwortliche Leben in einer emanzipierten, offenen Gesellschaft nicht ertragen können.

Die Theorie von der »Markt«-Vermitteltheit der Wertgeltung ist der entscheidende Punkt, in dem die Veränderungsprozesse auf ökonomischem Gebiet und im Bereich der Erkenntnis zusammentreffen. Die neue Ökonomie stützt sich auf eine Begrifflichkeit, die von einer homogenen, atomisierten Welt ausgeht. Wert oder Bedeutung haftet den Dingen nur als Ausdruck der Befriedigung an, die sie gewähren. Es gibt keine feststehenden Zwecke oder Mittel. Die Zwecke werden durch unsere Bedürfnisse bestimmt und die Mittel durch die objektiven Zusammenhänge, die in der Welt herrschen. Nur auf diesem Weg kommt Wert in die Welt.

In Wahrheit ist alles leider etwas komplizierter. Für schlichte Schwarzweißmalerei ist, so kann man sagen, die Sache wenig geeignet. Sie läßt sich nicht einfach auf den Gegensatz zwischen abergläubigem Denken und starrem Objektivismus einerseits und einem aufgeklärten, flexiblen Empirismus andererseits reduzieren. Die Aufklärung war nicht ganz so aufgeklärt, wie sie gern glauben machen möchte. Sie selbst beging und exemplifizierte eben den Irrtum, den sie geißelte.

Keine Frage, die Vorstellung vom gerechten Preis als einem zum Wesen der Dinge gehörigen Element ist ein Köhlerglaube. Es gibt gar kein Wesen der Dinge, und wenn, dann besteht es nicht in der Ausfertigung von Preisschildern. Aber leider gibt es auch ebensowenig einen Marktpreis. Die Apotheose des Marktpreises, die Aura von Unabhängigkeit, Autorität und Rechtmäßigkeit, mit der er ausgestattet wird, ist nichts als eine Wiederaufnahme des gleichen alten Köhlerglaubens in subtilerer Form. Aufklärer klärt euch selber auf! Die Besserwisserei, mit der ihr eure Einsichten verkündet, wirkt einigermaßen komisch, denn ihr seid entschieden weniger aufgeklärt, als ihr in eurer Überheblichkeit meint.

Der Markt kann den Preis nur innerhalb eines bestimmten herrschaftlich-institutionellen Kontexts festsetzen. Dieser Kontext ist genausowenig etwas ein für allemal *Gegebenes*, wie der »gerechte Preis« es sein kann. Er ist unvermeidlich ein spezifischer historischer Kontext. Er kann sehr verschieden sein und ist stets das Ergebnis der Durchsetzung eines bestimmten historischen Kompromisses. Die Illusion eines eigenständigen Markts, der als objektive Entscheidungsinstanz fungiert, konnte entstehen, weil der besondere institutionell-kulturelle Kontext, in dem er zuerst auftrat, den unmittelbar Beteiligten den *Eindruck* von etwas Selbstverständlichem machte. Dieser Kontext hatte sich spontan entwickelt und erschien denen, die in seinem Dunstkreis lebten, als etwas »Natürliches«. Er schien Ausdruck allgemeinmenschlicher Verhältnisse statt Resultat einer höchst spezifischen historischen Konstellation zu sein.

Diejenigen, die ihn unter die Lupe nahmen, brachten zwar ein gewisses Maß an soziologischer Bildung und Phantasie mit, aber doch nicht genug. Sie wußten, daß der Kontext sein Entstehen günstigen historischen Umständen verdankte; es war ihnen aber nicht hinlänglich klar, daß diese Entstehungsbedingungen etwas *Einmaliges* darstellten. Sie glaubten, diese Bedingungen setzten die eigentliche Natur des Menschen frei; sie erkannten nicht, daß dadurch vielmehr ein neuer und seltener Menschenschlag geschaffen wurde. Sie waren dankbar für das günstige politische Klima. Aber sie würdigten nicht voll die spezifischen kulturellen und technischen Voraussetzungen, die es allererst ermöglichten. Sie neigten zu sehr dazu, diese Grundbedingung einer einzigartig günstigen sozialen Infrastruktur für eine allgemeinmenschliche Gegebenheit zu halten.

Der Markt braucht für seine Existenz einen politischen und kulturellen Strukturrahmen. Dabei geht es nicht nur um die Erhaltung des Friedens, so wichtig der sein mag. Es geht auch um Mindesterfordernisse im Blick auf die physische und soziale Infrastruktur und um ein bestimmtes kulturelles Klima, die Verfügbarkeit geeigneter Bevölkerungsgruppen. Verglichen mit den Anforderungen der hochindustriellen Gesellschaften waren die infrastrukturellen technischen Bedürfnisse in den Frühzeiten des Industriezeitalters und den Anfängen einer expandierenden Marktwirtschaft noch ziemlich bescheiden. Zugleich aber war es extrem unwahrscheinlich, daß im Agrarzeitalter diesen Bedürfnissen Rechnung getragen wurde. Und dennoch fanden die Bedürfnisse ihre Befriedigung, ohne daß es eine bewußte Planung und gezielte Politik gebraucht hätte. Von daher gesehen war es möglich, sie als Teil einer relativ natürlichen und nicht übermäßig abnormen Seinsordnung anzusehen. Das war eine Illusion, die unter den gegebenen Umständen zwar verständlich sein mochte, aber trotz alledem eine Illusion war. In den späteren Industriegesellschaften ist die Situation völlig anders. Die infrastrukturellen Erfordernisse nehmen enorme Ausmaße an und sind ebenso augenfällig wie umstritten. Die nachträgliche Industrialisierung unentwickelter Gebiete wird oft von Staats wegen unter Bedingungen erzwungen, die der Wirtschaftstätigkeit wenig förderlich sind und die deshalb selber durch staatlichen Zwang verändert werden müssen.

Wenn klar ist, daß der Markt je schon in einem politischen Kontext funktioniert und daß dieser Kontext sehr verschieden aussehen kann und keine *feste Gegebenheit* ist, so muß ebenso klar sein, daß die Festsetzung des Preises nicht bloß Sache eines Machtspruchs des »Marktes« sein kann. Tatsächlich ist der Markt nur das Sprachrohr für die Entscheidungen der jeweils zugrunde liegenden besonderen politischen Situation. Im 18. Jahrhundert schien es noch sinnvoll, eine Art »Steckbrief« für die »rechten« politischen Rahmenbestimmungen zu formulieren. Wenn es gelang, diese Rahmenbestimmungen zur Geltung zu bringen und zu rechtfertigen, dann erhielt das, was nach ihrer Maßgabe der Markt entschied, eine Art von Legitimität.

In einer bestimmten politischen Situation wird die Verlautbarung des Markts entsprechend ausfallen. Wenn es gelingt, dem für legitim erklärten gesamten politischen Kontext eine solche durchgängige Eindeutigkeit zu verleihen, dann weist auch der Machtspruch des Markts die gleiche Eindeutigkeit auf. Er ist dann Ergebnis einer jeder Willkür baren vernünftigen Regelung und kann als solches in Ehren gehalten werden.

Die »rechte« politische Rahmenbestimmung läßt sich durch die Forderung nach größtmöglicher staatlicher Zurückhaltung beschreiben; »so wenig staatliche Einmischung wie möglich« lautet die Devise der berühmten Theorie vom »Nachtwächterstaat«. Diese Theorie erfährt in unseren Tagen eine Wiederbelebung, was angesichts des ungeheuren Umfangs der heute erforderlichen Infrastruktur absurd ist. Damals hatte sie durchaus ihre Plausibilität, weil der Staat sich tatsächlich noch relativ klein machen *konnte*. Die Gesellschaft, in der die allgemeine marktwirtschaftliche Ordnung sich etablierte, war mit den spezifischen kulturellen und institutionellen Gegebenheiten, die der expandierende Markt brauchte, so gut versehen, daß es staatlicher Mithilfe anfänglich gar nicht übermäßig bedurfte. Die noch relativ schwach entwickelte Technik des frühen Industriezeitalters konnte auf der Grundlage einer besonderen fortgeschrittenen Agrargesellschaft hinlänglich gedeihen. Diese relativ schwach entwickelte Technik brachte die Gesellschaft, in der sie sich entwickelte, auch nicht aus den Fugen. Sie vertrug sich, wie gesagt, mit ihrem eigenen sozialen Milieu.

Das ist nun alles anders geworden. Unsere hochentwickelte Produktionstechnologie braucht eine enorme, zentral organisierte Infrastruktur. Deren Kosten machen in den fortgeschrittensten Gesellschaften annähernd die Hälfte des Nationaleinkommens aus. Ohne eine solche Infrastruktur würde der moderne Industrieapparat sowohl von der Produktion als auch von der Konsumtion her zusammenbrechen. Eine moderne Autoindustrie könnte ihre Erzeugnisse gar nicht losschlagen, wenn die politisch Verantwortlichen nicht für die Existenz eines ungeheuer umfänglichen und teuren Straßennetzes sorgten.

Wenn der politische Strukturrahmen des Markts derart groß und unübersehbar geworden ist und so viele verschiedene Aspekte und Formen angenommen hat, läßt er sich nicht länger als eine Art von neutralem oder anspruchslosem Mindesterfordernis abtun. Er läßt sich nicht mehr bloß als eine äußere Voraussetzung darstellen, die nötig ist, damit der Markt funktioniert, während sie dessen souveräne Entscheidungen weder beeinflußt noch präjudiziert. Mit solcher Illusion ist es vorbei.

Wenn dies klar ist, und das müßte es eigentlich nachgerade sein, dann büßen die Machtsprüche des Markts allen Nimbus ein, den sie vielleicht einmal gehabt haben mögen. Sie können nicht mehr als Entscheidungen gelten, die eine objektive Instanz außerhalb des Systems fällt und die nichts widerspiegeln als die Bedürfnisse und Vorlieben der Menschen und die Art und Weise, wie diese Bedürfnisse sich nach Maßgabe einer bestimmten Verteilung des Reichtums am besten befriedigen lassen. Wird man erst einmal gewahr, wie gewaltig und schwergewichtig der politische Faktor auf jene angeblichen Machtsprüche einwirkt, dann läßt sich der Markt nicht mehr als eine neutrale ökonomische Schiedsinstanz in Anspruch nehmen. Die politische Ordnung wird von *uns* gemacht. Deshalb tragen wir für deren Entscheidungen die Verantwortung. Die »Machtsprüche« des Markts sind nur ein Widerhall dieser Entscheidungen. All das steht nicht im Widerspruch zu der These, daß es innerhalb eines politisch gegebenen Strukturrahmens und Systems von Verteilungsprinzipien das beste ist, die Regelung aller weiteren Einzelheiten »dem Markt« zu überlassen.

Die angebliche Objektivität der Marktpreise ist also genauso eine metaphysische Illusion wie die Vorstellung vom »gerechten Preis«. Zuerst hatten wir den gerechten Preis, und an dessen Stelle trat der Marktpreis. Jetzt müssen wir wiederum den letzteren ersetzen – aber wodurch?

Das Problem der Wiedereinführung

DIE LIBERALE VERSION von der Legitimationsgrundlage der Preise war in den Grundzügen einfach. Aber nachdem diese Version unhaltbar geworden ist, hängen wir ideologisch in der Luft.

Das ist nicht der einzige Fall, wo uns so etwas passiert ist. Dieser Vorgang gibt im Gegenteil das Modell ab für eine große Reihe ähnlicher Vorfälle, die alle denselben Grundriß, dieselbe logische Struktur aufweisen. Die liberalistische Preistheorie war nur das erste Beispiel für den neuen Legitimationsstil und seine Probleme. Insofern ist sie Musterexemplar einer allgemeineren Problemlage. Diese wollen wir mit dem Begriff des Wiedereinführungsproblems benennen.

Strenggenommen handelt es sich gar nicht um das Problem, etwas *wieder*einzuführen, sondern schlicht und einfach darum, es überhaupt *ein*zuführen. Aber die Bezeichnung, die wir gewählt haben, gibt die Sichtweise wieder, die viele positivistisch orientierte Leute von der Sache haben. Auf ihren Kern gebracht hört sich die höchst ansprechende Geschichte folgendermaßen an: Tiere sind zuverlässige Positivisten; man kann davon ausgehen, daß sie keine Metaphysik kennen (sie denken überhaupt nicht). Sie stehen einfach in Wechselwirkung mit ihren Sinnesdaten, und damit hat sich die Sache. Als der Mensch die Bühne betritt, mißbraucht er aus irgendeinem unerfindlichen Grund seine eben erst erworbene Denkfähigkeit. Er denkt nicht nur über die Daten nach, über die er wirklich verfügt, sondern erfindet auch aufs Gerate-wohl eine Menge Zusätzliches, vielleicht bloß deshalb, weil er noch nicht richtig Herr dieses neuen Instruments *Denken* ist. Das Zusätz-liche ist natürlich Fiktion, frei erfunden, im großen und ganzen un-brauchbar, auch wenn es unter Umständen diesen oder jenen nütz-lichen Hinweis auf den Gebrauch und die Interpretation wirklicher Daten enthält. Vielleicht stärkt es außerdem sein Selbstvertrauen, be-kräftigt seine Gesellschaftsordnung, dient ihm in seinem Verhalten als moralische Stütze, auch wenn es sich dabei natürlich um erkenntnis-theoretisch irrelevante Leistungen handelt. Im Zuge der Emanzipation und Befreiung seines Geistes indes bekommt er schließlich mit, daß jene Zusätze reine Fiktion sind. Das ist der Punkt, an dem er die origi-när wirkliche Welt, die eine und einzige Natur, *wiedereinführt*. Es ist interessant zu sehen, daß sowohl der Positivismus als auch der Marxis-mus eine Wiederauflage der Theorie vom Sündenfall präsentieren. An-fänglich ist der Mensch gesund und heil, aber dann kommt er vom rechten Weg ab und muß aus seiner Notlage errettet werden.

Während seiner babylonischen Gefangenschaft im Reich der Phan-tasie nahm, um in unserer Geschichte fortzufahren, der Mensch die Gewohnheit an, alle umstrittenen Wertvorstellungen und Grundsätze durch Rekurs auf die Autorität eines fiktiven anderen Wesens zu legiti-mieren. Weil das andere Wesen eine Erfindung war, konnten die jewei-ligen Machthaber es manipulieren und als Sprachrohr für ihre eigenen Interessen benutzen. Die herrschenden Fiktionen waren die Fiktionen der herrschenden Klasse. Aber die Zeiten dieser Art von Täuschung und Irreführung sind vorüber. Heute muß aller Geltungsanspruch und alle Legitimation sich auf eine innerweltliche Empirie stützen. Diese mag weniger gediegen scheinen als die illusorischen Absoluthei-ten des Jenseits, ist aber tatsächlich unvergleichlich echter und einer gereiften Menschheit weitaus angemessener.

Die Denker des 17. und des 18. Jahrhunderts waren eifrig damit beschäftigt, irdische Grundlagen für menschliche Werte zu finden. Sie suchten nach den letzten, leitenden, höchstrichterlichen Prinzipien unserer verschiedenen intellektuellen, sozialen und sonstigen Aktivitä-ten. *Darin* besteht das Wiedereinführungsproblem: in der Rückkehr des Menschen in die Welt, in die Natur. Diese Rückkehr folgt auf einen Aufenthalt in der Sphäre des Phantastischen, der vermutlich von den ersten Anfängen der Menschheit bis zum Zeitalter der Vernunft dauerte. Wenn demnach aber die Trennung der Sphären eine einzigartige und späte Errungenschaft ist, dann haben wir es in Wirklichkeit mit einer Neueinführung statt mit einer Wiedereinführung zu tun. Der Mensch der Urzeit hat nie einen paradiesischen Positivismus kultiviert und konnte das auch gar nicht.

Aber egal, ob Wiedereinführung oder Neueinführung, der Vorgang vollzieht sich jedenfalls in vergleichbaren Formen auf einer großen Vielzahl von Gebieten:

Regierung und Staatsgewalt: Vormals von Gott eingesetzt; jetzt auf Konsens, auf Berechnung, auf Eigeninteresse oder aufs Gefühl gegründet.

Recht und Unrecht: Vormals durch göttlichen Ratschluß oder durch Vernunftgründe bestimmt oder im Wesen der Dinge gelegen; jetzt eine Sache der Zweckmäßigkeit oder der Gesinnung oder einer Kombination aus beidem.

Erkenntnis: Vormals in seiner Wahrheit durch das normative Wesen der Dinge bestimmt, jetzt durch *unsere* Sinnesempfindungen oder Wahrnehmungen als einziges Wahrheitskriterium determiniert.

Schönheit: Vormals Inbegriff einer Vollkommenheit, deren Ursprung Symmetrieverhältnisse sind, die im Wesen der Dinge liegen; jetzt Gegenstand hedonistischer oder funktioneller oder sonstiger ästhetischer Theorien.

Ökonomie: Vormals der Preis bestimmt durch eine eigenständige natürliche Gerechtigkeit; jetzt determiniert durch das Quantum verausgabter Arbeit oder durch das Wechselspiel zwischen Angebot und Nachfrage auf dem Markt. Angebot und Nachfrage ihrerseits hängen von den Freuden des Konsums und den Beschwerlichkeiten der Produktion ab.

Mit Variationen im einzelnen läßt sich dasselbe Muster in allen wichtigen und strittigen menschlichen Tätigkeiten wiederfinden. Einstmals, im Zeitalter Platons, galten die maßgebenden Prinzipien der Legitimität und Vortrefflichkeit als Bestimmungen, die im Wesen der Dinge lagen oder aber dem Willen einer Gottheit entsprangen. Sie waren in der Obhut einer Zunft von Verwaltern des göttlichen Ratschlusses oder offenbarten sich nur speziellen, überlegenen Geisteskräften. Wie Durkheim erkannte, wurzelte ihre strikte Verbindlichkeit in der rituell zelebrierten Macht von Vorstellungen. Zur förmlichen Lehre von einem transzendenten Ursprungsort jener Prinzipien kam es erst, als dank einer schriftkundigen Geistlichkeit diese Methode, die Gesellschaftsordnung zu gewährleisten, ein hinlängliches Niveau der Selbstreflexion erlangte.

Jetzt aber sehen sich die betreffenden Tätigkeitsbereiche von Prinzipien beherrscht, deren Macht weltlichen und jedermann zugänglichen Quellen entspringt. In menschlichen Vorlieben, Konventionen, Gefühlen, Befriedigungen oder Erfahrungen wurzelnd, sind diese Bestimmungen allen verfügbar. Sie begründen kein Erkenntnisprivileg und keine Erkenntnishierarchie und verdanken sich auch nichts dergleichen.

Und die Schwäche der neuen Position, die uns allen noch gar nicht richtig aufgegangen ist, ist in all jenen Tätigkeitsbereichen im wesentlichen dieselbe. Der neue, angeblich unabhängige Souverän, diese der Welt des Menschen strikt immanente Instanz, der neue oberste Gerichtshof der Vernunft ist, wie sich herausstellt, am Ende gar nicht wirklich unabhängig. Er hat massive und enge Verbindungen zu eben den streitenden Parteien, über die er richten soll. Der alte Gerichtshof war eine Fiktion, eine Täuschung, ein dem menschlichen Aberglauben entsprungenes Hirngespinst. Der neue dagegen ist schlicht und einfach korrupt.

Unsere Urteile und Entscheidungen, die eine neue Gesellschaftsordnung begründen sollen, werden von Menschen gemacht, die bereits von einer Gesellschaftsordnung *geprägt* sind, und werden nur unter dieser Voraussetzung verständlich. Das wäre nicht weiter schlimm, wenn diese vorausgesetzte Ordnung überall dieselbe wäre oder aus irgendeinem Grund als Naturgegebenheit genommen werden könnte. Aber was, wenn das nicht der Fall ist? Unsere Neigungen und Bedürfnisse, die einer neuen Ethik als Grundlage und einer neuen Gesellschaft als Gußform dienen sollen, sind bereits gesellschaftlich bedingt; unsere empirischen Daten, die über alle Theorie zu Gericht sitzen sollen, sind bereits von Theorie durchtränkt, usw. Der Richtspruch ist präjudiziert durch eine vorausgesetzte kulturelle Bindung. Wie soll er da vorurteilslos über unsere künftige Kultur entscheiden können?

Von einer Welt, die an transzendente Normen glaubte, haben wir die Vorstellung einer gegebenen, festen Identität übernommen. Nachdem wir die Voraussetzung einer transzendenten Instanz fallengelassen haben, halten wir uns nun an die neuen Herrscher, die Herren über all das, was wir mit den Sinnen erfassen können. Wir müssen einer Welt, die keine Stabilität mehr hat, eine Orientierung verleihen. Schmerzlich überrascht werden jetzt manche unter uns gewahr, daß die feste Identität, auf die wir unsere Neuorientierung gründen wollten, schlicht gar nicht mehr für diese Aufgabe zur Verfügung steht. Sie ist gleichzeitig mit jener stabilen Welt verschwunden, die ihre eigene Legitimationsgrundlage in dem Schatten fand, den sie an den Himmel warf. Weder ein Ritual noch ein transzendentes Wesen noch ein inneres Prinzip geben uns mehr Halt. Ein und dieselbe Veränderung, die uns dazu brachte, die Rechtfertigung und Begründung unserer Existenz *in uns selbst* zu suchen und der Transzendenz abzuschwören, hat uns zugleich jener gegebenen, festen Identität beraubt, die allein die Bürde der Verantwortung, die wir übernommen haben, hätte tragen können.

Der Zirkelschluß der aufgeklärten Vernunft

DAS ZIRKELHAFTE einer neuen Begründung läßt sich an den zentralen Theorien der Aufklärung zur Politik, Moral und Erkenntnis illustrieren.

Die politische Theorie der Aufklärung neigt dazu, demokratisch zu sein oder jedenfalls die Volkssouveränität zu beschwören, selbst wenn sie ihren organisatorischen Vorstellungen nach in Wirklichkeit autoritär ist. Die agrarische, platonische Politik war erklärtermaßen hierarchisch und autoritär und war stolz darauf. Die im Wesen der Dinge gelegenen Werte und natürlichen Normen verlangten gebieterisch danach, in Kraft gesetzt zu werden. Der allgemeine Konsens hatte keine Gesetzeskraft, sondern war im Gegenteil nur gültig, wenn er sich im Einklang mit den Normen befand. Auf Weisheit, nicht auf Übereinstimmung kam es an. Weisheit bemaß sich an Kriterien, die nicht menschlichen Ursprungs, sondern der Menschheit vorgegeben waren.

Als moderner Erneuerer einer Form von agrargesellschaftlicher Weltsicht sprach der Imam Khomeini aus, worum es geht: Wahre Demokratie ist die Verwirklichung des göttlichen Gesetzes und keine bloße Kodifizierung menschlichen Willens. Die höheren Schichten der Gesellschaft hatten Vorbildfunktion, ihre Autorität gründete in ihrer gesellschaftlichen Stellung, und ihre Aufgabe war es, für die Durchsetzung der Werte zu sorgen, die sie verkörperten. Staat, Oberschicht, heiliger Text, Kirche – sie alle waren Richtschnur für die Menschen und wiesen ihnen den rechten Weg. Aber heute meinen wir, es besser zu wissen. Es ist unser aller Wille, unsere Zustimmung und nichts sonst, was eine bestimmte politische Ordnung, ein Herrschaftssystem legitimiert. Ihre Regierung legitimieren kann nur die regierte Gemeinschaft selbst. Die Herrschenden sind Repräsentanten, keine Vorbilder.

Das ist alles schön und gut, vorausgesetzt, unser Konsens existiert tatsächlich unabhängig von einer bestimmten Gesellschaftsordnung. In einem gewissen Maß und kurzfristig gesehen ist das natürlich auch der Fall. Situationen, in denen eine Gesellschaft kollektiv etwas anderes will, als wozu sie herrschaftlich gezwungen wird, sind nichts Ungewöhnliches. Diejenigen, die jeweils im Besitz der staatlichen Machtmittel sind, können nicht ohne weiteres und automatisch mit der Zustimmung der Beherrschten rechnen. So betrachtet ist der Konsens in der Tat etwas selbständig Existierendes.

Aber längerfristig gesehen ist die Lage weniger einfach. Wozu man seine Zustimmung gibt, hängt davon ab, was man *ist*, und was man ist, ergibt sich in letzter Instanz aus der Gesellschaft, die einen geformt hat. Hätte es im Spätmittelalter eine Abstimmung darüber geben können, ob die Menschheit sich auf eine säkularisierte und industrialisierte Welt zubewegen sollte oder nicht? Die Frage wäre von niemandem verstanden worden. Wer überhaupt reflektieren konnte, hieß die Welt gut, die er kannte. Er *wußte*, daß sie so, wie sie war, in Ordnung war und daß radikale Veränderungen vom Übel waren. Die Veränderungen, die seitdem vor sich gegangen sind, haben eine Menschheit hervorgebracht, die sich im großen und ganzen so bejaht, wie sie sich heute vorfindet. Aber welcher Dritte, der in beiden steckte oder unabhängig von beiden wäre, hätte wohl *zwischen* ihnen eine Wahl treffen und die stattgehabten Veränderungen »demokratisch«, mittels Konsensbildung, herbeiführen können? Einen solchen Dritten gibt es nicht. Es kann ihn auch nicht geben.

Grundlegende Wandlungsprozesse verändern die Identität. Aber ohne eine einheitliche, dauerhafte und in irgendeiner Weise verbindliche Identität gibt es niemanden, der zu einem radikalen Wandlungsprozeß seine vollgültige Zustimmung geben könnte. Es gibt niemanden, der den Wandlungsprozeß demokratisch sanktionieren, absegnen und für gültig erklären könnte. Kleinere Veränderungen, die sich im Rahmen einer bestehenden Identität vollziehen, lassen sich natürlich durch Konsens gutheißen oder verwerfen. Innerhalb eines übergreifenden kulturellen Zusammenhangs, der mehr oder minder stabil und selbstverständlich ist und der den Beteiligten ihre Identität verleiht, ist Demokratie, die Vorstellung von einer Herrschaftsform, die vom Konsens getragen wird, zweifellos sinnvoll und möglich. Aber wenn es um die Durchsetzung oder Rechtfertigung grundlegender und radikaler Entscheidungen geht, verliert die Rede vom Konsens wortwörtlich ihren Sinn.

Kritiker der heutigen demokratischen Systeme erklären gern, diese funktionierten nur so lange, wie ihre organisatorischen Grundvoraussetzungen nicht in Frage gestellt würden. Der Vorwurf läßt sich sogar noch schärfer formulieren: Die ganze Idee der Demokratie hat nur unter dieser Bedingung einen Sinn. Wenn wirklich radikal andere Optionen auftauchen, ist für einen allgemeinen demokratischen Konsens schlicht und einfach niemand da. Man kann nicht zu einem Wechsel der eigenen Identität seine Zustimmung geben. Die Person, die das könnte, ist nicht vorhanden. Sie ist ja eben durch den Begriff des Identitätswechsels ausgeschlossen. Das Subjekt vor der Veränderung existiert nicht mehr, und das Subjekt danach existiert noch nicht. Aber der wirkliche Gegenstand der Philosophiegeschichte ist genau dieser unser kollektiver Identitätswechsel.

Nehmen wir die wichtigste und typischste aufgeklärte Moralphilosophie, den Utilitarismus. Der Grundgedanke ist bewundernswert einfach: Wertvorstellungen sind Menschenwerk. Das Gütesiegel, mit dem die Gesellschaft bestimmte Einrichtungen, Verhaltensweisen, Charakterzüge und so weiter versieht, darf nur einem einzigen Kriterium gehorchen – nämlich ob das Wohlbefinden der Menschen unter dem Strich durch die betreffende Institution oder Praxis am besten befördert wird. Diese Theorie verwirft die platonische Idee, daß gesellschaftlichen Einrichtungen unabhängig von uns ein eigener innerer wesenhafter Wert zukommt. Indem die neue Weltsicht diese Vorstellung zurückweist, befreit sie uns von ihr.

Die Wahl der Wertvorstellungen macht die Theorie statt dessen von *unseren* Bedürfnissen, *unseren* Neigungen abhängig. Das wäre zweifellos eine Lösung, wenn jene Bedürfnisse tatsächlich *feste Gegebenheiten* wären. Etliche Utilitaristen wußten natürlich, daß unsere Neigungen bildsam und entwicklungsfähig sind, und beriefen sich seltsamerweise auch darauf, wenn ihnen das in den Kram paßte. In gewissen Grenzen kann die Theorie der historischen Veränderlichkeit menschlicher Bedürfnisse Rechnung tragen. Was aber, wenn die Bedürfnisse sich radikal ändern? Wenn unsere Wünsche von unseren Wertvorstellungen abhängen und diese wiederum von einer im raschen Wandel begriffenen Gesellschaft? Die Formbarkeit unserer Bedürfnisse und Wertvorstellungen ist nichts, was unsere Situation nur am Rande berührte. Sie ist ein zentrales Merkmal unserer Gesellschaftsordnung, die flexibel, manipulativen Eingriffen zugänglich, technologisch bestimmt und auf Erkenntnis gegründet ist.

Das Modell, von dem die utilitaristischen Überlegungen ausgingen, war das eines eindeutig gegebenen Befriedigungsanspruchs oder Genusses. Dieser sollte über die Wertvorstellungen zu Gericht sitzen, geradeso wie isolierbare, empirische Fakten über Theorien zu Gericht sitzen sollen. Wir sind mit dem Problem vertraut, das sich aus der Erkenntnis ergibt, daß Fakten je schon theoriegeprägt sind: Was wir wahrnehmen, hängt von Hintergrundserwartungen, von der Vorbestimmtheit unseres allgemeinen Begriffsinstrumentariums ab. Wie können dann aber unsere Wahrnehmungen über unsere Theorien zu Gericht sitzen? Aber auch unsere Bedürfnisse und Leidenschaften sind vorstellungsgeprägt. Das Vorstellungssystem, in dem das Leben eines Menschen sich bewegt, nennen wir Kultur. Kulturen aber sind nichts fest Gegebenes mehr: Sie sind frei wählbar, rasch veränderlich und manipulierbar, und die Wahlmöglichkeiten sind Gegenstand politischer Auseinandersetzungen. Wir können konkurrierende Kulturen nicht danach beurteilen, welche uns mehr Befriedigung verschafft, denn unsere Ansprüche selbst sind kulturbedingt. Sie lassen sich nicht in einem allgemeinmenschlichen Wesen außerhalb jeden kulturellen und sozialen Zusammenhangs festmachen. Auch hier also stellt sich das, was beurteilt werden soll, als zugleich urteilende Instanz heraus . . .

Im Bereich der Erkenntnis, könnte man meinen, müsse sich die Aufklärungstheorie weniger schwertun als etwa auf dem Gebiet der Moral oder der Politik. Die höchste Berufungsinstanz für Erkenntnisansprüche stellt die »Erfahrung« dar. Aber einer verbreiteten und überzeugenden Theorie zufolge ist die Erfahrung nicht weniger trügerisch und formbar, als es Konsens und Bedürfnis sind. Ohne einen vorgegebenen Rahmen, ein »Paradigma«, das die Empirie vorformt und mit Theorie durchsetzt, läßt sich, sagt man uns, keine Erfahrung machen. Aber wenn es keine Erfahrung ohne Paradigmen, ohne theoretische Prägung gibt, wie soll dann Erfahrung den Schiedsrichter zwischen Paradigmen spielen können? Darauf gibt es keine Antwort, und wenn es sich so verhält, wie behauptet, kann es auch gar keine geben. Natürlich gilt auch hier wieder, daß *innerhalb* eines bestehenden Systems die Erfahrung durchaus eine Schiedsrichterfunktion ausüben kann. Problematisch und allem Anschein nach unlösbar wird die Sache dann, wenn wir es mit globalen Zusammenhängen und mit radikalen Veränderungen zu tun bekommen.

Die paradoxe Situation, mit der wir uns konfrontiert sehen, besteht darin, daß wir eine äußere, außergesellschaftliche Schiedsinstanz (»Natur«, »Erfahrung«, »Bedürfnis«) benutzen und anrufen, die wir zugleich nie in reiner Form antreffen. Wir kennen ausschließlich Dinge oder Ereignisse in der Natur, die bereits durch einen kulturellen Vorstellungszusammenhang vorverarbeitet sind; dessen Vorstellungen wiederum sind wandelbar und unterliegen einer ständigen Revision. Trotzdem gründet sich das System von Praktiken, Techniken und Prinzipien, das wir mit dem Sammelbegriff »Naturwissenschaften« bezeichnen, auf die Annahme eines geordneten, homogenen, einheitlichen äußeren Ganzen ohne feste ontologische Grundlage, das uns nur durch seine fragmentarischen Erscheinungen und nie direkt als Totalität zugänglich ist. Das naturwissenschaftliche Verfahren scheint in der Tat kumulativ und mittels Konsensbildung zu funktionieren. Als eine Tätigkeit, die das eine und einzige Ziel verfolgt, die Gesetzmäßigkeiten des Naturzusammenhangs zu erfassen, um mit ihrer Hilfe Folgerungen abzuleiten und Vorhersagen zu treffen, ist das Verfahren durchaus funktionstüchtig und frei von innerem Widerspruch. Das ist in unserer kollektiven Situation ein eminent wichtiger Umstand.

Die Arbeitsteilung und die Hingabe an einzelne, klar formulierte Ziele hat uns zu dem gemacht, was wir sind. Im Bereich der Erkenntnis scheint es nichts zu geben, was uns davon abhalten könnte, diese Praxis beizubehalten. Auf anderen Gebieten ist das nicht so. Herrschaftliche Gewalt und Aufrechterhaltung der Ordnung kennen kein solches Kriterium, das endloses Wachstum, endlosen »Fortschritt« zuläßt. Der Charakter der Entscheidungen in dieser Sphäre als absolute Alternative verträgt sich nicht mit der Vorstellung eines unabgeschlossenen und unabschließbaren Fortschreitens. Alles, was wir hier sagen können, ist, daß der Wohlstand, der Umfang der neuen ganzheitlichen, unteilbaren Infrastruktur und die Komplexität und Verschränktheit der modernen Gesellschaft die Spielregeln des Herrschaftsbereichs verändert haben, teils zum Besseren, teils zum Schlechteren. Die Ausübung von Herrschaft ist zweifellos sowohl leichter als auch vielleicht weniger zwingend geworden.

In der Sphäre der Wertbildung, der Bestimmung eines lebenswerten Lebens, verstrickt sich die instrumentelle Vernunft ohne Frage in einen Widerspruch. Hier gibt es nicht das eine, einzige Ziel, auf das man sich konzentrieren könnte. Das Prinzip der Eindimensionalität funktioniert in den Naturwissenschaften, aber nicht im ethischen Bereich oder in der Politik.

Objektivität

ES KÖNNTE SO SCHEINEN, als bewegten sich unsere Überlegungen in zwei einander widersprechende, miteinander unvereinbare Richtungen. Bei der Beschäftigung mit dem übergreifenden Schema des Erkennens und der Rolle, die es in der gesellschaftlichen Entwicklung spielt, haben wir versucht, den Weg zu verfolgen, an dessen Ende die objektive, vereinheitlichte, referentielle Erkenntnisform gesellschaftlich in Erscheinung trat und zum herrschenden Stil wurde. Dieser Darstellung zufolge begann die Menschheit mit einer Vielzahl unzusammenhängender, quasi-empirischer Wahrnehmungsbereiche, von denen jeder unauflöslich verquickt war mit einem ihm eigenen System von ganz *un*referentiellen, *nicht*empirischen sozialen Steuermechanismen. Diese verschiedenen Vorstellungsweisen oder »Sinne«, Öffnungen zur Welt, ließen sich weder zu einem einzigen globalen Bild zusammenfügen, noch ging von ihnen irgendeine Bedrohung für die sozial orientierten, aber referentiell schwachen Vorstellungssysteme der damaligen Zeit aus. Die letzteren waren vermutlich zum Großteil durch das Erfordernis nach gesellschaftlichem Zusammenhalt diktiert.

Jedenfalls waren sie ganz gewiß *nicht* durch ein Bedürfnis nach Erkenntnisfortschritten bestimmt.

Ihre erste Vereinheitlichung verdankten diese unzusammenhängenden Wahrnehmungsbereiche nicht etwa einer Verstärkung, sondern vielmehr einer *Abschwächung* ihrer Referenzbeziehung. Die Entstehung einer Schriftkultur, die scholastische Schaffung eines einheitlichen Lehrgebäudes, ein Monotheismus mit ausschließendem und eifersüchtigem Gott, das blendende Vorbild eines Wahrheit garantierenden Schlußverfahrens in der Geometrie, der Logik und vielleicht auch im Recht, eine Zentralisierung der Geistlichkeit, eine strikte Beschränkung der Offenbarung und Eingrenzung ihrer Quelle, wodurch Hinzufügungen erschwert wurden, die Monopolisierung und bürokratische Erfassung magischer Praktiken durch die Geistlichenzunft – dies alles zusammen führte irgendwie zur Entstehung eines vereinheitlichten, zentral verwalteten, pyramidenförmig organisierten Systems. Oder mindestens entstand ein Zusammenhang, der diesem Ideal hinlänglich nahekam und bewirkte, daß es den Menschen vertraut wurde und normative Bedeutung für sie erlangte. Es war dann nur noch nötig, daß der oberste Herr und Schöpfer des Systems seinen Willen bekundete, sich in die einzelnen Erscheinungen seiner Schöpfung nicht einzumischen, sondern diese lieber ihrer Gesetzmäßigkeit zu überlassen und sich in die Verborgenheit einer unendlichen Ferne zurückzuziehen, um den Gläubigen die Möglichkeit zu geben, unter Verzicht auf privilegierte Erkenntnisquellen das Regelwerk der Schöpfung selbst nach dem göttlichen Plan zu erforschen und dieses Bemühen mit der Ausbildung einer exakten und inhaltstreuen Mathematik zu verknüpfen – womit die Geburtsstunde der objektiven, referentiellen und eine einheitliche Welt stiftenden Naturwissenschaft schlug.

Wir haben versucht zu erklären, wie solch eine referentielle, gesellschaftlich indifferente und blinde, objektive Erkenntnis, eben die naturwissenschaftliche, überhaupt entstehen und im gesellschaftlichen Produktionszusammenhang wirksam werden *konnte*. Die vollständige Geschichte war zweifellos unendlich viel komplizierter; dessen ungeachtet weist unsere abrißartige Darstellung keine inneren Widersprüche auf und steht, soweit ich weiß, im Einklang mit den bekannten Fakten der Geistes- und Wissenschaftsgeschichte.

Ein möglicher Einwand gegen unsere Überlegungen könnte aus dem Umstand hergeleitet werden, daß im frühen Griechenland das kosmologische Denken sich entwickelte, ohne durch den einheitsstiftenden Impuls unterstützt zu werden, der von dem eifersüchtigen Jahwe ausging.[6] Andererseits war die Abdankung der Gottheit zugunsten eines methodisch geordneten einheitlichen Natursystems eine Entwicklung, zu der es auch in China kam, ohne daß dies dort zur Ausbildung einer kumulativen theoretischen Naturwissenschaft führte.[7] Eine andere gewichtige Schwierigkeit ergibt sich daraus, daß auch während des Zeitraums, in dem die moderne Naturwissenschaft entstand, und unmittelbar vorher magische Tendenzen in Europa eine außerordentlich prominente Rolle spielten. Frazer hat eine Abfolge Magie-Religion-Wissenschaft vorgeschlagen. Wenn man sich das Denken des 16. und 17. Jahrhunderts anschaut, drängt sich statt dessen eher die Anordnung Religion-Magie-Wissenschaft auf.[8] Weit entfernt davon, daß die Begründer der modernen Naturwissenschaft Puritaner gewesen wären, die alle magische Einflußnahme ablehnten und von einer bedeutungsschwangeren und durch Geheimlehren ausdeutbaren und manipulierbaren Natur nichts wissen wollten, scheint es unter ihnen viele gegeben zu haben, die von magischen Techniken und Ideen sehr fasziniert und intensiv mit ihnen befaßt waren.[9] Die britische Royal Society stand damals offenbar geistig dem magiesüchtigen Doktor Faustus näher als einem intellektuell strengen Puritanismus.[10] Das scheint zumal bei der Symbolfigur der neuen Weltsicht, dem großen Newton, der Fall, dessen umfangreiche und zum Großteil unveröffentlichte mystische Schriften zumindest mengenmäßig seinen physikalischen Veröffentlichungen den Rang ablaufen, was die Royal Society nach wie vor in arge Verlegenheit stürzt.

Läßt sich dieser kabbalistische oder hermetische Exzeß der Renaissance damit abtun oder wegerklären, daß man in ihm einen letzten

[6] G. E. R. Lloyd, *Magic, Reason and Experience*, Cambridge 1979.

[7] Mark Elvin, »Why China Failed to Create an Endogenous Industrial Capitalism: A Critique of Max Weber's Explanation«, in: *Theory and Society*, Bd. 3, Nr. 3, 1984.

[8] Keith Thomas, *Religion and the Decline of Magic*, London 1971.

[9] Frances Yates, *The Rosicrucian Enlightenment*, Cambridge 1978.

[10] Richard Popkin, »The Third Force in 17th-century philosophy: scepticism, science and Biblical prophecy«, in: *Nouvelles de la République des Lettres*, 1983, I.

Versuch des menschlichen Geistes sieht, sich die Einsicht in eine intelligible Natur, deren Möglichkeit er bereits erfaßte, auf einem Abkürzungsweg und ohne eine der Größe des Lohns entsprechende Anstrengung zu sichern? War dies ein letzter fieberhafter Versuch, es mit den Mitteln magischer Beeinflussung zu schaffen, ehe man sich mit dem dornenreicheren Erkenntnisweg abfand, der heute als die sachgemäße Verfahrensweise gilt? Oder macht dieses wichtige Phänomen unsere Argumentation zunichte? Eine Antwort darauf habe ich nicht. Wert, ins Protokoll aufgenommen zu werden, ist das Problem allemal. Uns mag es genügen festzustellen, daß die neue Weltsicht *gewonnen* wurde: vielleicht auf dem skizzierten Weg, vielleicht auch auf noch umständlichere Weise.

Wir haben uns bemüht zu erklären, wie eine bestimmte Gesellschaft, und nur diese eine, dank einer Reihe von ans Wunderbare grenzenden Zufällen jene neuartige Welt ins Leben rief und wie es kam, daß gleichzeitig die ökonomischen und politischen Verhältnisse vorhanden waren, die jener Welt erlaubten, sich zu entfalten: in Gestalt eines ungewöhnlichen Produktionsstils, der ihre Entfaltung materiell stützte, und einer ebenso ungewöhnlichen politischen Ordnung, die verhinderte, daß sie gleich im Keim erstickt wurde.

Aber wir behaupten auch, daß die Philosophie, durch die diese Gesellschaft sich ihre Errungenschaften klarzumachen und zu begründen sucht, zirkulär und unhaltbar fehlerhaft ist. Im wesentlichen behauptet sie, über eine große einheitliche Öffnung zur Realität zu verfügen, die »Erfahrung« heißt und Antwort auf unsere dringlichsten Fragen gibt: Wie sollen wir die Welt sehen? So wie sie uns die Sinnesdaten vermitteln! Was soll im gesellschaftlichen Leben unsere Wertschätzung finden? Diejenigen Veranstaltungen, von denen sich in der Praxis herausstellt, daß sie unsere kollektiven Bedürfnisse am besten befriedigen! Welcher Herrschaft sollen wir uns beugen? Derjenigen, der wir uns kraft kollektivem Beschluß unterwerfen und der wir die Macht übertragen, weil sich zeigt, daß sie uns am besten dient! Welchen Wert oder Preis sollen Güter und Leistungen haben? Denjenigen, den sie auf dem freien Markt erzielen! Und so weiter. Man nennt sein Problem, und irgendein Stück *Erfahrung*, nichts sonst, liefert die Antwort. Der Rekurs auf die Dämpfe dieses oder jenes Orakels erübrigt sich, die Notwendigkeit, irgendeine selbsternannte Offenbarungsquelle als solche anzuerkennen, wie das in früheren Gesellschaften üblich war, entfällt. Heute wenden wir uns an ein universales und öffentliches Orakel, das in völliger Transparenz und ohne Dampfschwaden und Geheimnistuerei funktioniert und jedem offensteht, der Augen hat zu sehen. Unsere Erkenntnislehre ist klar, ehrlich und egalitär.

Aber diese Antworten sind fragwürdig. Auf seine Weise ist das neue Orakel genauso selbsternannt wie es die anderen, vorhergegangenen waren. Es hat seine gesellschaftlichen Bedingungen, wie das auch die anderen hatten. Es entspringt einer ganz eigenen Kultur mit voll entfalteter Arbeitsteilung und instrumenteller Vernunft und spiegelt diese Kultur wider. Kann es sich, ohne einem Zirkelschluß zu verfallen, selbst begründen? In neuer Form scheint im Blick auf den eigenen Geltungsanspruch das alte Zirkelschlußproblem wiederzukehren.

Die Tatsache, daß wir die Antworten nicht so akzeptieren können, wie sie sich geben, bedeutet nicht, daß wir das Phänomen selbst als erledigt abtun oder in seiner Bedeutung ignorieren dürfen. Die wissenschaftlich-industrielle Zivilisation ist ohne Frage etwas Einzigartiges, allein schon wegen der Zahl von Menschen, denen sie ein Leben auf der Erde ermöglicht, aber auch, weil sie ganz offensichtlich alle anderen Kulturen dieser Erde erobert und sich einverleibt. Sie kann das, weil alle anderen Kulturen sie begierig nachahmen oder aber, falls sie darauf verzichten, was selten genug vorkommt, solche Schwächen an den Tag legen, daß es ein leichtes ist, sie über den Haufen zu rennen. Der bei den meisten vorhandene Nachahmungstrieb wiederum ist deshalb so stark, weil die neue Ordnung offensichtlich »funktioniert«, das heißt den Schlüssel zu einer Technik darstellt, die beispiellose ökonomische und militärische Macht verleiht, unvergleichlich größere Macht, als anderen Zivilisationen und anderen Weltsichten je gegeben war.

Ihre Überlegenheit steht also in gewissem Sinn außer Zweifel. Die Frage ist aber: Läßt sich diese Überlegenheit mit der von ihr selber bevorzugten Theorie erklären und begründen?

Ihre eigene Theorie besteht, wie wir gesehen haben, darin, die Arbeitsteilung und die Sonderung der Fragestellungen, die nur ein Aspekt jener Arbeitsteilung ist, als allgemeinmenschliche Tätigkeitsmerkmale auszugeben. Dadurch wird getrennt, was in den meisten menschlichen Gesellschaften verschränkt ist, nämlich einerseits die

Referenzbeziehung auf ein oder mehrere äußere Systeme und andererseits die interne gesellschaftliche Organisation und Geltungssphäre. Hinzu kommt noch, daß sie darauf besteht, bei dem äußeren System handele es sich nur um eines, nicht um mehrere.

Die entscheidenden Elemente dieser Weltsicht sind die Abtrennung der Referenzbeziehung *und* ihre Zusammenfassung zu einem einzigen System. Dieses verfügt über eine fluktuierende Ontologie; die Bausteine, aus denen es besteht, sind keine fix und fertigen Elemente. Sie unterliegen wiederholter Revision. Das einzige, was sich durchhält, ist die Einheitlichkeit des Systems (daß es keine fest etablierten privilegierten Positionen kennt, keine garantierten Unterschiede und Einschnitte), seine Freiheit von sozialen Rücksichten und seine Abhängigkeit von etwas anderem (»Erfahrung«, »Natur«), das wir zwar nie in reiner Form zu Gesicht bekommen, das aber nichtsdestoweniger imstande und willens ist, uns seine Bescheide zu übermitteln. Das Ergebnis ist der Naturbegriff der Naturwissenschaften, der Begriff von einer vereinheitlichten, aber ständiger Revision unterworfenen Welt, die sinnvoll für die Erkenntnis ist, moralisch-gesellschaftlich gesehen hingegen des Sinns entbehrt. Demgegenüber hatte bis dahin die Menschheit in Welten gelebt, die ebenso unergiebig für die Erkenntnis wie moralisch tröstlich waren. Wir haben versucht, sowohl den Mechanismus unserer eigenen entzauberten Weltsicht als auch die allgemeine Funktionsweise der magischen Weltsichten früherer Zeiten in ihren wesentlichen Zügen herauszuarbeiten. Der Schlüssel zum Ganzen ist die Entwicklung der Arbeitsteilung.

Gibt es nun aber – oder kann es das überhaupt geben – ein neutrales Verfahren, durch das sich entscheiden läßt, welche der beiden Weltsichten richtig ist: die moralisch befriedigende, aber erkenntnistheoretisch unergiebige, oder die erkenntnisförderliche, aber moralisch nichtssagende?

Wohlgemerkt, *von innen* gesehen enthält jede der beiden Weltsichten ihre eigene Rechtfertigung. Wie in Lessings Parabel vom Ring, in der die Vertreter der drei monotheistischen Religionen darum wetteifern, wer von ihnen den rechten Glauben hat, und jeder am Ende nur den eigenen bestätigt, wirkt der Zauber bloß nach innen:

> Die Ringe wirken nur zurück? Und nicht
> nach außen? Jeder liebt sich selber nur
> am meisten? – O so seid ihr alle drei

Betrogene Betrieger! Eure Ringe
Sind alle drei nicht echt. Der echte Ring
Vermutlich ging verloren.[11]

Sowohl die platonischen als auch die empiristischen oder naturalistischen Argumente kreisen in sich selbst. Auf einen Zirkel läuft es immer hinaus, was soll's? In der Tat können die Irrationalisten unserer Tage an diesem »Auch du, Brutus!«-Spielchen ihre Freude haben.[12] Die einzige Methode, die uns zur Rechtfertigung unserer eigenen Weltsicht zur Verfügung steht, ist eine wenig elegante Kombination aus zwei ganz unzusammenhängenden Überlegungen: wovon die eine sich auf die innere Plausibilität unseres Modells von der Funktionsweise des Erkennens bezieht und die andere den Umstand betrifft, daß dieses Erkennen große Macht und Verfügungsgewalt verleiht und also, pragmatisch gesehen, seine Überlegenheit beweist.

Das Überzeugendste an der empiristischen Weltsicht ist nicht die zweifelhafte Geschichte von der »Erfahrung« als unserem Lehrmeister, sondern die tiefwurzelnde Gewißheit, daß ein Erkenntnissystem zuletzt dem Urteil einer Instanz unterliegen muß, die sich außerhalb des Systems befindet und frei von sozialen Rücksichten ist. Ob diese Instanz Erfahrung oder Natur oder sonstwie genannt wird, ist am Ende gar nicht so wichtig. Auch wenn Erfahrung nie rein und unabhängig von Infiltrationen durch Theorie auftritt, führt doch zu guter Letzt ein beharrliches Experimentieren und die Weigerung, sich mit ungeprüften Sammelpackungen abzufinden, zu einer Art von referentieller Objektivität. Für die eindrucksvolle Erkenntnisleistung der neuen Weltsicht spielte die besondere Beschaffenheit des äußeren Bezugspunkts der Erkenntnis keine Rolle. Worauf es ankam, war, daß dieser Bezugspunkt nicht gesellschaftlich kontrolliert wurde. Die empiristische Philosophie hat gelegentlich einen subjektivistischen Ton; sie erklärt die private, individuelle Erfahrung zur Basis allen Wissens. Eben darin kommt zum Ausdruck, daß die neue Weltsicht Individualismus mit Unabhängigkeit von sozialen Verdikten vereint.

Vom Standpunkt eines Soziologen oder Geschichtsphilosophen aus, der nach einer Erklärung für das Ganze sucht, ist das eigentlich Überraschende die Tatsache, daß die Welt sich dieser Erkenntnisstrate-

[11] G. E. Lessing, *Nathan der Weise*, 3. Akt, Szene 7.
[12] Vgl. W. W. Bartley III, *The Retreat to Commitment*, London 1984.

gie tatsächlich *fügt*. Am Ende hat die Welt diejenigen, die, ohne zu wissen, was sie taten, jene Erkenntnisstrategie dank eines historischen Zufalls oder kraft absonderlicher Beweggründe ins Werk setzten, großzügig belohnt. Wir müssen das einfach als eine Tatsache akzeptieren. Wir können nicht erklären, warum die Unterstellung eines methodisch geordneten, einheitlichen, regelmäßigen Naturzusammenhangs, der sich mit Hilfe einer strengen, auf Wahrheit bedachten Begriffssprache erforschen läßt, eine so umwerfende Wirksamkeit beweist. Warum das so ist, bleibt ein Geheimnis. Wir können nur in abrißartiger Form den gesellschaftlichen Mechanismus zu erklären versuchen, der uns über diese Erkenntnisstrategie stolpern ließ und durch den der Gesellschaft ermöglicht wurde, nach ihr zu handeln. Die Voraussetzung der Existenz solch einer Natur und die Ausbildung der entsprechenden Erkenntnisstrategie ist, historisch gesehen, etwas höchst Ausgefallenes. Im Repertoire der meisten Gesellschaften ist so etwas nicht vorgesehen. Die eine Gesellschaft, die über die Sache stolperte *und* imstande war, sie in die Tat umzusetzen, eroberte ökonomisch (und quasi nebenher auch militärisch) die Welt.

Es liegt nahe, die Leistungskraft der »naturwissenschaftlichen« Weltsicht auf erkenntnistheoretischem und technischem Gebiet damit zu »erklären«, daß man der Welt dieser Weltsicht »Wirklichkeit« bescheinigt. Es gibt »wirklich« eine einzige, methodisch geordnete, einheitliche Natur; deshalb ist das Forschungsverfahren, das eben davon ausgeht, erfolgreich. Diese Einstellung kann man als »Realismus« bezeichnen. Ein solcher Realismus ist psychologisch sehr attraktiv und für manche von uns ganz unwiderstehlich. Wie könnte die Naturwissenschaft so gut funktionieren, wenn es das System, auf das sie sich bezieht, nicht »da draußen wirklich« gäbe?

Aber wohlgemerkt, dieser Realismus liefert keineswegs eine echte Erklärung für den Erfolg jener Erkenntnisstrategie, er bekräftigt ihn bloß. Wir werden nie über ein wirklich unabhängiges *zusätzliches* Faktum oder Datum verfügen können, das uns die Existenz eines einheitlichen, methodisch geordneten und nach außen indifferenten Naturzusammenhangs wirklich nachweist. Unser eigener atomistischer, auf stückweisen Fortschritt und ständige Korrektur bauender Erkenntnisstil kann uns immer nur weiter empirische Daten derselben Art liefern. Ein gewissermaßen durchschlagender, globaler und letztgültiger Zugang zu der zugrunde liegenden Totalität, die allein das Erkenntnissystem als ganzes beglaubigen, rechtfertigen und garantieren könnte, ist dadurch unmöglich gemacht und prinzipiell ausgeschlossen. Nur der Zugang zu jener Totalität könnte eine unabhängige Bestätigung für unseren Erkenntnisstil liefern (und uns von dem Zwang befreien, uns immer bloß heimlich auf dessen bisherigen Erfolg berufen zu müssen). Aber gerade diese Bestätigung ist mit dem, was sie bestätigen soll, unvereinbar. Der Verzicht auf Wesensschau und letzte Wahrheiten ist das oberste Prinzip der neuen Erkenntnismethode; die Fixierung darauf war das auszeichnende Merkmal der alten Erkenntnisweisen. Dem neuen Geist ist es von Haus aus verwehrt, sich auf wirklich überzeugende Weise selbst zu begründen. Alles, was wir erzielen können, sind weitere Einzelerfolge im Rahmen einer Strategie, die auf der Annahme basiert, daß die Dinge so sind, wie sie sich verhalten. Wer darin die »Erklärung« des Erfolgs dieser Erkenntnismethode sehen und von Realismus reden möchte, der soll das tun . . .

Der Soziologe oder Geschichtsphilosoph muß sich darüber nicht den Kopf zerbrechen. Für ihn ist die Tatsache, daß die Menschheit sich schließlich dieser Art von Arbeitsteilung zuwandte und daß die letztere erfolgreich funktioniert, eben eine Tatsache. Warum die »Natur« mitspielt, ist keine Frage, auf die er antworten könnte oder müßte. Ich glaube auch nicht, daß irgend jemand sonst das kann. Dem Geschichtsphilosophen reicht es völlig festzustellen, daß die Natur, bis jetzt jedenfalls, die Freundlichkeit gehabt hat, der Strategie einen glänzenden Erfolg zu sichern. Welche Beweggründe die Dame dafür hat, falls überhaupt, braucht ihn nicht zu kümmern. Historisch gesehen schenkte sie uns ihre Gunst genau im richtigen Augenblick. Hätte sie es etwas früher getan, wären ihre Wohltaten zur politischen Unterdrückung benutzt worden, und wäre sie ein bißchen später damit angerückt, hätte die ökonomische Revolution leicht unter jenen internen Widersprüchen zusammenbrechen können, die ihr berühmtester Kritiker Marx ihr nachsagte. Die neue Ökonomie hätte nicht über die Mittel verfügt, sich durch Bestechungen loszukaufen. Zur politischen Unterdrückung bürgerlicher Freiheit mit Hilfe der neuen Technik kann es natürlich immer noch kommen.

Was der Soziologe hingegen erklären muß, sind die gewundenen und fast schon wunderbaren Pfade, auf denen die Menschheit des Agrarzeitalters *ein einziges Mal* auf diese Entwicklungsmöglichkeit stieß, ist die Art und Weise, wie eine Weltsicht, die von der herrschenden Moral und Organisation der »normalen« menschlichen Gesellschaften nicht begünstigt, sondern behindert wurde, sich dennoch zur Geltung bringen konnte. Er muß der ethnozentrischen Engstirnigkeit jener Denker entgegentreten, die naiv genug sind, die einzigartige Situation, in der sie leben und deren Nutznießer sie sind, für etwas Selbstverständliches zu halten und so zu tun, als hätte die Menschheit nie etwas anderes gekannt. Dem ist nicht so. Unsere Situation ist im Gegenteil höchst untypisch. Sie widerstreitet aller gesellschaftlichen Normalität. Sie verlangt nach einer Erklärung, und die haben wir zu geben versucht.

Oberflächlich gesehen könnte unsere Position der des Pragmatismus ähneln, aber sie hat mit Pragmatismus nur sehr entfernt zu tun. Zwar bemühen wir tatsächlich das Erfolgskriterium, aber nur in einer bestimmten Hinsicht – und nicht als allgemeines und durchgängig geltendes Prinzip. Der Pragmatismus geht naiverweise von der Annahme aus, daß ein Ausleseprinzip auf Basis der referentiellen Erkenntnisleistung die ganze menschliche Geschichte hindurch und natürlich auch vorher schon in der Naturgeschichte wirksam war.

Unser Pragmatismus, falls wir unsere Position mit diesem Begriff überhaupt charakterisieren wollen, ist von ganz anderer Art. Er stellt nur fest, daß der eine radikale, traumatische Übergang zu einer vereinheitlichten, zielstrebigen, referentiellen Erkenntnisweise den Gesellschaften, die ihn erfolgreich vollziehen, einen irreversiblen und gewaltigen Machtzuwachs beschert. Einen Weg zurück gibt es dann nicht mehr.

DIE NEUE SZENE

Kultur und die Grenzen der Vernunft

DAS ERKENNEN hat einige Merkmale mit der Herrschaft und einige mit dem Handel gemein. Seine Ähnlichkeit mit dem Handel hat es erst ausgebildet: Vormals bestand es aus qualitativ verschiedenen Elementen, die zu einem Ganzen verschmolzen waren, über das sich nicht verhandeln ließ; erst in neuerer Zeit hat es sich auf ein einziges Idiom, einen einzigen Maßstab, eine universale Logik reduziert. Die einheitliche Begriffssprache erlaubt es nun, einzelne Elemente nach Bedarf auszutauschen. Tatsache ist, daß auch die Produktion selbst erst verhandlungsfähig, *Handel*, wurde, als sie aufhörte, Mangelwirtschaft zu sein. Ursprünglich neigte sie ebenfalls dazu, absolut, nicht-verhandlungsfähig zu sein. Für sich genommen ist auch der große Übergang zu einer einheitlichen Begriffswährung im Erkennen geradeso wie die Entscheidung darüber, ob man als letztes Herrschaftsmittel die Todesdrohung akzeptiert oder nicht, etwas, das in seiner Bedeutung weit übers bloße Feilschen und Kalkulieren hinausreicht. Dieser Übergang aber hat stattgefunden. Und nachdem er stattgefunden hat, sind *innerhalb* des neuen Systems Innovationen rational verhandelbar. Diejenigen, die mit der Erforschung der Natur befaßt sind, werden durch solche Neuerungen nicht mehr vor fundamentale und den Bereich der Rationalität übersteigende Alternativen gestellt.

Die Spezialisierung des Erkennens im strengen Sinn, seine Abkoppelung, Absonderung von anderen Tätigkeiten, hat indes eine merkwürdige Konsequenz. Vorzeiten fanden die Vorstellungen nur in äußerst geringem Maß als Mittel zur Kommunikation empirischer Daten Verwendung. Ihre Hauptaufgabe bestand darin, eine bestimmte Lebensform, eine bestehende Gemeinschaft, gemeinsame Erwartungen und Wertvorstellungen, ein anerkanntes System gesellschaftlicher Rollen im Bewußtsein lebendig zu erhalten, zu bekräftigen und selber als stillschweigendes, ständig wiederholtes Treuebekenntnis zu alledem zu fungieren. Nicht so sehr in Form eines täglichen Plebiszits, um Ernest Renan zu zitieren, sondern in Gestalt eines täglichen Rituals mußten die Zugehörigkeit zur Gruppe und die Integration in sie immer neu zelebriert werden.

Aber diese Funktionen müssen auch heute noch erfüllt werden. Und wenn sie sich nicht mehr in Verbindung mit der Erkennistätigkeit ausüben lassen, so müssen sie getrennt davon vollzogen werden. Die moderne Gesellschaft mag weniger straff organisiert sein, als es die traditionellen Gesellschaften waren; nichtsdestoweniger braucht auch sie irgendeine Art von sprachlichen und begrifflichen Ritualen, von Merkzeichen zur Identifizierung von Positionen, von Anlässen, von Gruppenzugehörigkeiten, von Verhaltensvorstellungen und Verhaltensnormen. Wenn diese Aufgaben durch die inzwischen strikt abgesonderte Erkenntnisdimension der Sprache nicht mehr wahrgenommen und zur Geltung gebracht werden können, dann müssen sie von anderen Diskursbereichen übernommen werden.

Die allgemeine Bezeichnung für dieses System von rituellen Verrichtungen ist *Kultur*. So wie der Begriff Zivilgesellschaft praktisch die um den Staat gekürzte Gesellschaft meint, bezeichnet Kultur mittlerweile die um das Erkennen im strengen Sinn gekürzte Geistestätigkeit. Und so wie der Begriff Zivilgesellschaft sich nur sinnvoll verwenden läßt, wenn die Funktion Staat genau festgelegt, umgrenzt und eingeschränkt ist, ergibt auch der Begriff Kultur erst dann einen wirklichen Sinn, wenn das strikt referentielle, wachstumsorientierte Erkennen sich unter dem Namen »Wissenschaft« abgesondert hat. In einer einfacheren Gesellschaft läßt sich die Aufrechterhaltung der Ordnung von anderen gesellschaftlichen Einrichtungen kaum abtrennen, und deshalb kann man auch kaum von so etwas wie »Zivilgesellschaft« reden. Und ebensowenig hat es Sinn, Kultur und Erkennen auseinanderzuhalten, solange das letztere sich nicht als Wissenschaft abgesondert hat und noch mit allen möglichen sozialen Kennzeichnungsfunktionen befrachtet ist.

In den Gesellschaften, die auf die Achsenzeit folgen und deren Charakteristikum es ist, daß sie über ein speicherbares Mehrprodukt, einen geistlichen Stand und eine schriftlich kodifizierte Glaubenslehre verfügen, ist das doktrinär bestimmte Erkennen Richter über das soziale Handeln. Später dann, wenn sich die entscheidene Entwicklung vollzieht, die unsere Welt umgestaltet, löst sich das Erkennen sowohl von der Autorität der Schrift als auch von der Gesellschaft, während es den Zug zur Einheitlichkeit und methodischen Ordnung, den es vorher angenommen hat, beibehält. An diesem Punkt tritt die Kultur in Erscheinung. Gleichzeitig wird es für Menschen möglich, sich statt einem König oder Priester einer *Kultur* verpflichtet zu fühlen.[1] Das Zeitalter des Nationalismus bricht an.

Was das wissenschaftliche Erkennen übrigläßt, ist eine Art von kultureller Molke, der die Butter des referentiellen Wissens entzogen ist. In der Praxis gibt es eine Vielzahl verschiedener Molken. So kann etwa das alte theologische Dogma weiterhin formell beanspruchen, über referentielle Wahrheit zu verfügen, während es doch unvermeidlich zugleich, egal ob mit Emphase oder hinter vorgehaltener Hand, einräumen muß, daß seine Wahrheit »von anderer Art« ist als die der Naturwissenschaften. Eine Unterscheidung wird getroffen, die es zuvor nicht gab und die vorher absurd gewirkt hätte. Oder aber die dogmatische Theologie wird fallengelassen, ignoriert oder heruntergespielt und verschwindet im Vakuum zwischen referentieller Wissenschaft und sozialer Kennzeichnung. In diesem Fall treten die mehr zur Volkskultur gehörenden Elemente aus der früheren Mischung in den Vordergrund oder ziehen überhaupt alle Aufmerksamkeit auf sich. Zum »Populismus«, zu einer Art Verklärung und Aneignung der Volkskultur – oder dessen, was dafür gehalten wird – durch die gebildeten Stände, kommt es, wenn eine Gesellschaft ihren Glauben in der alten, theologisch kodifizierten Form und ihre Anhänglichkeit an die institutionellen Vertreter dieses Glaubens nicht mehr aufrechterhalten kann, aber aus Nationalstolz davor zurückschreckt, sich einem fremden Rationalismus allzu rückhaltlos zu ergeben.

Die entscheidende Tatsache ist und bleibt, daß wir notwendig im Rahmen und mit Hilfe *irgendeiner* Kultur leben müssen (und sei es auch einer synkretistischen oder in ihrer Geltung schwankenden, das heißt einer, die je nach Situation in wechselndem Maß ernst genommen wird). Keine gesellschaftliche Zusammenkunft, keine Mahlzeit, keine Herstellung und Aufrechterhaltung zwischenmenschlicher Beziehungen läßt sich denken ohne ein Idiom, das den Rahmen absteckt, die Erwartungen bestimmt und die Rechte und Pflichten festlegt.

Nicht nur tritt die Kultur jetzt praktisch zum ersten Mal als eigenes Phänomen in Erscheinung (die Menschen werden gewahr, daß sie

---

[1] J. G. Merquior, *The Veil and the Mask: Essays on Culture and Ideology*, London 1979.

Prosa sprechen), sie wird zugleich auch Gegenstand einer bewußten Verehrung, ja eines regelrechten Kults. Durkheim vertrat die Ansicht, daß die Menschen in Gestalt ihrer rituellen und später doktrinären Kulte ihre eigene Gesellschaft und Kultur verehrten und deren Aufrechterhaltung ermöglichten. Alte Rituale oder Glaubenslehren finden bei uns keine Achtung mehr, aber eine Gesellschaftsordnung brauchen wir nach wie vor. Deshalb machen manche unter uns mittels neuer Rituale die Kultur jetzt direkt zum Gegenstand eines Kults und sind sich dabei dessen, was sie tun, voll bewußt.

Im 19. Jahrhundert sind Lehren, die der Kultur das Wort reden und Achtung vor ihr predigen, gang und gäbe. Als zentrale Voraussetzung und haltgebende Instanz wird nicht mehr eine transzendente Macht bemüht, die Theorie dreht sich nur noch um die Bedeutung und Funktion der innerweltlichen Kultur. Durkheims eigene Theorie ist ein Beleg dafür. Die Religion verdient nicht deshalb Achtung, weil sie *substantiell wahr ist* (in dem wörtlichen Sinn, in dem die alte Theologie das versteht), sondern weil sie *funktionelle Wahrheit hat* (in dem Sinn, daß sie von wesentlicher Bedeutung für die Gesellschaftsordnung ist). Durkheim ließ keinen Zweifel daran, daß für ihn die funktionelle Wahrheit der substantiellen in nichts nachstand, ja, daß tatsächlich die beiden identisch waren. Die allgemeine Haltung, die hierin zum Ausdruck kommt, könnte man als Autofunktionalismus bezeichnen. Sie ist in einer Vielzahl von Ausprägungen, in historistischen, biologischen, literarischen, kulturgeschichtlichen und anderen Idiomen wirksam. Mit der Hauptprämisse beurteilt der Autofunktionalist den Kulturzusammenhang von außerhalb: Kulturen sind funktionale Gebilde. Mit der Nebenprämisse stellt er sich selber in den Kulturzusammenhang: Ich *bin* meine Kultur. Daraus folgt dann: Meine kulturellen Bindungen sind gerechtfertigt (wobei der Sinn, in dem das der Fall ist, bewußt im unklaren gelassen wird).

Diese kulturellen Selbstrechtfertigungen sind durchweg falschmünzerisch. Der mittelalterliche muslimische Philosoph Al Ghazzali bemerkt, daß der echte Traditionalist nicht wisse, daß er einer sei; wer sich selber für einen Traditionalisten erkläre, sei keiner mehr. Die kulturelle Prosa verliert ihre Unschuld, wenn Monsieur Jourdain sie dafür erklärt. Als die Kultur noch wirkliche Verbindlichkeit hatte, galt sie den Menschen entweder für etwas Naturgegebenes oder sie wurde mit Hilfe einer Theologie gerechtfertigt, die den Menschen als substantielle Wahrheit galt und von allen respektiert wurde. Die Dogmen und Gebote, aus denen solche Glaubenslehren bestanden, wurden sehr ernst genommen; sie stellten eine massive Verpflichtung für die Gläubigen dar und setzten sie enormen Ängsten aus. Wie es scheint, wirkten einige dieser Ängste als Katalysatoren bei der Entstehung unserer heutigen Welt. Hätten die Gläubigen ihren Überzeugungen nur in autofunktionalistisch hintersinniger Weise angehangen, nie hätten diese eine so machtvolle Wirkung entfalten können. Die Fingerfertigkeit, die in dieser Hinsicht manche typischen zeitgenössischen Ideologien an den Tag legen, deutet auf eine genau entgegengesetzte Haltung hin, die unter dem Motto steht: Wir brauchen (irgendeine) Kultur, damit die Glaubens- und Moralvorstellungen, die mit (dieser, unserer) Kultur verknüpft sind, Verbindlichkeit für uns haben. Moralische Überzeugungen mit dieser Begründung sind in gravierender Weise mangelhaft; eine ernsthafte Krise werden sie schwerlich überstehen. Die Menschen sterben für ihren Glauben. Aber werden sie bereit sein, sich für einen solchen »Zweckglauben« aufzuopfern oder auch nur Unannehmlichkeiten auf sich zu nehmen?

In einem Punkt allerdings behält die romantische Vorstellung von einem umfassenden kulturellen Zusammenhang, in den der Mensch eingebettet ist und in dem er Erfüllung findet, gegenüber dem Kult einer systematisch organisierten Arbeitsteilung tatsächlich recht. Die Arbeitsteilung ist deshalb so effektiv, weil sie jede Tätigkeit einem einzigen Ziel, einem einzigen Gesichtspunkt unterwirft und dadurch eine isolierte Beurteilung, Berechnung und folglich auch Verbesserung der Leistung ermöglicht.

Aber was wir Befriedigung nennen, sind selten Dinge oder Erfahrungen, die sich auf diese Weise isolieren lassen. Wir führen unser Leben in Form umfassender Bestimmungssortimente, die wir als kulturelle Rollen bezeichnen. Zu diesen Rollen gehört auch die Befriedigung sinnlicher oder materieller Bedürfnisse, ohne daß sich die Rollen aber darin erschöpften. Unsere Genüsse und Befriedigungen sind wie unsere Sinneseindrücke und Wahrnehmungen von Vorstellungen durchsetzt; und die wesentlichen Vorstellungen betreffen Rollen und Positionen in einer *Kultur*, einer komplexen Lebensform, die nicht nur auf einen einzigen Zweck ausgerichtet ist und sein kann. Was ein einzelner Gesichtspunkt (»Glück«, »Genuß«) an Plausibilität aufzuweisen hat, verdankt sich seiner Abstraktheit und Mehrdeutigkeit.

Indirekt verweist er uns zurück an eine Lebensform, eine Identität, die unsere Wertschätzung genießt. Und die wiederum konfrontiert uns mit der unentrinnbaren Irrationalität von Optionen, die Multifunktionalität besitzen, nicht gegeneinander aufgewogen werden können und zur Isolierung von Zielsetzungen nicht geeignet sind. Das ist ein wichtiges, überzeugendes und absolut stichhaltiges Argument im romantischen Einspruch gegen eine rationalistische Philosophie, die nur ein Erkenntniskriterium anerkennt und sich bemüht, jener Denkform, die Hand in Hand mit einer leistungsfähigen Arbeitsteilung geht, allgemeine Geltung zu verschaffen und das ganze Leben und seine Ziele einer instrumentellen Strategie zu unterwerfen.

Sowohl für die soziale Organisation als auch für die Legitimationsprinzipien einer komplexen Gesellschaft ist dies Problem von größter Bedeutung. Schauen wir uns die beiden Bereiche an.

Auf der Ebene der sozialen Organisation nimmt das Problem vielerlei Gestalt an, wobei es vielleicht am virulentesten dort ist, wo es um Fragen der Politik und des Personals *auf höchster Ebene* geht und darum, nach welchen Gesichtspunkten man tiefgehende persönliche Beziehungen knüpft. In modernen Organisationen läßt sich die Besetzung untergeordneter Stellen geradeso wie die Erfüllung untergeordneter Funktionen »rationalen« (deutlicher gesagt, öffentlich überprüfbaren) Auswahlkriterien unterwerfen. In einem Entwicklungsland ging die Anekdote von einem prominenten Vater, der sich Sorgen um seinen Sohn machte, den der väterliche Einfluß in eine leitende Stellung in einem Ministerium gehievt hatte. Der Vater fürchtete, das hohe Gehalt werde seinen Sohn zu einem lasterhaften Leben verführen. Er wandte sich an seinen Freund, den Minister, und bat ihn, seinen Sohn in eine niedrigere Position zu versetzen. Der Minister protestierte: »Aber lieber Freund, damit Ihr Sohn einen niedrigen Rang bekleiden kann, muß er Prüfungen ablegen!«

Wer ein niedriges Amt bekleidet, von dem wird erwartet, daß er eine bestimmte Funktion mit klar definierten Tätigkeitsmerkmalen erfüllt. Deshalb gibt es hier auch öffentlich überprüfbare Kriterien dafür, ob er in seiner Amtsausübung den Anforderungen genügt. Werden diese Kriterien nicht angewandt, dann wittern wir *Korruption*. Die Leistungskraft unserer Gesellschaft hängt daran, daß die richtigen Leute für die richtigen Posten ausgewählt werden, und wir glauben an die Leistungsgesellschaft. Aber wie ist es an der Spitze? Oder wie ist es bei politischen Grundsatzentscheidungen? Umfassende Entscheidungen stellen vor Probleme, die zwangsläufig kompliziert sind und bei denen Erfolg oder Mißerfolg von vielen verschiedenen und auch von miteinander unvereinbaren Gesichtspunkten abhängen. In Ermangelung eines einheitlichen Kriteriums sind wir gezwungen, uns mit Bewertungsverfahren zufriedenzugeben, die unterhalb der »rationalen« Ebene bleiben und eher intuitiver Natur sind. Keine delphischen Orakel für kleine Probleme – da regiert die Vernunft. Aber bei den wirklich großen Fragen sind orakelähnliche Verfahren nach wie vor im Gebrauch.

Die gleiche Geschichte hat auch für das Privat- und Intimleben wichtige Konsequenzen. Zahlreiche Beobachter des modernen Lebens haben sich darüber ausgelassen, wieviel größer die affektive Bedeutung ist, die der Kernfamilie und dem Kleinhaushalt zukommt, und was für ein Kult tatsächlich um enge persönliche Bindungen getrieben wird, wie diese mystifiziert werden. In dem Maß, wie in den großen, mobilen, anonymen Gesellschaften die als Zwischenformen fungierenden Gemeinschaftstypen mittlerer Größe sich auflösen und an Bedeutung verlieren, entsteht einerseits der Kult der umfassenden, durchs Erziehungswesen gestützten Kulturgemeinschaft, kurz, ein Nationalismus, wächst andererseits die Bedeutung jener übriggebliebenen, aber wichtigen persönlichen Bindungen, die sich nicht in kurzfristigen, instrumentellen Wegwerfbeziehungen erschöpfen. Für die Wahl eines Ehepartners oder sonstigen dauerhaften, engen Vertrauten gibt es keine rationalen Kriterien, die sich sinnvoll anwenden ließen. Die Auswahlkriterien, die hier ins Spiel kommen, sind zu vielfältig und widersprüchlich, um sich formalisieren zu lassen. Der Kult um die romantische Leidenschaft und um die Liebe auf den ersten Blick ist vermutlich zum Teil eine Rationalisierung des Unvermögens, in solchen Situationen vernünftige Gründe für das Ja oder Nein anzugeben. Daß wir uns auf das unkontrollierbare, unberechenbare, unerklärliche, aber auch nach allgemeiner Ansicht unwiderstehliche Votum aus der Tiefe unserer Seele berufen können, entlastet uns. Wir brauchen uns nicht zu rechtfertigen. Wie in anderen Zusammenhängen kaschiert auch hier die Berufung auf ein Orakel (in diesem Fall ein internes) die Unmöglichkeit, in komplexen Situationen Entscheidungen auf rationalem Weg herbeizuführen. Die Kränkungen, die solche Entscheidungen häufig verursachen, werden dadurch gemildert. Daß es sich in diesem Fall um *innere* Orakel handelt, um die Aussprüche dunkler Gottheiten, die in uns selber hausen, entspricht unserer rationalistischen Grundeinstellung.

Wenn diese Überlegungen triftig sind, dann werden an der Spitze, dort, wo globale Entscheidungen getroffen werden müssen, die einer rationalen Behandlung trotzen, immer Orakel eine Rolle spielen. Die Rationalität, die der Arbeitsteilung korrespondiert, hat unsere Welt verändert, wird sich aber nie auf jene allumfassenden und von Natur aus vielsträngigen Optionen erstrecken können, bei denen es um die Entscheidung zwischen unvereinbaren Alternativen geht.

Egalitarismus

EIN HERVORSTECHENDES CHARAKTERISTIKUM der modernen Gesellschaften ist ihr Egalitarismus. Tocquevilles Überzeugung von einer weltweiten Tendenz zur Gleichmacherei ist, aufs Ganze gesehen, durch die Empirie spektakulär bestätigt worden. Leidenschaftliche Anhänger des Gleichheitsprinzips bestreiten das und klagen, es sei den modernen Gesellschaften nicht gelungen, das egalitäre Ideal in die Tat umzusetzen. Tatsächlich gibt es enorme Unterschiede zwischen den Menschen, was Reichtum, Macht, Einfluß, gesellschaftliche Anerkennung und Lebensaussichten betrifft.

Gemessen an ihren eigenen Ansprüchen läßt die moderne Gesellschaft tatsächlich an Gleichheit zu wünschen übrig, hingegen ist sie im Vergleich mit allen größeren und komplexeren Gesellschaften, die ihr vorausgegangen sind, ausgesprochen egalitär. Jeder, der sich die Geschichte der menschlichen Gesellschaften anschaut, kann nur zu dem Ergebnis kommen, daß mit zunehmendem Umfang und wachsender Komplexität die Gesellschaften auch eine immer größere interne Ungleichheit ausgebildet haben – bis zu einem relativ kurz zurückliegenden Zeitpunkt, als der Trend sich umkehrte.[2] Warum kam es zu dieser Umkehrung?

Die moderne egalitäre Ideologie reicht zur Erklärung nicht aus.

[2] Gerhard Lenski, *Power and Privilege: Theory of Social Stratification*, New York 1966 (dt.: *Macht und Privileg: Eine Theorie der sozialen Schichtung*, Frankfurt a. M. 1973).

Dafür, daß jene Ideologie so wirksam war, gibt es tiefgreifende soziale Ursachen. Was mit den Schlagworten Freiheit, Gleichheit und Brüderlichkeit beschworen wurde, hat sich als Bürokratisierung, Mobilität und Nationalbewußtsein realisiert. Die neu entstehende Ordnung bindet die gesellschaftliche Stellung mehr oder weniger an Funktionen, ermöglicht Statusveränderungen beziehungsweise schwächt Statusunterschiede ab und knüpft das Gemeinschafts- und Zugehörigkeitsgefühl eher an eine gemeinsame Bildungstradition und Schriftkultur als an Korporationen und gesellschaftliche Gruppen.

Selbst wenn die Gleichheit nicht verwirklicht wäre, was sie aber zum Teil wenigstens ist, würde sich die moderne Gesellschaft allein schon durch die Verkündung eines Gleichheitsideals markant von anderen Gesellschaften abheben.[3] Aber in gewisser Hinsicht ist, wie gesagt, das Ideal sogar verwirklicht. Die moderne Gesellschaft unterteilt ihre Mitglieder nicht in verschiedene Menschen*sorten*. Politische oder rituelle Spezialisten kennt sie entweder gar nicht oder schwächt ihre Bedeutung ab, und außerdem eröffnet sie den Zugang zu diesen Formen von Spezialistentum. Die soziale Schichtung stellt sich als ein fein abgestuftes Kontinuum dar und weist im großen und ganzen keine Spaltungen und unüberbrückbaren Abstände auf. Wo scharfe soziale Schranken dennoch überleben oder neu entstehen, führen sie zu ernsthaften, tief empfundenen und unerträglichen Reibungen und Spannungen. Sie werden als Skandal angesehen. In der Vergangenheit konnten die Gesellschaften sich mit einer radikalen Aufspaltung der Bevölkerung in ständische Gruppen abfinden. Weit entfernt davon, daß sie dadurch in ihrer Funktionstüchtigkeit beeinträchtigt worden wären, erleichterte ihnen eine tief internalisierte, in aller Form sanktionierte und von strengen Strafandrohungen gestützte Ungleichheit vielmehr unverkennbar das Funktionieren. Das genaue Gegenteil gilt von der modernen Gesellschaft.

Die moderne Gesellschaft ist nicht mobil, weil sie egalitär ist, sondern sie ist egalitär, weil sie mobil ist. Ihr Mobilitätsgrad schwankt, aber grundsätzlich dürfte die Mobilität solange bestehen bleiben, wie eine fortdauernde ökonomische Innovation die Beschäftigungsstruk-

[3] Louis Dumont, *Homo Hierarchicus*, London 1970 (dt.: *Gesellschaft in Indien*, Wien 1976). Louis Dumont, *From Mandeville to Marx: The Genesis and Triumph of Economic Ideology*, Chicago/London 1977.

tur im Fluß hält. In Verbindung mit jeder Art Kastensystem würde eine flexible Berufsstruktur zu unablässigen Reibungen führen. Sie verträgt sich nicht mit der Zuordnung eines sozialen Status, der unabhängig von der Beschäftigung und ihr vorgeordnet ist. Versuche, so etwas durchzusetzen, haben stets zu großen Spannungen geführt. Was soll, wenn sich zwei Leute begegnen, den Vorrang haben, die fest verliehenen Statusmerkmale oder die Rechte und Pflichten, die sich aus der Berufsposition ergeben? Die Menschen sind durchaus imstande und bereit, tiefgreifende Ungleichheiten hinzunehmen, ja, sie scheinen sogar merkwürdigerweise ein Vergnügen daran zu finden, sogar wenn sie selber die Benachteiligten sind, vorausgesetzt, daß die Ungleichheit von Dauer und eindeutig geregelt ist. Unter modernen Verhältnissen indes gerät jede tiefgreifende Ungleichheit wegen ihrer unvermeidlichen Unsicherheit und Instabilität zu einer schwer erträglichen Herausforderung. Werden auf Grund einer rassistischen Stimmung oder Gesetzgebung die gesellschaftlichen Beziehungen in Form eines kastenähnlichen Systems geregelt, so läßt sich dieses System nur mit größter Mühe und unter ständiger Gewaltanwendung aufrechterhalten. Die Gesellschaft, die so etwas versucht, verfällt internationaler Ächtung.

Das ist nicht der einzige Grund, warum alle moderne Wirtschaftsorganisation eine immanente Tendenz zur Gleichstellung der Beteiligten oder jedenfalls zur Schaffung gemeinsamer und für die Karriere verbindlicher Ausgangsbedingungen hat. Was in der modernen Gesellschaft als Arbeit gilt, besteht nicht in der Anwendung von Muskelkraft auf Materie, sondern im Austausch von Informationen zwischen Menschen – einer riesigen Zahl kontextunabhängiger Informationen zwischen einer riesigen Zahl anonymer Menschen. Einen solchen Nachrichtenfluß würde es hoffnungslos beeinträchtigen, wenn sich die gesellschaftliche Stellung des jeweiligen Informanten so, wie das in kontextbezogeneren Kulturen gewohnheitsmäßig der Fall ist, in den Informationen niederschlüge.

Ob der moderne Egalitarismus eine Restabilisierung der Berufsstruktur überleben würde und ob solch eine Restabilisierung zu erwarten steht, wissen wir nicht. Wenn sie kommt, dann nicht so bald: Sie zeichnet sich am Horizont noch nicht ab. Vorerst können wir davon ausgehen, daß die modernen Gesellschaften egalitär bleiben in dem Sinne, daß sie das Gleichheitsideal vertreten und die Existenz nur einer Art Menschen. Ungleichheiten, wie groß sie auch immer sein mögen, werden eher eine Sache der Statistik und der Anonymität bleiben als zu festen Formen erstarren. Sie sind an Positionen von Macht oder Reichtum gebunden, die sich auf ein Kontinuum verteilen, das der schroffen Brüche ermangelt. Statt in irgendeiner Wesensqualität der Personen begründet zu sein, stehen diese Positionen mit ihren Inhabern nur in einem ganz äußerlichen Zusammenhang.

Wie geht es weiter?

Wɪʀ ʜᴀʙᴇɴ ɪᴍ Uᴍʀɪꜱꜱ den Wandlungsprozeß nachvollzogen, den in Korrespondenz zu den entscheidenden Entwicklungsstadien der Arbeitsteilung die drei großen menschlichen Tätigkeitsbereiche des Geistes, der Arbeit und der Herrschaft durchlaufen haben. Was läßt sich von der Zukunft erwarten? Einfach aus den vorhandenen Trends den Fortgang herauslesen zu wollen, ist ein sinnloses Bemühen. Historische Trends halten sich *nicht* an die jeweils gegebene Entwicklungsrichtung. Hingegen hat es einen gewissen Sinn, das zu versuchen, was dieses Buch propagiert: Wenn wir auf die Faktoren zurückgehen, die dem Anschein nach die Entwicklung bis jetzt bestimmt haben, können wir erkennen, welchen Kombinations- und Rekombinationsmöglichkeiten sie heute gegenüberstehen.

Erkennen: Vieles spricht für die Möglichkeit, daß die Menschheit oder jedenfalls ein wesentlicher Teil von ihr auch weiterhin im Spannungsfeld zwischen wissenschaftlicher Erkenntnis und Kultur leben wird. Die Erkenntnis bleibt demnach die Domäne einer ernsthaften, gesellschaftlich neutralen und auf sich gestellten Naturforschung, deren Ergebnisse ebenso unvorhersehbar wie unbeständig sind und die deshalb insgesamt für Zwecke der Einrichtung oder Reglementierung des sozialen Lebens untauglich ist. Sie bleibt eine fachspezifisch organisierte Disziplin und vom Diskurs des Alltagslebens abgekoppelt. Das bedeutet, daß dem Symbolsystem des Alltagslebens jene Beglaubigung fehlt, über die es im schriftkulturellen Agrarzeitalter verfügte. Die Welt, über die wir ernsthaft *nachdenken*, bleibt verschieden von der Welt, in der wir *leben*.

Daß dies seinen Preis hat, liegt auf der Hand. Unser normales Leben, das gelebte Leben, hat seine Krisen und Wechselfälle. Wenn die

Menschen sich mit ihnen konfrontiert sehen, brauchen sie den Beistand von Ideen, die sie ernstnehmen und für gültige Erkenntnis halten können. Am Karneval kann man teilnehmen, ohne unbedingt die theologischen oder magischen Glaubensvorstellungen teilen zu müssen, denen der Brauch entspringt. Mit kulturellen Traditionen, denen man keine wirkliche intellektuelle Achtung zollt und zu denen man sich in diesem Sinne »ironisch« verhält, läßt sich ein Großteil des Lebens durchaus erfolgreich gestalten. Viele von uns leben unter solchen Umständen, und oft denkbar angenehm. Aber wenn Dinge auf dem Spiel stehen, die einem sehr teuer und wichtig sind, oder wenn das Schicksal zuschlägt, hält es schwer, sich mit einer solch »ironischen« Einstellung zu begnügen.

Man muß unterscheiden zwischen spezifischen Problemen und allgemeiner Heilserwartung. Um spezifische Leiden zu kurieren, werden sich die Menschen ohne Frage an vorgebliche oder echte wissenschaftliche Rezepte halten, die Hilfe gewähren oder jedenfalls versprechen. Wenn es ganz allgemein ums Heil geht, um das Bedürfnis, dem Leben als ganzem einen akzeptablen Sinn zu verleihen, dann werden sie vor den uns geläufigen Wahlmöglichkeiten stehen. Sie werden entweder hoffen, dem wissenschaftlich ernsthaften Erkennen eine übergreifende Weltsicht abzugewinnen (manche Menschen werden unverdrossen danach streben), oder sie werden sich an (gewöhnlich von anstößigen Punkten gereinigte und selektiv zurechtgemachte) Glaubenslehren aus dem Agrarzeitalter oder aus der Übergangsperiode halten. Schließlich können sie sich vielleicht auch mit dem offenen und mutigen Eingeständnis abfinden, daß die Zeiten eines intellektuell begründeten Geltungsanspruchs für immer vorbei sind.

In fortgeschrittenen liberalistischen Gesellschaften könnte es sogar eine Aufspaltung in drei Bereiche geben: wissenschaftliches Erkennen, legitimierende Ideologien und Alltagskultur. Wissenschaftliches Erkennen schlägt natürlich direkt auf die Technik durch und hat Auswirkungen sowohl auf die Ideologie als auch aufs Alltagsleben. Das ideologische Denken stabilisiert sich möglicherweise nach Art der konstitutionellen Monarchie, erkauft sich seinen Fortbestand mit dem Verlust eines Großteils seiner Macht. Es könnte auch sein, daß die Ideologien einen kurzlebigen Charakter annehmen und rasant wechseln. Ob dadurch die Gesellschaft am Ende unregierbar wird und ob dieser Zustand dazu führt, daß der Liberalismus aus politischer Opportunität durch einen neuen Glauben ersetzt wird oder aber (wie Max Weber anzunehmen scheint) der neue Glaube spontan entsteht, läßt sich nicht vorhersagen. Wir können nur nach den Vorzeichen Ausschau halten.

So sieht also der Markt der Ideologien in fortgeschrittenen liberalistischen Gesellschaften aus: weitgehend säkularisierte traditionelle Glaubenslehren, an denen aus sozialen Rücksichten »symbolisch« festgehalten wird; ein paar erklärt antireligiöse Glaubenslehren, die aus dem ersten Begeisterungstaumel der Übergangsperiode stammen; sodann einige mehr oder weniger klare Vorstellungen vom tatsächlichen Stand der Dinge. Dann gibt es auch noch Randgruppen mit einer Gegenkultur, die offen dem Irrationalismus frönen und alte und neue Formen von Magie und seelischem Zuspruch kultivieren.

Dann gibt es natürlich noch eine andere entwickelte Welt, nämlich die des Marxismus. Nach Raymond Arons herrlicher Charakterisierung sind diese Gesellschaften ideokratisch. Man könnte sie auch ebensogut caesaro-papistisch nennen. Als Oberhaupt der Kirche firmiert, wer die faktische Herrschaft im Staat ausübt. Kirche und Staat verfügen über parallele Hierarchien, die miteinander verschränkt sind und zwischen denen ein Personalaustausch statthat, wobei die Kirche stets den Vorrang hat. Die Glaubenslehre, die im Zentrum der kirchlichen Organisation steht, ist eine der antireligiösen Religionen aus dem 19. Jahrhundert, massiv messianisch und auf eine kollektive Form umfassender Erlösung gerichtet. Zu ihr gehört nicht nur das Versprechen einer allgemeinen Menschheitsbefreiung und eine Theodizee, sondern auch eine übergreifende Theorie, die schlechthin *alles* abdeckt. Kein Lebensaspekt, der nicht in ihr Berücksichtigung fände. Die Glaubenslehre hat den Vorzug, sich mit ihrer begrifflichen Fassung mehr oder minder im anerkannten Idiom und Voraussetzungsrahmen der zeitgenössischen ernsthaften Erkenntnis zu bewegen, woraus aber zugleich ihre Schwächen resultieren. Außerdem zieht sie überaus große und augenfällige Vorteile aus der Tatsache, daß sie sich um einige der zentralen zeitgenössischen Probleme dreht, so vor allem um die Probleme ökonomischer Ungleichheit, des sozialen Konflikts und des Verhältnisses zwischen Ökonomie und Politik.

Ob, aufs Ganze gesehen, dies alles wirklich von Vorteil ist, darüber läßt sich streiten. Daß der Glaube mit dem gegenwärtigen wissenschaftlichen Diskurs das Idiom teilt, daß er Stellung zu Fragen nimmt, die gleichzeitig Gegenstand wissenschaftlicher Forschung sind, bedeutet, daß er als echte Erkenntnis ernstgenommen werden kann. Seine Ansprüche überschneiden sich ohne Zweifel mit denen der akademischen Wissenschaft. Aber es bedeutet auch, daß Lehrinhalte ständig in Gefahr und der Kritik ausgesetzt sind. Es wäre natürlich ein absolutes Wunder, wenn all die Stücke wissenschaftlicher Erkenntnis, die Marx und Engels um die Mitte des 19. Jahrhunderts ausgruben und ihrer Lehre einverleibten, am Ende des 20. Jahrhunderts immer noch Gültigkeit hätten. Die Hauptthemen sind abstrakt genug, um es versierten Theologen des Systems zu ermöglichen, sie den jeweils neuen Bedürfnissen immer wieder anzupassen. Solche Theologen gibt es, und manche von ihnen sind höchst begabt. Die für den Westen durchgängig typische Auseinanderentwicklung von gesellschaftsstiftendem Mythos und herrschender Wissenschaft ist für dieses System ein schwieriges Problem (wenn auch vielleicht kein Ding der Unmöglichkeit).

Die praktische Situation in den marxistischen Ländern wird natürlich durch diverse lokale politische Gegebenheiten kompliziert. In manchen dieser Länder ist die Glaubenslehre an eine Fremdherrschaft geknüpft, die auf starke Ablehnung stößt. Es kann zum Beispiel bezweifelt werden, ob es in einem Großteil Osteuropas überhaupt echte Marxisten gibt. In den Ländern, in denen der Triumph des Marxismus eine eigene Errungenschaft war und nicht der Bevölkerung aufgezwungen wurde, ist die Sache weniger einfach. Auf eine leicht schablonenhafte, halbwegs zur Alltagsroutine gewordene Weise, die aber nichtsdestoweniger soziale Wirksamkeit beweist, leben diese Gesellschaften nach wie vor »unter dem Banner des Marxismus«.

In der dritten Welt läßt eine der großen Religionen noch keinerlei Anzeichen erkennen, daß sie dem Druck einer angeblich universalen Säkularisierung nachzugeben beabsichtigt. Die gesellschaftspolitische Schlagkraft des Islam hat nicht etwa abgenommen, sondern sich im Gegenteil enorm erhöht. Eine Erklärung für dieses einzigartige, höchst bemerkenswerte und vom Westen noch nicht hinlänglich gewürdigte Phänomen läßt sich geben. Der Westen hat im Zusammenhang mit der Revolution im Iran Notiz von dem Phänomen genommen, aber das Ausmaß der Sache noch kaum begriffen.

Der traditionelle Islam verfügte über eine theologische Lehre und Organisation, die in mancher Hinsicht den Idealen und Erfordernissen der Moderne näher kamen als die aller anderen Weltreligionen. Ein strikter Unitarismus, das (theoretische) Fehlen eines geistlichen

Stands, deshalb im Prinzip die gleich weite Entfernung aller Gläubigen von der Gottheit, ein strenger Schriftglaube und die Betonung methodischer Gesetzestreue, eine nüchterne Religiosität, die auf Ekstase und audiovisuelle Hilfsmittel Verzicht leistet – all das sind Eigenschaften, die außerordentlich gut zu einem städtischen bürgerlichen Lebensstil und einer kommerziellen Einstellung passen. Die orthodoxe Theologie und die gebildete soziale Elite, die sie trug, fand sich gewöhnlich in den Handelsstädten, die im Islam eine herausragende Rolle spielten. Aber die muslimische Welt bestand nicht nur aus den Oberschichten der Handelsstädte. Es gab auch noch das flache Land, von dem ein Gutteil eher stammesförmig als feudal organisiert war. Dort wurde die Ordnung durch lokale Gruppen aufrechterhalten, die, um mit S. Andreski zu reden, eine sehr hohe militärische und politische Partizipationsquote aufwiesen.[4] Die kriegerische und politische Tätigkeit wurde also nicht von einer kleinen Schicht monopolisiert, sondern war die Sache vieler. Vor allem hirtennomadische Verbände und Gebirgsstämme hatten ein stark ausgeprägtes Gemeinschaftsgefühl und behaupteten ihre Unabhängigkeit gegenüber der Zentralgewalt. Wirklich unter Kontrolle hatte die Staatsmacht nur die Städte und einige leichter beherrschbare bäuerliche Regionen in deren Umgebung.

Die ganz oder teilweise autonomen Gruppen auf dem Land brauchten religiöse Mittler und Schlichter (was aus ganz anderen Gründen auch für die städtischen Armen galt). Völlig unabhängig von den gesetzeskundigen Theologen, die den orthodoxen Islam definierten und am Leben erhielten, gab es also einen Haufen von halborganisierten Sufis, religiösen Orden, die einem »Marabut«- oder »Derwisch«-Kult anhingen, und regionalen lebenden Heiligen. Diese stellten eine informelle, häufig ekstatische und in ihrer Rechtgläubigkeit fragwürdige inoffizielle Geistlichkeit dar. Durch sie eigentlich war der volkstümliche Islam charakterisiert, dem die Gläubigen in der Mehrzahl anhingen. Viele Jahrhunderte lang existierten die beiden Flügel des Islam nebeneinander, manchmal in einem gespannten Verhältnis, manchmal friedlich. In Abständen drängte eine (Selbst-)Erneuerungs- und Reinigungsbewegung vorübergehend der ganzen Gesellschaft die »rechtgläubige«, gelehrte Version des Islam auf. Aber so willig der geistliche

⁴ Stanislav Andreski, *Military Organization and Society*, London 1968.

Geist war, so schwach war das gesellschaftliche Fleisch: Es dauerte nicht lange, da sorgten die Erfordernisse der Gesellschaftsstruktur für die Wiedereinführung jener geistlichen Makler, die als Mittler zwischen den Menschen und Gott gleichzeitig für den Ausgleich zwischen Gruppen sorgten. Während also der formalistische, städtische Islam »modern« war, galt dies nicht für den Islam der Bauern und der Armen in den Städten.

Als der wirtschaftlich und militärisch expansive Westen in die muslimische Welt einbrach, wurde der Islam von einer neuen Welle des Reformismus überschwemmt. Aber diesmal setzte der Reformismus sich durch; und wie es den Anschein hat, ist sein Triumph endgültig. Seine »protestantischen« Züge garantieren seine Verträglichkeit mit der Welt der Moderne, und die neu erwachten Kräfte der städtischen Kultur verleihen ihm eine umfassendere und haltbare Attraktivität. Vor allem aber kann er der muslimischen Gemeinschaft etwas geben, was nach modernen Maßstäben Wert hat und gleichzeitig etwas genuin Eigenständiges ist.

In den meisten Ländern der dritten Welt, die sich mit einer von außen eingeführten Industrialisierung auseinandersetzen mußten, war der überkommene ideologische Apparat nicht mehr zu halten. Gleichzeitig bedeutete die unkritische Übernahme westlicher Vorbilder und Ideologien eine demütigende Selbstaufgabe. Ein beliebter Ausweg bestand darin, ein Vorbild der eigenen Volkstradition zu erfinden und Tugenden aus dieser Tradition zu idealisieren. Nur so konnte man sich dem Dilemma entziehen, entweder an der alten orthodoxen Theologie festhalten oder aber sich irgendeinem westlichen Ideensystem verschreiben zu müssen. Aber dieses Dilemma blieb dem Islam erspart. Träger der alten Hochkultur waren eher die Schriftgelehrten als die politisch Herrschenden, und deshalb konnte jene zur politischen Macht auf Distanz gehen und (außer in der Türkei) von deren Zusammenbruch relativ unberührt bleiben. Auf diese Weise wurde die alte Hochkultur zur verbindlichen Kultur für die gesamte Gesellschaft, der sie gleichzeitig eine Identität gegenüber der Außenwelt verlieh und zum Ansporn wurde, sich zu erneuern und besser einzurichten. Das hat dazu geführt, daß gegenwärtig sowohl gesellschaftlich radikale als auch gesellschaftlich konservative muslimische Regime einer fundamentalistischen Erneuerungbewegung ausgeliefert sind, die dem Anschein nach einen machtvollen Einfluß nicht nur auf die erst in jüngerer Zeit verstädterten Massen, sondern sogar auf einen großen Teil der Führungsschicht ausübt. Bis jetzt deutet wenig auf eine Abschwächung der religiösen Begeisterung hin.

Es ist noch zu früh zu sagen, ob auch dieses System schließlich eine Säkularisierung durchmachen wird. In dem einzigen muslimischen Land, in dem die Säkularisierung politisch dekretiert wurde, in der Türkei, hat sich der Versuch klar erkennbar als ein Fehlschlag erwiesen. Er hat nur zu einer Betonung und Verschärfung der sozialen Spannungen geführt. Es ist also denkbar, daß uns am Ende der Islam eine Gesellschaft präsentieren wird, die nach sonstigen Maßstäben modern ist, gleichzeitig aber nachdrücklich um einen vorindustriellen Glauben herum aufgebaut ist, der mit aller Strenge aufrechterhalten und durchgesetzt wird.

Die restliche Welt bietet bis jetzt ein uneinheitliches Bild. Indien verfährt auf typische Weise zweigleisig. Die alte ideologische Tradition besaß eine Haltbarkeit, die den alten *politischen* Verhältnissen Indiens deutlich fehlte. Die heutigen politischen zentralen Einrichtungen sind britischen (oder vielleicht auch muslimischen) Ursprungs, und die Hochkultur ist mittlerweile eklektisch und abgekoppelt von der Volkstradition, in der die alte Ordnung fortlebt. Sowohl die Zersplitterung dieser Volkskultur als auch ihre kommunale und militärische Beschränkung erlauben es der Zentralregierung, ohne autoritäre Macht und militärische Gewalt zu überleben, was in der dritten Welt an sich schon so etwas wie eine Kuriosität darstellt.

Das Geheimnis der erfolgreichen japanischen Industrialisierung ist durchaus noch nicht ergründet. Manche Eigentümlichkeiten dieser Industrialisierung, insbesondere ihre stabilen Beschäftigungsverhältnisse und das Gemeinschaftsethos, das sie trägt, stehen in auffälligem Widerspruch zu dem, was einer früheren Schulweisheit als unabdingbare Voraussetzungen der Industriegesellschaft galt.[5] Auf der ideologischen Seite sticht allerdings ein Element ins Auge, das vermutlich jede angemessene Darstellung des Phänomens wird berücksichtigen müssen. Die japanische Kultur befand sich im Einflußbereich der chinesischen und war stets durchdrungen vom Bewußtsein des Vorbildcharakters chinesischer Kulturmodelle. Diese kollektive Orientierung an

[5] Ronald Dore, *British Factory – Japanese Factory: The Origins of National Diversity in Industrial Relations*, London 1973.

einem fremden Vorbild erleichterte es den Japanern wahrscheinlich, ein *anderes* fremdes Modell zu übernehmen, als dieses seine technische Überlegenheit unter Beweis gestellt hatte. Die heutige erfolgreiche Mischung aus Nachahmung westlicher Technologie und einem gerüttelt Maß eigener kultureller Kontinuität bietet ein Musterbeispiel für jene Trennung zwischen der Kultur einerseits und der Naturerkenntnis und Produktion andererseits, die das Schicksal aller Industriegesellschaften sein könnte.

Einige Weltgegenden – Südamerika schon früh im 19. Jahrhundert, das südlich der Sahara gelegene Afrika im späten 20. Jahrhundert – haben fragmentarisch politische Unabhängigkeit erhalten, ohne industriell sonderlich weit entwickelt zu sein. Das bedeutet, daß dort der Staat sich in den Besitz von Machtmitteln bringen kann, zu denen die Kraft der Zivilgesellschaft in keinem Verhältnis steht.[6] Das Kräfteverhältnis zwischen Machthabern und den Produzenten des Reichtums, das in den Agrargesellschaften ohnehin schon durchweg zugunsten der ersteren verschoben ist, verschiebt sich noch mehr. Daraus resultiert eine starke Tendenz zur Militärdiktatur, deren Begleiterscheinungen Eklektizismus und Opportunismus sind. Das Übergewicht der politischen Herrschaft über die produktive Arbeit, ein typisches Merkmal des Agrarzeitalters, wird in solchen Gesellschaften durch die partielle Übernahme technischer Errungenschaften der Moderne nicht etwa verringert, sondern noch verstärkt. Diese Anleihen nutzen dem Staat mehr als der Gesellschaft der Bürger.

Fassen wir zusammen. Auf der ideologischen oder kulturellen Ebene lassen sich derzeit (zum Teil bis in jüngste Zeit) eine Reihe von Gesellschaftsformen beobachten:

Westlicher Pluralismus. Ein freier Markt der Ideen und Überzeugungen. Eine weitverbreitete wechselseitige Anerkennung, ein stillschweigendes begriffliches Konkordat zwischen auf Naturerforschung gerichteter Erkenntnis und moralbestimmten Glaubenssystemen. Eine vorindustrielle Religion lebt fort und behält auch manchmal einen offiziellen Status, eine Bedeutung fürs politische Ritual, wird aber in einem eher erkenntnisindifferenten Geist aufrechterhalten. Sie wird

[6] Keith Hart, *The Political Economy of West African Agriculture*, Cambridge 1982.

in unterschiedlichem Maß willkürlich uminterpretiert und entleert; sie reicht vom buchstabengläubigen Fundamentalismus bis zum Verlust jedes Erkenntnisgehalts. Es ist wesentliches Merkmal dieser Situation, daß die genaue Lokalisierung in diesem Spektrum offenbleibt; dem ideologischen Konsumenten steht es frei, sich an jeder beliebigen Stelle einzuordnen.

Manche Glaubenssysteme, deren Einfluß allerdings begrenzt ist, stammen aus der Zeit der rationalistischen Gegendoktrinen. Es herrscht ein weitverbreitetes Gefühl der »Ernüchterung«, ein Gefühl, daß es an einem Weltmythos mangelt. Ein Großteil des intellektuellen Lebens der Gesellschaft wird von den Erzeugnissen einer blühenden Gefühlsindustrie in Anspruch genommen, von ideologischen Produkten, die vorgeben, alles rückgängig zu machen und dem Leben neuen »Sinn« zu verleihen. Die Produkte dieser Industrie veralten rasch. Die Moden wechseln mit beträchtlicher Geschwindigkeit, fast jedes Jahrzehnt treten neue auf den Plan.

Die Gesellschaft treibt eine lebhafte Gegenkultur hervor, die in Zeiten des Wohlstands viel stärker um sich greift als in Perioden, in denen die Angst vor (relativer) Armut und Not die möglichen Konvertiten in Bann schlägt. Diese Gegenkultur ist gelegentlich auf ziemlich chaotische Weise revolutionär und gewalttätig, dann wieder quietistisch und einem friedlichen Rückzug aus der Welt zugeneigt. Ihre Anhänger rekrutieren sich zum großen Teil aus jungen und weniger erfolgreichen Angehörigen der wohlhabenden Schichten der Gesellschaft. Wenn der Überfluß weiter zunimmt und die Erinnerung an die Zeiten, da er fehlte, noch mehr verblaßt, läßt sich vorstellen, daß eine Gegenkultur dieser Art genug Virulenz entwickelt, um die Gesellschaft ernsthaft aus dem Gleichgewicht zu bringen.

Marxistische Gesellschaften. Diese bauen sich um ein gutorganisiertes System des 19. Jahrhunderts herum auf, in dem theoretische Darstellungen der Welt und moralisch-politische Anweisungen zu einem mehr oder minder kohärenten Ganzen verschmolzen sind. Eine Niederlage ihrer Glaubenslehre auf dem freien Markt der Ideen könnte die politische Ordnung nicht überleben, und deshalb duldet sie keinen solchen Markt. Kurzfristig gesehen ist das für das System von Vorteil. Fähige Intellektuelle, die vor die Wahl gestellt sind, sich entweder im Rahmen des offiziellen Idioms zu artikulieren oder aber überhaupt nicht, entscheiden sich häufig für ersteres. In vielen Fällen dürften sie sich aus psychologischen Gründen einreden, sie ließen sich von reinsten Motiven leiten. Die internen Zweideutigkeiten des Systems erleichtern solch ein Vorgehen. Zur Zeit zeichnet sich der Zusammenbruch dieser Gesellschaften ab.

Das muslimische Modell. Hier haben wir eine traditionelle Glaubenslehre, die sich in der Version der Herrschenden mit den Erfordernissen einer Modernisierung außerordentlich gut verträgt und deren genuine Verwurzelung in der einheimischen Kultur sie als Ausdruck für eine neue nationale Identität wie geschaffen erscheinen läßt. Eine echte Wiederbelebung des Glaubens und der orthodoxen Lehre ist denkbar; jedenfalls gewinnt man gegenwärtig diesen Eindruck. Ob es sich dabei doch nur um ein vorübergehendes Phänomen handelt, wird die Zukunft zeigen müssen.

Pluralistische Ideologien. Gesellschaften, in denen die paternalistische Modernisierung von oben zusammengeht mit Duldsamkeit gegenüber der alten Volkskultur, an der die Führungsschicht entweder im Privatleben partizipiert oder an der sie höflich vorbeisieht. Dieser verlegene Pluralismus hat vielleicht eine gewisse Ähnlichkeit mit dem westlichen, auch wenn er sich aus anderen Elementen zusammensetzt.

Es kann natürlich passieren, daß der Pluralismus schließlich seine Verlegenheit überwindet. Diejenigen, die in der Ökonomie und in der Forschung ihre Wunder wirkten, waren von der Rationalität durchdrungen, die die moderne Welt hervorbrachte. Was sie beherrschte, war eine Art von selbstloser, nichtopportunistischer, unbewußter oder jedenfalls von Berechnung freier und in einem bedeutsamen Sinn *irrationaler* Rationalität. Sie war kein Mittel zum Zweck, auch wenn ein paar Denker wie etwa Francis Bacon sie so verstanden zu haben scheinen. Wäre sie berechnend, opportunistisch, im instrumentellen Sinn rational gewesen, sie hätte nicht diese Wirkung gehabt. Die Menschen hätten sich zu früh um materiellen Lohn bemüht beziehungsweise damit zufriedengegeben. Weder Ehrlichkeit in Geschäften noch methodische Ordnung in kognitiver Tätigkeit zahlen sich auf die schnelle aus. Ganze Gemeinschaften haben langfristig davon profitiert, aber was diese Gemeinschaften in diese Richtung drängte, waren andere Motive.

Nehmen wir die Kognition. Wer sich an traditionelle Ideen hält, kultiviert immerhin etwas, das höchstwahrscheinlich nicht völlig verkehrt liegt, und befindet sich im Einklang mit Sitte und Brauch in seiner Kultur. Hingegen sind angesichts der unendlichen Vielzahl möglicher Wahrheiten für jemanden, der mit neuen Ideen experimentiert, die Erfolgsaussichten sehr gering (kognitiver Erfolg ist ein Wunder), während die Wahrscheinlichkeit, daß er gesellschaftlichen Anstoß erregt, sehr groß ist. Der Antrieb zu jener Vorgehensweise, von der wir heute im Rückblick wissen, daß es der richtige Weg war, hätte schwerlich rational in einem berechnend-instrumentellen Sinn sein können. Die Verwandlung der Welt mußte vielmehr unabsichtlich passieren.

Die Kehrseite dieser Überlegung ist, daß jene ökonomische, kognitive und technische Rationalität auf »rationale«, das heißt instrumentelle Weise erst dann übernommen wurde, als die Vorreiterkulturen deren Leistungsfähigkeit bereits unter Beweis gestellt hatten. Aber eben deshalb müssen sich diese Kulturen nun auch nicht in anderen Lebensbereichen vom Geist der Rationalität durchdringen lassen. Sie nehmen die ökonomische und technische Rationalität als ein *Mittel zum Zweck*. Bei ihnen entsteht Rationalität nicht als Begleiterscheinung einer allgemeinen Geistesverfassung. Die Menschen hatten schon immer die Fähigkeit, Rationalität gewissermaßen als isolierte Funktion zu praktizieren. Sie konnten immer schon Hebel betätigen, deren Wirkung sie kannten. Das erste Wunder geschah, als Menschen aus unerfindlichen Gründen hartnäckig darauf ausgingen, Hebelsysteme zu betätigen, ohne zu wissen, ob die Sache funktionierte und was dabei herauskommen würde. (Im 17. Jahrhundert bestand eine typische Kritik an der neuen Naturwissenschaft darin, ihr fehlenden praktischen Nutzen vorzuwerfen.) Wer hingegen die neuen Funktionsweisen nur aus Zweckmäßigkeitsgründen kopiert, kann Kulturen aufrechterhalten oder neu entwickeln, die vom Geist der Nüchternheit weit entfernt sind. Computer und Tempel sind am Ende miteinander verträglich.

Dieser Punkt könnte sogar generelle Geltung erlangen. Konsumgüter werden heute mehr und mehr so konstruiert, daß die Verwendung ein Kinderspiel, narrensicher ist. In dem Maß, wie das Schwergewicht sich von der Produktion auf den Konsum verlagert, könnte sich »rationales«, methodisch geordnetes Bewußtsein zurückbilden. Eine technisch rationale, produktive Wirtschaft, deren Bedarf an menschlicher Arbeitskraft gering ist, mag sich mit einer expressiven, vernunftfeindlichen Kultur durchaus vertragen, statt sich, wie behauptet wurde[7], in einem spannungsgeladenen Widerspruch zu ihr zu befinden.

Rückständige Gesellschaften, in denen eine schwache Zivilgesellschaft von einer relativ starken Staatsmacht beherrscht wird und in denen das ideologische Leben vom opportunistischen Bemühen bestimmt wird, den internationalen Konkurrenzkampf zwischen den Machtblöcken auszunutzen. Wes Militärhilfe ich krieg, des Lied ich sing!

[7] Daniel Bell, *The Cultural Contradictions of Capitalism*, London 1976.

SELBSTBILDER

Ökonomische Macht (Reichtum als Machtmittel)

DAS GRUNDPROBLEM unserer heutigen Welt, vorausgesetzt, es kommt nicht zur nuklearen Katastrophe, ist die drohende Möglichkeit, daß sich eine malthusianische Gesellschaft in Umkehrung entwickelt: eine Gesellschaft, in der die Produktion deutlich schneller wächst als die Bevölkerung.

Es liegt auf der Hand, daß durch das Ende der Mangelwirtschaft Gesellschaft und Kultur zum nicht mehr Wiedererkennen verändert werden. Der ganze Begriff von »Reichtum«, von »Gütern«, wird unvermeidlich ein anderer. Die Logik unseres Verhaltens, die Ziele, die wir sinnvoll anstreben können, das alles wandelt sich zwangsläufig. Dergleichen ist zweifellos schon mindestens einmal in der Geschichte passiert: beim Übergang von der Wirtschaft der Jäger und Sammler zu einer Wirtschaft der Erzeuger. Für einen umherstreifenden Jäger oder Sammler sind materielle Güter, die ein bestimmtes Mindestmaß übersteigen, einfach eine unsinnige Bürde. Sie werden noch nicht durchweg zu Aktivposten, Machtmitteln. Und was ist heute?

Entgegen der Annahme mancher Ökonomen glaube ich, daß die *materiellen* Bedürfnisse der Menschen recht beschränkt und dürftig sind. Sie taugen *nicht* zu einer ins Unendliche fortschreitenden Entfaltung. Wenn er sich nicht der römischen Praktik bedient, bei Gelagen zwischendurch Brechmittel einzunehmen, ist das, was ein Mensch tatsächlich verzehren kann, ziemlich begrenzt. Ein Mensch kann auch nur jeweils eine Kleidergarnitur tragen und nur jeweils ein Heim oder Fahrzeug benutzen. Welche Bedeutung bleibt in einer ökonomischen Situation, in der all diese Grundbedürfnisse mühelos befriedigt werden, dem Begriff »Besitz«?

Die Antwort lautet natürlich, daß man damit Macht und gesellschaftliche Anerkennung erringen kann. Man kann Besitz verwenden, um bestimmte Beziehungen zu seinen Mitmenschen herzustellen und zum Ausdruck zu bringen. Auf diesen Bereich richtet sich unser Ehrgeiz. Hier kann jemand, auch wenn seine wirklich physischen Bedürfnisse befriedigt sind, immer noch eine Verbesserung seiner

Lage anstreben. Dank dieser Sphäre ist das Ende materieller Not nicht gleichbedeutend mit dem Ende des Wettstreits um materielle Güter. Aber andererseits sieht es nicht so aus, als könne dieser Bereich unbeschränkt wachsen. Im Gegenteil: Sein Schicksal scheint eine Art Nullsummenspiel zu sein, bei dem der Gewinn des einen der Verlust eines anderen ist.

Die Verbindung zwischen materiellen Besitztümern einerseits und gesellschaftlicher Stellung und Macht andererseits ist nichts Selbstverständliches oder Naturgegebenes. Diese Verbindungen sind soziale Schöpfungen, und unsere Aufgabe ist es, uns vorzustellen, wie sie unter den neuen Bedingungen aussehen können. Materielle Güter führen noch immer zu Macht und gesellschaftlichem Rang, aber sie sind nicht der einzige Weg dorthin. Die Zuweisung von gesellschaftlichen Positionen ist eine Funktion des Gesellschaftssystems und nicht der Ökonomie.

Im Agrarzeitalter sind materielle Besitztümer aus mindestens drei Gründen wichtig. (1) Die Not ist eine Realität. Menschen verhungern oder sterben vor Kälte. (2) Weil das so ist, bedeutet die Verfügung über materielle Güter Macht und führt zum Machterwerb, wie sie auch zu ihrer Aufrechterhaltung Macht erfordert. Wer über Sachgüter verfügt, kann andere in seinen Dienst zwingen. Insofern die Agrargesellschaft wegen der ihr eigenen Mangelwirtschaft unvermeidlich eine von Konkurrenz, Gewalt und Zwang beherrschte Gesellschaft ist, müssen die Menschen in ihr nach Macht streben, und sei's auch nur, um sich gegen die anderen zu schützen, die ebenfalls nach Macht streben und sie im Falle des Erfolgs ihrer Lebensgrundlage berauben würden. (3) Zum Teil wegen der genannten beiden Faktoren ist der Besitz und die Zurschaustellung materieller Güter durchweg ein Zeichen von Prestige und Ansehen, und deshalb sind solche Güter allgemein begehrt. (Es gibt Ausnahmen. Gelegentlich gibt es Aristokratien, geistliche Stände oder religiöse Einzelgänger, die sich auf dem umgekehrten Weg der Entsagung gesellschaftliches Prestige erwerben.)

Die Behauptung, daß in der Zeit der nachmalthusianischen Überflußgesellschaft der Besitz weiterer oder besserer Waren für das Wohlergehen keinerlei Rolle mehr spiele, wäre übertrieben. Ein teurer roter Bordeaux mag wirklich besser sein als ein Valpolicella aus dem Supermarkt, ein privat gebuchtes Hotel an der Riviera mag besser sein als ein Pauschalangebot an der Costa Brava. (Aber die Hand dafür ins

Feuer legen möchte ich nicht!) Und es ist möglich, was vielleicht mehr ins Gewicht fällt, daß eine aufwendige ärztliche Privatbehandlung gelegentlich wirksamer ist als die Behandlung, die die Krankenkasse bezahlt. (Obwohl auch hier Fälle bekannt sind, die das Gegenteil beweisen.) Bezahlte Erziehung ist oft viel besser als die kostenlos gelieferte, obwohl auch hier wieder die erstere merklich, ja geradezu auffällig schlechter sein kann. Nichtsdestoweniger nähern wir uns *definitiv* einem Zustand, in dem die ganze Vorstellung von Reichtum einen neuen und möglicherweise überraschenden Sinn erhält.

Bis jetzt deutet wenig darauf hin, daß die Technik den Zenit der Ertragssteigerung überschritten hat. Andererseits ist schwer zu sehen, wie Fortschritte über den Punkt hinaus, den breite Schichten in den entwickelten Gesellschaften mittlerweile erreicht haben oder in Kürze erreichen werden, zum materiellen Wohlergehen der Menschen noch einen Beitrag leisten sollen. Wenn die Menschen weiter nach Vergrößerung ihres materiellen Reichtums streben, dann entweder kraft Gewohnheit oder weil solcher »Reichtum« in Wahrheit ein Mittel zu Ansehen und/oder Macht ist.

Man kann wohl auch mit einem moralischen Klima rechnen, das es als ethisch verwerflich verurteilt, echte, objektive Not zuzulassen. In einer Zeit des Überflusses erregt es allgemein Abscheu, wenn Menschen ohne zwingenden Grund Mangel an Nahrung, medizinischer Versorgung, Unterkunft und kultureller Erziehung leiden. Diese moralische Einstellung findet breite Zustimmung selbst bei denen, die als extreme und strikte Anhänger einer Ideologie des *Laissez faire* sich ihr widersetzen müßten. Für die eifrige Unterstützung, die diese Ansichten von einem mehr oder minder weitreichenden humanitären Mindestanspruch finden, gibt es verschiedene Gründe: Wenn es sie nicht viel kostet, neigen die Menschen durchaus zur Großzügigkeit, und wo Überfluß und Wachstum herrschen, erlegt die Beseitigung echter Armut den übrigen nur geringe Opfer auf.

Die Sozialfürsorge erfüllt eine Aufgabe, die sehr vielen Gesellschaften der Vergangenheit vertraut ist und die dort im Rahmen der örtlichen, engeren Gemeinschaften wahrgenommen wird. Die Tendenz, diese Aufgabe der anonymen Gesamtgesellschaft zu übertragen, wird dadurch verstärkt, daß es unter den modernen Verhältnissen einer atomisierten und mobilen Bevölkerung den kleinen, eng verbundenen Gruppen schwerfällt, der alten Rolle zu genügen. Ein Dorf konnte mit

seinem Dorfdeppen leben und ihm eine vertretbare Existenz ermöglichen; einer Großfamilie fiel es nicht allzu schwer, eine oder gar mehrere Personen mit Dauerbehinderungen zu erhalten. In einer modernen Kleinfamilie dagegen, in der die Erwachsenen im Normalfall einer
vollen Berufstätigkeit außer Haus nachgehen und die Kinder in Ganz-
tagsschulen untergebracht sind, wird die Sorge für solch eine Person
zu einem ernsthaften Problem, wo nicht gar zu einem Ding der Unmöglichkeit. Um sich vor unvorhersehbaren Wechselfällen dieser Art
zu schützen, neigt die Überflußgesellschaft (die extremen Verfechter
eines doktrinären Wirtschaftsliberalismus nicht ausgenommen) zu angemessenen wohlfahrtsstaatlichen Einrichtungen und setzt sie auch in
die Tat um, wenn dies dank Wirtschaftswachstum geschehen kann,
ohne daß anderen sichtbar etwas weggenommen wird.

Ein großer Teil der Bevölkerung in den hochentwickelten Gesellschaften (von der gutverdienenden Arbeiterklasse aufwärts) hat eine
Art Leben im Überfluß erreicht, einen Zustand, der materiell gesehen
die Lebensbedingungen der Reichen früherer Zeiten weit in den Schatten stellt. Echte Not in diesen Gesellschaften tritt nur noch in Sonder-
fällen auf: (1) wenn wirtschaftliche Bedürftigkeit mit Vereinsamung
und anderen Formen persönlichen Unglücks, Unvermögens, Ungenü-
gens, Leidens zusammentrifft; (2) wenn Minderheiten von der vollen
Teilnahme an den kulturellen Einrichtungen der Gesellschaft ausgeschlossen bleiben; (3) in Zeiten wirtschaftlicher Stagnation oder Re-
zession, wenn die Finanzmittel dazu verwendet werden, mächtige gesellschaftliche Gruppen wie etwa die organisierte Arbeiterschaft zum
Stillhalten zu bewegen, und wenn dies wiederum die Leistungen für
Gruppen, die keinen politischen Druck ausüben können, zwangsläufig in Mitleidenschaft zieht.

Nehmen wir optimistischerweise an, daß die Zeiten des Wirtschaftswachstums nicht zu Ende sind und daß sich die Probleme der als
solche hervorstechenden Minderheiten lösen lassen. (Die erstere Annahme fällt nicht schwer, die letztere ist problematischer.) Gehen wir,
mit anderen Worten, von der Annahme einer im Überfluß lebenden
und einigermaßen homogenen Gesellschaft aus, die von der moralischen Unzulässigkeit sozialen Elends überzeugt ist und die auf
Grund ihres Wirtschaftswachstums oder Wachstumspotentials in der
Lage ist, aller ausschließlich in materieller Bedürftigkeit gründenden
Unzufriedenheit abzuhelfen.

Kurz gesagt, wir gehen von einer Gesellschaft ohne materielle Not aus. Das bedeutet nicht – und dies ist entscheidend! –, daß die Gesellschaft nicht andere Formen des Mangels oder der Konkurrenz kennt. Es ist ohne weiteres vorstellbar, daß solche nichtmateriellen Konflikte an Schärfe zu- und nicht etwa abnehmen.[1] Aber der Punkt ist, daß in einer Situation, in der alle materiell hinlänglich versorgt sind, die Konflikte oder Konkurrenzverhältnisse sich nicht um Reichtum im engeren Sinn drehen werden. Vielmehr geht es bei ihnen um Prestige und Macht.

Vielleicht klingt die These, der Reichtum als solcher werde aufhören, Gegenstand des Interesses zu sein, wenig überzeugend. Vielleicht *ist* eine solche Erwartung unrealistisch, aber klar zu entscheiden oder ausgemacht ist die Sache jedenfalls nicht. Noch hat das Experiment nicht stattgefunden. Wenn unserer These die Überzeugungskraft fehlt, dann möglicherweise deshalb, weil in unserer Gesellschaft und in den Gesellschaften, in denen die Mehrzahl der Menschen seit der neolithischen Revolution gelebt haben, Reichtum, Macht und Ansehen schon immer eng miteinander verknüpft waren.

Wenn der Reichtum erst einmal seine Bedeutung als ein Mittel zur Absicherung gegen materielle Not verloren hat, weil ein ausreichendes Existenzminimum allgemein garantiert ist, ist durchaus vorstellbar, daß die Beziehungen zwischen Reichtum, Macht und gesellschaftlichem Ansehen sich qualitativ ändern. Der Überfluß untergräbt schon heute in einem gewissen Maß die Machtstellung des Reichtums: daß es in Überflußgesellschaften so außerordentlich schwierig ist, Hausangestellte und Dienstboten zu finden (sogar in Zeiten der Beschäftigungslosigkeit), ist ein starkes Indiz dafür. Die Menschen beugen sich dem Diktat des Hungers, aber sie tanzen nicht nach der Pfeife finanzieller Verlockungen.

In einer voll entfalteten Überflußgesellschaft können die Menschen wirklich nur noch um Statusgüter konkurrieren, also darum, wer in der Gesellschaft die besten Positionen einnimmt. Sie kämpfen nicht mehr darum, sich den Magen füllen zu können; sie kämpfen um die Verbesserung ihrer Positionen, und das mit allen Mitteln, die gesellschaftliche Umstände und Gepflogenheiten zur Verfügung stellen. Die Frage ist, ob materielle Güter ein geeignetes Mittel zur Erreichung solcher Positionsvorteile bleiben werden.

[1] Vgl. Fred Hirsch, *Social Limits to Growth*, London 1977.

Man beachte, daß es eine wichtige zeitgenössische Form der Industriegesellschaft gibt – nämlich den Kommunismus –, die diese Frage im großen und ganzen mit Nein beantwortet. Hohe Stellungen innerhalb der faktisch einen, umfassenden Hierarchie gehen einher mit materiellem Wohlstand – Auto, Dienstboten, Datscha – als einer Begleiterscheinung; aber das Umgekehrte trifft nicht zu oder nur sehr selten und in unerheblichem Maß. Daß jemand, der auf dem inoffiziellen oder grauen Markt viel Geld gemacht hat, sich damit in die Parteihierarchie einkaufen kann, kommt selten vor. Macht zieht Wohlstand nach sich, aber nicht umgekehrt.

Sich eine analoge Entwicklung in den nichtmarxistischen Ländern vorzustellen, mag angesichts des allbekannten und vielgescholtenen, fieberhaften und tief eingefleischten Konsumstrebens in den westlichen Gesellschaften (dem die kommunistischen Gesellschaften nur zu gern nacheifern würden, wenn sie dürften), an den Haaren herbeigezogen und wenig plausibel erscheinen. Es ist aber durchaus sinnvoll, sich Gedanken darüber zu machen, was in dem Fall passiert, daß dieses Konsumstreben nicht ewig anhalten sollte. Es wäre möglich, daß es sich bei ihm um ein vorübergehendes Phänomen handelt, das seinen Fortbestand drei Faktoren verdankt:

1. Die materiellen Bedürfnisse sind nach wie vor nicht voll befriedigt. Eine weitere Steigerung des materiellen Wohlstands kann immer noch zu einer echten Verringerung der häuslichen Plackerei oder sogar zu einer qualitativen Hebung des Konsums führen.

2. Die Erinnerung an wirkliche Not ist nach wie vor so lebendig, egal ob als persönliche Reminiszenz oder als kulturell eingefleischtes Gedächtnis, daß die Menschen ohne alle Nötigung weiterhin nach materiellen Gütern streben. (Ein Emigrant aus einem sozialistischen Land, den ich kenne, läßt es sich nicht ausreden, seinen riesigen Kühlschrank ständig mit Eßwaren vollzustopfen, weil er die abwegige Befürchtung hegt, die Geschäfte könnten plötzlich leergekauft sein – eine Befürchtung, die in seinem Heimatland nur zu begründet war und die sich seiner Seele unauslöschlich eingegraben hat.)

3. In liberalen pluralistischen Gesellschaften kann man sich mit Reichtum in der Tat gesellschaftlichen Rang und Macht kaufen. Auch wenn bei einer billigen Pauschalreise und beim Aufenthalt in einem exklusiven und teuren Badeort Sand und Meer dieselbe Beschaffenheit haben, kann doch die Möglichkeit, den Badeort aufzusuchen, Beweis

dafür sein, daß man zu den Mächtigen, zur Führungsschicht gehört. Im angelsächsischen Erziehungswesen spielt eine besondere Rolle, daß man sich eine bevorzugte, privilegierte Identität kaufen kann. Das ist ungerecht und widerstreitet dem modernen Gleichheitsbewußtsein.

Die Möglichkeit, Macht zu kaufen, hat auch ausgemacht segensreiche politische Konsequenzen. In einer Gesellschaft, in der sämtliche Vergünstigungen an die Zugehörigkeit zu einer einzigen Hierarchie gebunden sind, nimmt der Kampf um die Kontrolle dieser Hierarchie unvermeidlich die Züge eines gnadenlosen Kampfes um alles oder nichts an. Unter solchen Umständen ist eine von liberaler Toleranz geprägte Politik, frei von der Eskalationsneigung, die der Alles-oder-nichts-Mentalität zwangsläufig entspringt, und frei von vorbeugenden Unterdrückungsmaßnahmen der Sieger gegen die Unterlegenen, kaum vorstellbar. Jedenfalls hat es sie bislang noch nicht gegeben, auch wenn verschiedentlich Versuche in diese Richtung unternommen worden sind. In einer Gesellschaft, in der Reichtum *ebenfalls* eine Form von Macht darstellt und deshalb der reinen, unmittelbaren Machtausübung kein Monopol zukommt, werden Pluralismus und die Methode, Unterlegene durch finanzielle Zuwendungen zu gewinnen, mindestens möglich. Folglich wird es auch möglich, bei politischen Auseinandersetzungen den Einsatz zu begrenzen (mithin der Rücksichtslosigkeit und schrankenlosen Ausweitung solcher Konflikte entgegenzuwirken). In liberalen Gesellschaften sorgen zugleich die Überreste der vorindustriellen Standesordnungen für wichtige pluralistische Akzente im System. Viele Positionsvorteile, zum Beispiel Ehrungen für besondere Leistungen, lassen sich mit Reichtum nicht kaufen (oder jedenfalls nur in einem Teil der betreffenden Fälle). Es war in der Tat das entscheidende Zeichen für die Ablösung der Herrschaft der Haudegen durch die Herrschaft der Warenproduzenten, daß diejenigen »in Geschäften« reicher sein konnten als diejenigen »an der Macht« und daß sie ihren Reichtum nicht verstecken oder verleugnen mußten. Sie waren nicht gezwungen, ihren Reichtum bei der ersten sich bietenden Gelegenheit in Macht umzuwandeln. Als der Handel gewinnträchtiger wurde als der Raub, begann ein neues Zeitalter. Es war eine große Veränderung, als Reichtum ohne Macht vorstellbar wurde; zu einer weiteren Veränderung dieser Art könnte es kommen, wenn es möglich wird, gesellschaftliche Positionen ohne die Hilfe von Reichtum zu erreichen.

Insoweit der Hang zu sinnlosem Reichtum im Streben nach gesellschaftlichem Rang und Ansehen seinen Grund hat, läßt sich ihm vielleicht in der Weise steuern, daß man für gesellschaftlichen Rang neue Kennzeichen einführt und wirksam werden läßt. Die materiellen Statusmerkmale könnten ihre magische Anziehungskraft einfach dadurch verlieren, daß es sie in allzu großer Fülle gibt und daß sie sich häufig selber ad absurdum führen. (Wenn jede Familie mehrere Autos hat, kann man bald nirgends mehr fahren oder parken.) Die gegenkulturelle Stimmung, die ein vorübergehendes Phänomen sein mag und bislang nur von einer kleinen Minderheit geteilt wird, könnte allgemeiner werden, auch wenn es bislang in den westlichen Gesellschaften keine Anzeichen für eine entschlossene Abkehr vom materiellen Reichtum als Statussymbol gibt. Dabei wird allgemein anerkannt, daß die Produktion solchen Reichtums katastrophale Folgen für die Umwelt hat und gesellschaftlich selbstzerstörerisch ist. Handelt es sich hier um ein kulturelles Trägheitsphänomen oder um eine Lähmung, hervorgerufen durch ein Patt von miteinander verflochtenen gesellschaftlichen Interessen?

Vielleicht wird man sich schließlich zur Abkehr bequemen. Die Alternative dazu ist eine permanente Potlatch-Gesellschaft, in der das wetteifernde Streben nach gesellschaftlicher Anerkennung durch Konsum in eine sinnlose Produktions- und Destruktionsbewegung hineinführt. Vielleicht ist im späten Rom etwas Vergleichbares passiert. Die Großgrundbesitzer schafften es, die freien Bauern von ihrem Land zu vertreiben und zu einem Teil der Plebs in Rom werden zu lassen, während sie selber ihre Güter mit Sklaven bewirtschafteten, die ihnen die römischen Eroberungen lieferten.[2] Die Sklaven produzierten das Getreide, mit dem Rom und sein Proletariat ernährt wurde. Die Stadt fungierte als oberste Entscheidungsinstanz in einem merkwürdigen politischen Auswahlsystem, bei dem auch die Versorgung der Plebs mit Nahrungsmitteln eine Rolle spielte. Um die Bevölkerung zu versorgen, mußte Getreide von den Latifundienbesitzern gekauft werden, die es durch eben die Sklaven produzieren ließen, von denen die Plebs verdrängt worden war ... Man gewinnt den Eindruck, es mit einem sinnlosen Zirkel zu tun zu haben. Ließ sich denn kein anderes politisches Verfahren finden, das auf den nutzlosen Wasserkopf der

[2] Keith Hopkins, *Conquerors and Slaves*, Cambridge 1978.

Konsumentenmetropole verzichtete, die Bauern auf ihrem Land beließ und ohne die Einfuhr von Sklaven auskam? Aber anscheinend gab es keinen Ausweg aus dem Zwangssystem, und es könnte sich herausstellen, daß etwas Ähnliches auch für den statussichernden Konsumwahn gilt.

Die Frage, ob die liberale Überflußgesellschaft dazu verurteilt ist, für immer eine Potlatch-Gesellschaft zu bleiben, oder ob sie sich in etwas anderes verwandeln kann, ist eines der faszinierendsten Probleme. Manche westlichen Gesellschaften haben die Möglichkeit, gesellschaftliche Ehrenstellen durch einen schieren Verleihungsakt zu besetzen; man denke an die Ritterwürden in Großbritannien oder an die französische Ehrenlegion. Solch eine Ordensverleihung zehrt weder knappe Rohstoffe auf noch vergiftet sie die Atmosphäre.

Die Schwierigkeit bei diesen symbolischen Handlungen ist, daß sie nur für die obersten Ränge der Gesellschaft eine Bedeutung haben, die so etwas wie eine hauptstädtische Dorfgemeinschaft bilden, mit enger Vertrautheit untereinander und einem großen Interesse für Fragen der internen Rang- und Hackordnung. *La place à table ne ment jamais*, sagt Mauriac (die Sitzordnung bei Tisch ist untrüglich). Wie soll aber andererseits in einem durch absolute Anonymität und Mobilität gekennzeichneten Vorort ein Eindruck von gesellschaftlicher Bedeutung vermittelt werden, wenn nicht durch materielle Symbole, deren Erzeugung Rohstoffe erschöpft und die Umwelt verschmutzt? Wäre es zum Beispiel vorstellbar, daß Miniatur-Ritterwürden von Gemeinderäten verliehen werden? Vorstellbar ist so etwas natürlich, aber würde es auch hinlänglich ernst genommen, um sowohl die Empfänger solcher Bezirksritterorden als auch ihre unterlegenen Konkurrenten davon abzuhalten, sich unsinnig große Autos zu kaufen? Tatsächlich scheint die Wahl zwischen mindestens vier Optionen möglich: permanentes Potlatch; eine universale Bohème, die aus einer siegreichen, allgemein gewordenen Gegenkultur hervorgeht; eine künstliche Reritualisierung der Gesellschaft, wie sie in der ersten Hälfte dieses Jahrhunderts in Europa von rechten Diktaturen teilweise versucht wurde; schließlich das sowjetische caesaro-papistische System, in dem eine einzige zentrale Hierarchie Macht und Reichtum vergibt, sich auch um den Umweltschutz kümmern kann, nicht hingegen imstande ist, den Freiheitsraum zu erweitern (weil das zur Zerstörung eben dieser einen Hierarchie führen müßte).

Im ersten Fall geht die an sich sinnlose Jagd nach immer mehr materiellen Gütern weiter, weil diese Güter im Wettstreit um gesellschaftliches Ansehen als Spielmarken dienen. Gleichzeitig ist dieses System pluralistisch und der individuellen Freiheit förderlich. Im zweiten Fall würde jene Ablehnung des Reichtums allgemeine Geltung gewinnen, welche die gegenkulturellen Bohème-Gruppen schon seit Beginn der Industrialisierung auf ihre Fahnen geschrieben haben. Im dritten Fall würde die heute rasch zunehmende Freizeit entprivatisiert werden und organisierten, gemeinschaftlichen Veranstaltungen zugewendet. Um das tun zu können, müßten allerdings entsprechende ritualisierte Gemeinschaften ersonnen und geschaffen werden, und zwar in einer Welt, die zur Zeit mit solchen Gemeinschaften denkbar schlecht versehen ist.

Eine individuelle, nicht gesellschaftlich organisierte Freizeitgestaltung ist schwer vorstellbar, wenn Freizeit erst zu einem wirklich durchgängigen Phänomen geworden ist. Blaise Pascal merkte an, wie verzweifelt die privilegierten Gesellschaftsschichten, die mit freier Zeit geschlagen seien, hinter dem Zeitvertreib herjagten. Nach Pascals Ansicht stürzten sie sich in Tanzvergnügen, um der tiefsten Verzweiflung zu entrinnen, die in der menschlichen Existenz verborgen liege. Wenn wir alle mit Freizeit geschlagen sein werden, worin wird dann unser Tanzvergnügen bestehen? Ist denkbar, daß jeder für sich und unabhängig von den anderen das Tanzbein schwingt? Das meiste, was wir über die Psyche des Menschen wissen, spricht dagegen.

Mit den Sozialformen, die ein durchgängiger Bedarf an Arbeit und Machtausübung hervortreibt, sind wir vertraut. Können wir uns überhaupt schon vorstellen, welche Verhaltensmuster möglich werden, wenn jener Bedarf geringer wird?

Das neue Herrschaftssystem

DAS HERRSCHAFTSSYSTEM einer modernen, komplexen Gesellschaft funktioniert unter Bedingungen und Beschränkungen, die sich radikal von den früher üblichen unterscheiden. Direkte Ausübung von Gewalt ist eine Seltenheit geworden und kommt höchstens in bestimmten Ausnahmefällen vor. Gehorsam wird nur noch relativ selten durch das Messer an der Kehle erzwungen. Einige solche Ausnahmefälle sind:

1. Revolutionen und Bürgerkriege kommen vor. Die Revolution im Iran hat gezeigt, daß in einem teilweise modernisierten Land eine Welle starken städtischen Unmuts ein Regime um seine Legitimität bringen, die Repräsentanten des Regimes wegfegen und sogar über eine große, gutausgerüstete, unbesiegte und disziplinierte Armee triumphieren kann. Sie kann einen Staatsapparat zerstören, der alles andere als bankrott ist. Die vormals verbreitete Ansicht, daß Voraussetzung für erfolgreiche Revolutionen eine militärische Niederlage und ein wirtschaftlicher Zusammenbruch sind, hat eine spektakuläre Widerlegung gefunden.

2. Städtische Regionen können unregierbar und polizeilich unkontrollierbar werden, jedenfalls für einen Staatsapparat, der in seiner Gewaltanwendung Beschränkungen unterliegt. Beträchtliche Teile der Bevölkerung vollziehen eine Art innere Abspaltung. Das kann sich mit terroristischen Erscheinungen überschneiden, die ihrerseits durch bestimmte Aspekte der modernen technologischen Entwicklung und der anonymen Massengesellschaft stark begünstigt werden.

3. Diese Art von halbpolitischer Gewalt in den Städten kann sich mit städtischer Kriminalität und Formen der Mafiaherrschaft überschneiden. Ihre Rücksichtslosigkeit ermöglicht es solchen Organisationen, rechtliche Maßnahmen gegen sich zu verhindern oder zu erschweren.

4. Der erstaunliche Fall des Libanon verdient größere Aufmerksamkeit. Er widerspricht vielen der einleuchtendsten allgemeinen Ansichten über eine moderne handeltreibende Gesellschaft, insbesondere der Vorstellung, daß deren Funktionieren die Aufrechterhaltung der öffentlichen Ordnung voraussetzt. Der Libanon ist zur Zeit praktisch ein Gebiet ohne Staat. Der sogenannte Staat ist nur der Ort, an dem die Führer der einzelnen Gemeinschaften ihre Waffenstillstandsabkommen aushandeln. Nichtsdestoweniger wahrte, jedenfalls für ziemlich lange Zeit, die Produktion und allgemeine Wirtschaftstätigkeit einen Stand, der über dem Niveau vieler »Entwicklungs«-Länder mit relativ funktionstüchtigen Staatsapparaten lag. Die Israelis, die über einen starken Staat verfügen, bekommen ihre Inflation nicht in den Griff; die Libanesen, denen der Staat fehlt, können oder konnten jedenfalls ihre Inflation in Schranken halten. (Dieses Argument sollten sich vielleicht extreme Verfechter einer *Laissez-faire*-Politik ohne staatliche Einwirkung zu eigen machen.) Möglicherweise ist der Fall

Libanon so außergewöhnlich, daß er – bei genauerer Untersuchung – der einleuchtenden These, nach der eine funktionierende Wirtschaft darauf angewiesen ist, daß öffentliche Ordnung herrscht, gar nicht wirklich widerspricht; aber diese genauere Untersuchung sollte ihm vielleicht auch zuteil werden.

5. Direkte und unverhohlene Gewalt wurde in den großen Konzentrations- und Straflagern unter Hitler und Stalin geübt. Diese Fälle beweisen, daß unmittelbare und brutale Gewalt nach wie vor möglich ist. Sie sind indes kein Beweis für die Notwendigkeit von Gewalt. Es ist keineswegs ausgemacht, daß die beiden Systeme nicht auch funktionsfähig geblieben wären (und zwar nach ihrem eigenen Begriff von Funktionsfähigkeit), wenn sie darauf verzichtet hätten, Gewalt in dem extensiven Maß anzuwenden, in dem sie das taten.

Sieht man einmal von diesen fünf Ausnahmefällen ab, so kann man wohl von der allgemeinen These ausgehen, daß die Aufrechterhaltung der öffentlichen Ordnung in komplexen modernen Gesellschaften relativ leicht ist. Kraß unpopuläre Regime können sich halten, und ebenso halten sich liberale Regime mit erstaunlich sanften und unrepressiven politischen Methoden und Rechtspraktiken. Eine komplexe Arbeitsteilung zeitigt wenigstens zum Teil tatsächlich die Folgen, die Durkheim ihr zuschrieb. Die Gesellschaft hat jedenfalls genug Zusammenhalt, um es denen, die den zentralen Apparat kontrollieren, zu ermöglichen, sich in ihrer zentralen Stellung ohne Furcht vor Anarchie und Auflösung zu behaupten. Die gegenseitige Abhängigkeit der verschiedenen Teile der Gesellschaft voneinander scheint einen allgemeinen gesellschaftlichen Konformismus zu befördern. Machtapparate können sich, ohne deshalb in Gefahr zu geraten, extreme Unpopularität und große Nachgiebigkeit leisten, wenn auch vielleicht nicht beides zur gleichen Zeit.

Daß die modernen Gesellschaften schließlich unregierbar werden, ist nicht auszuschließen, zumal sie über keine rationalen Legitimationen verfügen und den Glauben an die irrationalen verloren haben. Dessen ungeachtet aber fällt es den staatlichen Zentralgewalten offenbar leicht, für Ordnung zu sorgen, was auch weithin ohne übermäßige Schwierigkeiten geschieht. Die politischen Verhältnisse sind erstaunlich stabil. Tatsache ist wohl, daß der liberale Staat der Moderne in das Leben seiner Bürger erheblich stärker eingreift, als ein traditioneller Despotismus vor dem Industriezeitalter das tat. Die Komplexität und innere Verschränktheit der Gesellschaft sowie ihre Abhängigkeit von einer umfassenden Infrastruktur bringen es mit sich, daß ihre Mitglieder fügsam und daran gewöhnt sind, bürokratischen Anweisungen zu gehorchen. Was machtpsychologisch an der Herrschaft der Nationalsozialisten über einen Großteil Europas am meisten hervorsticht, ist nicht die Brutalität in den Konzentrationslagern, sondern das Maß von Gehorsam, das sie auch bereits ohne die Anwendung solch brutaler Gewalt fand. Die Menschen zeigten Kooperationswilligkeit durch die verschiedenen Etappen ihres Deportations- und schließlichen Vernichtungsprozesses hindurch. Unterwerfung unter bürokratische Vorschriften wird gewohnheitsmäßig geübt und als normal und unvermeidlich empfunden. Wenn der letzte Schritt in der Befolgung einer Reihe von Anweisungen in die Gaskammer führt, dann kommt jeder Widerstand zu spät.

Ein weiteres höchst bezeichnendes und in seinen Folgen höchst lehrreiches Beispiel für die Fähigkeit der modernen Gesellschaft, die Ordnung aufrechtzuerhalten, ist die »Normalisierung« der Verhältnisse in der Tschechoslowakei nach dem »Prager Frühling« 1968. Ein Regime, das weder den politischen Vorstellungen noch den ökonomischen Interessen noch dem allgemeinen kulturellen Bewußtsein der Bevölkerung entsprach und dessen Einsetzung bei der Mehrheit der Bevölkerung auf öffentliche Ablehnung und leidenschaftlichen Haß stieß, konnte sich am Ende etablieren, ohne daß – und dies ist das eigentlich Erstaunliche! – auch nur ein einziger hätte hingerichtet oder aus politischen Gründen ermordet werden müssen. Die Art und Weise, wie das erreicht wurde, ist interessant. Das Argument vom »kleineren Übel«, die Drohung mit dem »Schlimmeren«, das »verhütet werden« müsse, veranlaßt Liberale zur Nachgiebigkeit in ihrem Kampf mit den Staatstreuen und zur Mäßigung ihres Widerstands. Hat solch ein Argument erst einmal gegriffen, so lassen sich die Gegner leicht ausgrenzen, und es läßt sich eine »Salamitaktik« anwenden. Die Mehrheit lebt in der ganz unsinnigen Furcht, dasselbe Schicksal zu erleiden wie die bereits bestrafte Minderheit.

Den beruflich stark engagierten Mittelstand lähmt die Angst, das zu verlieren, was ihm am teuersten ist – Bildung für seinen Nachwuchs und sinnvolle Arbeit für ihn selbst. Diese Drohung ist in erstaunlichem und bedrückendem Maß wirksam, sofern es nicht zur Ausbildung eines simultanen, kollektiven und umfassenden Widerstands kommt. Wenn der kollektive Widerstand Geschlossenheit bewahrt, dann ist es schwer, mit ihm fertig zu werden, wie das Beispiel der »Solidarität« in Polen zeigt. Aber selbst dort kann sich die Zentralgewalt behaupten, trotz der unverhohlenen Verachtung, mit der große Teile der Bevölkerung ihr begegnen.

All das sagt etwas über das Kräfteverhältnis aus, das unter den heutigen Bedingungen zwischen Staat und Zivilgesellschaft herrscht. Es mag geltend gemacht werden, daß in einigen dieser Fälle die staatlichen Unterdrückungsmaßnahmen Bevölkerungen betrafen, die auf keinerlei jüngere Traditionen zivilen Widerstands zurückblicken konnten. Ich halte dieses Argument nicht für sehr stichhaltig. Von den Massenvernichtungen unter Hitler waren auch russische und andere Kriegsgefangene betroffen; zur Einsetzung verhaßter Regime in Osteuropa kam es auch bei Völkern, die auf eine massive Tradition politischen Aufruhrs und romantischer, ja selbst aussichtsloser Widerstandskämpfe verweisen konnten.

Während es für jeden, der über den Staatsapparat verfügt, ein leichtes zu sein scheint, die Ordnung zu erzwingen und aufrechtzuerhalten, ist das im Blick auf die Durchsetzung und Internalisierung von Glaubenslehren ganz und gar nicht der Fall. Dabei könnte man angesichts der Bedeutung, durchgängigen Präsenz und Hochentwickeltheit der modernen Massenmedien und angesichts des zentralisierten Erziehungssystems genau das Gegenteil erwarten. Aber die Kommunisten sind in ihrem Versuch, es den Jesuiten nachzutun, spektakulär gescheitert. Die kommunistische Gegenreformation in Osteuropa hat es mitnichten geschafft, den Erfolg zu wiederholen, den die ursprüngliche Gegenreformation nach 1648 in Südeuropa erzielte, als sie einen halben Erdteil für Jahrhunderte in Schlummer versenkte. Auch darüber lohnt es sich nachzudenken.

Welche allgemeinen Feststellungen über das Herrschaftssystem oder den Staatsapparat in der modernen Gesellschaft lassen sich treffen?

Erstens dürften die Bevölkerungseinheiten, über die dieser Staatsapparat herrscht, selten die nationalstaatliche Größenordnung unterschreiten, und sie dürften in der Hauptsache kulturell homogene Volksgruppen umfassen. Die nationalstaatliche Forderung, nach der jede Nation Anspruch auf ihren eigenen Staat hat, dürfte im großen und ganzen verwirklicht sein. Die kulturelle Vielfalt, die für große

Agrarstaaten so typisch und sogar nützlich war, stellt mobile Bevölkerungen mit fast zum Allgemeingut gewordener Schriftkenntnis und Bildung vor beträchtliche Probleme. Der kulturelle Pluralismus verträgt sich gut mit der Existenz isolierter bäuerlicher Gemeinschaften und mit stabilen und hierarchisch geordneten berufsständischen Systemen, bei denen Tätigkeit und gesellschaftliche Stellung von einer Generation zur nächsten weitervererbt werden. Hingegen verträgt er sich außerordentlich schlecht mit mobilen Bevölkerungen, deren Kultur von einem staatlich überwachten Erziehungssystem abhängt.

Zweitens unterliegen moderne Gesellschaften unausweichlich der Zentralisierung. Dafür sorgt die lebenswichtige Rolle der gemeinsamen Infrastruktur, die ungeheure Kosten verursacht und für deren gleichförmige und gleichmäßige Aufrechterhaltung über ein ziemlich großes Gebiet hinweg Sorge getragen werden muß. Bedenkt man die Bedeutung und Macht dieses zentralisierten Systems und berücksichtigt man den Umstand, daß es mindestens *eine* wichtige (wenn auch nicht unbedingt die einzige) Quelle statusbedingter Vergünstigungen und gesellschaftlicher Anerkennung ist, so kann man getrost davon ausgehen, daß es auch künftig im Leben der Menschen eine große Rolle spielen wird.

Eine bedeutende soziologische Theorie aus dem 19. Jahrhundert, die auch zu einer Weltreligion geworden ist, stemmt sich allen Ernstes und mit verheerenden Folgen gegen diese Einsicht. Aber die Vorstellung, eine komplexe Industriegesellschaft mit ihrer allgegenwärtigen Infrastruktur könne den Staat auf schlichte »Verwaltungsaufgaben« einschränken, ist absurd. Muß man demnach von der Fortexistenz eines machtvollen und gewichtigen Staatsapparats ausgehen, so kann die Frage nicht lauten, *ob* es weiterhin Staat geben, sondern nur, *welcher Art* er sein wird. Eine Möglichkeit ist ein Staat, der die Wirtschaft in relativer Selbständigkeit walten läßt und somit Wege zur Macht offenhält, die nicht über die Politik führen. Dieser Staat bleibt also liberal, wenn auch möglicherweise um einen hohen ökologischen Preis. Wenn der Staat die *einzige* echte Quelle gesellschaftlicher Privilegien ist, führt das automatisch zu einer Verschärfung des politischen Wettstreits. Und das wiederum entzieht praktisch der bürgerlichen Freiheit den Boden. Das Wesen der modernen Produktionsprozesse untergräbt die Funktionstüchtigkeit der nichtökonomischen Institutionen auf lokaler Ebene. (Raymond Aron pflegte zu sagen, es gäbe in Frankreich nur zwei wirkliche Institutionen – den Staat und die Kommunistische Partei.) Die Aufrechterhaltung der Ordnung und der globalen, zusammenhängenden Infrastruktur kann nur Sache der Zentralgewalt sein. Wenn im Namen des »Sozialismus« *auch noch* die Selbständigkeit der ökonomischen Institutionen zerstört wird, dann wird eine Gesellschaft mit nur einer einzigen Hierarchie nebst allem, was daraus folgt, unvermeidlich.

Drittens sind die Waffensysteme, über die vollentwickelte Industriegesellschaften verfügen, so gewaltig und kostspielig und so aufwendig im Aufbau, daß eine offene und direkte Auflehnung der Zivilgesellschaft gegen den Staat kaum noch vorstellbar ist. In der Entstehungszeit der Markt- und Industriegesellschaft war das ganz anders. Zweimal, in zwei aufeinanderfolgenden Jahrhunderten, brachte die Bürgerschaft des richtungweisenden Landes der eigenen Monarchie entscheidende Niederlagen bei, zuerst im Mutterland und dann in den Kolonien jenseits des Atlantik. Und doch konnte diese Monarchie, die über eine pluralistische und kommerzialisierte Gesellschaft herrschte, gleichzeitig mehrfach ihren viel stärker zentralistischen, hochgerüsteten Rivalen auf dem europäischen Festland, nämlich Frankreich, in die Knie zwingen. Nur eben bei den eigenen Untertanen gelang ihr das nicht. Die militärische Ausrüstung, die eine rebellierende Bevölkerung damals ins Feld führen konnte, stand qualitativ der des staatlichen Heeres nur wenig nach (wenn überhaupt). Diese Form der Ausgeglichenheit in der Kampfkraft der Kontrahenten gehört unwiderruflich der Vergangenheit an. Und hier sind wir denn also bei der entscheidenden Frage angelangt: Wie oft, wie durchgängig läßt sich mit eher liberalen als totalitären Machtformen rechnen?

Die vollständig neue ökonomische Basis der Gesellschaft hat offenbar Auswirkungen auf die Situation, wenn auch noch nicht ganz klar ist, mit welcher Tendenz. Agrarstaaten werden durch die Knappheit der Ressourcen und die Beschränktheit der Produktion normalerweise in eine autoritäre Richtung gedrängt. Dagegen kann der Wegfall der ökonomischen Not sowohl das Entstehen eigenwilliger Gegenkulturen als auch einen allgemeinen Mangel an Bereitschaft zur Folge haben, sich mit den weniger angesehenen Positionen im Gesellschaftssystem abzufinden. Die Logik der Erkenntnisform, die der Ausbildung (wenn auch vielleicht nicht mehr der Übernahme und Fortführung) moderner Technik zugrunde liegt, verschlägt dem Staat tendenziell jene absolutistische Legitimation, auf die sich die Agrarstaaten üblicherweise beriefen. Dadurch entfällt gleichzeitig auch einer der Beweggründe zum Autoritarismus. Bei modernen Machthabern kommt es nicht mehr so leicht vor, daß sie aus reinem religiösem Pflichtgefühl autoritär sind.

Ob es einen ökonomischen Drang zum Liberalismus gibt, ist keineswegs klar. Kurz- oder mittelfristig gesehen fahren liberale Gesellschaften ökonomisch entschieden besser als übertrieben zentralistische. Mittel- und langfristig gesehen mag es sein, daß beide den ökonomischen Anforderungen genügen und daß die Aufrechterhaltung der inneren Ordnung vordringlicher wird als Produktionserhöhungen. Eins scheint sicher: Der Liberalismus, der den Aufstieg der wissenschaftlich-technischen Gesellschaft begleitete, ist für die nachträgliche Übernahme des Modells nicht mehr nötig (wenn er auch nützlich dafür sein mag). Es ist denkbar, daß das Trägheitsmoment den Ausschlag geben wird und daß die fortgeschrittenen Gesellschaften eben das System beibehalten werden, das ihnen der historische Zufall bescherte und mit dessen Hilfe sie sich zur Wohlstandgesellschaft entwickelten.

Das unzertrennliche Gespann

DER ÜBERGANG zur Industriegesellschaft hat die Entstehung zweier großer konkurrierender, aber eng zusammenhängender Ideologien zur Folge gehabt: der liberalistischen und der sozialistischen. Keine der beiden Ideologien ist ernstlich außerhalb des industriegesellschaftlichen Kontexts vorstellbar. Zu beiden gehört eine Theorie davon, wie die Gesellschaft funktioniert und wie sie funktionieren sollte. Beide standen vielleicht allzusehr unter dem Eindruck der explosiven Reichtumsentwicklung. Beide trifft der Verdacht, die Rolle und Bedeutung der politischen Herrschaft zu unterschätzen.

Den Liberalismus inspiriert der auffällige Gegensatz zwischen den alten agrarisch-raubritterlichen Gesellschaften mit ihrer Unbeweglichkeit, ihrer repressiven Verfassung und ihrer Verfallenheit an Gewalt und Aberglauben einerseits und andererseits den progressiven, blühenden und relativ freien Gesellschaften, die auf die ersteren folgten. Eine wundersame Wandlung hatte stattgefunden, die zum ersten Mal

in der Geschichte die Macht von den Räubern auf die Erzeuger über-
gehen ließ. Der Übergang war begleitet von wesentlichen Verbesserungen in der Regierung, von zunehmendem Reichtum, von wachsendem
Wissen und kultureller Bereicherung und von einer Verfeinerung der
Sitten. Wer der Veränderung beiwohnte, konnte – so schien es jedenfalls denen, die der Faszination der neuen Sichtweise erlagen – gar
nicht umhin, sie zum Zentrum seiner Reflexion zu machen. Die historische Lektion liegt dann auf der Hand und lautet in ihrer schlichten,
bündigen und extremen Form folgendermaßen: Staatsgewalt, Herrschaft von Menschen über Menschen, ist bestenfalls ein notwendiges
Übel. Man sollte sie auf ein Mindestmaß beschränken. (Ibn Chalduns
Definition der Staatsgewalt ist wahrscheinlich unübertroffen: Der
Staat ist eine Einrichtung, die alles Unrecht verhindert, bis auf das, was
sie selber begeht.) Gelingt das, so werden die von Furcht befreiten
Menschen durch die ungehinderte Verfolgung ihrer eigenen Interessen
die Menschheit in Frieden und Freiheit zu materiellem und intellektu-
ellem Reichtum führen.

Das Bild übt eine enorme Anziehungskraft aus. Wer wie Adam
Smith um die Mitte des 18. Jahrhunderts die bürgerlichen Verhältnisse
in Glasgow mit den barbarischen Zuständen verglich, die nur wenige
Kilometer weiter im Norden herrschten, konnte der Faszination die-
ser Sicht nur schwer widerstehen. Das Bild hat bis auf den heutigen
Tag große Attraktivität behalten und in neuester Zeit eine gewisse
Reaktualisierung erfahren.

Die konkurrierende Sicht macht die gesellschaftliche Polarisierung
geltend, zu der die Industrialisierung auf ihrem Gipfel führte, und die
akute Armut, in die sie die neue industrielle Arbeiterklasse stürzte. Ob
die Not wirklich größer war als das traditionelle Elend unter der
Landbevölkerung, können wir nicht entscheiden; aber jedenfalls
machte sie diesen Eindruck, und vielleicht war sie es auch. Zweifellos
war sie spektakulärer und dramatischer. In der grundlegenden Logik
des Systems lag beschlossen, daß es keine Verbesserung des Systems,
sondern höchstens und nur eine Verschlimmerung geben konnte. Und
das alles war Grund genug, das ganze System abzulehnen und nach
einer Alternative zu suchen.

Zum Polarisierungs- und Verelendungsvorwurf kam noch die
romantisierende Ablehnung der neuen, ausgeprägten Arbeitsteilung.
Der Arbeiter war sowohl von seinen Arbeitsmitteln als auch vom

Produkt seiner Arbeit getrennt, war beidem »entfremdet«. Um das erbärmliche Existenzminimum zu verdienen, das ihm und den Seinen das Überleben sicherte, mußte er sich mit einer abstrakten und für sich genommen sinnlosen Arbeit abrackern. Die angebliche Befreiung von der Knechtschaft, deren die auf Handel und Industrie basierende Gesellschaft sich rühmte, war nichts weiter als ein Betrug. Die herrschaftliche Gewalt hatte nur eine neue und inhumanere Form angenommen, weiter hatte sich nichts getan. Was sich zu guter Letzt durchgesetzt und zu allgemeiner Geltung gebracht hatte, war eine Form der sekundären, indirekten, mittels objektiver Verhältnisse geübten Gewalt.

Genau wie unter der alten agrargesellschaftlichen Ordnung die Gewaltherrscher den Bauern nicht die ganze Zeit über das Messer an die Kehle halten mußten, sondern sich damit begnügen konnten, den Zugang zum Vorratsspeicher zu bewachen, so begnügten sich jetzt die Gewaltherrscher neuen Typs damit, die *Gesetze* des Markts walten zu lassen (wie sie ja auch in ihren offiziellen Verlautbarungen stolz verkündeten). Sie hatten es nicht mehr nötig, dem alten liebenswerten Brauch folgend Reichtum mit Hilfe direkter Drohungen aus den Leuten herauszupressen. Ein absolut unpersönlicher ökonomischer Mechanismus, der ohne sichtbare oder spektakuläre Gewaltanwendung auskam, sorgte hinlänglich dafür, daß unter dem Schein fairer Wettbewerbsbedingungen die Unterdrückten ihrer Ausbeutung ohnmächtig ausgeliefert waren. Man konnte sie der Früchte ihrer Arbeit berauben, ohne daß sie auch nur ein einziges Mal in einen Gewehrlauf blicken mußten.

Für den Liberalen ist und bleibt es unbegreiflich, wie jemand so undankbar und verrückt sein kann, den Wechsel von der Gewaltherrschaft zur Unternehmerherrschaft nicht dankbar zu begrüßen. Der lemminghafte Zug zurück unter das Diktat einer gewalttätigen und dogmatischen Herrschaft, die Hast, mit der Menschen mit allen Zeichen moralischen Eifers und messianischer Begeisterung der Knechtschaft entgegenstürzen – dies alles kann den Liberalen nur mit Verblüffung und Entsetzen erfüllen. Es regt ihn zu tiefenpsychologischen Spekulationen an, zur Frage, wie es kommt, daß diese merkwürdige Sehnsucht nach sklavischer Unterwerfung den Menschen so tief eingewurzelt ist. Die Menschheit ist gerade erst von der jahrtausendealten Herrschaft der Raufbolde und Halunken befreit, da drängen sich schon wieder große Gruppen unter der Führung beträchtlicher Teile der Intelligenz nach einer autoritären Willkürherrschaft. Sie tun das unter Berufung auf die angebliche Heraufkunft eines neuen Millenniums, das Heilung von den Gebrechen eben des Marktsystems verspricht, dem die Menschheit ihre Befreiung verdankt. Aber diese Gebrechen wären nach Ansicht der Liberalen viel wirksamer zu heilen ohne eine solche, möglicherweise unwiderrufliche Rückkehr unter die Botmäßigkeit einer neuen und gefährlicheren Riege von Führern und Priestern. Philosophischen Köpfen wie Schumpeter war diese merkwürdige und von moralischer Selbstgefälligkeit getragene Selbstzerstörungsneigung der freien Gesellschaft bereits aufgefallen.

Die sozialistische Weltsicht hält für all das eine Antwort bereit. Aus einer bestimmten Perspektive betrachtet ist sie nur eine Lesart der typischen romantischen Auflehnung gegen die neue, mobile, industrialisierte Welt. Die Romantiker, denen die neue Lebensweise mißfällt, können normalerweise nicht für eine Rückkehr unter das Ancien régime plädieren, das den neuen Entwicklungen vorausging. Zu genau ist es den Menschen noch im Gedächtnis, und zu sehr erinnern sie sich an seine abstoßenden Züge. Deshalb streben sie nach Rückkehr in eine einfachere, frühere Gesellschaftsform, die Ausdruck noch älterer historischer Verhältnisse ist und die vielleicht in einem gewissen Maß in relativ unberührten, bäuerlichen Gemeinschaften überlebt. Die russischen Populisten, die Angst vor dem Einfluß des Westens hatten, schwärmten nicht vom Zaren, sondern vom Muschik.

Der Marxismus tat eigenartigerweise so ziemlich dasselbe, *nur mit ein bißchen anderen Worten**. Er erklärte nie seine Absicht, die intellektuellen und politischen Errungenschaften der Aufklärung zu verwerfen. Er ging von der Annahme aus, daß der Mensch seinem ursprünglichen Gattungswesen nach kollektivistisch und kooperativ sei und daß diese Natur des Menschen durch eine Reihe von ausbeuterischen Gesellschaftsformationen, zu denen sowohl die verschiedenen agrargesellschaftlichen Stadien als auch der Industriekapitalismus gezählt werden müssen, verdorben und verdunkelt worden sei. Der angebliche Kollektivismus des Frühzeitmenschen war eine Vorstellung, die der Marxismus übernahm und die er zum Wesensmerkmal des Menschen erklärte. Nicht der russische, sondern ein universaler pan-

* Dt. im Original (Anm. d. Übers.).

humaner Muschik stecke verborgen in uns allen und dränge verzweifelt danach, freigesetzt zu werden.

Auf merkwürdige Weise ist der Marxismus zugleich auch ein ins Extrem getriebener Liberalismus. Der Liberalismus lehnt staatlichen Zwang ab und will ihn auf ein Minimum beschränkt wissen. Der Marxismus geht noch viel weiter und sieht seine Abschaffung voraus. Ist so etwas praktikabel? Die seltsame Lehre, daß so etwas möglich sei, folgt aus der Annahme einer im Grunde kooperativen, harmonischen Natur des Menschen. Konflikte und Gewalt entspringen weder der Natur noch den allgemeinen Lebensbedingungen des Menschen, sondern ergeben sich aus einer spezifischen (wenn auch leider nur allzu verbreiteten) Situation, die ihren Grund in der Arbeitsteilung und in der ungleichen Verteilung der Produktionsmittel hat. Sind diese Konflikturschen erst einmal beseitigt, dann wird Herrschaft ganz allgemein und insbesondere der Zwangsapparat, den wir Staat nennen, überflüssig und wird, um den berühmten Ausdruck zu verwenden, absterben.[3]

Darin steckt eine eigentümliche Wahrheit. Auch wenn Gewalt sicher keine Erfindung der agrarischen Verhältnisse ist, haben die letzteren sie allererst obligatorisch und allgegenwärtig werden lassen. Das gespeicherte Mehrprodukt in einer malthusianischen Gesellschaft muß notwendig bewacht werden, und wer es bewacht, übt die Herrschaft aus. Daraus läßt sich dann bemerkenswerterweise folgern, daß auf dem Boden einer Überflußgesellschaft Arbeitsteilung und Herrschaft abschaffbar sind und daß eine Gesellschaftsform möglich wird, bevorsteht und in gewissem Sinn sogar automatisch entsteht, die ohne staatliche Gewalt und erzwungene Spezialisierung auskommt. Es bleibt zu sehen, ob wir irgendwelchen Anlaß haben, mit einem solchen Ende herrschaftlicher Gewalt zu rechnen.

In Reaktion auf den großen Wandel, die Ersetzung der Räuber durch die Erzeuger (oder, wenn man will, die Ausbeuter), traten also zwei entgegengesetzte Ideologien auf den Plan, zwei extreme Ansichten über die richtige Gesellschaftsordnung. Da sind einerseits diejenigen, die den institutionellen Besonderheiten, die uns Reichtum und Freiheit beschert haben, unverbrüchliche Gültigkeit zusprechen und

[3] Siehe Eero Loone, *Sovremennaia Filosofia Istorii* (Geschichtsphilosophie heute), Tallinn 1980.

die diese Besonderheiten als Grundmerkmale unserer Gesellschaftsordnung festgeschrieben sehen möchten. Ihr Plädoyer geht dabei von der höchst zweifelhaften Voraussetzung aus, daß die einzigartigen Entstehungsbedingungen des Industriezeitalters auch während dessen Reifezeit in Kraft bleiben. Ihnen stehen diejenigen gegenüber, die diese Besonderheiten für Betrug erklären und die eine sogar noch bessere Gesellschaftsordnung einführen möchten, bei der alle liberalen Errungenschaften erhalten bleiben, nur in noch ausgeprägterer Form, während zugleich die genannten betrügerischen Momente verschwinden. Wir müssen schauen, was diese beiden allgemeinen Einschätzungen und Programme leisten, wenn man sie auf die heute bestehenden Verhältnisse anwendet.

Die rechte Alternative

Auch wenn Liberalismus und Marxismus die zugleich auffälligsten und augenfälligsten Reaktionen auf die modernen Verhältnisse darstellen, sind sie doch nicht die einzigen. Das politische und ideologische Spektrum besteht nicht nur aus den Positionen der Mitte und des linken Flügels. Der rechte Flügel, der ziemlich verschiedenartige Formen aufweist, ist durchaus nicht unwichtig und uninteressant. Man tut gut daran, sich zu erinnern, daß Anfang der vierziger Jahre eine politisch ebenso selbstbewußte wie ideologisch eklektische Spielart der rechten Reaktion fast den ganzen europäischen Kontinent fest im Griff hatte. Der europäische Kontinent würde sich der neuen Ordnung gefügt haben. Bei großen Gebieten des Erdteils wäre das ohne allzuviel Widerstand abgegangen. Es hätte geringe Mühe bereitet, aus dem philosophischen Ideenrepertoire des Kontinents eine Rechtfertigung für die herrschende Macht zu zimmern, wäre diese siegreich geblieben.

Daß diese Perspektive schließlich von einer vor dem Festland gelegenen Insel und zwei außereuropäischen Mächten durchkreuzt wurde, kommt einem geographischen und historischen Zufall gleich. Der Ausgang des Kriegs stand nicht von vornherein fest, und wäre die Rechte, die zeitweilig wie der Sieger aussah, nicht so überheblich, wahnsinnig und von der Sucht nach politisch sinnlosen Exzessen befallen gewesen, hätte die Sache sehr wohl einen anderen Verlauf nehmen können. Vielleicht war der Faschismus nicht *das* Schicksal Europas, aber *ein* mögliches Schicksal war er jedenfalls.

Sich über diese Möglichkeit und ihre intellektuellen Voraussetzungen Gedanken zu machen, kann nur heilsam sein. Dabei ist es müßig, das Ganze wie eine Verirrung zu behandeln, wie einen Fremdkörper, der von außerhalb in unsere Welt eingedrungen ist. Dieser Haltung kommen manche berühmten Faschismustheoretiker ziemlich nahe.[4] In Wirklichkeit war die faschistische Option ein natürlicher Programmpunkt in der europäischen Entwicklung. Darüber hinwegzusehen ist ebenso unklug wie selbstgerecht. Die Elemente, aus denen der Faschismus sich zusammensetzte, waren nicht unbedingt kohärent, und die besondere Ausprägung, in der er 1945 überwunden wurde, darf wohl als überwunden gelten. Es wäre aber falsch, daraus den Schluß zu ziehen, daß keines der Elemente, aus denen er besteht, von Interesse für uns ist.

Ein wichtiger Strang in unseren Überlegungen war die Frage nach den Folgen der Rückkehr des Menschen zur Natur. Die explosive Entwicklung des Wissens, die eine auf Wachstum und Überfluß aufbauende Gesellschaft ermöglichte, untergrub zugleich in fataler Weise das alte System der Legitimation durch überirdische Mächte. Die Folgen haben wir erörtert: Es entstanden neue Legitimationssysteme, deren letzte Begründungsinstanz nicht mehr in einer Transzendenz, sondern im *Menschen selbst* geortet wurde.

So weit, so gut. Aber bei dieser Verfahrensweise erhält die Frage, welche Vorstellung oder welches Bild vom Menschen zugrunde gelegt wird, eine enorme und in der Tat ausschlaggebende Bedeutung. Der Mensch ist das Maß, einverstanden! Aber welche *Art* Mensch dient dabei als Maß?

Die Aufklärung säkularisierte die Grundlagen der Legitimation und realisierte den Menschen selbst als Naturwesen. Aber das Naturwesen Mensch, so wie es das 18. Jahrhundert sich vorstellte, war erstaunlich harmlos und gutartig. Die Philosophen der Aufklärung waren vielleicht nicht völlig blauäugig, aber durch extremen Optimismus zeichneten sie sich jedenfalls aus.

Die naturalistische Vorstellung, die das 18. Jahrhundert vom Men-

---

[4] Hannah Arendt, *The Origins of Totalitarianism*, New York 1951 (dt.: *Elemente und Ursprünge totaler Herrschaft*, Frankfurt a. M. 1955).

schen hatte, gründete in einer ziemlich naiven empiristischen Erkenntnistheorie beziehungsweise in einer fast genauso naiven materialistischen Psychologie. Die Menschen ließen sich, wenn schon nicht von der Vernunft, so zumindest doch von ihren Interessen leiten. Interessen ließen sich sinnvoll kanalisieren. Dieses Bild vom Menschen entsprang nicht jener biologischen Sicht, die nach Darwin Geltung gewann. Die Verbindung mehrerer Strömungen – Einbindung des Menschen in eine vom Überlebenskampf bestimmte Natur, romantischer Kult um dunkle und irrationale Triebkräfte und Gemeinschaftsgefühl – führte schließlich zu einem vollständig anderen Menschenbild. Dieses Bild hat dann, aufs Ganze gesehen, größere Ähnlichkeit mit dem Menschen, wie wir und die heutige Seelenlehre ihn kennen, als mit dem beruhigend durchsichtigen Lustsucher und Schmerzvermeider, dem buchhälterischen Genießer, den die Aufklärung vor Augen hatte.

So trugen später also weniger wohlmeinende Theoretiker des Naturwesens Mensch ganz andere Ansichten vor. Sie wußten, daß der Mensch, der die Moderne *hervorgebracht* hatte, nicht typisch für die Spezies war; und sie hatten für diese bestimmte Unterart nicht unbedingt viel übrig. Gelegentlich empfanden sie Abscheu vor ihr. Sie konnten geltend machen, daß die meisten Menschen sich für instrumentelle Vernunft und Arbeitsteilung nicht hatten begeistern können. Statt dessen hatten sie Erfüllung in einem heftigen, von Berechnung freien Gefühlsleben und in der Teilhabe an Gemeinschaften gesucht, die sie zur Gänze in Anspruch nahmen und die nicht zwischen menschlichen Tätigkeitsbereichen unterschieden. Die Kulte um Gefühl und Gemeinschaft waren zwei wichtige Momente in dieser revidierten Version vom Naturwesen Mensch.

Dieser zweiten »Vernatürlichung« des Menschen zufolge, die sich im 19. und 20. Jahrhundert vollzog, sah man in letzterem nicht mehr den einfachen Lustsucher, sondern ein Wesen, das von dunklen, irrationalen Trieben beherrscht wird. Hinzu kommt, daß die für diese neue Sicht verantwortliche Psychologie, die mit den Namen Nietzsche und Freud verknüpft ist, implizit oder explizit die Gebote des Gewissens oder des Mitleids entwertet. Diese angeblich höheren Instanzen werden entthront und als gebrochene und gegebenenfalls pathologische oder pathogene Ausdrucksformen ein und derselben »eigensüchtigen« Triebkräfte angesehen, die in ihrer roheren Form wenigstens ehrlich sind und Gesundheit beweisen. Von diesem Standpunkt her betrachtet ist Moral nichts als ein Streben nach Triebbefriedigung mit anderen Mitteln. Der überzeugungskräftige Schluß lautet etwa folgendermaßen: Nach der Oberprämisse (die aus der Aufklärung stammt) muß Moral in dem wahren Wollen oder *wirklichen* Sein des Menschen ihren Grund haben. Und nach der Unterprämisse (die von der Biologie respektive der Tiefenpsychologie beigesteuert wird) wurzelt das wahre Wollen des Menschen in seinen animalischen Trieben. Man mag die Schlußfolgerung nach eigenen Vorstellungen umformulieren. Beunruhigend dürfte sie in jeder Formulierung bleiben.

Die Implikationen der zweiten »Vernatürlichung« des Menschen können mit einer Reihe anderer Tendenzen eine Verbindung eingehen. Das Gegenstück zur natürlichen Auslese, zu dem Verfahren, dessen sich angeblich die Natur bedient, um die Starken überleben zu lassen, ist die erbarmungslose Ausmerzung der Schwachen. Der rücksichtslose Konkurrenzkampf, durch den die Ökonomie des *Laissez faire* das Marktgeschehen charakterisiert sieht, läßt sich auch auf das Verhältnis von Gemeinschaften statt bloß von Individuen übertragen. Psychische Bedürfnisse und Gesundheitsrücksichten, Forderungen nach ökonomischem Wachstum und Vorstellungen von evolutionärer Vervollkommnung – all das konnte sich verschwören, um die Ethik der Brüderlichkeit, Gleichheit und humanitären Gesinnung zu untergraben und in Mißkredit zu bringen.

Diese Sicht vom menschlichen Seelenleben kann auch mit einer realistischeren Sozialpsychologie verschmelzen. Es mag sein, daß für den Ausbruch aus der traditionellen produktiven Stagnation die atomisierte, individualisierte, regellose Massengesellschaft wesentliche Bedingung war. Aber den wirklichen gesellschaftlichen Bedürfnissen der Menschen ist sie etwas zutiefst Fremdes. Wonach die Menschen wirklich verlangen, ist die *Zugehörigkeit* zu einer eindeutig bestimmten, abgegrenzten, symbolgestützten Gemeinschaft. Und sie haben außerdem den Wunsch, ihren bestimmten Platz *in* dieser Gemeinschaft einzunehmen.

Wenn das so ist, dann sind universales Miteinander und Brüderlichkeit aller Menschen unhaltbare Vorstellungen; denn die Zugehörigkeit zu einer geschlossenen Gemeinschaft impliziert die Existenz anderer, die von der Gemeinschaft ausgeschlossen sind. Das Gegenmittel gegen Regellosigkeit und Statusunsicherheit ist die Rückkehr zu hierarchischer Ordnung und Disziplin. All das weist in die Richtung einer neuerlichen Ritualisierung des gesellschaftlichen Lebens und einer massiv theatralischen Politik. Der säkularisierten, zweckgerichteten, nüchternen, ritualfreien Politik der neuen Produzentenklasse fällt es gleichermaßen schwer, innere Konflikte einzudämmen und Begeisterung für die äußere Verteidigung zu wecken. Die Wiederbelebung einer ritualgetragenen und gefühlsbetonten Politik sowie eines Sinns für Gemeinschaft, das Ganze jetzt aber in dem neuen naturalistischen Idiom ausgedrückt, kann unter diesen Umständen von beträchtlicher Attraktivität sein.

Für die natürliche Auslese gilt, daß sie auf der Ebene der Arten funktioniert. Man braucht nur die »Rassen« als Arten anzusehen und die mit neuem Zusammenhalt und neuer Heiligkeit ausgestattete Gemeinschaft als eine genetisch zusammenhängende Gruppe, und schon ist man bei jener Mischung aus Rassismus und ritualisierter, hierarchischer Politik einschließlich Führerkult angelangt, die um die Mitte des Jahrhunderts den Großteil Europas fast ein halbes Jahrzehnt lang beherrschte, mit der erklärten Absicht der Errichtung eines tausendjährigen Reichs. Die Bestandteile, die in diese Mischung eingingen, waren alle schon vorhanden, waren Themen, die das westliche Denken bereithielt. Die Ablehnung einer atomisierten, kalten und instrumentellen Gesellschaft teilte der Faschismus mit der Linken. Die Ablehnung einer uneingeschränkten Autonomie des Markts und das Verlangen nach Unterordnung der Ökonomie unter die Politik verband ihn mit dem gemäßigten Zentrum. Daß er tiefgreifenden und gelegentlich ekstatischen, von Berechnung freien, emotionalen Befriedigungen den Vorzug vor der bloßen Jagd nach Alltagsvergnügungen gibt, verbindet ihn mit einer anhaltenden romantischen Tradition.

Das ganze Unternehmen ist auch gut auf einige wichtige soziale Faktoren abgestimmt. Eine Gesellschaft, die aus nichts als einem entheiligten, instrumentalisierten politischen Zentrum und einer atomisierten Zivilgesellschaft besteht, funktioniert nur unter Schwierigkeiten. Irgendeine Art von »korporativer Verfassung«, eine Möglichkeit zur Regelung sozialer Probleme durch Verhandlungen zwischen den wichtigsten neuen Interessengruppen läßt sich kaum vermeiden, auch wenn sie vielleicht inoffiziell und formlos bleibt. In einer Gesellschaft, deren Grundlage die durch ein schulisches Erziehungssystem übermittelte allgemeine »höhere Bildung« ist, wird die Fähigkeit, sich mit seiner durch ein solches kulturelles Niveau bestimmten Gemeinschaft zu identifizieren, zum wichtigsten Faktor im Leben des einzelnen. Das »Nationalgefühl« gewinnt Macht über die Menschen. Eine derartige Gesellschaft kann eine gesellschaftsinterne Arbeitsteilung, die erkennbar ethnischen Kriterien gehorcht, nur schwer ertragen. Hinter der Mythologie von der alten »rassisch« bedingten Volksgemeinschaft steckte die Realität der neuen Kulturgemeinschaft.

Was uns als Reaktion einer politischen Rechten gegen die postagrarische Gesellschaft gilt, setzt sich aus einer Reihe von Zutaten zusammen, die zwar logisch kaum zusammenhängen, doch aber zu unterschiedlichen Gemengen zusammentreten. Diese Elemente finden sich auch in ideologischen Cocktails, die nicht als politisch rechts angesehen werden:

1. Ein wirkliches Bedürfnis, Ideen und Organisationsprinzipien aus der vormodernen Zeit beizubehalten, das einem echten, buchstäblichen Glauben an deren Gültigkeit entspringt.

2. Ein Bedürfnis, solche Ideen beizubehalten oder wiederzubeleben, das nicht einem buchstäblichen Glauben an sie entspringt, sondern sich ihrer in einem funktionellen, instrumentellen Sinn als eines *Mittels* zur Wiederherstellung von Gemeinschaftsgefühl und gesellschaftlicher Stabilität bedienen will. Man beachte, daß es oft unmöglich ist, sogar für das Bewußtsein und Gewissen des Betroffenen selbst, zwischen (1) und (2) zu unterscheiden, das heißt zu unterscheiden, ob ein originärer Glaube an die alte Ordnung oder ein funktioneller Glaube an den Glauben als sozialen Kitt statt als substantielle Wahrheit vorliegt. In der Praxis verfahren diese beiden Formen des Konservatismus recht willkürlich in der Auswahl des zu Bewahrenden oder Wiederherzustellenden oder auch neu zu Erfindenden.

3. Der Glaube an einen rücksichtslosen Konkurrenzkampf als Bedingung entweder des ökonomischen oder des eugenischen Wohlergehens oder als Bedingung von beidem. (Dieser Strang steht in einem logischen Widerspruch zum Kult um die traditionelle Gemeinschaft, aber die logische Ungereimtheit hat nicht hindern können, daß diese zwei Elemente von vielen vermengt werden. Dadurch, daß der Akzent vom Konkurrenzkampf innerhalb der Gemeinschaften auf den Konkurrenzkampf zwischen ihnen verlagert wird, läßt sich unter Umständen beides in Einklang bringen.)

4. Ablehnung einer autonomen Ökonomie und Widerherstellung der politischen Verfügungsgewalt des Gemeinwesens über das Ökono-

mische – im Einklang mit (1) und (2) und in zweifelhafter Verträglichkeit mit dem ökonomischen Element in (3). Aber auch hier wieder ist
es vielen nicht sonderlich schwergefallen, die logische Ungereimtheit
auszuhalten.

5. Ein Kult um die Gemeinschaft, die faktisch kultureller Natur ist,
auch wenn sie als rassische vorgestellt wird, in Verbindung mit der
Theorie, daß der Weg zu historischer Größe über Konkurrenz und Be-
sonderung führt, wobei die Theorie aber eher auf Gemeinschaften als
auf Individuen Anwendung findet.

6. Ein Kult um Bodenständigkeit und Gruppenzugehörigkeit, zusammen mit der Vorstellung, daß tiefe, machtvolle Bindungen häufig
aus Liebe zur Gemeinschaft und Haß gegen Außenstehende bestehen.

Samenkorn oder Schwelle

DAS DENKEN des 19. Jahrhunderts wird in seinem Hauptstrang von
der Vision eines anscheinend unaufhaltsamen Aufstiegs der westlichen
Gesellschaften getragen, der aus dem Sumpf und Schlamm des Vorderen Orients zur Macht und Dynamik der atlantischen Zivilisation
führt. Dieses Denken findet in der Darwinschen Evolutionstheorie
eine zusätzliche Bestätigung. Man mag es ihm nachsehen, daß es dem
Rausch des Fortschritts- und Entwicklungsglaubens erliegt und daß es
diese beiden Begriffe zu Schlüsselbestimmungen seiner säkularisierten
Metaphysik erhebt. Gewisse Gegenindizien bereiteten ihm dabei unter Umständen ein bißchen Unbehagen. Im Marxismus zum Beispiel
besteht eine häßliche und immer wieder irritierende Diskrepanz zwischen der Beschreibung der westlichen Gesellschaft als »dialektisch«,
als ständig im Umbruch und im Fortschritt begriffen, und der Stagnation, die den orientalischen Gesellschaften zugeschrieben wird. Aber
dank des durchgängigen Eurozentrismus des damaligen Denkens
machte den Begründern dieser Bewegung die Vorstellung eines vom
Westen ins Schlepptau zu nehmenden Ostens nicht übermäßig zu
schaffen. Über die Asymmetrie sah man mehr oder minder hinweg.
Heute ist es nicht mehr so ohne weiteres akzeptabel, die Nichteuro-
päer zu Geschichtssubjekten zweiter Klasse zu erklären.

Unsere heutige Wiederaufnahme dieser Fragen ist durch nichts so
sehr charakterisiert wie durch die Befreiung von jenem europäischen

oder atlantischen Inseldenken früherer Tage. Die Ablösung von Karl
Marx durch Max Weber in der Rolle des maßgebenden Einzelwissenschaftlers in der Soziologie bringt diese Veränderung zum Ausdruck.
Für die Aufrechterhaltung der vormals berauschenden Vorstellung
von der organischen Entfaltung der menschlichen Gesellschaft nach
dem Motto »Aus dem kleinen Samenkorn wird der große Baum« gibt
es keinen Grund mehr. Diese Vorstellung stand für die schließliche
Heraufkunft einer ebensosehr mit Glücksgütern gesegneten wie befreiten Gesellschaft ein. In Wirklichkeit aber gibt es keine solche
Reihe klar erkennbarer und zwangsläufiger Entwicklungsstadien, die
sowohl dem Mechanismus ihrer Abfolge nach als auch durch ihre all-
mähliche Annäherung an einen Vollkommenheitszustand Zeugnis ablegen von der Wirksamkeit ein und desselben durchgängigen Entwick-
lungsprinzips. Radikale Brüche und Wandlungen gibt es in der Tat;
aber unausweichlich sind sie nicht. Sie sind keine wesentliche Bestimmung des jeweils vorhergehenden Zustands.

Es war einmal eine Zeit, da gab es drei beliebte soziologische Erklä-
rungsformen: den Evolutionismus, den Funktionalismus und den
Diffusionismus. Der Evolutionismus basiert auf dem teleologischen
»Samenkorn«-Modell; der Funktionalismus faßt Gesellschaften als relativ stabile, selbststabilisierende Systeme auf; und der Diffusionismus
schließlich schreibt Veränderungen nicht der inneren Entwicklung,
sondern Einflüssen von außen zu, die auf friedlichem oder nichtfried-
lichem Weg dadurch wirksam werden, daß eine Gesellschaft die andere nachahmt oder sich mit ihr austauscht. Von den drei Modellen
scheint das erste mittlerweile die geringste Stichhaltigkeit zu haben,
während dem zweiten und dem dritten für manche Bereiche ein Erklä-
rungswert zukommt, nur eben nicht für den einen Bereich, der uns am
meisten interessiert – den Bereich radikalen Wandels.

Im großen und ganzen sind Gesellschaften in der Tat selbststabilisierende Systeme. Radikale Wandlungsprozesse kommen vor, aber
nicht jeden Tag oder jedes Jahrhundert. Insofern kommt oder kam der
Funktionalismus mit seiner Vorstellung von der Gesellschaft als einem
sich selber aufrechterhaltenden Organismus der Wahrheit durchaus
nahe. Der Marxismus selbst stellt fest, daß der Funktionalismus 98 %
der Fälle abdeckt, aber daß es eben gerade um die restlichen 2 % geht.
Ist eine radikale Neuerung wie der Ackerbau, die Schrift, die Industrialisierung oder die Naturwissenschaft erst einmal eingetreten,

dann verbreitet sie sich klar ersichtlich auf einer Vielzahl von Wegen. Der Diffusionismus hat also auch sein Recht. Wir verfügen demnach über abstrakte Modelle zur Erklärung sowohl der Beständigkeit von Gesellschaften als auch ihrer Fähigkeit, eine erfolgreich realisierte wichtige Erfindung zu übernehmen. Was uns hingegen unsere vom Evolutionsgedanken berauschten Vorgänger aus dem 19. Jahrhundert nicht liefern, ist ein Schlüsselbegriff zur Erklärung fundamentaler und endogener Wandlungsprozesse.

Die Fragestellung, zu der unser Material und unser Problem uns geführt hat, drängt uns ein ganz anderes Modell auf. Wenn wir ihm einen Namen geben müßten, könnten wir es als Durchbruchs- oder Schwellenmodell bezeichnen. Das sind die Begriffe, in denen unsere jetzigen Überlegungen sich bewegen.

Der neue Gesellschaftsvertrag

DASS ES ABSURD IST, sich den Gesellschaftsvertrag im Sinne eines buchstäblichen historischen Ereignisses vorzustellen, ist bekannt. Bertrand Russell hat sich einmal über die Gesellschaftsvertragsthese im Bereich der Sprachtheorie lustig gemacht. Man denke sich eine Versammlung von bis zu diesem Zeitpunkt sprachlosen Gemeindeältesten, die feierlich beschließen, eine Kuh solle fortan »Kuh« heißen. Ein aus heiterem Himmel abgeschlossener Grundvertrag in Sachen Moral läßt sich sogar noch schwerer vorstellen als eine verfassunggebende Versammlung im semantischen Bereich. Der logische Regreß, in den man dabei gerät, liegt auf der Hand: Ohne einen bereits vorausgesetzten Sinn für moralische Verbindlichkeit könnte der Vertrag gar keinen verpflichtenden Charakter, keine Gültigkeit erlangen. (Und *mit* dieser Voraussetzung erübrigte er sich.)

In diesem einen Punkt stimmen Erfahrung und Logik überein: Die vernunftgeleitete Einrichtung einer neuen Gesellschaftsordnung ist ein extrem schwieriges Unterfangen, selbst wenn bekannt ist, daß diese Ordnung der Mehrzahl der Beteiligten in der Mehrzahl der Fälle erhebliche Vorteile bringt. So etwas gelingt nur ganz selten und setzt höchst außergewöhnliche Umstände voraus.

Das große Verdienst der Durkheimschen Version vom Gesellschaftsvertrag besteht darin, daß sie den gröbsten intellektualistischen

Ungereimtheiten der alten Vertragstheorie entrinnt. Durkheims Darstellung entgeht dem Zwang, den Beteiligten an der Urversammlung eine verfrühte und in der Tat widersinnige Vernünftigkeit unterstellen zu müssen. Die kombinierte Ausbildung von Vernunft und Gesellschaftssinn führt Durkheim auf einen nichtrationalen Ursprung zurück. In der Erregung und Hysterie des kollektiven Rituals verlieren die Menschen ihre Widerstandskraft und werden formbar und empfänglich für Eindrücke. In dieser Verfassung werden ihnen die gemeinsamen, bindenden und maßgebenden Vorstellungen eingeprägt, die ihnen dann die Verständigung ermöglichen und sie zur Erfüllung ihrer gemeinsamen Verpflichtungen und Ansprüche anhalten.

Daß der Gesellschaftsvertrag ewig neu inszeniert werden muß, ist eine altbekannte und offensichtliche Tatsache. Durch ein einmaliges Ereignis wäre das Wunder einer fortdauernden Gesellschaftsordnung unmöglich zu erklären. Ihrer Gemeinsamkeit, worin auch immer diese besteht, müssen die Menschen sich ständig neu versichern. Unseren Überlegungen folgend ist die Menschheit nicht nur *einen* solchen unerklärten Gesellschaftsvertrag eingegangen, sondern mehrere, die sich markant voneinander unterscheiden und in verschiedenartigen Idiomen und Rahmenbestimmungen, in divergierenden Begriffen abgefaßt sind. Wir haben eine Reihe diskontinuierlicher historischer Identitäten kennengelernt. Die letzte dieser Identitäten versuchen wir zu verstehen, indem wir uns klarmachen, wie sich die Bedingungen, denen sie unterliegt, von den früheren unterscheidet.

Der unerklärte Vertrag, dem Jäger-und-Sammler-Völker gehorchten, war ein anderer als der, durch den sich Ackerbauern gebunden wußten. Komplexere Agrargesellschaften, die einer kodifizierten und zentral verwalteten Glaubenslehre anhingen, unterschieden sich wiederum von ihren Vorgängern, die sich eher an rituelle Veranstaltungen als an doktrinäre Vorschriften gebunden fühlten. Sie alle unterscheiden sich von uns, ihren Nachfolgern, die keine knappen Vorräte mehr bewachen müssen, sondern die im Überfluß schwimmen. Wir haben zwischen die Bereiche der Kognition und der Legitimation einen Keil getrieben, und wir haben die Arbeitsteilung in ein beispielloses Extrem getrieben. Gleichzeitig lehnen wir es, zumindest im Prinzip, ab, bestimmte arbeitsteilige Tätigkeiten zur exklusiven Aufgabe bestimmter gesellschaftlicher Gruppen werden zu lassen. Durkheims Modell bietet ein bewundernswertes Erklärungsschema für die Bewahrung des Zusammenhalts in stabilen Gesellschaften. Wenn es darum geht, das Entstehen oder den Bestand einer kontinuierlich mobilen Gesellschaft zu erklären, ist das Modell weniger überzeugend.

Die Mobilität unserer Gesellschaft führt zu einer merkwürdigen Konsequenz: In bezug auf unsere eigene Gesellschaftsordnung können wir den Gesellschaftsvertrag *sowohl* in Gestalt eines konkreten, datierbaren, beobachtbaren historischen Ereignisses untersuchen *als auch* im Sinne eines fortlaufenden, wiederkehrenden, ständigen Mechanismus. Vergangene Gesellschaften beriefen sich gewöhnlich zur Rechtfertigung ihrer Existenz auf ein mythologisches Gründungsgeschehen. Dieses diente als Stiftungsurkunde für eine bestehende Ordnung, die als solche ins Auge zu fassen die Beteiligten weder gerüstet noch geneigt waren. Ein Mythos, der von Vergangenem handelte, diente zur »Erklärung« einer gegebenen Situation. Aber diese gegebene Situation objektiv zu analysieren waren die Betroffenen kaum imstande.

Hingegen sind *wir* in der Lage (oder bilden uns jedenfalls gern ein, es zu sein), nicht bloß die konkrete historische Entstehung, sondern auch den Fortbestand und die Berechtigung unserer eigenen Gesellschaftsordnung einer realistischen Prüfung zu unterziehen. Wir interessieren uns für unsere Wahlmöglichkeiten und für die Gründe, die unser jeweiliges Engagement bestimmen. Anders als unsere Vorgänger verknüpfen wir unser Bild von der Vergangenheit eher mit Wahrheitsforderungen als mit dem Anspruch auf Vorbildfunktion. Die Vergangenheit als solche hat für uns überhaupt keine exemplarische Verbindlichkeit. Sie kann allerdings historische Beschränkungen sichtbar machen, die wir in Rechnung stellen müssen.

In der neueren Literatur hat man die Frage, inwieweit sich jemand zu den Normen seiner eigenen Gesellschaft rational verhalten kann, als ein scheinbar technisches Problem im Rahmen der Spieltheorie verhandelt, als das sogenannte Gefangenendilemma.[5] Zwei Gefangene, die auf ihren Prozeß warten, werden isoliert voneinander gehalten. Sie

---

[5] Siehe zum Beispiel Amartya Sen, *Choice, Welfare and Measurement*, Oxford 1982; oder W. G. Runciman und A. K. Sen, »Games, Justice and the General Will«, in: *Mind*, Bd. 74, 1965; oder J. W. N. Watkins, »Imperfect rationality«, in: R. Borger und F. Cioffi (Hrsg.), *Explanation in the Behavioural Sciences*, Cambridge 1970.

sind tatsächlich schuldig, aber die Staatsanwaltschaft verfügt nur über schwache Beweise, die höchstens ausreichen, beide zu einer geringen Haftstrafe zu verurteilen. Wenn einer von ihnen ein Geständnis ablegt und damit zugleich den anderen belastet und überführt, geht er selber als Kronzeuge straffrei aus, während sein Komplize zwanzig Jahre aufgebrummt bekommt. Wenn beide gestehen, bekommt jeder zehn Jahre. Wie sollen sie sich entscheiden?

Unserem unmittelbaren moralischen Empfinden nach dürften sie kein Geständnis ablegen. (Ihr Verbrechen geht uns nichts an. Nehmen wir an, es handele sich um einen lobenswerten Akt des politischen Widerstands gegen ein abscheuliches Regime. Sagen wir, es handele sich um ein Dilemma politischer Gefangener.) Wenn sie nicht gestehen, erzielen sie das aus der *gemeinsamen* Sicht beste Ergebnis – ein relativ mildes Urteil von zwei Jahren für sie beide.

Aber man wird bemerken, daß die rationale Logik der Überlegungen, die sie als einzelne anstellen, in eine ganz andere Richtung weist. Keiner der beiden weiß, was der andere tun wird (und selbst wenn sie sich verständigen könnten, würde das auch nicht viel ändern, weil keiner dem anderen eine Übereinkunft aufzwingen kann). Der Gefangene A kann und muß sich folgendes überlegen: Wenn B gesteht und ich nicht, bekomme ich zwanzig Jahre statt zehn. Wenn andererseits ich ein Geständnis ablege und er nicht, dann gehe ich straffrei aus, statt zwanzig Jahre absitzen zu müssen. *Im einen wie im anderen Fall* ist es also vernünftig für mich, ein Geständnis abzulegen. B's Situation und Überlegungen sind genau die gleichen. Ergebnis: Beide gestehen, und jeder bekommt zehn Jahre, obwohl sie doch, wenn sie gemeinschaftlich gehandelt hätten, mit einer zweijährigen Haftstrafe hätten davonkommen können!

Dieses Dilemma hat nicht nur deshalb soviel Interesse erregt, weil es einfallsreich konstruiert ist und zwischen unserer gefühlsmäßigen Reaktion und der Situationslogik ein Spannungsverhältnis sichtbar werden läßt. Der tiefere Grund für die Aufmerksamkeit, die es findet, ist die Tatsache, daß es in den denkbar einfachsten Begriffen das Problem des gesellschaftlichen Zusammenwirkens unter Bedingungen thematisiert, unter denen aus dem Blickwinkel des einzelnen Kooperationsbereitschaft vielfach als ein *irrationales* Verhalten erscheint. Die Mechanismen gesellschaftlicher Herrschaft, die heute von autoritären Gesellschaften eingesetzt werden und die typischerweise auf eine Einschränkung der Organisationsfreiheit der Bürger und vor allem ihrer politischen Solidarisierungsmöglichkeiten hinauslaufen, gehorchen genau dieser Logik. Wie kann eine Gesellschaft, die Individualismus und instrumentelle Rationalität hochhält und propagiert und die ohne diese Eigenschaften tatsächlich auch nicht funktionieren könnte, dessen ungeachtet hoffen, Solidarität und Kooperationsbereitschaft am Leben zu erhalten?

In der Wirklichkeit ist die Lage noch viel schlimmer, weil es nicht nur zwei, sondern eine riesige Menge von Beteiligten gibt. Wenn irgendeiner von diesen, oder jedenfalls eine kleine Anzahl von ihnen, der Situationslogik gehorcht, vereitelt das die guten Vorsätze aller übrigen und schlägt ihnen massiv zum Nachteil aus. Es ist diese Logik, die zum Beispiel bei Feuersbrünsten unvermeidlich eine Panik heraufbeschwört. Diese Panik ist für alle katastrophal, aber besonders katastrophal ist sie für diejenigen, die Zurückhaltung üben, falls die anderen ihrem Beispiel nicht folgen. Deshalb hält sich keiner zurück, und alle erleiden größeren Schaden, als nötig wäre.

Allgemeiner gefaßt ist das Gefangenendilemma nur die Neuformulierung eines Problems, das Thrasymachos zu Beginn von Platons *Staat* darlegt. Dabei geht es um die Nachteile, die derjenige in Kauf nehmen muß, der sich an die Prinzipien der »Gerechtigkeit« hält. Die meisten Agrargesellschaften wählen die Lösung, die sich aus Thrasymachos' Position ergibt: Die Konflikte eskalieren, bis endlich ein Machtzentrum die ganze Gewalt in Händen hält. Danach kann, mit Ibn Chaldun zu reden, diese eine Zentralgewalt alles Unrecht verhüten, abgesehen von dem, das sie selbst begeht. Der Gehorsam ihr gegenüber gewinnt so immerhin für alle einen rationalen Sinn. Sie wird damit, wie Hobbes betont, deckungsgleich mit der Aufrechterhaltung einer Ordnungsfunktion überhaupt.

Dessen ungeachtet vertraten die agrargesellschaftlichen Stände, die sich Thrasymachos' Lösung zu eigen machten, aber auch brav die eine oder andere Lesart jener hochgeistigen Begrifflichkeit, mittels deren der Sokrates Platons die Thrasymachossche Lösung tadelt. Keine Frage, daß die Menschen sich wohler fühlen, wenn sie die Ordnung, die sie sowieso ertragen müssen, auch noch gutheißen können. Sie wollen nicht bloß durch Gewalt gefügig gemacht werden, sondern Loyalität empfinden können. Bei unseren Überlegungen ging es um den Mechanismus, kraft dessen Menschen, die unter dem Prinzip des

Thrasymachos lebten und eine Lesart der platonischen Ideologie vertraten, aus dem Zwangssystem, zu dem sich beides vereinigte, ausbrechen konnten.

Was in der schriftkundigen Ackerbaugesellschaft jedem Befreiungsversuch normalerweise entgegen- und im Wege steht, läßt sich mit Mitteln des Gefangenendilemmas sehr einfach darstellen. Es wiederholt sich in jeder der drei Hauptsphären menschlicher Tätigkeit.

Schauen wir uns zuerst das Dilemma in der Form an, in der es im Bereich der Kognition erscheint. Stellen wir uns jemanden vor, wie er die von uns dargelegten alternativen Erkenntnisstrategien gegeneinander abwägt. Zum einen kann er weiterhin die überlieferten Vorstellungen seiner Kultur pflegen, in denen gesellschaftspraktische und naturkundliche Interessen miteinander verquickt sind. Der empirische Gehalt der traditionellen Vorstellungen mag zwar für eine durchgreifende, kumulative Erforschung der Natur keine gute Grundlage bieten; dafür ist es aber wahrscheinlich, daß man mit ihm nicht völlig danebenliegt. Hingegen ist es höchst unwahrscheinlich, daß man mit einer einzelnen theoretischen Neuerung ins Schwarze trifft. Und dazu kommt noch, daß die Neuerung einen gesellschaftlichen Fauxpas oder vielleicht gar noch irgendeine schlimmere Art Vergehen darstellt. Welcher normale Mensch würde sich unter normalen Umständen dafür entscheiden, mit an Sicherheit grenzender Wahrscheinlichkeit kognitiv Schiffbruch zu erleiden und sich gesellschaftlicher Ächtung auszusetzen, wenn er statt dessen mit gleicher Wahrscheinlichkeit soziale Anerkennung zusammen mit einem wenigstens moderaten Erkenntniserfolg im Rahmen des Üblichen haben kann? Es müssen in der Tat außergewöhnliche Umstände gewesen sein, die eine Reihe von Leuten dazu brachten, den aberwitzig risikoreichen Weg einer als Naturforschung bestimmten »asozialen« Erkenntnis einzuschlagen.

In der rein politischen Sphäre ist die Lage etwas komplizierter, weil hier die Menschheit nicht nur ein, sondern mindestens zwei Vertragsverhältnisse durchlaufen hat: die Einrichtung einer staatlichen Gewalt und Ordnung und die Formung dieser Gewalt zu einer gesetzmäßigen, verantwortungsbewußten Macht. Der erste Vertragsschritt stellt, wenn man so will, kein Problem dar. Wie Menschen sich dazu bereitfinden, läßt sich ohne weiteres einsehen. Unter den Bedingungen, die im Agrarzeitalter herrschen, ergibt sich dieser Schritt quasi von selbst. Ihre Abhängigkeit von der Lebensmittelproduktion fesselt die meisten

ans Land, und innerhalb eines gegebenen Gebiets führen Konflikteskalation und sukzessive Ausschaltung von Konkurrenten fast zwangsläufig zur Einmannherrschaft. Die politische Struktur der meisten
Agrargesellschaften beweist die Stichhaltigkeit dieser Überlegung. Es
bleibt nur noch hinzuzufügen, daß das Auftauchen neuer Rivalen von
außerhalb sowie die Schwierigkeit, Delegation von Macht mit Macht-
kontrolle zu vereinbaren, und endlich die Zweideutigkeiten der Erb-
folgeregelungen allesamt dafür sorgen, daß der Konflikt immer wieder
aufflammt. Der jeweilige Sieger bleibt nie lange unangefochten. Es ist
das traurige Schicksal der Menschheit im Agrarzeitalter, daß sie Opfer
nicht nur der Unterdrückung, sondern auch der Anarchie ist. Unterwerfung unter die Gewaltherrschaft bedeutet nicht einmal, daß man
fortan vor Unordnung geschützt ist.

Über die zweite Schwelle, die vor der Errichtung einer in ihrer
Machtausübung eingeschränkten und verantwortungsbewußten Staatsgewalt liegt, hilft keine einfache Übereinkunft der beteiligten Parteien
hinweg. Daß die Sache auf diese Weise vor sich geht, ist auch kaum
vorstellbar, bedenkt man, daß die Machthaber bereit sein müßten,
sich freiwillig wesentlicher Vorteile zu begeben. Diese Schwelle wird
vielmehr überschritten, wenn eine Gesellschaft in einen Zustand des
inneren Kräftegleichgewichts hinübergleitet, der die möglichen Kontrahenten in einem inneren Machtkampf zwar vielleicht nicht von
Konflikten überhaupt, wohl aber von einer schrankenlosen Konflikteskalation abhält. Dafür, daß es zu einer solchen politischen Haltung
kommt, ist offensichtlich eine wichtige Voraussetzung die Entstehung
und Akkumulation von Reichtum, der, wenn man so sagen darf, fragil
ist und bei einer rücksichtslos ausgefochtenen innergesellschaftlichen
Auseinandersetzung zu Bruch gehen würde. Politische Konsensttheo-
rien werden in der Regel erst *nach* dem ungeplanten und theoretisch
nicht fundierten Eintritt eben der Situation formuliert, die sie auf den
Begriff bringen.

Am interessantesten stellt sich die Funktionsweise des Vertrags-
schlußdilemmas (wie das Gefangenendilemma eigentlich heißen
sollte) in der ökonomischen Sphäre dar. Im Agrarzeitalter leben die
meisten Menschen in Gesellschaften, die in Gewaltmenschen und in
Erzeuger zerfallen, wobei die Gewaltmenschen deutlich die Oberhand
haben. Vergegenwärtigen wir uns, welche Optionen ein Erzeuger hat,
dem es mit List und Tücke oder auf welche Weise auch immer gelingt,

seinen Reichtum zu vermehren *und* ihn sich zu erhalten. Unter den gegebenen Bedingungen allgemeiner Knappheit verleiht das dem Betreffenden eine gewisse Macht. Theoretisch kann er zwei Strategien verfolgen. Er kann entweder seinen Reichtum durch Reinvestition weiter vermehren, oder er kann dadurch, daß er sich Waffen kauft und Gefolgsleute in Sold nimmt, das potentielle Gewaltmittel, das sein Reichtum darstellt, in aktuelle Gewalt verwandeln. Bei realistischer Einschätzung der strategischen Entscheidung, die seine Konkurrenten, seien das nun Gewaltmenschen oder andere erfolgreiche Erzeuger, treffen werden, und mit Rücksicht auf eine Welt, in der die Gewaltmenschen habituell über die Erzeuger triumphieren, dürfte für den Betreffenden zweifelsfrei feststehen, welches die richtige Strategie ist. Wenn er auch nur einen Funken Verstand hat, wird unser Neureicher, dem eine glückliche Verkettung von Umständen erlaubt hat, das Gewonnene zu bewahren, nichts Eiligeres zu tun haben, als es in gesellschaftlich haltbarere Formen der Macht umzuwandeln. Das kann durch den direkten Erwerb von Gewaltmitteln oder dadurch geschehen, daß er sich in die etablierte Hierarchie der Gewalthaber einkauft und in ihr einen Status gewinnt. Er wird sich also aus einem Neureichen in einen Neugewaltigen verwandeln. Das ist nicht nur die logischste, sondern auch die empirisch am häufigsten gewählte Option.

Daraus folgt natürlich, daß ein Sozialkontrakt, der wie im Falle der produktionsorientierten Industriegesellschaft von den Menschen verlangt, daß sie von der Gewalt Abstand nehmen und zwanghaft arbeiten beziehungsweise immer neu investieren, nicht einfach als ein Gesellschaftsvertrag, der die neue Welt als solche konstituiert, in Erscheinung treten kann. Es gibt keinen rationalen Weg zur »rationalen«, das heißt pazifistischen, gesetzestreuen, instrumentellen, gewaltlosen, kumulativen und ins Unendliche fortlaufenden Erzeugermentalität. Der wichtigste Vorzug der Soziologie Max Webers liegt darin, daß sie auf überzeugende Weise erklärt, durch welchen *irrationalen* Mechanismus Rationalität entstehen konnte. Durkheim hat uns die Vernunft hinter der archaischen Unvernunft enthüllt. Weber hat uns die Irrationalität hinter der modernen Rationalität gezeigt.

Schauen wir uns schließlich noch den religiösen Bereich an. Dieser ist augenscheinlich nicht ohne Bedeutung, wenn unsere Überlegung stimmt, daß eine produktive Gesellschaft ein größeres Erfindungspotential erfordert, daß dieses wiederum von der Vorstellung einer vereinheitlichten und methodisch geordneten Natur abhängt und daß solch eine Vorstellung nur unter der Ägide einer monotheistischen Theologie möglich war, die der Idee eines exklusiven, verborgenen, unerbittlichen und ordnungsbewußten Gottes mit aller Macht Geltung verschaffte. Es besteht ein gewisses Mißverhältnis zwischen der politischen und der religiösen Erfahrung der Menschen im Agrarzeitalter. In zentralistische politische Systeme gleiten die Gesellschaften nur zu rasch hinein (selbst wenn solche Systeme brüchig sind und häufig wieder in ihre Bestandteile zerfallen). Hingegen kommt es weniger häufig und weniger leicht zur Vereinheitlichung und Zentralisierung der religiösen Vorstellungen. Zentralismus im Himmel ist schwieriger zu verwirklichen als Zentralismus auf Erden. Nach den Quellen zu urteilen, kann das Fehlen politischer Zentralisierung als eine Ausnahme gelten, die nach Erklärung verlangt; im religiösen Bereich gilt genau das Umgekehrte. Politische Einheitsstiftung trifft man häufig an, die entsprechenden reformatorischen Bemühungen auf religiösem Gebiet schlagen gewöhnlich fehl.

Blaise Pascal ist bekannt für seine Konstruktion einer Matrix von Verhaltensmöglichkeiten in Glaubensfragen. Er führte den – ihn selber nicht völlig befriedigenden – Nachweis, daß es die beste Strategie sei, sich dem Glauben zu überlassen. Sowohl wenn Gott existiert als auch wenn er nicht existiert, schneidet der Gläubige besser oder jedenfalls nicht schlechter als der Ungläubige ab. An Pascals Darstellung der menschlichen Entscheidungssituation ist verschiedenes falsch. Der wichtigste Mangel in unseren Augen besteht darin, daß er von einer speziellen Situation ausgeht, in der die Optionen bereits auf die Alternative Monotheismus oder Atheismus eingeengt sind. Das entspricht einfach nicht dem Spektrum von Wahlmöglichkeiten, dem sich der Großteil der Menschen gegenübersieht. Historisch gesehen scheinen die meisten Menschen mit Pascals Lotteriespiel konfrontiert worden zu sein, wenn auch mit einer breiteren Palette von Optionen; und sie scheinen seinen Argumenten gefolgt zu sein, wenn auch nicht unbedingt so, wie er es gern gesehen hätte. In perfekter Übereinstimmung mit Pascals Logik suchen sich Völker, die zum Glauben an einen einheitlichen, zentralistischen, exklusiven Gott bekehrt worden sind, regelmäßig dadurch nach allen Seiten abzusichern, daß sie gleichzeitig die pluralen und lokalen Gottheiten ihres jeweiligen Heimatgebiets weiterverehren. Das tun sie häufig zum großen Unwillen der Geistlichkeit, die sich dem exklusiven, zentralistischen, »offenbarten« Gott verschrieben hat.

Wenn die vorstellungsmäßige Vereinheitlichung der Welt wesentliche Voraussetzung für den Gesellschaftsvertrag war, der unserer eigenen Gesellschaftsordnung zugrunde liegt, dann ist es auch hier wieder erforderlich, nach einer Erklärung dafür zu suchen, warum in diesem einen, speziellen Fall die Vereinheitlichung erreicht wurde. Eine vage Ahnung davon, wie das passieren konnte, haben wir. Auf der Nachfrageseite ist dazu eine atomisierte und desorientierte Stadtbevölkerung erforderlich, die eher allgemeine Heilserwartungen hegt und nach doktrinärer Orientierung verlangt, als daß sie eine wohlgeordnete Gesellschaft (die es ja gerade nicht mehr gibt) rituell bestätigt sehen möchte. Auf der Angebotsseite ist Voraussetzung eine Geistlichkeit, die durch die Tendenz, ihre monopolistische Verfügung über die Schrift hervorzukehren, in Richtung auf eine kodifizierte, klar umrissene Glaubenslehre gedrängt wird. Die Verwaltungsdienste, die eine solche Geistlichkeit der politischen Macht leistet, sind so wichtig, daß diese ihrerseits bereit ist, jener als Gegenleistung bei der Ausmerzung häretischer Strömungen zu helfen. Unter Umständen gelingt es der Geistlichkeit auch, sich der völligen oder dauernden Unterwerfung unter die Staatsmacht zu entziehen (wenn sie zum Beispiel über eine territoriale Basis verfügt, die von keinem einzelnen der betroffenen Staaten kontrollierbar ist). Eine allgemeine historische Entwicklung der skizzierten Art läßt sich in der Tat erkennen. Die Konkurrenz zu den Stammespriestern bringt die Geistlichkeit dazu, besonderes Gewicht auf die Glaubenslehre zu legen, die interne Konkurrenz veranlaßt sie zu einer Kodifizierung der Glaubensdoktrin und zur Schaffung einer höchsten göttlichen Macht; Exterritorialität erlaubt es ihr möglicherweise, sich der politischen Oberherrschaft zu entziehen.

Die stillschweigende Übereinkunft, die unserer Gesellschaftsordnung zugrunde liegt, die Befolgung gewisser Verhaltensregeln auf dem Gebiet der Produktion, der Politik und im Vorstellungsbereich, ohne die jene Ordnung nicht hätte Wirklichkeit werden können, konnte also nie und nimmer eine wortwörtliche *Übereinkunft* sein. Als solche wäre sie unvereinbar mit den rationalen Interessen der Beteiligten gewesen, wäre sie den letzteren, die ja der Geist der neuen Ordnung noch nicht durchdrungen hatte, ganz und gar gegen den Strich gegangen. Die Logik der Situation, in der sich die Betroffenen befanden, schloß eine freie und rationale Zustimmung zu einem solchen Vertrag aus (und in den meisten Fällen sogar die Möglichkeit, ihn überhaupt zu verstehen). *Die Menschen mußten also dazu verführt werden*. Man mag in diesem Zusammenhang von List der Vernunft sprechen oder von einer Verkettung außergewöhnlicher Umstände.

1945 und einige neue Klauseln im Vertrag

1945 und das darin beschlossene Ende der europäischen Vorherrschaft stellt ohne Frage ein welthistorisches Ereignis dar. Die Verhältnisse, die sich am Ende des Kriegs und in den Jahren unmittelbar danach herausbildeten, sind nach wie vor Grundlage unserer gesellschaftlichen und zwischenstaatlichen Ordnung, auch wenn diese Ordnung durch die neue Krise, die Anfang der siebziger Jahre begann, ein wenig erschüttert und verändert wurde.

Erstens bedeutete 1945 das – mindestens vorläufige – Verschwinden der rechtsextremen Alternative, die (selbst wenn wir das nur widerwillig zugeben mögen) Kontinentaleuropa im Griff hatte und ohne das militärische Eingreifen äußerer Mächte von den Kontinentaleuropäern auch akzeptiert worden wäre. Dadurch, daß diese rechte Alternative nach ihrer militärischen Niederlage und der Aufdeckung ihrer Greueltaten von der Bildfläche verschwand, blieb das Feld den beiden anderen Hauptideologien überlassen. Diese haben beide die Tendenz, den politischen Bereich und die Sphäre der Herrschaft in ihrer Bedeutung zu unterschätzen.

In der Welt nach 1945 blieb es den beiden Ideologien überlassen, sich um die politischen Seelen der Menschen zu streiten. Die Bedingungen, unter denen sie das taten, beeinflußten zutiefst den Charakter des Wettstreits. Beide Weltanschauungen hatten eine Supermacht als Basis, die eine das Mutterland der Revolution und die andere das des Liberalismus. Letzteres war ebenfalls aus einer Revolution hervorgegangen, wenn auch aus einer früheren. Nachdem die Sowjetunion über Atomwaffen verfügte, verhinderte das Gleichgewicht des Schreckens eine direkte Auseinandersetzung, zu der es andernfalls mit ziemlicher Sicherheit gekommen wäre. Die Konfrontation blieb deshalb auf die ideologische Ebene und auf Stellvertreterkriege beschränkt.

Dadurch wurde die Entkolonialisierung der rückständigen Weltteile stark beschleunigt, wenn nicht überhaupt in Gang gesetzt. Wegen der konkurrierenden Bündnispolitik der Großmächte gegenüber den Ländern der dritten Welt erweist sich jeder Versuch zur Aufrechterhaltung direkter kolonialer Macht als politisch äußerst unklug. Das haben vor allem zwei Kriege deutlich werden lassen, der Algerienkrieg und der Krieg in Indochina. Mittlerweile läßt sich Afghanistan der Liste hinzufügen. Die beiden konkurrierenden Ideologien mit ihrer nominell antipolitischen Einstellung suchen im Kampf gegeneinander die Unterstützung politischer Regime zu gewinnen, die oft mit großer Skrupellosigkeit über sehr schwache Zivilgesellschaften herrschen. Die Ironie, die darin liegt, tritt vielleicht beim liberalen Lager schärfer zutage, wo die »imperiale Republik«, um Raymond Arons Ausdruck zu gebrauchen, und Erbin der Revolution der Aufklärung sich mit allen möglichen opportunistischen Regierungen oder rückständigen Regimen verbündet. Im sozialistischen Lager fiel eher der Widerspruch zwischen dem nominellen Anspruch und der tatsächlichen Praxis auf als der Unterschied zwischen der Großmacht und den Satelliten. Die hypertrophen Züge eines zentralistischen Staatswesens waren im Zentrum des Ostblocks mindestens genauso auffällig wie in seinen peripheren Bastionen.

Nach 1945 gewann die Beschäftigung mit der Frage, warum sich das Wunder der Entwicklung der Moderne einzig in Europa und nicht auch anderswo ereignet hatte und welche Hindernisse seiner Übernahme durch andere Gesellschaften entgegenstanden, zunehmend an Dringlichkeit. Ironischerweise wurde durch die neue, weniger eurozentristische Sicht die Einzigartigkeit der westlichen Entwicklung sogar noch betont. Dieses Paradox läßt sich leicht auflösen. Die neue Sicht verzichtete darauf, die anderen Gesellschaften an der Elle des vermeintlichen (mißverstandenen) westeuropäischen Entwicklungsschemas zu messen, wie das 19. Jahrhundert das getan hatte. Dadurch trat die Außerordentlichkeit der neuen industriellen Ordnung und ihres Entstehungsprozesses nur noch *deutlicher* zutage. Der Umstand, daß diese neue Ordnung zwei unterschiedliche gesellschaftspolitische Formen annehmen konnte, verlieh ihr zusätzliche Bedeutung. Max Webers Frage erfuhr, wenn man so will, eine gewisse Entstellung.[6]

[6] David Gellner, »Max Weber, capitalism und the religion of India«, in: *Sociology*, Bd. 16, 1982.

Gelautet hatte sie: Warum hat sich die Sache nicht anderswo von innen heraus entwickelt? Jetzt lautete sie: Warum klappt es anderswo nicht, oder nicht schnell genug, mit der Übernahme des Modells? So kam es, daß Max Weber just in dem Augenblick zum einflußreichsten Soziologen avancierte, als Amerika die Bürde des weißen Mannes aufgepackt bekam.

Mit diesen ziemlich tiefgreifenden Veränderungen der Perspektive gingen bestimmte andere Erfahrungen Hand in Hand. Im 17. und 18. Jahrhundert war schon deutlich geworden, daß die Ausplünderung der Untertanen nicht Voraussetzung für einen starken Staat war. Ein Staat, der eine wohlhabende Bevölkerung maßvoll besteuert, fährt besser als ein Staat, der seine Bevölkerung bis aufs Blut auspreßt und damit die Bildung von Wohlstand verhindert. Aber im Zuge ihrer ökonomischen Expansion erwarben die westeuropäischen Gesellschaften auch enorme Kolonialreiche, die den größeren Teil der außereuropäischen Welt verschlangen. Diese zufällige Verbindung von Reichtum und imperialer Macht erzeugte und begünstigte die Vorstellung, das Kolonialimperium sei Voraussetzung (statt bloß Folge) des industriellen Reichtums. Das wiederum bestärkte die betreffenden Nationen darin, militärische Macht und territoriale Expansion als politisch vordringliche Ziele und Grundbedingungen des Wohlstands anzusehen. Daß die beiden großen Verlierer des Kriegs, nachdem man sie aller imperialen Ansprüche (und nicht nur dieser) beraubt hatte, in der Nachkriegszeit einen so grandiosen wirtschaftlichen Aufstieg erlebten, hat jenem Irrglauben schließlich den Garaus gemacht. Landhunger ist ein atavistisches Überbleibsel aus dem Agrarzeitalter.

Das anhaltende und beispiellose Wirtschaftswachstum in den ersten Nachkriegsjahrzehnten schuf auch oder erleichterte die Lösung von sozialen Problemen. Daß die innerliche Gefährdung der liberalen Überflußgesellschaften durch Inflation oder Arbeitslosigkeit oder beides zugleich sowie ihre Bedrohung durch Erfolg und Mißerfolg der wirtschaftlichen Entwicklung in den zurückgebliebenen Ländern (deren Konkurrenz eine ebenso schwerwiegende Belastung darstellt wie ihre Verschuldung) – daß dies beides die Haltbarkeit jener sozialen Lösungen in vielfältiger Weise in Frage stellt, ist erst im letzten Viertel unseres Jahrhunderts wirklich sichtbar geworden.

AUSBLICK

Zur Arbeitsteilung und wieder zurück

DIE ARBEITSTEILUNG hat die Menschheit zersplittert und am Ende wieder zusammengeführt. Ihr folgenreichster Aspekt war lange Zeit die Absonderung zweier Schichten von Spezialisten: einer für Herrschaftsangelegenheiten und einer für Ritualfragen. Schließlich führte sie auch zu einer vielfältigen Differenzierung von produktiven Tätigkeiten innerhalb der ökonomischen Sphäre, wenngleich die Auswirkungen dieser Differenzierung erst einmal erheblich weniger bedeutend waren. Die Trennung von Menschen nach Maßgabe ihrer Verfügung über Gewalt- respektive Erkenntnismittel prägte sich unserem Bewußtsein tief ein. Sie erfuhr eine massive Bekräftigung durch rechtliche, rituelle und ökonomische Veranstaltungen.

In einem wundersamen Vorgang, den wir vielleicht nie genau werden ergründen können, wurde diese Welt schließlich durch eine andere ersetzt, mit einer radikal neuen und qualitativ anderen Arbeitsteilung. Die neue Welt legt die tief eingewurzelte und althergebrachte Tendenz ab, eine Klasse von kriegstüchtigen Verwaltern und eine Schicht von Spezialisten für Ritual- und Glaubensfragen von der übrigen Gesellschaft abzusondern. Die modernen Gesellschaften haben natürlich auch eine »herrschende Klasse«, aber zwischen dieser und dem Rest der Gesellschaft gibt es keine formale Abgrenzung. Ihre Belegschaft unterliegt in größerem oder geringerem Maß kontinuierlicher Fluktuation, und der Übergang zwischen ihr und dem Rest der Bevölkerung ist graduell. Die Kluft, könnte man sagen, wird absichtlich verschleiert und ideologisch verleugnet. Sie erhält keine sakramentale Weihe; sakramentale Verehrung genießt das alle Bürger verbindende Menschsein. Souveränität wird »dem Volk« zugeschrieben und nicht einer Transzendenz. Inhaber öffentlicher Ämter betrachten sich als Vertreter des Volks und nicht als Abgesandte Gottes. Auch wenn ein Unterschied zwischen Staat und Zivilgesellschaft existieren mag, gibt es jedenfalls keine sichtbare und förmliche Absonderung einer »Regierungsklasse« von der regierten Bevölkerung.

Ganz ähnliches gilt im Blick auf die alten Spezialisten für Erkenntnis- und Legitimationsfragen. Einige geistliche Stände bleiben natürlich erhalten, aber häufig nur um den Preis, daß die Überlebenden folkloristische Züge annehmen. Es gibt gebildete Schichten, aber wie ihre Vorgänger, die muslimischen *ulama*, bewegen sich diese Schichten mitsamt ihren Lehren definitionsgemäß im öffentlichen Raum und können deshalb ihre Bildung nicht als Geheimwissen monopolisieren. Die moderne Gesellschaft ist von Natur aus demokratisch, jedenfalls so weit, daß ihr die Vorstellung einer gesonderten politisch-militärischen Kaste unbekannt ist oder zumindest widerstrebt. Die Erzeugerklassen sind voll und ganz politische Wesen und nicht mehr politisch kastriertes Vieh. Desgleichen ist die moderne Gesellschaft auch von Natur aus protestantisch in dem Sinne, daß sie sich nicht ernstlich dazu verstehen kann, wichtige Erkenntnisse zur Sache einer rituell abgesonderten Minorität zu erklären.

Soviel fürs erste zu den zwei tiefen Gräben, um nicht zu sagen Abgründen, die das Gesicht der schriftkundigen Ackerbaugesellschaften zerklüfteten und die den Mitgliedern dieser Gesellschaften das Gefühl gaben, ihr Gemeinwesen setze sich aus radikal verschiedenen Arten von Menschen zusammen. Aber auch bei der Masse kleinerer Spezialisierungen, die im ökonomischen Bereich die Arbeitsteilung ausmachen, hat es höchst folgenreiche Veränderungen gegeben. Der Grundgedanke bei der Arbeitsteilung ist, daß die Arbeit größere Effektivität gewinnt, wenn man sich jeweils nur *eine* Sache vornimmt; wobei zugleich die »eine Sache« eindeutig bestimmt sein muß, weil man nur dann beurteilen kann, ob sie tatsächlich effektiver bearbeitet wird oder nicht. Allmählich läßt sich dann der Arbeitsvorgang dadurch verbessern, daß man sich frei von gesellschaftlichen Rücksichten und Schicklichkeitserwägungen aus dem unerschöpflichen Reservoir von Möglichkeiten das Passende aussucht.

Die Zergliederung von Aufgaben und Prozessen und die Vereindeutigung der Kriterien als Voraussetzung für eine echte instrumentelle Rationalität haben die Arbeitsteilung mittlerweile weit über ihren Stand im Agrarzeitalter hinausgetrieben. Aber anders, als man erwarten könnte, hat diese ausgeprägte Arbeitsteilung erstaunlicherweise nicht zu einer weiteren Vergrößerung, sondern im Gegenteil zu einer Verringerung der Unterschiede zwischen den Menschen geführt. Die Menschen tun immer verschiedenartigere Dinge, aber der Stil, in dem sie es tun, ist derselbe. Ihre Tätigkeiten gehorchen ein und denselben

Prinzipien und werden in ein und demselben Idiom vorgestellt. Es steht ihnen frei, von einer Tätigkeit zur anderen überzuwechseln, aber das Idiom, das die jeweilige Tätigkeit beschreibt, bleibt ähnlich.

Die durchgängige Tendenz zu Formen eines allgemeinen Protestantismus, Egalitarismus, demokratischen Anspruchs und Nationalismus ist nur Ausdruck dieser Richtung auf eine homogener verfaßte Menschheit. Größere Homogenität erlangt die Menschheit dadurch, daß sie sich einem Ethos instrumenteller Vernunft unterwirft, dessen Grundlage der produktive Unterbau dieser Gesellschaft ist. Der Egalitarismus ergibt sich aus der Mobilität, die eine Zweck-Mittel-Rationalität, eine freie Wahl und beliebige Ersetzbarkeit der Mittel zum Zweck, der Beschäftigungsstruktur der Gesellschaft naturgemäß aufnötigt. Der Nationalismus spiegelt die Tatsache wider, daß diese Mobilität nur innerhalb einer homogenen, schriftkundigen, durch Erziehung übermittelten Kultur statthaben kann, die zu ihrer Entfaltung zwangsläufig ein geschlossenes Gebiet braucht sowie den Schutz eines auf sie vereidigten politischen Zentrums. Die Vertrautheit mit dieser Kultur stellt den einzigen echten Staatsbürgerschaftsausweis dar und bildet deshalb den zentralen Bezugspunkt der moralischen Identität der Person, der den Rahmen absteckt, in dem diese mit anderen wirksam interagieren und von ihnen akzeptiert werden kann. Demokratisches Bewußtsein und Protestantismus stehen für die grundsätzliche Abschaffung aller Privilegien auf politischem Gebiet und im Bereich der Erkenntnis ein.

Ist unsere Gesellschaft von der instrumentellen Rationalität und der arbeitsteiligen Mobilität, an die jene geknüpft ist, vollständig durchdrungen? Sie ist es nicht und kann auch nicht sein. An der Spitze kann es sie nicht geben – egal ob man mit »Spitze« den logischen oder den gesellschaftlichen Gipfel meint. Unter dem logischen Gipfel verstehe ich die Grundfragen, mit denen eine Gesellschaft sich konfrontiert sieht: Grundsatzentscheidungen lassen sich nicht sinnvoll in getrennte Aufgabenstellungen mit eindeutiger Zielsetzung zerlegen.

Vielsträngige, von menschlicher Wärme und menschlichem Gefühlsreichtum zeugende »Irrationalität« oder, wenn man so will, Rationalitätsüberschreitung kommt also in unserer Art von Gesellschaft nur an isolierten Stellen vor – ganz oben oder in der Abgeschiedenheit des Privatlebens. Besteht Aussicht, daß sich die nicht- oder gegenrationale Sphäre wieder ausdehnt und daß die kalte Rationalität wieder den

Rückzug in ihr früheres Ghetto antritt? Möglich wäre das! Es ist denkbar, daß leistungsfähige Unternehmen heute auf so etwas wie einen inneren Korpsgeist und Loyalitätssinn ihrer Belegschaft bauen können und daß dem Modell der japanischen »feudalen« Geschäftsethik mit ihrer Mischung aus Paternalismus und Loyalitätskult die Zukunft gehört.

Die Ausdehnung der Freizeit bedeutet ebenfalls eine Zunahme »expressiver« Betätigungen, die für das Leben ein erheblich größeres Gewicht gewinnen könnten. Kulte mit offen und herausfordernd antirationaler Zielrichtung könnten ihren peripheren Charakter verlieren und zur herrschenden Erscheinung werden. In der Politik könnte ein von Emotionen getragener, ritualistischer und antirationaler Stil seine Renaissance erleben. Der paradigmatische Mensch unserer Zeit ist vielleicht nicht mehr der rationale Produzent moderner Konsumgüter, sondern vielmehr deren Konsument. Er ist an unmittelbar durchschaubare, einfache und bequeme Vorrichtungen gewöhnt, die es ihm ermöglichen, die jeweiligen Apparaturen mühelos und ohne viel Nachdenken zu handhaben. Die Ideologien mancher zeitgenössischer Randgruppen haben genau diese Art von oberflächlichem, wunscherfüllendem Charakter. Sie gaukeln ein verbraucherfreundliches Universum ohne Forderungen und Zwänge vor, das mit der rigorosen und methodischen Einstellung, die unsere Welt ursprünglich hervorgebracht hat, nicht das Geringste mehr zu tun hat.

Unter der neu entstehenden Ordnung nehmen die drei Hauptsektoren menschlicher Tätigkeit – Produktion, Erkenntnis und Herrschaft – nicht alle dieselbe Entwicklung. So eng sie miteinander verknüpft sind, in ihrer Logik und kategorialen Beschaffenheit bleiben sie ziemlich verschieden.

Die Zukunft der Produktion

AUS EINEM BESTIMMTEN Blickwinkel betrachtet ist die Entfesselung der Produktivkräfte der hervorstechendste Aspekt des großen Wandlungsprozesses. Sie führt die Menschheit heraus aus dem malthusianischen Zeitalter, in dem die Politik vom Kampf um knappe Ressourcen beherrscht wird, und öffnet den Weg in ein Zeitalter des Überflusses. Aber wie in der Geschichte vom Zauberlehrling bringt der industrielle

Produktionsapparat im Zuge seines exponentiellen Wachstums am Ende mehr hervor, als er beherrschen kann. Das frühe industrielle System konnte sich im gesellschaftlichen und politischen Rahmen Großbritanniens entwickeln, das unter gewissen, aber nicht allzu großen Schwierigkeiten damit fertigwurde. Der relativ einfache und wenig zentralisierte politische und gesellschaftliche Zusammenhang des damaligen Großbritannien war imstande, die neue Ordnung zu verkraften und in Gang zu halten, auch wenn er sich natürlich selbst dabei entwickeln und verändern mußte.

Der Industrieapparat indes, der heute in den entwickelten Gesellschaften existiert, ist ohne eine unvergleichlich größere und zentral gesteuerte und finanzierte Infrastruktur nicht länger lebensfähig. Diese wiederum ist keine Selbstverständlichkeit mehr, wie das im 18. Jahrhundert unter den gesellschaftlichen Bedingungen Großbritanniens und seiner gerade unabhängig gewordenen nordamerikanischen Kolonien noch der Fall war. Die Infrastruktur verschlingt nun einen enormen Anteil des Sozialprodukts; die Verfügung und Entscheidung über sie ist naturgemäß und unausweichlich eine Sache der Politik. Sie ist als solche umstritten, und die strittigen Fragen lassen sich nur auf politischem Weg klären. Das bedeutet nicht, daß es innerhalb eines gegebenen politischen Rahmens nicht alle möglichen kleineren Probleme gibt, insbesondere solche, die sich um die Einzelheiten des Wirtschaftslebens drehen, deren Lösung man am besten »dem Markt« überläßt. Und es bedeutet auch nicht, daß man die politischen Entscheidungen im ökonomischen Bereich nicht in ein formloses, wirtschaftsliberales Idiom kleiden und mit unpolitischen, informellen Mitteln wirksam werden lassen kann. Aber die Repolitisierung der Ökonomie, gleichgültig ob sie sich formell oder informell vollzieht, steht uns ins Haus. In diesem Punkt jedenfalls behält der »Sozialismus« oder wenigstens die Forderung nach Überwindung des Wirtschaftsliberalismus recht.

Es liegt in der Natur der Sache, daß es nicht nur ein einziges, wohldefiniertes Ziel der Produktionstätigkeit geben *kann*, daß so etwas wie eine objekte, neutrale Wesenheit »Reichtum« nicht existiert. Das aber bedeutet, daß längerfristig gesehen die instrumentelle Vernunft als Regulativ in dieser Sphäre nicht ausreicht. Die Menschen streben nach Lebensformen, Rollen, Positionen. Diese sind vieldimensional und kulturell bestimmt. Sie verwenden materielle Dinge als symbolische

Kennzeichen, gehen aber in solchen Dingen nicht auf. Macht hilft den Menschen, ihre Ziele zu erreichen, aber Macht nimmt eine komplexe Vielzahl von Formen an.

Die Illusion eines eindeutigen Kriteriums der Wirtschaftstätigkeit entstand da, wo der neu ausbrechende »rationale« Geist, dessen ganzes Streben auf die Anhäufung monetären Reichtums gerichtet war, mit dem traditionellen Bewußtsein ökonomischer Not zusammentraf. Langfristig betrachtet ist die Rückkehr zu einer Vielsträngigkeit von Kriterien unvermeidlich, einfach deshalb, weil gar nichts anderes übrigbleibt – auch wenn diese Rückkehr dadurch erschwert sein mag, daß es an einer überzeugenden Grundorientierung fehlt, von der sie sich leiten lassen könnte. Reichtum ist nurmehr ein gesellschaftliches Statusmerkmal und ließe sich in dieser Eigenschaft auch durch anderes ersetzen. Eine Überflußgesellschaft, die hinter dem Reichtum herjagt, beißt sich nur selber in den Schwanz.

Die Zukunft der Erkenntnis

DIE ERKENNTNIS ist offenbar nicht in der gleichen Lage. Ihr unabschließbar fortlaufendes Wachstum scheint sie in keinen Selbstwiderspruch zu verwickeln und nicht einmal vor den Fall irgendeines kollektiven menschlichen Motivationsverlusts zu bringen. Sie kann ihre von instrumenteller Rationalität und Zielstrebigkeit bestimmte Bahn unbeirrt fortsetzen. Ihr einziges Erkenntnisziel, die Formulierung immer leistungsfähigerer und im Erklärungsanspruch immer umfassenderer Theorien mit Vorhersagewert, führt nicht wie die Reichtumsbildung irgendwann sich selber ad absurdum. Dieses Ziel zu verfolgen ist nicht nur möglich; nach dem erstaunlichen Grad von gesinnungsmäßiger Übereinstimmung zu urteilen, den – aufs Ganze gesehen – die Wissenschafttreibenden aufweisen, scheint es auch gar nicht sonderlich schwer. Der Gedanke, bestimmte Forschungen, die sich an Dinge heranwagen, die vielleicht besser unserem Verständnis und unserer Kontrolle entzogen blieben, mit einem Verbot zu belegen, ist diskutiert worden. Daß es zu solchen Verboten wirklich kommt, ist, vorläufig jedenfalls, eher unwahrscheinlich.

Seine innere Kohärenz oder Schlüssigkeit unterscheidet das Wissenschaftsideal vom Reichtumsideal, das in sich widersprüchlich ist. Bei allem, was über die Befriedigung physischer Grundbedürfnisse hinausgeht, ist materieller Wert eine durch die jeweilige Kultur bestimmte Eigenschaft. Deshalb ist es letztendlich unmöglich, unsere Kultur nach ihrer Fähigkeit zur Reichtumserzeugung zu beurteilen, weil man damit als Effektivitätskriterium etwas zugrunde legen würde, was selber als kulturelle Setzung dem zu beurteilenden Prozeß erst entspringt. Das ist kein bloßes logisches Paradox, sondern ein echtes Problem. So sehr Reichtum in Zeiten der Mangelwirtschaft ein wirkliches und legitimes und klar erkennbares Ziel gewesen sein mag, für uns, die wir den Übergang von der Mangelwirtschaft zur Überflußgesellschaft hinter uns haben, ist er das nicht mehr. Irgendwann wird die Überflußgesellschaft merken, daß sie der Esel ist, der einer am Zaumzeug hinter seinem Kopf befestigten Karotte nachjagt. Es ist vorstellbar, daß einige Überflußesel aus dieser Erkenntnis Konsequenzen ziehen werden. Andere hingegen werden vielleicht an ihrem Dauer-Potlatch festhalten.

Es erhebt sich die Frage, ob die theoretische Leistungsfähigkeit der Naturwissenschaften und ihre daraus resultierende Fähigkeit zum manipulativen Eingriff irgendwann auch auf die Erforschung des Menschen selbst ausgedehnt wird. Eines der auffälligsten Merkmale der Situation, in der unsere Gesellschaften sich befinden, ist das geringe Ausmaß, in dem dies bis jetzt geschehen ist. Es gibt eine Reihe von totalitären oder ideokratischen Regimen, die nur zu gern die Gelegenheit nutzen würden, Geist und Gesinnung der Menschen zu beeinflussen, wenn geeignete Techniken dafür zur Verfügung stünden. In einem solchen Vorgehen sähen sie einen glänzenden Beweis für die Richtigkeit ihrer eigenen Ideologie. Aber auch wenn der Wille zum Einsatz solcher Techniken fraglos vorhanden ist, scheint den Bemühungen bislang noch kein großer Erfolg beschieden zu sein.

In den liberalen, nichtideokratischen Gesellschaften hat das Zusammenwirken von gesellschaftlicher Auflösung, Verlust der religiösen Bindung, allgemeiner Ungewißheit und Leben in einer Umwelt, in der die Menschen statt der Natur fast nur noch ihresgleichen antreffen, dazu geführt, daß den Psychiatern und Ärzten verwandter Fachrichtungen die Last jener seelsorgerischen Aufgaben zufällt, die früher Sache der traditionellen Geistlichkeit war. In der Tat ahmen die Überlebenden des alten Klerus bei der Erfüllung ihrer pastoralen Pflichten Idiom und Stil moderner Therapeuten nach. Wenn man bedenkt, wie groß der Bedarf an ihren Leistungen ist, was für eine strategisch wichtige Rolle sie im zeitgenössischen Leben spielen und wie immens der Lohn wäre, den sie für eine wirksame Tätigkeit erwarten könnten, ist ihr Versagen nur um so auffälliger. Es macht auf dramatische Weise deutlich, wie wenig es bisher gelungen ist, naturwissenschaftliche und technische Methoden auf den menschlichen Bereich erfolgreich anzuwenden.

Die Verfahrensweisen, die diesen Fachleuten zur Verfügung stehen, sind nichts weiter als krudeste Formen von »Probieren geht über Studieren«. Die einzige bedeutende und zunächst plausible Lehre auf diesem Gebiet, die um die Jahrhundertwende entstand, stellt zu guter Letzt kaum mehr als eine raffinierte Methode dar, sich jedem Falsifizierungsversuch zu entziehen. Ob dieser Unfähigkeit, die naturwissenschaftliche Revolution auf den menschlichen Bereich auszudehnen, abgeholfen werden kann oder ob sie tiefere Gründe hat, die den Menschen auf Dauer vor einer effektiven Erforschung bewahren werden, läßt sich vorläufig nicht entscheiden. Unsere Neoromantiker vertreten gern die letztere Ansicht, aber die Argumente, die sie dafür beibringen, sind alles andere als zwingend.

Falls indes Abhilfe geschaffen werden kann und eine erfolgreiche Erforschung und Beeinflussung des Menschen möglich wird, bedeutet das in der Tat eine abermalige Neufassung sämtlicher Grundregeln unseres Spiels. Wenn es gelänge, egal ob durch genetische, psychologische oder sonstige Methoden, wirksamen Einfluß auf das menschliche Material zu nehmen, dann würde dies die menschlichen Lebensbedingungen abermals grundlegend verändern. Dasselbe gilt von einer Neubewertung des »Reichtums« und einer neuerlichen Verfestigung der Berufsstruktur, wenn es denn zu beidem kommen sollte.

Gegenwärtig macht uns eine Art Zirkel zu schaffen. So wenig unsere Kulturen Produkt unserer Handlungen und politischen Entscheidungen sind, so sehr wirken die letzteren doch verändernd auf die ersteren ein. Das, was uns unsere Zielvorstellungen eingibt, unterliegt zugleich einem sichtbaren Wandlungsprozeß, den wir bewirken. Wie steht es da um die Verbindlichkeit unserer Zielvorstellungen? Das Problem ist deshalb nicht gar so dringlich, weil die Rückwirkungen unserer politischen Entscheidungen auf unser Bewußtsein nicht sofort sichtbar werden und weil die Veränderungen, die wir bewirken, sich nicht präzis vorhersehen und planen lassen. Auf kürzere Frist gesehen behält also die Gesellschaftsordnung und behalten ihre Wertsetzungen zumindest so etwas wie relative Unabhängigkeit und Verbindlichkeit. Wenn es gelänge, auf die menschliche Natur wirksam und präzise Einfluß zu nehmen, würde das Problem unvergleichlich akuter werden. Wir müßten mit demselben Zirkel fertigwerden, dem sich vermutlich Gott gegenübersah, als er die Welt schuf: Was in aller (noch nicht vorhandenen) Welt sollte ihn bestimmen, *diese* und nicht *jene* Welt zu erschaffen? Uns würden gleichermaßen die Zielvorstellungen und die einschränkenden Bedingungen fehlen. Wenn der Mensch aufhört, etwas Naturgegebenes zu sein, nach welchen Prinzipien soll man dann die menschliche Natur formen und an welchen Wahlmöglichkeiten soll man sich dabei orientieren? Auffälliger noch als jetzt schon würden wir dann aller sei's im Menschen gelegenen, sei's gottgegebenen Voraussetzungen entbehren.

Die Zukunft der Herrschaft

Das ist vielleicht der schwierigste und problematischste Bereich unter den dreien. Nachdem die neue Produktivität uns den Überfluß beschert hat, läßt sich annehmen, daß die Produktionssphäre sich wieder auf ihre frühere, bescheidenere Position zurückzieht, in der sie sich nach der Decke anderer gesellschaftlicher Erfordernisse streckt. Die Sichtweisen, die ihr eine Zeitlang eine so zentrale Stellung einräumten, indem sie entweder die Politik in ihren Dienst stellen wollten (Liberalismus) oder aber sie gegen alle historische Evidenz zum Motor der Geschichte erklärten (Marx), sind augenscheinlich im Irrtum. Demgegenüber könnte dem Erkenntnisbereich tatsächlich eine unendliche Karriere beschieden sein, wobei allerdings (wenn unsere Überlegungen stimmen) der Preis dafür unter Umständen ist, daß die Erkenntnis ihre dauerhafte Abkoppelung von der Legitimations- und Kultursphäre, von aller sozialen Sinngebung und allen Ordnungsvorstellungen des Alltagslebens akzeptieren muß. Ob wir diese Abkoppelung ertragen können, ist eine andere Frage.

Die Organisation der Macht aber, die Aufgabe, die Gesellschaft und in der Tat die internationale Staatengemeinschaft politisch zu ordnen, bleibt ein unabweisbares Erfordernis. Wer behauptet, dieses Problem werde sich bald von selber erledigt haben, ist auf dem Holzweg. Ein sozioökonomischer Apparat von enormem Komplikationsgrad, der über eine riesige, kostspielige und untrennbar zusammenhängende Infrastruktur verfügt, die grundlegende, langfristige, unwiderrufliche, folgenreiche Entscheidungen erfordert – das ist unser Schicksal. Weit entfernt davon, auf dem Rückzug zu sein, ergreift deshalb die Politik mehr und mehr von unserem Leben Besitz. Eine stagnierende und regional zersplitterte Wirtschaft, wie sie die traditionellen Gesellschaften kannten, läßt sich politisch aushalten. Eine gesellschaftsübergreifende Wirtschaft heutigen Zuschnitts, mit der es abwärts geht, hingegen nicht.

Gesellschaften mit schwach entwickelter Technik konnten nicht viel an den Staat abführen. Der traditionelle Staat seinerseits war zu wenig mehr nütze als Leute umzubringen und ihnen ihr Mehrprodukt abzunehmen. Der Staat mag außerdem noch, wie Clifford Geertz betont, eine Art nationaler Bühne gewesen sein, und dies dann allerdings bestimmt nicht nur im Fernen Osten.[1] Die moderne Gesellschaft hingegen übt eine enorme Verfügungsgewalt sowohl über ihre Umwelt als auch über die eigenen Mitglieder und Strukturen aus, und auf welche Weise diese Verfügungsgewalt angewandt werden und welchen Zwecken sie dienen soll, muß irgendwo, irgendwie und von irgendwem entschieden werden. Die Entscheidungen müssen oft an irgendeiner Stelle konzentriert werden – und das muß nicht unbedingt für alle aufeinanderfolgenden Entscheidungen dieselbe Stelle sein. Nicht zuletzt diese enorme Verfügungsgewalt verleiht der politischen Macht einen von Grund auf neuen Charakter. In der Vergangenheit ergaben sich zentrale Entscheidungen dem Anschein nach aus der Natur der Dinge und waren den Menschen wegen ihrer mangelnden Naturbeherrschung, die an Ohnmacht grenzte, praktisch vorgeschrieben. Unsere Technik hat uns von solcher Ohnmacht befreit. Die neue Erkenntnis, auf der die Technik beruht, hat uns auch darüber aufgeklärt, daß uns die Natur der Dinge keine Entscheidungen vorschreibt. In der Körperwelt und im logischen Bereich dürften wir jetzt erheblich mehr Bewegungsfreiheit haben, als uns lieb ist. Ein paar mehr Zwänge, logischer oder physischer Natur, wären am Ende sogar begrüßenswert, einfach um diese schwindelerregende Vielzahl von Wahlmöglichkeiten einzu-

[1] Clifford Geertz, *Negara: The Theatre State in Nineteenth-Century Bali*, Princeton 1980.

schränken, die uns offenstehen. Aber wirkliche Zwänge lassen sich nicht nach Bedarf erfinden. In einem ganz anderen Sinn, als von Rousseau intendiert, könnten wir zur Freiheit verurteilt sein.

Unsere Freiheit kann auch in einem konkreteren Sinn zum Problem für uns werden. Welche Faktoren sprechen für eine liberale und welche für eine autoritäre Politik? Die Mangelwirtschaft, die Basis für die autoritäre Politik des Agrarzeitalters war, ist im Begriff zu verschwinden. Das hat Auswirkungen in beiderlei Richtung. Es bedeutet, daß die Privilegierten und Mächtigen die übrigen nicht mehr bestechen und einschüchtern müssen, um sie von einer Revision der Güterverteilung abzuhalten, die sie kraß benachteiligt. Und es bedeutet auch, daß die Menschen nicht mehr unter der Drohung augenblicklicher Not und Mittellosigkeit stehen, wenn sie sich weigern, die herrschende Gesellschaftsordnung und die Stellung zu akzeptieren, die sie darin einnehmen. Eine wichtige Form mittelbaren Zwangs, die darin besteht, Auflehnung gegen die herrschenden Gebote mit Entzug der Lebensgrundlage zu bedrohen, verliert an Brauchbarkeit. Hinzu kommt, daß der moderne Produktionsprozeß komplex ist, abgestimmte Zusammenarbeit und Präzision in der Durchführung erfordert und häufig vom einzelnen Selbständigkeit und Initiative verlangt. Er verträgt sich schlecht mit direkter Zwangsausübung und simplen Befehlsstrukturen, und der Versuch, dergleichen durchzusetzen, hat Leistungseinbußen zur Folge.

Wegen der Menge und Komplexität einschlägiger technischer Informationen hängt die Funktionstüchtigkeit des Systems außerdem davon ab, daß Fachpositionen ausschließlich nach Leistungskriterien besetzt werden. Zugleich ist sie abhängig von einem sozialen Klima, das den betreffenden Fachkräften ein einigermaßen faires Auswahlverfahren garantiert und ihr Recht auf freie Äußerung nicht unnötig einschränkt. All diese Faktoren stehen in gewissem Maß einer autoritären und ideokratischen Herrschaft zweifellos entgegen, weil sie die Einführung solcher Strukturen mit sinkender Produktivität ahnden. Dieser Umstand wird auch in Zukunft ins Gewicht fallen, nicht unbedingt aber ausschlaggebend sein. Wenn die Größe des Sozialprodukts keine Rolle mehr spielt, dann verliert die Freiheit auch diese wichtige Stütze.

Die gleiche Komplexität und wechselseitige Abhängigkeit der Funktionen, die unnötige staatliche Repressionen erschwert, sorgt aber auch dafür, daß die einzelnen und die Untergruppierungen massiv auf den gesellschaftlichen Zusammenhang angewiesen und denkbar schlecht imstande sind, sich gegen ihn aufzulehnen. Regionale Autarkie ist fast unvorstellbar geworden. Das militärische Kräfteverhältnis zwischen Zentralgewalt und Zivilgesellschaft ist natürlich absolut nicht mehr mit demjenigen zu vergleichen, das im 17. und 18. Jahrhundert im maßgebenden Land Europas der Zivilgesellschaft noch erlaubte, den Staat in die Knie zu zwingen. Auf der anderen Seite erschwert die schiere Größe und Durchschlagskraft dieser Waffensysteme ihren Einsatz gegen kleine Gruppen, die sich in der Zivilgesellschaft verstecken, oder gegen eine Zivilgesellschaft, die einigermaßen zusammenhält und in ihrem Widerstand gegen die Zentralgewalt solidarisch ist.

Es ist schwer, sich ein gesellschaftliches Gesamtsystem vorzustellen, das nicht in einem gewissen Maß korporativ organisiert ist und in dem also die Entscheidungen nicht Resultat einer Abstimmung zwischen den repräsentativen Organen der wichtigsten gesellschaftlichen Gruppierungen und Interessen sind. Bei Gesellschaften, die aus ideologischen Gründen antikorporativ eingestellt sind, kann es natürlich vorkommen, daß sie sich weigern, eine solche Struktur formal anzuerkennen und juristisch oder rituell abzusegnen.

Häufig finden die von korporativem Denken bestimmten Absprachen zwischen den wichtigsten Interessengruppen ihre Ergänzung in öffentlichen Wahlen, bei denen die einzelnen als einzelne ihre Stimme abgeben und Parteien sich in beliebiger Form präsentieren und um die Stimmen bewerben können. Darin spiegelt sich unter anderem die Tatsache wider, daß in dieser Art von Gesellschaft die korporativen Segmente weder Dauereinrichtungen sind noch die Zugehörigkeit zu ihnen erblich ist. Die Wahlen üben im System eine wichtige Kontrollfunktion aus.

Entwickelte Industriegesellschaften präsentieren sich derzeit in zwei Hauptformen, der liberalen und der ideokratischen. Ob Aussicht besteht, daß die beiden Formen sich verändern, und wie diese Veränderung dann aussähe, ist eine Überlegung wert. Die marxistischen Ideokratien werden natürlich durch Effektivitätsforderungen und durch den internationalen Wettbewerb in Richtung Reform gedrängt. Sogar schon das bescheidene Überflußniveau, das sie erreicht haben (ein ganz und gar nicht bescheidenes Niveau, wenn man es gegen ihre eigene Vergangenheit hält), erfordert zu seiner Erhaltung eine breite technische und administrative Intelligenzschicht, die instinktiv den rationalen Kriterien für wirkliche Leistung den Vorzug vor politischem Protektionismus, Speichelleckerei, leerem Wortgeklingel und Willfährigkeit gibt. Aber gegen den Druck zur Liberalisierung, den das erzeugt, muß man den Umstand halten, daß es für eine Gesellschaft, die praktisch ein einziges großes Beschäftigungssystem in Verbindung mit einer einzigen verbindlichen Orthodoxie darstellt, außerordentlich schwer ist, an einem Punkt nachzugeben, ohne gleich das Ganze ins Wanken zu bringen. Rechtsgerichtete Diktaturen mit einer nichtzentralisierten Wirtschaft können Liberalismus zulassen und haben das auch getan. Die Oberschicht behält ihren Reichtum, auch wenn sie ihre politische Machtstellung verliert, und das genügt, um sie zu Kompromissen zu bewegen. In einem linksgerichteten autoritären System, wo Reichtum *nur* in der Form von Privilegien existiert, die an eine Position in der Hierarchie geknüpft sind, ist der Verlust dieser Position gleichbedeutend mit dem Verlust von allem übrigen. Bis jetzt gibt es noch kein Beispiel für die erfolgreiche Liberalisierung einer linken Diktatur, obwohl man zugeben muß, daß etliche Liberalisierungsversuche dieser Art mit Gewalt unterbunden wurden.

Werden die liberalen Regime sich halten könnnen? Niemand weiß, was für Folgen die im Entstehen begriffene Freizeitkultur haben wird, die nicht mehr Sache von Privilegierten, sondern universale Lebensform ist. Wie von Pascal wortreich vermerkt, hatten in der Vergangenheit die Schichten, die über Muße verfügten, einige psychische Probleme mit der Bewältigung ihrer Freizeit, ungeachtet dessen, daß sie die Zeit ja immer damit zubringen konnten, sich in die wohlgefällige Betrachtung ihrer eigenen Vornehmheit zu versenken. Wie wird es um den Gemützustand einer universalen Gesellschaft von Müßiggängern bestellt sein, die keine Vornehmheit mehr haben, in deren Betrachtung sie sich versenken könnten? Wir kennen die Verhaltensmuster, die der agrargesellschaftliche Zwang zur *Arbeit* erzeugte; wie mögen die Verhaltensmuster aussehen, die der Zwang zur Freizeit erzeugt? Die einzigen Individualisten, die es bis heute gegeben hat, waren zugleich von Arbeitsethos erfüllt. Ist auch ein Individualismus vorstellbar, der sich dem Zeitvertreib widmet? Auch wenn die Produktion weiterhin von instrumentellem Rationalismus und analytischer Strenge beherrscht sein mag, die Konsumtion jedenfalls ist vielsträngig und phantasiebestimmt, und die Konsumgüter sind darauf angelegt, diese Tendenz zu befördern. Was ist, wenn der Konsum die Produktion überflügelt und zum vornehmlich gestaltenden Faktor fürs Seelenleben wird?

Die liberalen Gesellschaften haben sich um alle machtvollen Legitimationen gebracht. Referentielle einheitsstiftende Wahrheit ist eine Spielart instrumenteller Rationalität. Wie die letztere ganz allgemein ist auch diese ihre Spielart dazu angetan, Glaubenssysteme zu unterminieren. Wahrheit ist keine Grundlage für gesellschaftlichen Zusammenhalt. Wahrheit legitimiert keine gesellschaftlichen Ordnungen. Dafür gibt es mindestens zwei Gründe. Der eine ist die Tatsache, daß sich echte Erkenntnis der Unterordnung unter gesellschaftliche Rücksichten versagt. Der zweite besteht darin, daß die öffentlich zugängliche Wahrheit sich mit einer Unterteilung in solche, die zur Gemeinschaft gehören, und andere, die von ihr ausgeschlossen bleiben, nicht verträgt.

Wird das Erfordernis, der Unzufriedenheit einer aufgeblähten Klasse von Leuten entgegenzuwirken, die über viel Freizeit, aber keinen besonderen Status verfügen, zur Wiederbelebung einer zentralen und zentralistisch durchgesetzten Glaubenslehre führen? Und wird eine solche Entwicklung noch durch den Niedergang jener instrumentellen Rationalität erleichtert, die der neuen Welt zum Leben verhalf, die aber nun, nach der vollen Entfaltung der letzteren, nicht mehr vonnöten ist? Die Lösungen müssen nicht unbedingt überall gleich sein.

Zusammenfassung

ARBEITSTEILUNG ist kein ausschließliches Privileg der Menschen. Sie findet sich auch bei Säugetier- und Insektenarten. Einzigartig scheint nur die erstaunliche Vielfalt von Formen, die sie in menschlichen Gesellschaften annehmen kann und tatsächlich auch annimmt. So etwas Ähnliches wie »kulturelle« Vielfalt kommt auch bei nichtmenschlichen Arten vor. Ein und dieselbe Erbausstattung erlaubt eine gewisse Variationsbreite im Verhalten und in der Organisation etwa einer Herde von Tieren. Die Verschiedenartigkeit, die dadurch entsteht, läßt sich dann eher aus der Geschichte der betreffenden Gruppierungen als aus ihrem Genmaterial herleiten. (Offenbar sind sich die Verhaltensforscher nicht sicher, ob die Unterschiede auf Umwelteinflüsse oder auf die Geschichte der jeweiligen Herde zurückzuführen sind. Nur in letzterem Fall ließe sich in einem relevanten Sinn von »Kultur« reden.) Solche kulturelle Vielfalt ist indes sehr beschränkt. Bei den Menschen hingegen ist sie wahrhaft enorm. Der Formenreichtum menschlicher Gesellschaften ist umwerfend.

Genetisch ist diese Vielfalt nicht zu erklären. Welche Rolle Erbfaktoren bei der Bildung von Gesellschaftsformen spielen und wie weit ihr Einfluß reicht, ist eine umstrittene und offene Frage, die noch durch ihre politischen Implikationen und Weiterungen kompliziert wird. Es liegt jedenfalls auf der Hand, daß der Formenreichtum menschlicher Gesellschaften zu einem *sehr* beträchtlichen Teil nicht genetische, sondern soziohistorische Ursachen hat. Ein und dasselbe Erbmaterial läßt eine große Mannigfaltigkeit von Formen zu. Beweis dafür ist die Tatsache, daß Völker, von deren genetischer Kontinuität (im großen und ganzen jedenfalls) man sicher ausgehen kann, im Laufe der Zeit ganz unterschiedliche gesellschaftliche Formen annehmen. Sehr oft vollzieht sich der soziale Wandel einfach zu rasch, um als genetisch bedingte Veränderung erklärlich zu sein.

Damit soll nicht gesagt sein, daß die Erbausstattung für die Geschichte keinerlei Rolle spielt. Es ist denkbar, daß bestimmte Erbanlagen stärker zu bestimmten Gesellschaftsformen disponieren als andere. Gott sei Dank können wir dieses schwierige Problem aus unseren Überlegungen ausklammern und haben das auch getan. Die unbezweifelbare und gewaltige Bedeutung, die den sozialen Faktoren, den auf sozialem Weg übermittelten und eingeprägten Eigenschaften und Charakterzügen zukommt, erlaubt uns, jenes andere Problem erst einmal außer acht zu lassen. Mit sozialen Erklärungen für Soziales kommt man über weite Strecken hin, und um nichts anderes als darum haben wir uns bemüht.

Einen wesentlichen Aspekt des Verfahrens, durch das die menschlichen Gesellschaften ihre Eigenart aufrechterhalten und fortpflanzen, stellt das dar, was wir *Kultur* nennen. Als Kultur können wir das Vorstellungssystem bezeichnen, in dessen Rahmen eine bestimmte Population handelt und denkt. Eine Vorstellung ist eine gruppenspezifische Art und Weise, Erfahrungen zu ordnen, zu handeln und zu reagieren. Normalerweise führt die Vorstellung einen Namen. Eine Kultur ist nicht einfach eine Ansammlung, sondern ein System von Vorstellungen. Die Elemente, aus denen sie sich zusammensetzt, sind auf vielfältige und komplizierte Weise miteinander verschränkt und voneinander abhängig, und es besteht guter Grund zu der Annahme, daß sie isoliert gar nicht existieren könnten. Wie die Menschen sind auch die Vorstellungen gesellige Wesen. Aus dem Systemcharakter der Kulturen folgt nicht, daß irgendeine von ihnen Anspruch auf vollgültige innere Geschlossenheit oder Stimmigkeit erheben kann, gleichgültig, an welchen Kriterien man sie mißt.

Es ist indes wichtig, Kultur nicht mit dem Selbsterhaltungsmechanismus einer Gesellschaftsordnung *gleichzusetzen*. Kultur ist ein Teil dieses Mechanismus, aber es gibt auch noch andere Teile. Die Ethnologen unterscheiden zwischen Struktur und Kultur, und diese Unterscheidung ist nützlich und wichtig. Die Annahme, daß nur die Kultur für die Kontinuität einer Sozialform sorgt, liefe praktisch auf die Behauptung hinaus, das Verhalten von Menschen würde *ausschließlich* durch Vorstellungen bestimmt. Diese Ansicht ist falsch und Ausdruck eines gründlich irregeleiteten Idealismus. Eine Gesellschaft kann zum Beispiel auch deshalb ihre Organisationsform radikal verändern, weil irgendeine ihrer Untergruppierungen sich in den Besitz der – militärischen oder ökonomischen – Machtmittel bringt und die übrigen Mitglieder der Gesellschaft unterwirft. Dazu kann es kommen, ohne daß sich in dem Vorstellungssystem, das der Gemeinschaft als Reflexions- und Handlungsrahmen dient, das mindeste ändert.

Die Durchsetzung und Bewahrung gesellschaftlicher Ordnung mit Hilfe von Vorstellungen vollzieht sich – so real, verbreitet und wichtig sie ist – nicht automatisch. Die Vorstellungen müssen dem Geist eingeprägt werden. Ihre Verbindlichkeit ist nichts Selbstverständliches und nichts, was sich von selbst ergäbe. Durkheims These, nach der es die primäre Funktion von Ritualen ist, wichtige Anschauungen den Menschen einzuprägen und dadurch die Gemeinschaften mit einem Schatz verbindlicher Sichtweisen und Pflichtbegriffe auszustatten, verdient allen Respekt. In gewissem Sinn hat jede Vorstellung nicht nur, sondern *ist* auch ein Ritual. Der Wichtigkeit der Vorstellung entspricht die Wichtigkeit des Rituals.

Als Geburtsstunde der Menschheit kann uns der Zeitpunkt gelten, zu dem eine Gruppe von Primaten einen solchen Grad von genetischer Plastizität (wenn der Ausdruck erlaubt ist) erreichte, daß kulturelle Determinanten zum zwingenden Gebot wurden, weil die Erbausstattung nicht mehr ausreichte, das Verhalten im erforderlichen Ausmaß zu bestimmen. Das war der Punkt, an dem Kultur und Sprache zu unabdingbaren Erfordernissen wurden. Ein potentiell schrankenloses Verhalten muß gewissen Reglementierungen unterworfen werden, und die Kennzeichnungen, deren diese Reglementierungen bedürfen, werden durch die Sprache gebildet. Am Anfang stand das Verbot. Ursprünglich konnte eine übermäßige Erscheinungsvielfalt nur *zwischen* den Horden und nicht innerhalb der einzelnen Horde herrschen. Die Geschichte der Arbeitsteilung handelt von den Mechanismen, kraft deren sich Erscheinungsvielfalt schließlich auch im Inneren entwikkeln konnte.

Die Menschheit hat drei grundlegende ökologische Stadien durchlaufen: Jäger-und-Sammler-Kultur, Ackerbau und Industrie. Das erste Stadium bot uns so etwas wie einen Ausgangspunkt. Für die vorliegenden Überlegungen spielt es allerdings eher die Rolle eines Kontrasts oder Referenzpunkts. Es interessiert uns in der Hauptsache unter dem Gesichtspunkt, was alles unter seinen Bedingungen noch *nicht* möglich war.

Spezifikum der Agrargesellschaften ist eine systematische Gütererzeugung und Vorratshaltung, die sich im wesentlichen auf Lebensmittel und in geringerem Maß auch auf andere Produkte erstreckt. Die Existenz gespeicherter Überschüsse verurteilt die betreffenden Gesellschaften unausweichlich zu einer gewissen Zwangsausübung bei der Verteilung der Überschüsse und veranlaßt sie zur Verteidigung nach außen. Deshalb ist Gewaltanwendung in Ackerbaugesellschaften etwas Unentbehrliches, während sie unter Jägern eher zufällig bleibt. Jäger von Tieren sind nicht notwendig auch Menschenjäger. Agrargesellschaften können einen zahlenmäßig riesigen Umfang gewinnen und tun das auch. Sie unterliegen dem malthusianischen Gesetz.

Ihr Umfang und die Tatsache, daß sie ein Mehrprodukt erwirtschaften, haben normalerweise eine komplexe innere Differenzierung dieser Gesellschaften zur Folge. Die internen Konflikte, die gespeicherter Reichtum zwangsläufig heraufbeschwört, führen zu massiver Ungleichheit und zu einer einschneidenden sozialen Schichtung. Letzteres ist das typischste Merkmal dieser Gesellschaften. Außerdem gilt ihnen Arbeit durchweg als etwas Verächtliches. Sie leben von ihr, aber Achtung genießen diejenigen, die Gewalt anwenden, und diejenigen, die das Symbolsystem handhaben, mit dessen Hilfe die Gewaltanwender sich organisieren. Damit ist, ihrem allgemeinsten Begriff nach, die

Aristokratie bezeichnet. Der Ackerbau verurteilte einen Großteil der Menschheit zu Hunger und Elend.

Es gibt allem Anschein nach keinen generellen Grund, warum die Fachleute für Gewaltanwendung mit denen für Ritual- und Legitimationsfragen nicht identisch sein sollen. Tatsächlich treten diese eminent wichtigen Spezialtätigkeiten gelegentlich in Personalunion auf. Für die Geschichte der Menschheit war es indes von entscheidender Bedeutung, daß sie sehr häufig in geringerem oder stärkerem Maß getrennt waren. Das Schwert mag die Herrschaft ausüben, aber die Priester tragen dazu bei, daß sich zwischen den Schwertträgern ein Zusammenhalt herausbildet. Sie vermitteln zwischen ihnen und ermöglichen ihnen eine erfolgreiche Gruppenbildung. So kommt es, daß sich Haudegen und Priester in die Herrschaft über die agrarische Welt teilen.

Daß sich mit Hilfe der Schrift Bedeutung speichern, ordnen und überliefern läßt, ist genauso grundlegend wie die Fähigkeit zur Produktion und Speicherung von Reichtum. Dadurch wird es möglich, Gemeinwesen, geistliche Schichten und Glaubenslehren weit effektiver als vorher zu vereinheitlichen. Zusammen mit der Selbsterhaltungstendenz, die Gesellschaftsordnungen innewohnt, sorgt das Eigeninteresse der Privilegierten dafür, daß Agrargesellschaften aufs Ganze gesehen stabile Gesellschaften sind. Wenn Wirren auftreten, und das ist häufig der Fall, führen sie nur zu einem zyklischen Wechsel und nicht zu grundlegenden Veränderungen.

Wie ihre Vorgängerin ist auch die Agrargesellschaft eine eher vorstellungsbestimmte als zielorientierte Kultur. Ihr Wahrheitsbegriff ist mehr auf die Übereinstimmung mit gesellschaftlichen Normen als auf die Widerspiegelung äußerer Fakten gerichtet. Wahrheit bedeutet für sie Erfüllung eines Ideals, an dessen Bildung jeweils komplexe und vielfältige Interessen beteiligt sind. Das ist etwas vollständig anderes als eine Wahrheit, die einfach nur dem isolierten Erfordernis einer kritischen Sammlung und Vorhersage von Fakten genügen soll. Der Wahrheitsbegriff der schriftkundigen Agrargesellschaft ist von dem der naturwissenschaftlich orientierten Industriegesellschaft wesentlich verschieden.

Dafür, daß der ältere Wahrheitsbegriff sich so lange halten konnte, gibt es mehrere Gründe. Einer davon ist das Wesen und das Gewicht herrschaftlichen Zwangs. In ihrer rohesten Form, in der sie die Drohung gewaltsamen Konflikts und Todes bedeutet, läßt Herrschaft kein

Mehr oder Weniger zu und fordert eine Art totale Kompromißlosigkeit und Hingabe. Gesellschaftliche Bindungen, nicht Sachbeziehungen sind das, worauf es entscheidend ankommt. Ein Gebiet allerdings gibt es, auf dem die instrumentelle Rationalität solcher Sachbeziehungen, die Unterwerfung der Tätigkeit unter das ausschließliche Kriterium der Effektivität möglich ist: das Gebiet der spezialisierten Produktion, wo die Tätigkeit *einem* isolierten Zweck dienen kann. In der Praxis der meisten Agrargesellschaften sind indes solche Tätigkeiten rituell streng eingegrenzt und bilden ein winziges Eiland in einem Meer von unspezialisierter Subsistenzwirtschaft.

Wie konnte diese Welt sich in unsere Welt verwandeln? Welche Folgen hatte diese Verwandlung für uns? Wie war der Übergang von vorstellungsorientierter zu allgemeinbegrifflicher instrumenteller Vernunft, von normativem zu referentiellem Wahrheitsbegriff, von der Herrschaft der Raufbolde zur Herrschaft der Erzeuger, von einer geknechteten Subsistenzwirtschaft zu einer freien Marktwirtschaft – wie war das alles möglich?

Die Antwort lautet, daß es in der Mehrzahl der Fälle und an den meisten Orten eben *nicht* möglich war und auch nicht stattfand. In einem einzigen Fall wurde es Wirklichkeit, und die technische Überlegenheit der Gesellschaften, in denen es geschah, verwandelte dann die ganze Welt. In allen drei Bereichen menschlicher Tätigkeit – in der Erkenntnis, in Herrschaft und Produktion – mußten zur gleichen Zeit ebenso außerordentliche wie günstige Bedingungen herrschen, damit das Wunder sich ereignen konnte. Im Erkenntnisbereich führte die Verlagerung des Schwergewichts vom Rituellen auf das Doktrinäre und die Vereinheitlichung der Weltsicht durch ihre Zentrierung auf eine höchste Gottheit zur Anschauung einer einheitlichen, methodisch geordneten Welt. Der Wahlspruch der Protestanten könnte ohne weiteres gelautet haben: *Ein* Gott, *eine* Welt, *eine* Regel.* Die Vorstellung von einer einheitlichen, methodisch geordneten Natur und von einer egalitären, gattungsübergreifenden Vernunft führte durch eine wunderbare Verkettung von Umständen, die sich unserer vollständigen Erklärung entzieht, zu einer effektiven Erforschung und Nutzung der Naturkräfte. Die Tatsache, daß die Erkenntnisansprüche dem Urteil isolierter und erkenntnisunabhängiger empirischer Daten unter-

---

* Dt. im Original (Anm. d. Übers.).

worfen werden, macht eine Begründung des Wunders, die erkenntnis-
eigenen Kriterien genügte, unmöglich. Keine empirischen Daten können die unumschränkte Gültigkeit empirischer Daten belegen. Diejenigen, die dieses Erkenntnisverfahren nutzbringend anwenden und
verstehen, werden niemals imstande sein, es zu erklären und in seiner
Zuverlässigkeit zu beglaubigen. Jener Art von Gewißheit, die ihre Vorfahren genossen, werden sie sich nie erfreuen können.

In der Ökonomie verschob sich dank eines Anstiegs in der Produktivität das Schwergewicht zugunsten instrumentell leistungsfähiger,
spezialisierter Tätigkeiten und in Richtung auf einen Markt, der an
Umfang zunahm und schließlich allumfassend wurde. Im politischen
Raum verhinderte ein ungewöhnliches inneres und äußeres Kräftegleichgewicht, das sowohl den ideologischen Bereich als auch den
Herrschaftsapparat betraf, eine wirksame Unterdrückung der neuen
Entwicklung. Die rasanten Fortschritte auf dem Gebiet der naturwissenschaftlichen Erkenntnis lieferten der expandierenden Wirtschaft
ein sich ständig erweiterndes Potential von Entwicklungschancen. Ein
fortlaufender Innovationsprozeß und kontinuierlich wachsende Profite wurden möglich, die es wiederum erlaubten, Gegner der Entwicklung und zeitweilig Benachteiligte durch finanzielle Zuwendungen zu
bestechen. Die alte qualitative Arbeitsteilung zwischen den drei gesellschaftlichen Ständen der Krieger, Gottesdiener und Arbeitsleute ging
schließlich zugrunde. An ihre Stelle trat eine homogene Bevölkerung
aus funktionsbestimmten Fachleuten, die frei, fähig und flexibel waren. Sie verständigten sich im Rahmen ein und desselben schriftförmi-
gen, aber säkularisierten Idioms, das einer auf Schriftüberlieferung
basierenden, aber jedermann zugänglichen Bildung entstammte. Vorstellungen und Menschen hörten gleichermaßen auf, in Kasten oder
Ständen organisiert zu sein. Eine einzige Begriffswährung ging mit
einer egalitären Menschheit zusammen und diente dieser als Stütze.
Die Arbeitsteilung ist tot, lang lebe die Arbeitsteilung!

Die Sphäre der Herrschaft, der Politik ist heute der entscheidende
Bereich. Den beiden Hauptideologien aus der Übergangszeit zum
Trotz läßt sich der Staat weder zurückdrängen und in die Hundehütte
verbannen, noch macht er Anstalten abzusterben. Vielmehr ist so etwas wie ein neues Bedürfnis nach der Ausübung von Herrschaft, der
Durchsetzung politischer Entscheidungen entstanden. Die neue Über-
flußproduktion erfordert eine enorme und als großes Ganzes zusam-

menhängende Infrastruktur. Strategische Entscheidungen, die deren Entfaltung und Form betreffen, wirken sich langfristig und häufig irreversibel auf das Schicksal riesiger Bevölkerungen aus. Anders als ihre Vorgängerin in den Anfangszeiten der neuen Welt ist diese Infrastruktur nicht einfach gegeben und läßt sich nicht freihändig hervorbringen, sondern erfordert ständige Betreuung und Pflege. Staat ist heute weitgehend ein Name für das Konglomerat von Agenturen, die diese Funktion wahrnehmen. Wie dieses Gebilde unter Bedingungen moralischer Unbestimmtheit und gleichzeitiger großer ökonomischer Bewegungsfreiheit organisiert und kontrolliert werden soll – das ist die Frage.

DANKSAGUNG

Ich möchte meinen Dank an das Economic and Social Research Council und an dessen Vorsitzenden, Sir Douglas Hague, wie auch an die Sekretärin des Council, Suzanne Reeve, zu Protokoll geben, die mir für diese rein theoretische Forschungsarbeit finanzielle Unterstützung gewährt und mir so alle Sorgen wegen der mit dem Unternehmen verbundenen Ausgaben abgenommen haben.

Desgleichen möchte ich mich zu meiner großen Dankesschuld gegenüber den Schreibkräften und wissenschaftlichen Mitarbeiterinnen des Department of Social Anthropology an der Universität Cambridge bekennen: Mary McGinley, Margaret Story, Anne Farmer und Janet Hall. Ohne ihre fortwährende Hilfe und Unterstützung wäre dieses Buch mit Sicherheit nicht geschrieben worden. Wichtige Hilfe leistete außerdem auch Hilary Colby.

Folgenden Personen bin ich für ihre Lektüre von Rohfassungen des Buchs und für nützliche Anregungen höchst dankbar: Mark Raymond Bonham-Carter, Graham Fawcett, David Gellner, Julian Jacobs, Declan Quigley, Emma Tristram, Harry Willets und Anthony Raven. Janet Hall und Julian Jacobs waren mir außerdem bei den bibliographischen Angaben sehr behilflich. Mark Crean erwies sich als ein außergewöhnlich hilfreicher und geduldiger Lektor.

Die Zahl der Personen, von denen ich geistig profitiert habe, ist zu groß, um die Betreffenden vollständig aufzählen, und ohne Frage gibt es viele Dankespflichten, deren ich mir nur unzureichend bewußt bin. Aber ich habe jahrelang zusammen mit John Hall und Michael Mann Seminare über historische Soziologie an der London School of Economics abgehalten, und meinen beiden Kollegen wie auch all denen, die Papiere vorgelegt und zu den Diskussionen beigetragen haben, schulde ich keinen geringen Dank. In all den Jahren habe ich eine große Menge aus den Schriften folgender Personen oder aus dem Gespräch mit ihnen gelernt: S. Andreski, J. Baechler, D. Bell, P. Burke, P. Crone, R. Dore, S. N. Eisenstadt, Y. Elkanna, M. Elvin, C. Geertz, R. Gombrich, J. Goody, J. Hajnal, M. Hinds, K. Hopkins, R. Horton, R. Hron, A. Khazanov, P. Laslett, G. Lloyd, A. Macfarlane, J. Merquior, C. Renfrew, G. Runciman, T. Shanin, E. Wolf, J. Woodburn,

A. E. Wrigley und viele andere. Die Verantwortung für die in diesem Buch aufgestellten Behauptungen trage ich natürlich allein.

Ernest Gellner

Register

Unsere Art –
zwischen Natur und Kultur

MENSCHEN
Wie wir wurden, was wir sind
Marvin Harris

3. Aufl. 1992. 536 Seiten,
Linson mit
Schutzumschlag,
ISBN 3-608-93152-X

Weltweit gesehen ist
Marvin Harris wohl der
populärste Anthropologe
der Gegenwart. Seine bis-
lang siebzehn Bücher wur-
den in fünfzehn Sprachen
übersetzt. »Menschen« ist
die Quintessenz seines
Lebenswerks, das Re-
sümee, in dem er alles,
was er über die Menschen
in Erfahrung bringen
konnte, zu einem einheit-
lichen Ganzen zusammen-
gefaßt hat: locker erzählt,
mit einem erfrischenden
Schuß Zynismus, vergnüg-
lich zu lesen und spannend
von der ersten bis zur letzten Seite.

Bei Klett-Cotta lieferbar:

**Wohlgeschmack und
Widerwillen**
Das Rätsel
des Nahrungstabus
Greifbuch,
1991. 308 Seiten, kart.,
ISBN 3-608-95812-6

Kannibalen und Könige
Wachstumsgrenzen der
Hochkulturen
1990. 276 Seiten, Linson
mit Schutzumschlag,
ISBN 3-608-93133-3

Klett-Cotta

Physik,
Chemie,
Mathematik,
Astronomie

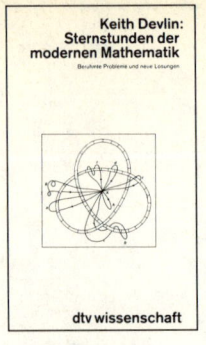

Keith Devlin:
Sternstunden der
modernen Mathematik
Berühmte Probleme und neue Lösungen

dtv wissenschaft

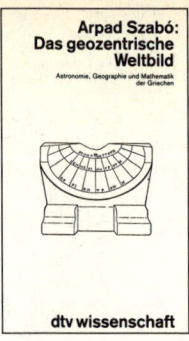

Arpad Szabó:
Das geozentrische
Weltbild
Astronomie, Geographie und Mathematik
der Griechen

dtv wissenschaft

WISSENSCHAFT

Hans Breuer:
dtv-Atlas zur Chemie

Band 1:
Allgemeine und
anorganische Chemie
Mit 117 Farbtafeln
dtv 3217

Band 2:
Organische Chemie
und Kunststoffe
Mit 89 Farbtafeln
dtv 3218

dtv-Atlas zur Physik

Band 1: Mechanik,
Akustik, Thermo-
dynamik, Optik
Mit 95 Farbtafeln
dtv 3226

Band 2:
Elektrizität, Magne-
tismus, Festkörper.
Moderne Physik
Mit 93 Farbtafeln
dtv 3227

Bernhard Bröcker:
dtv-Atlas zur
Atomphysik
Mit 116 Farbtafeln
dtv 3009

Keith Devlin:
Sternstunden der
modernen Mathematik
Berühmte Probleme
und neue Lösungen
dtv 4591

Hans-Joachim Flechtner:
Grundbegriffe der
Kybernetik
Eine Einführung
Mit 152 Abbildungen
dtv 4422

Joachim Herrmann:
dtv-Atlas zur
Astronomie
Mit 135 Farbtafeln
dtv 3006

Fritz Reinhardt /
Heinrich Soeder:
dtv-Atlas zur Mathematik

Band 1:
Grundlagen, Algebra
und Geometrie
Mit 118 Farbtafeln
dtv 3007

Band 2:
Analysis und
angewandte
Mathematik
Mit 104 Farbtafeln
dtv 3008

Arpad Szabó:
Das geozentrische
Weltbild.
Astronomie,
Geographie
und Mathematik
der Griechen
Mit zahlreichen
Abbildungen
dtv 4490